2021年度江苏高校哲学社会科学研究重大项目
"江苏数字经济高质量发展研究"（2021SJZDA018）

数字经济
—原理与案例—

姚国章 ◎ 著

北京大学出版社
PEKING UNIVERSITY PRESS

内容简介

本书为促进数字经济教育和人才培养而编写，旨在通过对数字经济发展原理的梳理和典型案例的剖析，为全面把握数字经济发展要义提供针对性的学习参考。全书共包含十一章，分别是绪论、数字技术解析、大数据与数字经济、数字资产、数字化治理、平台经济、智能制造、服务业数字经济、文化数字经济、典型行业数字化转型和数字经济综合案例。每一章都包含深入浅出的理论分析和系统全面的案例解析。本书还提供了数字拓展资源，学习者扫描二维码即可获取。

本书适合用作各类高等院校数字经济类相关课程的专业教材，也可以用作相关人员的培训教材，对从事数字经济技术研发的专业人士同样具有参考价值。

图书在版编目(CIP)数据

数字经济原理与案例 / 姚国章著. —— 北京：北京大学出版社，2024.9
ISBN 978-7-301-35085-0

Ⅰ.①数… Ⅱ.①姚… Ⅲ.①信息经济 – 研究 Ⅳ.①F49

中国国家版本馆CIP数据核字(2024)第106566号

书　　　名	数字经济原理与案例 SHUZI JINGJI YUANLI YU ANLI	
著作责任者	姚国章　著	
策划编辑	胡　媚	
责任编辑	胡　媚	
标准书号	ISBN 978-7-301-35085-0	
出版发行	北京大学出版社	
地　　　址	北京市海淀区成府路205号　100871	
网　　　址	http://www.pup.cn	
新浪微博	@北京大学出版社	
电子邮箱	编辑部zyjy@pup.cn　总编室zpup@pup.cn	
电　　　话	邮购部010-62752015　发行部010-62750672　编辑部010-62704142	
印　刷　者	大厂回族自治县彩虹印刷有限公司	
经　销　者	新华书店	
	787毫米×1092毫米　16开本　19.75印张　480千字 2024年9月第1版　2024年9月第1次印刷	
定　　　价	66.00元	

未经许可，不得以任何方式复制或抄袭本书之部分或全部内容。
版权所有，侵权必究
举报电话：010-62752024　电子邮箱：fd@pup.cn
图书如有印装质量问题，请与出版部联系，电话：010-62756370

前 言
PREFACE

"数字经济"概念的出现至今已有三十来年了,我差不多是在1998年美国商务部发布《浮现中的数字经济》系列报告之后开始关注数字经济的。在当时,美国的数字经济几乎独霸天下。在此后的二十多年里,我国在数字经济发展方面实现了跨越式进步,取得了巨大的成就,今天已成为紧随美国之后的全球第二大数字经济发展大国。数字经济也给我国的经济发展和社会进步带来了前所未有的变化——我国拥有了全球最大的网络交易市场、全球规模最大的数字经济从业人员队伍、全球最为普及的移动支付服务等。可以说,我国今天所取得的经济成就和国际地位离不开数字经济的发展,而且在今后相当长的阶段,数字经济仍将是促进我国经济转型升级和社会进步繁荣的重要引擎。毫无疑问,数量充足的高素质数字经济人才是保证我国数字经济健康、快速、可持续和高质量发展的重要前提,但人才数量不足和质量不高已成为影响我国数字经济发展的重要瓶颈,加强人才的教育和培养已迫在眉睫。

本书为促进数字经济教育和人才培养而编写,旨在通过对数字经济发展原理的梳理和典型案例的剖析,使学习者全面把握数字经济发展要义。全书共包含十一章,分别是绪论、数字技术解析、大数据与数字经济、数字资产、数字化治理、平台经济、智能制造、服务业数字经济、文化数字经济、典型行业数字化转型和数字经济综合案例。每一章都包含深入浅出的理论分析和系统全面的案例解析。本书适合用作各类高等院校以及自学考试数字经济类相关课程的专业教材,也可以用作相关人员的培训教材,对从事数字经济技术研发的专业人士同样具有参考价值。本书在用于相关课程教学时以不少于32课时为宜,在教学过程中应适当更新相关案例的数据,并结合相关内容补充更多的案例素材进行分析和讨论。

本书的成稿得益于很多人的帮助,刘增燕、姚崇兵、符路路三位研究生同学负责了部分图片的绘制和全书的校阅,程煜、郭素娟、蒋福明、李悦、张紫媛、李连起、叶骏和吴一凡等为本书提供了多方面的帮助,在此一并致以衷心的谢意。

在编写本书的过程中,我参阅了大量国内外有重要价值的文献,部分已在文中进行了标注,在此向相关作者和案例素材贡献者致以衷心的感谢。除了已标注的文献外,仍有不少参考文献或由于疏忽,或由于无法确定原始出处等原因未能标注,在此也向各位不知其名的作者致以崇高的敬意。

在当今时代,数字技术正以润物细无声的方式全面融入人类物质文明、精神文明、社会文明、政治文明和生态文明建设的各个领域,由此而伴生的新理念、新产业、新业态、新模式如雨后春笋般应运而生,给人类生产、生活带来极为广泛而十分深刻的影响。与此同时,各种前所未有的新问题、新挑战和新困难也会接踵而至。作为学习者、研究者和实践者,我们要面对现实、正视问题、直面挑战,努力成为数字技术的驾驭者和数字经济发展的引领者。

姚国章

2024 年 3 月

目 录
CONTENTS

第1章　绪论 ··· 1
  1.1　数字经济概述 ··· 1
    1.1.1　数字经济的来龙去脉 ····································· 2
    1.1.2　我国对数字经济的定义及内涵 ························· 3
    1.1.3　数字经济的呈现形式 ····································· 5
    1.1.4　数字经济的新特征 ······································· 6
    1.1.5　数字经济的发展原则 ····································· 7
    1.1.6　发展数字经济的重要意义 ······························· 7
  1.2　数字经济统计分类 ··· 9
    1.2.1　我国数字经济分类的主要内容 ························· 9
    1.2.2　我国数字产业化与产业数字化之间的关系 ········· 10
    1.2.3　美国对数字经济的分类 ································· 11
  1.3　数字经济未来发展趋势 ··· 12
    1.3.1　经济资源的数字化是数字经济的赋能器 ············ 12
    1.3.2　为完善数字化基础设施提供强有力的保障 ········· 12
    1.3.3　数字化平台将成为数字经济的新主宰 ··············· 13
    1.3.4　产业结构的调整和升级加速推进 ····················· 13
    1.3.5　数字技能和素养成为人力资源的新要求 ············ 14
    1.3.6　数字经济引领政府的变革 ······························ 14
  1.4　数字经济发展框架 ··· 14
    1.4.1　数字化基础设施建设 ··································· 14
    1.4.2　数字化治理体系建设 ··································· 15
    1.4.3　数字化公共服务体系建设 ······························ 16
    1.4.4　数字化转型 ·· 17
    1.4.5　数字平台建设 ··· 19
    1.4.6　数字人才体系建设 ······································· 19
    1.4.7　数字合作体系建设 ······································· 20
    1.4.8　数字经济发展环境建设 ································· 20

第2章　数字技术解析 ··· 23
  2.1　数字技术概述 ··· 23

2.1.1 数字技术的概念 ·· 23
  2.1.2 数字技术的表现形式 ·· 24
  2.1.3 数字技术的基本特征 ·· 24
2.2 大数据 ·· 25
  2.2.1 大数据的概念 ·· 25
  2.2.2 大数据思维的概念 ·· 25
  2.2.3 大数据的特征 ·· 26
  2.2.4 大数据的带动作用 ·· 27
2.3 人工智能 ·· 27
  2.3.1 人工智能的概念 ·· 27
  2.3.2 人工智能的热点领域 ·· 28
  2.3.3 人工智能的局限性 ·· 30
  2.3.4 人工智能的发展浪潮 ·· 30
  2.3.5 人工智能案例：ChatGPT ··· 31
2.4 云计算 ·· 32
  2.4.1 云计算的概念 ·· 32
  2.4.2 云计算的服务模式 ·· 33
  2.4.3 云计算的部署模型 ·· 34
  2.4.4 云计算案例：中华保险 ·· 36
2.5 物联网 ·· 37
  2.5.1 物联网的概念 ·· 37
  2.5.2 物联网的系统框架 ·· 38
  2.5.3 物联网的典型应用 ·· 39
  2.5.4 物联网案例：紫荆农庄 ·· 40
2.6 移动通信 ·· 41
  2.6.1 移动通信的概念与演进 ·· 41
  2.6.2 移动通信的主要特征 ·· 42
  2.6.3 5G 的主要特性 ·· 42
  2.6.4 5G 的应用 ·· 43
  2.6.5 5G 商业模式 ·· 44
  2.6.6 移动通信案例：洛阳钼业 ·· 44
2.7 区块链 ·· 46
  2.7.1 区块链的概念 ·· 46
  2.7.2 区块链的特征 ·· 47
  2.7.3 区块链的类型 ·· 47
  2.7.4 三种类型区块链的比较 ·· 48
  2.7.5 区块链主要应用场景 ·· 48
  2.7.6 区块链案例：上汽通用五菱 ·· 48

2.8 元宇宙 ... 50
2.8.1 元宇宙的来龙去脉 ... 50
2.8.2 元宇宙的概念 ... 50
2.8.3 元宇宙的发展框架 ... 51
2.8.4 元宇宙案例：数字人手语翻译"小莫" ... 52

第3章 大数据与数字经济 ... 55
3.1 大数据解析 ... 55
3.1.1 大数据的来龙去脉 ... 55
3.1.2 大数据发展趋势 ... 56
3.2 大数据与相关热点技术的关系 ... 57
3.2.1 大数据与人工智能的关系 ... 57
3.2.2 大数据与云计算的关系 ... 58
3.2.3 大数据与物联网的关系 ... 58
3.2.4 大数据与5G的关系 ... 59
3.2.5 大数据与区块链的关系 ... 59
3.2.6 大数据与元宇宙的关系 ... 60
3.3 联合国对大数据发展的推动 ... 60
3.4 我国大数据发展概况 ... 61
3.4.1 国家对大数据发展的部署 ... 61
3.4.2 各地大数据发展的实践 ... 62
3.5 大数据发展所面临的问题和挑战 ... 65
3.5.1 管理体制和运行机制障碍 ... 65
3.5.2 人才短板 ... 65
3.5.3 技术瓶颈 ... 66
3.5.4 文化障碍 ... 66
3.6 助力大数据发展的对策 ... 66
3.6.1 全面树立起对大数据的认知 ... 66
3.6.2 将发展以大数据为根基的数字经济作为政府和企业的战略选择 ... 67
3.6.3 建立起切实有效的推进机制 ... 67
3.6.4 切实加强大数据专门人才的培养 ... 67
3.6.5 积极鼓励公众参与和社会共享 ... 68
3.6.6 要注重大数据的安全和隐私保护 ... 68

第4章 数字资产 ... 69
4.1 数字资产概述 ... 69
4.1.1 数字资产的概念 ... 69
4.1.2 数字资产的基本特征 ... 71
4.1.3 数字资产的主要类型 ... 71
4.2 数字资产的构成 ... 72

		4.2.1 数字资产化	73
		4.2.2 资产数字化	73
	4.3	数字资产管理系统	74
		4.3.1 数字资产管理系统的概念与类型	74
		4.3.2 数字资产管理系统的主要功能	75
		4.3.3 数字资产管理系统软件要求	75
	4.4	数字代币	76
		4.4.1 数字代币的概念	76
		4.4.2 数字代币的特征	76
		4.4.3 数字代币的类型	77
		4.4.4 数字代币的主要优势	78
		4.4.5 数字代币交易	79
	4.5	数字藏品	80
		4.5.1 概念比较	80
		4.5.2 数字藏品的价值	81
		4.5.3 数字藏品发行模式	82
		4.5.4 数字藏品在旅游业中的应用	83

第5章 数字化治理

			85
	5.1	数字化治理概述	85
		5.1.1 数字化治理的概念	85
		5.1.2 数字化治理的基本原则	86
	5.2	大数据在数字化治理中的应用	86
		5.2.1 大数据在数字化治理中的作用	86
		5.2.2 大数据对政府决策的影响	87
		5.2.3 纽约市政府利用大数据进行决策治理的做法	88
	5.3	交通数字化治理	90
		5.3.1 交通管理面临的挑战	90
		5.3.2 我国交通运输大数据平台	91
		5.3.3 杭州"城市大脑"	92
		5.3.4 新加坡交通管理数字化治理	93
		5.3.5 交通数字化治理优化的思考	94
	5.4	市场监管数字化治理	94
		5.4.1 市场监管面临的新任务	94
		5.4.2 数字化治理正成为推动市场监管的重要支撑	95
		5.4.3 数字化治理助力市场监管的具体措施	96
		5.4.4 江苏市场监管数字化治理的实践	97
		5.4.5 重庆自贸试验区利用数字化治理推进市场监管的实践	98
	5.5	民生服务数字化治理	99

5.5.1 数字化治理是改善民生服务的利器 … 99
5.5.2 贵阳民生服务数字化治理的实践 … 100
5.5.3 宁夏民生服务数字化治理实践 … 101

第6章 平台经济 … 103
6.1 平台经济概述 … 103
6.1.1 平台的演进 … 103
6.1.2 平台的分类 … 104
6.1.3 平台的分级 … 105
6.1.4 相关概念 … 106
6.1.5 平台经济的主要特征 … 107
6.1.6 平台的建设步骤 … 108
6.1.7 平台经济用工模式 … 109
6.2 平台经济治理 … 109
6.2.1 平台经济的治理体系 … 109
6.2.2 平台经济治理的基本原则 … 110
6.2.3 平台经济治理措施 … 111
6.3 平台经济反垄断规定 … 112
6.3.1 基本原则 … 113
6.3.2 垄断协议的认定 … 113
6.3.3 滥用市场支配地位判定 … 114
6.3.4 不公平价格行为认定 … 115
6.3.5 低于成本销售认定 … 116
6.3.6 拒绝交易认定 … 116
6.3.7 限定交易认定 … 117
6.3.8 搭售或者附加不合理交易条件认定 … 117
6.3.9 差别待遇认定 … 118
6.4 我国平台经济发展 … 118
6.4.1 我国平台经济发展现状 … 119
6.4.2 我国平台经济所发挥的作用 … 120
6.4.3 我国电商平台经济新机遇 … 121
6.4.4 我国平台经济发展存在的问题 … 121
6.4.5 我国平台经济发展的一些建议 … 122
6.5 平台经济案例：美团 … 125
6.5.1 案例背景 … 125
6.5.2 运营特色 … 126
6.5.3 管控措施 … 128
6.5.4 美团的两大战略 … 129
6.5.5 美团的竞争优势 … 130

　　　　　6.5.6　案例评析 ·· 131

第7章　智能制造 ··· 133
7.1　我国制造业发展概况 ·· 133
　　7.1.1　我国制造业发展现状 ··· 133
　　7.1.2　我国制造业面临的挑战 ·· 134
7.2　工业 4.0 发展解析 ·· 136
　　7.2.1　制造业演进方向 ··· 136
　　7.2.2　工业 1.0 ·· 137
　　7.2.3　工业 2.0 ·· 137
　　7.2.4　工业 3.0 ·· 138
　　7.2.5　工业 4.0 ·· 138
7.3　数字工厂 ·· 140
　　7.3.1　数字工厂的基本概念 ··· 140
　　7.3.2　数字工厂的核心技术 ··· 141
　　7.3.3　数字工厂实现路线 ··· 141
　　7.3.4　数字工厂案例：西门子安贝格工厂 ···································· 142
7.4　智能制造概述 ··· 144
　　7.4.1　智能制造基本概念 ··· 144
　　7.4.2　智能制造总体架构 ··· 145
　　7.4.3　智能制造发展维度 ··· 146
　　7.4.4　智能制造发展逻辑 ··· 147
　　7.4.5　智能制造技术类型 ··· 148
　　7.4.6　智能制造推进措施 ··· 149
7.5　智能制造发展重点 ·· 149
　　7.5.1　智能化产品 ·· 149
　　7.5.2　智能化装备 ·· 150
　　7.5.3　智能化生产 ·· 151
　　7.5.4　智能化管理 ·· 152
　　7.5.5　智能化服务 ·· 153
7.6　智能制造案例：三一集团 ·· 156
　　7.6.1　案例背景 ··· 157
　　7.6.2　数字化转型部署 ··· 157
　　7.6.3　"灯塔工厂"建设 ··· 159
　　7.6.4　数据中台建设 ·· 162
　　7.6.5　树根互联与根云平台 ··· 164
　　7.6.6　5G 技术应用 ··· 166
　　7.6.7　数字化营销实践 ··· 167

第8章 服务业数字经济 ... 171

8.1 服务与服务业概述 ... 171
- 8.1.1 对服务的理解 ... 171
- 8.1.2 服务业的概念与特征 ... 172
- 8.1.3 我国服务业的总体发展 ... 173

8.2 服务业数字化 ... 174
- 8.2.1 服务业数字化的内涵与作用 ... 174
- 8.2.2 服务业数字化的新形态 ... 175

8.3 生产性服务业数字化 ... 178
- 8.3.1 生产性服务业的地位和作用 ... 178
- 8.3.2 生产性服务业发展新趋势 ... 179
- 8.3.3 生产性服务业数字化转型重点 ... 180

8.4 生活性服务业数字化 ... 183
- 8.4.1 生活性服务业的新趋势 ... 184
- 8.4.2 我国生活性服务业发展存在的问题与总体发展思路 ... 184
- 8.4.3 我国生活性服务业发展重点 ... 185
- 8.4.4 数字化对生活性服务业的赋能作用 ... 186
- 8.4.5 生活性服务业数字化的实现路径 ... 187
- 8.4.6 生活性服务业数字化的推进措施 ... 188

8.5 生产性服务业数字化转型案例：上飞院 ... 189
- 8.5.1 案例背景 ... 189
- 8.5.2 新型能力的识别与确认 ... 190
- 8.5.3 新型能力建设 ... 191
- 8.5.4 数字化协同建模与仿真 ... 193
- 8.5.5 运行成效和发展经验 ... 194
- 8.5.6 案例评析 ... 194

8.6 生活性服务业数字化转型案例：吉大一院互联网医院 ... 195
- 8.6.1 案例背景 ... 195
- 8.6.2 建设与运营 ... 195
- 8.6.3 取得成效 ... 196
- 8.6.4 案例评析 ... 197

第9章 文化数字经济 ... 199

9.1 对文化数字化的新认识 ... 199
- 9.1.1 对文化的理解 ... 199
- 9.1.2 文化数字化的定义 ... 200

9.2 文化数字化的发展内涵 ... 200
- 9.2.1 文化创作数字化 ... 201
- 9.2.2 文化生产数字化 ... 201

9.2.3　文化传播数字化	202
9.2.4　文化展示数字化	203
9.2.5　文化体验数字化	204
9.2.6　文化消费数字化	204
9.3　文化数字化的推进之道	205
9.3.1　文化数字化需要遵循"六有"思路	205
9.3.2　党政部门的"五台"角色	206
9.3.3　推进文化数字化高质量发展的相关建议	207
9.4　数字文化产业发展	208
9.4.1　数字文化的概念和特点	208
9.4.2　数字文化发展原则	208
9.4.3　数字文化主要业态	209
9.4.4　数字文化产业生态培育	212
9.5　数字文化平台发展案例：Netflix	214
9.5.1　案例背景	214
9.5.2　发展转型	216
9.5.3　个性化推荐系统	219
9.5.5　案例评析	221
第10章　典型行业数字化转型	223
10.1　金融业数字化转型	223
10.1.1　金融业数字化的数据来源	223
10.1.2　金融业数字化的主要应用	224
10.1.3　金融业数字化转型案例：蚂蚁集团	226
10.2　教育数字化转型	227
10.2.1　数字化在教育领域的应用	227
10.2.2　教育数字化相关技术	228
10.2.3　我国教育数字化面临的挑战	229
10.2.4　促进教育数字化转型的建议	230
10.2.5　教育数字化案例：青岛教育e平台	231
10.3　旅游业数字化转型	233
10.3.1　旅游业数字化的发展需求	233
10.3.2　旅游业数据的类型	234
10.3.3　旅游业数字化的主要应用	235
10.3.4　旅游业数字化转型案例：杭州文旅大数据应用	236
10.4　物流业数字化转型	238
10.4.1　物流业对数字化的需求	238
10.4.2　物流业数字化转型思路	240
10.4.3　物流业数字化转型目标	240

        10.4.4　物流业数字化转型的主要内容 ··· 240
        10.4.5　物流业数字化转型案例：罗宾逊 ··· 242

第 11 章　数字经济综合案例 ··· 245
11.1　九牧数字化转型 ·· 245
        11.1.1　案例背景 ··· 245
        11.1.2　数字化发展过程 ··· 247
        11.1.3　数字化营销探索 ··· 248
        11.1.4　移动数字化应用 ··· 250
        11.1.5　服务数字化探索 ··· 251
        11.1.6　5G 智慧园区建设 ··· 254
        11.1.7　世界数字九牧布局 ··· 256
        11.1.8　案例评析 ··· 257
11.2　华为数字化转型 ·· 258
        11.2.1　案例背景 ··· 258
        11.2.2　数字化转型方法论 ··· 265
        11.2.3　数据管理 ··· 268
        11.2.4　数字化办公 ··· 272
        11.2.5　企业 e+ 数字化平台 ··· 274
        11.2.6　人工智能应用 ··· 275
        11.2.7　企业数字化深耕 ··· 276
        11.2.8　发展经验 ··· 277
        11.2.9　存在的困难 ··· 278
        11.2.10　案例评析 ··· 279
11.3　沃尔玛数字化转型与区块链应用 ··· 279
        11.3.1　案例背景 ··· 280
        11.3.2　数字化转型三大方向 ··· 281
        11.3.3　数字化创新项目 ··· 283
        11.3.4　食品安全区块链应用 ··· 286
        11.3.5　案例评析 ··· 295

参考文献 ·· 297

第 1 章

绪 论

放眼全球，当今世界正经历百年未有之大变局，新一轮科技革命和产业变革正在向纵深推进，以数字技术作为主要推动力的数字化浪潮以前所未有的速度和规模，给人类社会的生产、生活带来了全方位的变革，并掀起了一浪高过一浪的数字革命。在此背景下，应运而生的数字经济作为继农业经济和工业经济之后的一种新的经济形态，具有高创新性、强渗透性和广覆盖性。数字经济发展速度之快、辐射范围之广、影响程度之深、未来潜力之大前所未有，它不仅成为重组全球要素资源、重塑全球经济结构、改变全球竞争格局的关键力量，而且也成为衡量各国经济实力和发展大局的决定性力量。

自 20 世纪 90 年代中后期互联网开始商用以来，我国在数字经济发展方面取得了举世瞩目的成就，在不少领域占据了全球领先的地位，如网购、快递和移动支付等。但在数字技术日新月异、数字革命波谲云诡、经济发展遭遇多重挑战的今天，如何牢牢把握数字经济的发展机遇，使数字经济既成为推动中国式现代化发展的强劲动力，又能成为促进我国经济转型、提升综合国力的关键抓手，是我国当前所面临的一项重大任务。

探究数字经济基本原理、剖析数字经济发展案例、揭示数字经济发展规律是开启数字经济发展新征程的一把钥匙。

1.1 数字经济概述

数字经济（Digital Economy）并不是一个新名词，而是伴随互联网的发展而不断演进的概念，在经历了几十年的风雨洗礼后，当今人们又赋予了它新的内涵和外延。随着各类数字技术的快速发展，数字经济已渗透到各个领域，成为撬动经济发展的新杠杆、驱动经济增长的新引擎、引领经济转型的新媒介。

1.1.1 数字经济的来龙去脉

"数字经济"一词最早出现在加拿大商业策略分析师唐·泰普斯科特于1995年出版的《数字经济：网络智能时代的前景与危险》(The Digital Economy: Promise and Peril in the Age of Networked Intelligence)一书中。在该书中，作者结合刚刚开始商用的互联网，敏锐地指出互联网技术和业务策略不仅将改变传统的业务流程，而且将改变产品和服务的创建方式，还将重新定义竞争的格局以及业务成功的所有规则。唐·泰普斯科特将数字经济定义为：通过实现互联的个人和组织构建起新的网络结构，汇集群体智慧以改变创新、生产、购买、交流和学习的模式，从而创造出新的价值的经济形态。同时，唐·泰普斯科特指出：数字经济将涵盖信息技术（Information Technology, IT）尤其是互联网快速兴起后的各种新经济现象，将会对企业的结构、目标、竞争力带来直接影响。在某一个时间节点后，数字经济将会成为现实，并与传统实体经济融合共生。企业必须借助IT实现转型，以更好地赢得长期的发展和可持续的增长。

20世纪90年代中后期，互联网出现爆发式增长，数字经济很大程度上等同于互联网经济或网络经济，互联网成为数字经济的主要驱动力。1998年，美国商务部发布了名为《浮现中的数字经济》(The Emerging Digital Economy)的报告，该报告指出数字经济正伴随着互联网的商用成为未来经济活动的核心，美国必须重视发展信息技术产业并为数字经济赋能，以奠定美国在数字经济发展中的领头羊地位。此后，美国商务部连续发布了一系列数字经济年度报告，对美国数字经济的发展进行了全面系统的部署，同时也为全球数字经济的发展起到了一定的引领作用。

到了2000年，世界范围内出现了影响广泛的互联网泡沫。数字经济遭遇重创，另一些与之相关的概念，如新经济、知识经济等得以流行，并受到广泛的关注。互联网在经历了第一轮大浪淘沙之后，在很多发展中国家生根发芽、开花结果，尤其是在我国。我国一批新兴的互联网企业得益于我国人口众多的市场和高速发展的经济形势而蓬勃发展，数字化的技术、产品和服务也成为驱动经济增长和发展的重要动力，数字经济重新焕发出蓬勃生命力。随着互联网等相关技术与实体经济的不断融合，数字经济得到了更大范围、更高层次的关注。

2002年，美国学者金范秀等将数字经济定义为一种特殊的经济形态，其本质为商品和服务以信息化形式进行交易。[1] 该文提出了名为虚拟现场实验的新方法，以弥补传统评价方法无法对数字经济进行评价的缺陷，并针对数字市场的效率、数字市场的有效性及质量认证的影响给出了三份研究总结，验证了虚拟现场实验的有效性问题。

2016年9月，为了应对全球经济增速低缓、复苏乏力的挑战，全球最重要的经济合作平台的二十国集团（Group of 20，G20）在我国杭州召开了主题为"构建创新、活力、联动、包容的世界经济"第十一次领导人峰会。我国作为这次峰会的主席国，

---

[1] BEOMSOO K, ANITESH B, ANDREW B W. Virtual field experiments for a digital economy: a new research methodology for exploring an information economy[J]. Decision Support Systems, 2002,32(3):215—231.

将数字经济列为该次峰会的核心议题，G20杭州峰会发布了《二十国集团数字经济发展与合作倡议》。该倡议将数字经济定义为：以使用数字化的知识和信息作为关键生产要素、以现代信息网络作为重要载体、以信息通信技术的有效使用作为效率提升和经济结构优化的重要推动力的一系列经济活动。在该倡议中，数字经济中的"数字"根据数字化程度的不同被分为三个阶段：信息数字化（Information Digitization）、业务数字化（Business Digitization）、数字化转型（Digital Transformation）（如图1-1所示）。数字化转型作为数字化的高级阶段，是指数字化不仅能扩展新的经济发展空间，促进经济可持续发展，而且能推动传统产业转型升级，促进整个社会转型发展。这是首个在国际上获得较高认可度的概念定义，对世界各国数字经济发展提供了重要的参考和有益的指导。

图1-1　数字经济的阶段划分

2019年6月，在日本大阪举行了G20第十四次领导人峰会，本次峰会设立了数字经济特别会议，发布了《大阪数字经济宣言》。该宣言指出，数字化将作为一个整体，持续为经济和社会创造效益，通过使用诸如人工智能、5G、物联网、区块链等新兴技术提高生产力产生价值，并将通过创造新的机会为所有个人和企业赋能，产生新的服务和就业，必将为个人和企业带来更多的福祉和更广泛的包容性。这一定义是在G20杭州峰会基础上的一个提升，也是经过数年快速发展后，G20领导人对数字经济发展所产生的新认识。

数字经济从概念的出现到世界各国的广泛实践，正成为不可阻挡的时代洪流，为人类社会的进步和发展带来极为深远的影响。

1.1.2　我国对数字经济的定义及内涵

自数字经济的概念提出以来，国内外学者对其开展了十分丰富的研究，从不同的角度提出了不同的定义，相应的机构也从不同的角度给出了相应的定义。在我国，当前以国务院于2021年12月出台的《"十四五"数字经济发展规划》中对数字经济的定义最具权威性。该规划明确，数字经济是继农业经济、工业经济之后的主要经济形态，是以数据资源为关键要素，以现代信息网络为主要载体，以信息通信技术融合应用、全要素数字化转型为重要推动力，促进公平与效率更加统一的新经济形态。表1-1列出了农业经济、工业经济和数字经济发展模式的比较。

表 1-1 农业经济、工业经济与数字经济发展模式的比较

经济形态	劳动者	生产工具	核心生产要素	增长函数
农业经济	体力劳动者为主	手工工具为主,减轻体力劳动	土地、劳动	$Y_1=F_1(A_1,N,L)$
工业经济	体力劳动者为主,脑力劳动者为辅	机器工具为主,替换体力劳动,实现能量转换	土地、劳动、资本、技术	$Y_2=F_2(A_2,K,T,N,L)$
数字经济	脑力劳动者为主	智能工具为主,替代人类体力劳动,具有一定自主决策和自适应能力	土地、劳动、资本、技术、数据	$Y_3=F_3(A_3,D,K,T,N,L)$

注:$Y_1 \sim Y_3$ 代表经济产出;$F_1 \sim F_3$ 代表生产函数(含组织形态等);$A_1 \sim A_3$ 代表技术进步;D 代表数据;K 代表资本;T 代表技术;N 代表土地;L 代表劳动。

以上定义具有以下五个方面的内涵:

第一,数字经济是一种有别于传统的农业经济和工业经济的经济形态,不能以传统的思维和方法支撑其发展,必须遵循新的发展规律,以赢得新的发展机遇。

第二,数据资源是数字经济的关键生产要素。与农业经济时代以土地和劳动力为主、工业经济时代以技术和资本为主相类似,在数字经济的发展过程中,"数据资源"发挥着核心和关键的作用,是不可替代的生产要素。

第三,包括 4G 和 5G 在内的移动通信网、物联网、移动互联网及各种类型的其他网络,是数字经济价值形成和呈现的必要条件;流动的数据是数字经济的"血液";现代信息网络是支撑"血液"流动的"血脉",只有"血脉"强壮并保持畅通,才能为数字经济提供强有力的支持。

第四,数字经济的发展动力来源于信息通信技术的融合应用和全要素的数字化转型,为数字经济赋能的信息通信技术涵盖面十分广泛,以大数据、人工智能、移动互联网、云计算、物联网和区块链等为主要表现形式,一般统称为数字技术。只有数字技术与经济活动实现有机融合,才能真正产生"化合"反应,使数字经济"开花结果"。与此同时,数字经济需要通过对数据、资本、技术、人力乃至土地等各种生产要素进行全方位的数字化转型和升级,使生产要素全面融入数字化生态,构建起融合共生的数字生命体,以彰显数字经济的活力和生命力。

第五,数字经济发展必须兼顾效率和公平,不能顾此失彼,否则将会给经济和社会发展带来不稳定因素,甚至有可能与数字经济发展的初衷背道而驰。促进效率提升、追求经济和社会效益是数字经济发展的根本目标,但在追求目标的过程中必须以促进社会公平为基本原则,包括不断弥合各种形式的数字鸿沟,以数字化方式增进社会福祉、拓展新的就业岗位、提升公共服务能力等,从而使经济繁荣与社会和谐协同推进,创造出以人为本、人人向往的美好生活。

从我国对数字经济的定义来看,数字经济不仅是一系列经济活动,更重要的是一种沿着农业经济、工业经济演进而来的经济形态,既代表着未来发展的方向,又将是长期保持的一种状态,当然也必然是一项综合性的系统工程,需要统筹谋划、科学施策、稳步推进。

1.1.3 数字经济的呈现形式

数字经济以数据为核心资源,以数字化技术为手段,通过广泛的渗透和深度的融合,产生真正的经济价值。根据国内外数字经济的发展实践,数字经济的呈现形式主要可以分为以下六种:

1. 平台型数字经济

数字平台型数字经济以数字产品生产、数字内容创造为基本特征,提供数字化的平台服务,在数字经济发展中担当着极为重要的角色。腾讯、百度、谷歌、Twitter、YouTube 等互联网企业是平台型数字经济比较典型的代表。

2. 线上线下融合型数字经济

线上线下融合型数字经济以线上线下有机融合为基本特征,实现线上线下双轮驱动,将数字技术融入商业活动的不同环节,形成新的要素组合,激发出强大的经济活力。我国的阿里巴巴、京东以及美国的亚马逊等都属于这个类型。数字技术与商业活动的有机融合,产生了新的商业形态,形成了新的商业模式,创造了新的商业价值。

3. 赋能型数字经济

赋能型数字经济在不改变原有经济运作模式的前提下,通过引入数字技术来提高效率、降低成本、扩大市场。比如,数字技术与制造业相结合实现智能制造和数字化定制生产,为传统的制造业赋能。青岛酷特智能股份有限公司(原"红领集团")利用大数据技术为客户提供定制服装服务,实现了"从工厂生产什么,客户购买什么"到"客户需要什么,工厂生产什么"的转变。赋能型数字经济涉及范围十分广泛,从农业到工业再到服务业,几乎所有的行业都存在数字化转型升级的需求,这也是数字经济巨大潜力的主要来源。

4. 新创型数字经济

新创型数字经济是指利用数字技术寻找用户的新需求,开发新产品、塑造新业态、创造新模式,形成新经济。例如,移动互联网的普及使得微信、今日头条等迎来爆发式增长;4G 的普及直接催生了抖音等业务的火爆;5G 的到来带来了无人驾驶、远程医疗等;可以预见,未来的 6G 将会带来更多当前无法想象的创新型应用。新创型数字经济将会伴随着技术的进步和应用的深化而层出不穷,是数字经济的重要表现形式。

5. 普惠型数字经济

普惠型数字经济是指因数字化基础设施的完善、公共数据资源的开发及应用环境的成熟等产生各种数字化福利,从而让全社会享受数字经济带来的各种红利的数字经济形式。例如,由教育部主导的国家智慧教育公共服务平台已成为国内权威且拥有丰富资源的公益教育服务平台;可汗学院作为非营利性教育组织,为全球用户免费提供从幼儿园到大学的各种优质视频课程。再如,地图导航的免费服务,为用户出行带来了极大的便利。以高德地图为例,免费的导航服务加上商业性的叫车等服务形成了独特的模式,大大提升了面向社会公众的福利性。

6. 创意型数字经济

创意型数字经济以数字技术为手段,将各种创意以数字化方式呈现,形成各种数字媒体类作品,以产生相应的经济和社会价值。比如,以拍摄原创农村生活视频著称的博主李子柒在 YouTube 平台拥有众多粉丝,既成为有影响力的中国文化的宣传人,又获得了极为可观的流量。再如,近年来不断涌现的直播网红,也已成为创意型数字经济的重要组成部分。

1.1.4 数字经济的新特征

与传统的农业经济、工业经济相比,数字经济在以下六个方面显现出不同的特征。

1. 数据是数字经济的基本生产要素

在数字经济时代,数据犹如农业经济时代的土地、工业经济时代的资本和劳动力等要素一样,成为经济活动的最基本要素,也是价值创造最基本的来源。

2. 数据处理平台成为重要的价值实现方式

与农业时代依赖土地、工业经济时代依赖机器和工厂不同,数字经济时代更加依靠数据的分析、关联和挖掘等处理平台,从数据中发掘金矿,让数据转变为财富。

3. 创新成为数字经济主要的驱动力

与农业经济的土地驱动、工业经济的资本驱动不同,创新是数字经济最为强劲的驱动力,只有激发创新活力、拓宽创新范围、开辟创新渠道,才能让创新成为实实在在的驱动力,引领数字经济强劲发展。大量的数字经济成功案例都源自各种类型的创新,离开创新,数字经济也就无从谈起。

4. 裂变式增长

受土地、资本、人力等各种生产要素的影响,农业经济和工业经济的发展方式都呈现线性和渐进的特性,而数字经济呈现裂变式增长的特性。例如,一篇受读者关注的文章一夜之间可以达到数千万甚至数亿的阅读量,这是传统媒体望尘莫及的。

5. 边际成本趋零

在边际成本方面,数字经济的优势更为凸显。以金融服务为例,在工业经济条件下,银行门店要多服务一位客户既需要安排服务人员又需要提供必要的场地,而手机移动支付可以不受地域和场地的限制,服务的客户人数几乎可以无限扩大,基本不产生额外的成本。由于边际成本趋零的特性,可以用尽可能少的代价获得更大的收益,让数字经济的价值得到更为充分的体现。

6. 生产方式将趋向智能化、个性化和分散化

由于网络将各种不同的生产要素有机整合起来，实现了基于网络的平台化、协同化和一体化作业，生产方式出现了三个方面的变化：一是传统的自动化生产将转向智能化生产，二是传统的标准化生产将转向个性化生产，三是集中化工厂生产将转向分布在全国甚至全球的分散化生产。

1.1.5 数字经济的发展原则

G20所确立的促进数字经济发展与合作的共同原则，对促进我国数字经济的健康快速发展有很好的借鉴意义。其主要内容如下：

（1）创新。信息通信技术中的技术创新及由信息通信技术驱动的经济活动中的创新，都是实现经济包容性增长和发展的关键驱动力。

（2）伙伴关系。政府、私营部门、民间社会、技术团体和国际组织应建立更为紧密的伙伴关系，充分分享知识、信息和经验，增进合作，应对共同挑战。

（3）协同。数字经济几乎涉及所有经济社会领域，应加强多方协同。

（4）包容。将数字包容性和使用数字技术来提升包容性作为推进数字经济的关键要素，以确保无论性别、地区、年龄、能力或经济地位如何，人们都能在数字经济发展中受益。

（5）开放和有利的商业环境。创造透明的法律、监管、政策环境，促进公平竞争，有效保护消费者权益，有利于数字经济持续快速发展。

（6）促进经济增长、信任和安全的信息流动。促进信息、思想、知识的自由流动，加强隐私和个人数据保护，提高基于信息通信技术的关键基础设施的安全性，以使信息通信技术继续成为加快经济发展的可靠动力。

1.1.6 发展数字经济的重要意义

数字经济已深刻融入国民经济各领域，为经济发展提供了新动能，在优化经济结构、促进产业转型升级等方面发挥着越来越重要的作用。在我国，大力发展数字经济，有以下多个方面的重要意义。

1. 数字经济已成为新的历史阶段的新经济形态

人类社会从经历了数千年的农业经济时代，再到数百年的工业经济时代，今天正全面进入到只有数十年历史的数字经济时代。数字化的技术和数字化的资源正引领科技和产业的变革，数字经济不仅在生产力层面推动劳动工具的数字化、劳动对象的服务化、劳动机会的大众化，而且在生产关系层面促进资源共享化、组织平台化、协作网络化，将带动人类社会发展方式的变革、生产关系的再造、经济结构的重组和生活方式的巨变。

在新的经济形态到来之际，无论是一个国家、一个地区，还是一家企业抑或每一个人，都需要适应新的形势，迎接新的变化。我国作为世界最大的发展中国家，必须顺应时代潮流，引领经济和社会的变革，驾驭未来的发展大局。

2. 数字经济为人民群众创造更多福祉

与农业经济依靠土地，工业经济依靠资本、技术、厂房、工人等要素不同，数字经济以数据资源为核心资产，数据成为数字经济的新能源、新生产要素。数据作为一种无形的存在，数据的应用不仅能跨越时空，而且数据的使用成本随使用次数的增加而减少，它可以为更多的民众带来福祉。比如，数字化教育资源的开发，可以让更多没有机会考上理想大学的年轻人享受优质的教育资源；再如，数字化金融服务可以为边远地区、低收入人群提供低门槛的金融支持，让他们成为普惠金融的受益者。

把握住数字经济的机会可以在一定程度上消除自然资源或区域位置等方面的劣势。贵州就是一个很好的例子，短短数年，贵州紧紧抓住了发展大数据的机会，一跃成为全国数字经济的领先省份，为其他经济欠发达地区提供了成功的范例。

3. 数字经济是赢得高质量发展的新手段

中华人民共和国成立后，经过七十多年的发展，尤其是经过改革开放四十多年的快速发展，已成为世界第二大经济体，中国特色社会主义已经进入了新的时代，经济发展已由高速增长阶段转向高质量发展阶段。高质量发展是一场涉及思想观念深刻变化、社会结构深刻变动、经济体制深刻变革、利益格局深刻调整的系统性变革。

数字经济促进新一代信息技术加速与经济社会各领域深度融合，孕育了新技术、新产业、新业态、新模式，成为驱动生产方式变革的新动力，对进一步提升经济运行效率和全要素生产率、有效助推供给侧结构性改革有着重要意义，是赢得高质量发展的新手段。

4. 数字经济促进合作和共赢

经过多年的探索和实践，发展数字经济已成为国际社会普遍共识，为促进各国务实合作、构建以合作共赢为核心的新型国际关系提供了重大机遇。数字化促进贸易规模增长、推动全球贸易方式转型变革，使全球民众进一步享受国际分工带来的更大福利。互联网等数字技术通过将传统链条式交换的贸易转换为统一聚合的全球市场，大幅减少中间环节，突破了传统国际贸易的时间和空间限制，形成了新的格局，世界各国加强合作共赢创造了不可多得的新机遇。

当前，我国作为全球第一贸易大国、全球第二大消费市场，与世界各国的经贸往来和人员交流密不可分。数字经济是促进我国与世界深度融合的黏合剂，对我国走向世界、促进合作、扩大共赢有着重要的意义。

5. 数字经济助力我国从制造大国走向制造强国

改革开放以来，我国工业成功实现了由小到大、由弱到强的历史大跨越，使我国由一个贫穷落后的农业国成长为世界第一工业制造大国。2010年，我国制造业增加值首次超过美国，成为全球制造业第一大国，自此以后连续多年稳居世界第一，目前我国已建成门类齐全、独立完整的现代工业体系，工业经济规模跃居全球首位，占全球制造业增加值现已接近30%。

数字经济促进了制造业的"智能化、个性化、数字化、网络化、服务化、定制化"发展，推动了企业生产方式、管理方式的创新变革，驱动传统制造业转型升级。制造业的数字化转型带动了产品、企业和产业等多层面的融合创新，使高端装备产品附加值得到了提升，企业研发设计、生产管理、协同营销的集成应用进一步深化，制造业的效率得到了明显提高，市场竞争力得到了进一步显现。远程诊断、在线运维、个性化定制、供应链集成服务、众包生产等新的形式有效促进了生产与消费的有序衔接，为制造业带来了极大的希望，为我国从制造业大国走向制造业强国提供了坚强有力的支持。

6. 数字经济为农业现代化带来新机遇

在我国，农业、农村和农民简称为"三农"，如何解决农民增收、农业发展和农村稳定，是党和政府及社会各界高度重视的问题。以大数据、物联网等为代表的新一代信息技术正在向农业生产、加工、销售等各个环节广泛渗透，加快推动农业领域数字化转型。数字经济作为农业现代化的助推器，不仅可以提高农业生产效率，促进产销精准对接，还可以为农民提供科学的决策支持。

在我国，过去就农业抓农业，就种养业搞种养，没有把加工、流通、销售等环节连起来，数字经济利用数字技术将市场需求和消费信息有机结合引导生产、加工、流通，可以增强第一产业、第二产业和第三产业的互联互通，同时把数字经济的理念、技术引入到农业，推进农业与其他产业深度融合，打造农业和农村经济的升级版。与此同时，数字经济的大力发展对改变农村面貌、缩小城乡差别、提升农民素质、增加农民收入都将带来新机遇。

1.2 数字经济统计分类

为了更好地对数字经济进行分类统计，国家统计局在充分借鉴经济合作与发展组织（OECD）和美国商务部经济分析局关于数字经济分类的方法，遵循两者在分类中的共性原则的基础上，建立起了具有国际可比性的数字经济产业统计分类，同时还参照《新产业新业态新商业模式统计分类（2018）》《战略性新兴产业分类（2018）》《统计上划分信息相关产业暂行规定》等相关统计分类标准，出台了《数字经济及其核心产业统计分类（2021）》。

1.2.1 我国数字经济分类的主要内容

《数字经济及其核心产业统计分类（2021）》从数字产业化和产业数字化两个方面，确定了数字经济的基本范围，将其分为数字产品制造业、数字产品服务业、数字技术应用业、数字要素驱动业、数字化效率提升业等5个大类。其中，前4个大类为数字产业化部分，第 5 个大类为产业数字化部分。

如图 1-2 所示，作为数字经济发展基础的数字产业化部分又称为数字经济核心产业，主要包括计算机通信和其他电子设备制造业、电信广播电视和卫星传输服务、互联网和相关服务、软件和信息技术服务业等。它们对应《国民经济行业分类》（GB/T 4754—2017）中的 26 个大类、68 个中类、126 个小类，是指为产业数字化发展提供数字技术、产品、服务、基础设施和解决方案，以及完全依赖于数字技术、数据要素的各类经济活动。产业数字化部分对应《国民经济行业分类》中的 91 个大类、431 个中类、1256 个小类，是指应用数字技术和数据资源为传统产业带来的产出增加和效率提升，是数字技术与实体经济的融合。该部分涵盖智慧农业、智能制造、智能交通、智慧物流、数字金融、数字商贸、数字社会、数字政府等数字化应用场景，体现了数字技术已经并将进一步与国民经济各行业进行深度渗透和广泛融合。

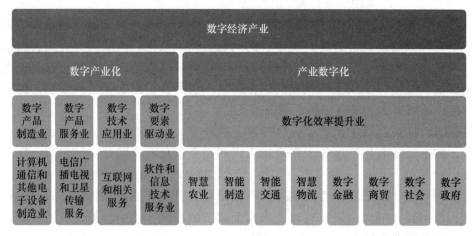

图 1-2　数字经济产业构成

（资料来源：《数字经济及其核心产业统计分类（2021）》）

1.2.2　我国数字产业化与产业数字化之间的关系

从统计学角度来看，数字经济包括数字产业化和产业数字化两个部分，两者既相互独立同时又互为整体的关系。以制造业数字经济为例，数字产品制造业是指生产与数字技术相关的各类产品的产业，包括计算机制造、通信及雷达设备制造、数字媒体设备制造、智能设备制造、电子元器件及设备制造和其他数字产品制造业，属于数字产业化部分。智能制造是指利用数字孪生、人工智能、5G、区块链、VR/AR、边缘计算、试验验证、仿真技术等新一代信息技术与先进制造技术深入融合，旨在提高制造业质量和核心竞争力的先进生产方式，主要包括数字化通用、专用设备制造，数字化运输设备制造，数字化电气机械、器材和仪器仪表制造及其他智能制造，属于产业数字化部分。制造业数字经济构成如图 1-3 所示。

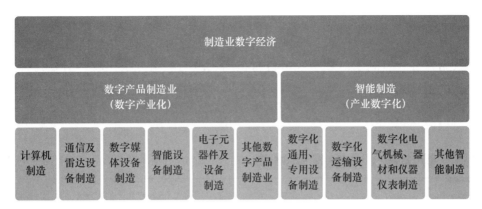

图 1-3　制造业数字经济构成

数字产品制造业和智能制造是按照《国民经济行业分类》划分的制造业中数字经济具体表现形态的两个方面，互不交叉，共同构成了制造业数字经济的全部范围。

《数字经济及其核心产业统计分类（2021）》客观地反映了数字经济发展的科学内涵和内在规律，对于加快我国经济社会各个领域数字化转型步伐，推进国家治理体系和治理能力现代化，形成与数字经济发展相适应的政策体系和制度环境，具有十分重要的意义。

1.2.3　美国对数字经济的分类

在数字经济分类方面，美国商务部经济分析局经过多年的探索，已形成了相对较为科学的评价体系，它们把数字经济分成基础设施、电子商务、收费数字服务和联邦非国防数字服务四个部分。美国对数字经济的分类如图 1-4 所示。

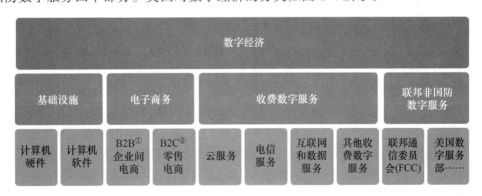

图 1-4　美国对数字经济的分类

数字经济在美国经济中已占据重要地位。有数据显示，2022 年美国数字经济增加值为 2.6 万亿美元，占美国国内生产总值（GDP）的 10%，提供了 890 万个岗位，总

---

① B2B："Business to Business"的简称，即企业对企业。
② B2C："Business to Consumer"的简称，即企业对用户。

薪资达到 1.3 万亿美元。①

在美国，数字经济被作为一个独立的产业予以评价，评价指标有比较确定的评价依据和数据来源，有利于对数字经济进行横向、纵向的全方位比较，引导其科学合理发展。从美国的实践来看，该国对数字经济的分类统计保持了相对的稳定，数据的来源更有保障，可信度也更高，可为我国数字经济发展提供借鉴和参考。

1.3 数字经济未来发展趋势

以大数据、人工智能、云计算等新一代信息技术为驱动力的数字经济，正成为推动经济繁荣、社会进步的重要力量，从未来发展看，主要包含以下六个方面的发展趋势：

1.3.1 经济资源的数字化是数字经济的赋能器

在数字经济时代，数据已成为最基本的生产要素。美国政府将数据看作陆权、海权、空权之外的另一种国家核心资产，新加坡将数据看作货币，通过数据为经济赋能，使其成为提供新产品、新模式、新服务和实现产业转型升级的重要武器，这已成为一种普遍的共识。

从未来发展趋势看，无论是实体经济还是虚拟经济，首先必须将经济资源数字化，只有依靠数字化的经济资源，才能融入数字经济的大熔炉，真正发挥出作用和价值。对传统的实体经济主体而言，如何实现数字化的转型是一个严峻而又迫切的挑战，必须顺应时势，加速数字化转型的步伐，抢占数字经济发展的制高点。

1.3.2 为完善数字化基础设施提供强有力的保障

无论是农业经济、工业经济，还是数字经济，完善的基础设施是支撑其发展的重要条件。农业基础设施主要涉及农田水利、农具、农产品运输和交易场所等，工业经济基础设施涉及电力能源、交通运输、交易市场等。不难看出，农业经济和工业经济的基础设施都具有物理属性，必须是有形实物的存在。数字化基础设施既包括网络、服务器、终端等有形的物理设施，也包括大量无形的计算能力、无线宽带等。

数字化基础设施在我国统称为新型基础设施，是指以新发展理念为引领，以技术创新为驱动，以信息网络为基础，面向高质量发展需要，提供数字转型、智能升级、融合创新等服务的基础设施体系。其具体包括以下三种类型：

一是信息基础设施。它是指基于数字技术演化生成的基础设施，比如，以5G、物联网、工业互联网、卫星互联网为代表的通信网络基础设施，以人工智能、云计算、区块链等为代表的新技术基础设施，以数据中心、智能计算中心为代表的算力基础设施等。

---

① U. S. Bureau of Economic Analysis.U.S.digital economy: new and revised estimates, 2017—2022[EB/OL].（2023-12-06）[2024-04-06].https://apps.bea.gov/scb/issues/2023/12-december/pdf/1223-digital-economy.pdf.

二是融合基础设施。它是指深度应用互联网、大数据、人工智能等技术，支撑传统基础设施转型升级，进而形成的融合基础设施，如智能交通基础设施、智慧能源基础设施等。

三是创新基础设施。它是指支撑科学研究、技术开发、产品研制的具有公益属性的基础设施，如重大科技基础设施、科教基础设施、产业技术创新基础设施等。

1.3.3 数字化平台将成为数字经济的新主宰

从国际经济秩序来看，形式各异的平台是主宰全球经济的利器，比如，美国主导的世界银行和国际货币基金组织，可谓是"得平台者赢天下"。在数字经济时代，各种类型的平台更是因为不受地域的限制而具有更为强大的控制力，阿里巴巴、腾讯、京东、小米、苹果、亚马逊等无一不是依靠平台而所向披靡。目前，在全球市值最高的十大公司中大部分都采用基于平台的商业模式，例如，我国的微信拥有超过 10 亿的活跃用户，微信支付与支付宝支付基本垄断了我国整个移动支付市场；谷歌拥有人约全球 90% 的互联网搜索市场；Meta^①占据了全球三分之二的社交媒体市场，用户总数接近 30 亿；亚马逊在全球在线零售活动中占有近 40% 的份额，同时在全球云基础设施服务市场中位居前列。

通过国内外的实践表明，一个国家或地区的经济发展的影响力和控制力很大程度上取决于数字经济平台的数量和质量，企业之间的竞争重心也将从技术竞争、产品竞争、质量竞争、价格竞争、供应链竞争逐步演进为平台竞争，一些把握先机的企业通过开放数据资源、提供开源系统、促进跨界融合、完善基础设施、变革组织架构、创新商业模式和强化平台服务等多种方式，成为数字经济平台的新霸主。某种程度上可以说，数字经济就是平台经济，如果没有相应的平台做支撑，数字经济只会是"水中月、镜中花"，最终将陷入"泡沫经济"的泥潭。

1.3.4 产业结构的调整和升级加速推进

数字技术在不断催生数字经济新业态的同时，对传统的第一产业、第二产业、第三产业的融合渗透也在快速推进之中，产业结构的调整和升级成为数字经济的重要组成部分。一是农业领域受数字技术作用的成效正在显现，农业大数据、农业物联网、农业人工智能等应用使农业作业效率大幅提升，农业的现代化水平快速提升；二是在工业领域，大数据、物联网、云计算和人工智能技术的广泛应用，使得智能制造、柔性制造、绿色制造、云制造、大规模定制等形式成为新的生产制造模式，传统的粗放式制造方式正在走向终结，转型升级已势在必行；三是在服务领域，金融、零售、教育、医疗、交通、媒体、餐饮、旅游……，几乎每一个服务行业都在接受数字经济的洗礼，适应新形势需要的新业态不断涌现，一些无法与时俱进的服务业态正在消失。

---

① Meta：原名为 Facebook，2021 年 10 月 28 日，Facebook 公司正式更名为 Meta，但其名下的社交媒体平台 Facebook 保留原名。

数字经济从工业经济演进而来，但对传统的工业经济所形成的产业形态的影响是极其广泛和深远的，各行各业都需要有勇气去接受挑战，拥抱变革，唯有顺应变化，才能适者生存。

1.3.5 数字技能和素养成为人力资源的新要求

与农业经济、工业经济显著不同的是，数字经济需要仰仗具有数字技能和数字素养的高素质人力资源才能发展。适应数字经济发展要求的新型人才，一方面需要掌握数字技术的基本技能，有较强的动手操作能力；另一方面需要具备相应的数字经济思维，能够将业务场景和应用需求与技术进行有机结合，形成创新的模式和思路，创造出新的价值。

毋庸置疑，人力资源是数字经济发展最为宝贵的财富，也是当前各地普遍面临的一大瓶颈，各地各级政府和相关人才培养单位都应将提升公民的数字技能和数字素养作为一项重要任务予以推进，尤其是针对当代年轻人，要想方设法为他们在数字经济领域建功立业创造条件，避免因人工智能等技术的冲击而使他们成为被淘汰的牺牲品。

1.3.6 数字经济引领政府的变革

政府是全社会数据资源的主要拥有者，也是公共服务的主导提供者，在数字经济发展中担当着不可替代的角色。在数字经济发展的大背景下，政府正面临着诸多复杂的挑战，只有实现多方面的变革才能适应新的形势需要。一是要利用数字化技术精简业务流程，尽可能以数据流动代替人工"跑路"；二是全面开放可供社会开发利用的各类非涉密数据，让政府的数据作为社会的公共资源，在经济和社会发展中发挥更为重要的作用；三是要整合各类社会数据资源，构建统一、共享的数据平台，实现跨层级、跨区域和跨行业的数据服务体系，为更加精准、科学、高效地制定各类决策服务；四是与公众建立新型的数字化的联系，让公众能更好地参与政府的决策，为进一步实现数字化民主提供全方位的技术支撑。

建设数字政府、实现数字化治理，是政府自身改革和社会发展的共同需求。当前，我国数字政府建设正在进入一个新阶段，必将与数字经济发展齐头并进。

1.4 数字经济发展框架

数字经济的发展是一个综合性的系统工程，牵涉范围十分广泛，从国内外的发展实践来看，数字经济的发展框架主要涵盖以下八个方面：

1.4.1 数字化基础设施建设

农业经济的发展必须依赖农田水利灌溉、农产品生产加工及运输销售等基础设施；

工业经济既依赖铁路、公路和机场等交通设施，又依赖电力、机械设备等生产作业设施。基础设施是农业经济和工业经济发展的基础保证。进入数字经济时代后，数字化基础设施（Digital Infrastructure）成为基础保障条件，它是指支撑数字经济运行的基本物质保障和相应的软硬件条件。从具体表现形式来看，它包括支撑宽带、无线通信网络、云计算、大数据、人工智能、物联网和区块链等技术运行的各种配套设施，是从传统信息基础设施向下延伸到数据层、向上扩展到应用层，形成一个基于数据的服务体系，为数字经济高速发展搭好桥、铺好路，创造良好的发展环境。

德国是国际上高度重视数字化基础设施建设的国家之一。2021年1月，德国政府发布《联邦政府数据战略》，确立了四大行动领域——构建高效且可持续的数据基础设施、促进数据创新并负责任地使用数据、提高数字能力并打造数字文化、加强国家数字治理。由上可见，数据基础设施建设位居第一，其主要围绕数据基础设施的联网和扩展以及高性能计算、量子计算和存储媒体的推进，为其他国家提供了学习借鉴的范例。

当前我国数字经济基础设施建设正在全面推进，这既是支撑数字经济运营的重要载体，也是创造与满足新需求的重要保障。我国要坚持系统完备、高效实用、智能绿色、安全可靠的导向，因业施策、因地制宜，加速建设信息基础设施，稳步发展融合基础设施，适度超前部署创新基础设施，为实现经济持续健康发展、高水平科技自立自强和不断增进民生福祉夯实先进基础。具体建设内容包括以下两个方面：

一是加速构建高速泛在、天地一体、集成互联、安全高效的信息基础设施。建设内容包括：发展泛在协同的物联网感知设施，推动5G网络全面深度覆盖，构建高速畅通的固定宽带网络，建设协同完善的空间信息基础设施，构建一体化大数据中心体系，布局高效的人工智能基础设施，培育面向未来的新技术基础设施。

二是结合新型城镇化，推动交通、物流、能源、市政等基础设施智慧化改造，逐步形成网络化、智能化、服务化、协同化的融合基础设施。建设内容包括：打造具备较高水平的工业互联网，发展协同高效的智能交通物流设施，构建清洁高效的智慧能源系统，建设先进普惠的智慧民生基础设施，形成绿色智慧的环境资源设施，建设智能新型的城市基础设施，建设便捷高效的县域数字化设施，构筑系统完备的智慧农业农村设施体系

总体而言，数字化基础设施在数字经济发展中往往起着"四两拨千斤"的效果，需要从长计议，加大投入，统筹谋划。

1.4.2 数字化治理体系建设

数字时代的到来，推动政府和社会治理模式的变革，数字化治理（Digital Governance）应运而生。与一般意义上的"管理"相比，"治理"强调实施主体的多元化，注重政府、企业和社会各界的协调与合作，强调社会包容性和多边互动特性。数字化治理是指运用数字化的思维、理念、资源、工具和规则对社会和经济活动进行治理，以构建包括政府、企业、行业组织、公众等共同参与的协同治理机制，使政府和社会能取得更好的治理效果。

在政府数字化治理方面，美国起步比较早，取得的成效也比较好。早在2002年2月，美国就公布了新的数字政府治理战略，开启了全球政府数字治理的先河。2009年年初，时任美国总统奥巴马将政府数字治理的目标由过去的"电子政府"转向"开放政府"，实现了治理理念的升级。2012年5月，美国白宫发布的《数字政府战略》中明确了三大治理目标：一是让民众随时随地利用任何设备获取高质量的数字政府信息和服务；二是确保政府积极适应新的数字世界，抓住机遇，以智能、安全且经济的方式采购和管理设备、应用和数据；三是开放政府数据，以促进国家创新，提高公共服务质量。

在社会数字化治理方面，互联网平台无疑担当着十分重要的角色，无论是国内的腾讯、阿里巴巴还是美国的谷歌、脸书等，都通过不断完善相关规范和措施来建立、健全治理体系，以更好地适应数字经济发展的需要。

2022年6月发布的《国务院关于加强数字政府建设的指导意见》既是指导我国数字政府高质量发展的纲领性文件，又是促进数字化治理有序深化的重要依据。该意见强调：推动社会治理模式从单向管理转向双向互动、从线下转向线上线下融合，着力提升矛盾纠纷化解、社会治安防控、公共安全保障、基层社会治理等领域数字化治理能力；把提高领导干部数字治理能力作为各级党校（行政学院）的重要教学培训内容，持续提升干部队伍数字思维、数字技能和数字素养，创新数字政府建设人才引进培养使用机制，建设一支讲政治、懂业务、精技术的复合型干部队伍。

数字化治理是一个逐步推进的过程，需要在实践中不断探索，在发展中不断进步，一步一个脚印，不断使治理能力迈向新的高度。

1.4.3 数字化公共服务体系建设

如何利用数字技术提升公共服务水平，既是政府追求的目标，也是社会在数字时代的呼唤。简而言之，数字化公共服务是指利用数字化手段提供面向社会的各类公共服务，以简化服务流程、提升服务效率、优化服务水平。作为数字经济发展的有机组成部分，数字化公共服务得到了世界各国的广泛重视，其体系建设在我国也得到了全面的推进。

新加坡是数字化公共服务水平位居全球前列的国家，多年来新加坡政府致力于建设以公民为中心的协作式政府，通过应用数字化手段加强政府、公民和私人部门之间的对话互动，不断提升政府数字化公共服务发展水平。早在2006年，新加坡就推出了"智能城市2015"发展蓝图，致力于将这个"城市国家"建设成一个以信息通信驱动的智能化都市。2014年，新加坡将该计划全面升级，公布了名为"智慧国2025"的10年计划，这也是全球第一个智慧国家蓝图。围绕这一计划，新加坡大力推进公共服务的数字化，尤其是开发政府数据、整合政府服务等方面处在全球领先的地位。正在实施的这一计划，强调3C发展理念，即连接（Connect）、收集（Collect）和理解（Comprehend），具体含义如下：

（1）连接：部署一个安全、高速、可扩展的数字化基础设施平台，确保所有的人和物在新加坡的任何地点与任何时间点都能够互联互通。

（2）收集：通过遍布全国的传感器网络获取海量实时数据，并对重要数据进行匿名化保护和管理。

（3）理解：通过收集的数据建立面向公众的有效共享机制，并通过大数据分析，精准感知和预测民众需求变化，以提供更好的公共服务。

3C发展理念既为其建设全球领先的"智慧国"提供了有力支撑，也为其提供高水平的公共服务创造了良好的条件。

在我国，浙江省较早启动"最多跑一次"的改革，把数字化公共服务作为重要目标和重要支撑，构建起统一架构、覆盖全省的浙江政务服务网，建成个人综合库、法人综合库、信用信息库、电子证照库，按照全打通、全归集、全共享、全对接、全统一、全覆盖、全联通、全在线的要求开展办事事项数据需求梳理和数源确认，推进数据归集和共享，支撑"一窗受理、集成服务"，推行"掌上办事"，努力实现"最多跑一次"甚至"一次也不跑"，真正做到"让数据多跑腿、群众少跑路"。这次改革取得了十分明显的成效，得到了社会的广泛认可。

1.4.4 数字化转型

数字化转型是数字经济发展的重头戏，是产业数字化的重要表现，具体是指利用数字技术为包括农业、工业、服务业在内的传统产业赋能，转变传统产业的运营模式，以创新模式、创造业态，获得新的价值增值。

1. 数字农业

农业是典型的第一产业，关系到国家的粮食供应和经济安全，发展数字是数字经济时代农业发展的基本方向。数字农业是指物联网、大数据、人工智能等技术与地理学、农学、生态学、植物生理学和土壤学等基础学科有机融合，从而实现在农业生产全过程中数字化管理，达到降低成本、提高生产效率和产品质量以及改善生态环境的目的。

在国际上，数字农业目前主要围绕农业物联网、农业大数据、农业人工智能和农业机器人等多个方向发展，在一定程度上呈现出百花齐放的发展状态。德国将其在工业4.0方面所取得的领先优势移植到农业领域，成为世界上数字农业发展的领先国家，所开发的数字农业解决方案，能实现各种农业数据的智能采集和全方位应用，对提升农业作业效率、实现精准农业和智慧农业有着十分重要的作用。我国的数字农业虽已起步，但总体发展水平尚需进一步提升。加快数字农业发展，是我国农业当前所面临的重要战略任务，需要予以全面系统的部署和全方位的推进。

2. 智能制造

制造业是一个国家经济的主体，是立国之本、兴国之器和强国之基，是一个国家综合实力的体现。制造业兴，则国家兴；制造业衰，则国家衰。自2001年我国加入世界贸易组织(WTO)以来，中国制造业增加值占全球比重不断攀升，2001年超过德国、

2007年超过日本、2010年超过美国，此后持续保持第一制造大国的地位。①

作为世界制造大国，我国制造业存在的问题主要表现在以下五个方面：一是关键核心技术仍然受制于人，不少领域被"卡"脖子；二是资源环境刚性约束，特别是高污染、高排放、高能耗，跟"碳达峰"和"碳中和"的要求差距比较大；三是产业结构不合理、产品质量不高、产品附加值低，创新能力和核心竞争力不足；四是制造业的智能化程度比较低，数字化转型迫在眉睫；五是制造业的人才青黄不接，已成为制造业发展的瓶颈。

数字技术与制造业的融合主要表现形式是智能制造。智能制造是指将物联网、工业互联网、大数据、云计算和人工智能等数字技术与先进制造技术深度融合，并贯穿于设计、生产、管理、服务等制造活动的各个环节，具有自感知、自学习、自决策、自执行、自适应等功能的新型生产方式。智能制造以智慧工厂为载体，以关键制造环节的智能化为核心，以端到端的数据流动为运营基础，以基于工业互联网的互联互通作为基本支撑，实现传统制造向数字制造的跃升。

3. 数字化服务

面广量大的服务业已成我国经济增长的主引擎，2021年，我国服务业增加值占GDP比重为53.3%，对经济增长的贡献率为54.9%，拉动GDP增长4.5个百分点。②尽管我国服务业的总体规模已位居世界前列，服务业从业人员总数已位居全球首位，但当前我国服务业还存在层次和附加值低、品种单一、开放程度不高、服务效率和服务能力亟待提升等问题，依托数字技术，大力发展数字化服务，是我国服务业提档升级的必然选择。

数字技术将从以下四个方面为传统的服务业赋能：一是助力产生新的服务岗位。犹如电商带来了快递、外卖等新职业，大数据的发展催生了数据标注师、数据分析师等新岗位一样，数字化服务将会催生各种新的服务岗位，更好地满足数字经济时代的就业需要。二是数字技术将会创造服务业的新业态。比如，5G会产生远程医疗，人工智能将带来更多高水平的服务机器人，虚拟现实带来全新的服务体验，等等。数字技术与传统服务业的融合，将促使服务业新业态如雨后春笋般涌现。三是有助于提升服务效率和服务质量。基于大数据的服务需求分析、基于人工智能的服务能力迭代等，将使服务的效率和质量更上一层楼，使服务业进入一个全新的阶段。四是有利于服务要素资源的优化配置。数字技术促进了服务要素资源的流动和跨地区的组合，各种创意设计、服务数据和服务专业人才将会通过各种服务资源的平台得到充分整合，创造出更大的服务价值。

---

① 张威，林梦. 全球制造业格局加速调整 [EB/OL].(2022-11-09)[2024-04-06].http://www.china.com.cn/opinion/theory/2022-11/09/content_78509897.htm.

② 国家统计局. 服务业释放主动力 新动能打造新引擎：党的十八大以来经济社会发展成就系列报告之五 [EB/OL].(2022-09-20)[2024-04-06].https://www.stats.gov.cn/zt_18555/zthd/lhfw/2023/fjxsd/202302/t20230227_1918918.html.

1.4.5 数字平台建设

数字经济的运营要以数字平台（Digital Platform）作为支撑，数字平台是数字时代经济活动的主导者和引领者，具有十分重要的地位。所谓平台，是指即插即用的业务模型，允许多个参与者(生产者和消费者)相互连接、相互作用，并创造和交换价值。数字平台的相关定义很多，本书认为，数字平台是指集成多种组件并整合多种服务，为用户进行全方位交互并创造独特价值的软硬件系统集合。数字平台类型众多、功能各异，既有搜索引擎、电商平台、社交平台，又有大量不常接触的垂直或细分领域的专业平台，它们犹若熠熠生辉的星辰，共同照亮了数字经济的璀璨星空。

从全球范围来看，数字平台的作用和地位已得到广泛的认同，但每一个有影响力的数字平台的崛起绝非一日之功。它们无一不是从用户的需求出发，创新性地设计技术实现方案，并通过有效的用户积累，逐步找到可行的发展道路。

1.4.6 数字人才体系建设

国内外数字经济的实践表明，数字人才是数字经济发展最为关键的决定性力量，而数字人才的短缺几乎是世界各国普遍面临的现实困境。关于数字人才的定义，目前国内外尚未有较为统一的意见，一般以是否具有信息通信技术技能为判断标准。本书认为，数字人才是指具备数字化思维、掌握数字化技能，并且能以数字技术解决各类实际问题的就业人才。从社会需求角度出发，数字人才可分为以下六种类型：

1．数字战略型人才

这类人才具有数字化发展的远见卓识，能更好地把握未来发展趋势，例如，小米的创始人雷军敏锐地洞察到未来的趋势，认为电动智能汽车必然是未来的发展方向，于是躬身入局。2024年3月28日，小米汽车（小米SU7）举行新车上市发布会，小米SU7上市不到一个月就创下了业内新品牌首款车型上市首月的交付量新纪录，深受大众喜爱。

2．数字运营人才

这类人才懂得数字产品和服务的运营，能承担数字产品或服务的运营、质量测试和技术支持等职责。

3．数字化管理和营销人才

这类人才懂得应用数字技术进行管理，并熟悉网络营销等业务，在传统企业数字化转型中起着十分重要的作用。

4．数字技术研发和应用人才

这类人才以数字技术的研发和实际应用为主要方向，以满足技术研发和应用实现需要。社会对这类人才需求量大、技术要求高。

5. 数字融合人才

这类人才了解数字技术的基本原理和应用场景，能结合某一特定行业的应用需求，能提出相应的应用方案和建议。比如一些在传统行业拥有丰富经验的人才，他们了解业务痛点是什么，应该怎样去解决，但不一定熟悉具体的技术细节。

6. 数字安全人才

数字经济的快速发展对数字安全人才的需求与日俱增，数字安全人才既要负责数据中心、网络设备、服务器等物理设施的安全，又要确保数据信息及用户隐私等信息方面的安全，需要保障全方位的安全。

数字人才体系的建设是取得数字经济发展的基础保障，既不能一蹴而就，也不能望而却步，只有夯实数字人才基础，才能使数字经济这棵大树枝繁叶茂。

1.4.7 数字合作体系建设

数字经济的发展牵涉面十分广泛，如何让各主体之间形成有效的合作，意义十分重大。从大的范围来看，数字合作体系建设需要从以下三个方面展开：

1. 政、产、学、研、用、金之间的合作

如何促进政府、企业、高等院校、科研机构、用户和金融机构之间的有效合作，与能否形成数字经济的融合效应关系密切，只有突破合作壁垒才能取得理想成效。

2. 国际合作

数字经济发展牵涉到全球数字经济治理体系建设、技术和数据标准制定及跨境的业务往来诸多方面，加强国际之间的合作十分必要。目前，G20成员之间和OECD成员国之间在数字经济发展方面已形成良好的合作关系，尤其是我国在G20数字经济合作方面发挥了重要作用。

3. 区域合作

数字经济对于区域经济发展非常重要，如何破除区域之间在资金、人才流动以及技术合作方面的瓶颈，是各地发展数字经济所面临的共同挑战。目前，我国在数字经济区域合作方面已具备了一定基础：长三角在数字经济发展方面已形成初步的合作机制，江苏、浙江、安徽和上海"三省一市"之间形成发展合力，在全国乃至世界均占有一定的领先优势。

数字合作体系的建设需要从大局出发，正确处理好局部利益与整体利益之间的关系，通过深层次、多角度和全方位的合作，共同开启数字经济的未来。

1.4.8 数字经济发展环境建设

数字经济发展离不开与之相配套的发展环境，从国际国内的发展实践来看，发展

环境具体围绕以下四个方面展开：

1. 政策发展环境

国际上已出台支持数字经济发展的相关政策。欧盟于 2015 年启动了"数字化单一市场战略"，该战略旨在将成员国市场打造成为一个统一的数字市场；2016 年，欧盟公布"欧洲工业数字化战略"，以支持欧盟成员国工业的数字化。日本先后出台《集成创新战略》和《综合创新战略》等政策支持数字化技能培训和数字人才的培养。我国在国家层面出台了数字经济发展规划，全国不少省（自治区、直辖市）配套出台了相应的升级规划，有的还出台了数字经济发展促进条例，为数字经济发展创造了良好的政策环境。

2. 重大风险防范环境

数字经济发展面临着多方面的风险，包括法律法规缺失、技术风险、市场风险等多种比农业经济、工业经济时期复杂得多的风险，需要形成有效的防范应对各类重大风险的发展环境。以数字金融为例，目前相关的法律法规还十分欠缺，一旦遭遇风险，会对其发展带来极大的破坏。

3. 统计和监测检测环境

目前，国内外有关数字经济发展的统计尚没有被广泛认可的方法，一些探索性的统计方法由于缺乏可靠的数据来源，统计的可信度还不高。总之，如何对数字经济进行有效监测，目前还缺乏行之有效的手段，监测过程还存在较多的不确定性。

4. 安全保障环境

数字经济发展具有更多的不确定性，安全保障至关重要，目前在技术、管理和法律法规等各个方面存在着严峻的挑战，需要在发展过程中不断探索，逐步建立起安全可控和开放创新并重的数字经济安全保障环境。

本章小结

当今世界，数字经济正在经历高速增长、快速创新，并广泛应用到其他经济领域，已成为全球经济增长的驱动力，在加速经济发展、提高现有产业劳动生产率、培育新市场和产业新增长点、实现包容性增长和可持续增长等方面发挥着无可替代的作用。面对数字经济发展的历史机遇，我们必须审时度势、未雨绸缪，抢抓转瞬即逝的数字经济发展机遇，全面推动经济繁荣、社会进步和民生发展，早日建成世界数字经济强国。

第 2 章 数字技术解析

从本质上看,数字经济是借助数字技术手段运作的经济,数字技术既是驱动数字经济发展的原动力,也是决定数字经济发展的水平和质量的关键因素。当今时代,数字技术形式丰富、形态众多、影响广泛、带动作用强,在世界各国的经济与社会发展中起着越来越重要的作用。如何更好地理解数字技术,更加充分地利用好数字技术,关系到数字经济的发展大局。因此,了解数字技术的相关概念、掌握相关技术的基本原理、懂得不同技术的实际应用,是更好地把握数字经济发展机遇的重要前提。

2.1 数字技术概述

数字技术虽不是一个新的概念,但要对其作出一个精确的定义并非易事,尤其是数字技术当今正处于日新月异、迭代加速的时代,更是必须从深层次予以剖析。

2.1.1 数字技术的概念

认识数字技术必须从理解数字化开始。简而言之,数字化是指将模拟数据和流程转换为计算机可识别和操作的"0""1"二进制数字,并通过可以解释、管理、处理和转换任何形式数据的软件算法转换为可执行的指令,以取得预期结果的过程。数字化已经十分普遍,从早期的唱片变成 MP3 文件、从需要胶片照片到数码照片、从传统的图书和报刊到数字化图文,再从人与人面对面接触到越来越方便联系的社交媒体,都是数字化的表现形式。毋庸置疑,数据是数字化过程的关键所在,数据的采集、存储、传输、基于算法的处理以及数据的应用,是数字化全过程的核心内容。

数字技术是指实现数字化的一系列技术,将图、文、声、像等信息转化为可被电子通信系统识别的二进制数字"0"和"1"后进行运算、加工、存储、传送、传播、还原和综合应用的技术,从而产生出独特价值。

随着数字技术的快速发展,已对人类的生产生活和经济社会产生了重要而又深远的影响，并将持续发挥重大作用。在当今的数字技术领域，集中了全球大量顶尖的人才、汇集了大量的资本、孕育了数量众多的产业、创造了无数的就业机会，数字技术已成为经济社会发展强大的驱动力，发挥着经济使能器、动力转换器和融合反应器等多方面的作用。

2.1.2 数字技术的表现形式

数字技术种类繁多，迭代快速，从全球范围来看，当前最受关注的表现形式包括大数据技术、人工智能技术、移动通信技术、云计算技术、物联网技术、区块链技术、机器人技术及元宇宙技术等，这些技术各有侧重，既相互独立又互为整体，共同构成精彩纷呈的数字生态体系，为经济与社会发展赋能。

从不同技术的功能特点来看，各类技术所发挥的作用有较大差异，例如，大数据技术侧重数据的分析，移动通信技术侧重数据的传输，人工智能技术侧重模拟人类的智能进行分析决策，机器人技术更多应用于各种作业场景。尽管各种数字技术都有自己的独特之处，但基本很难做到"包打天下"，不同的数字技术必须融合共生、共存共荣。

回顾过去数十年数字技术的发展，可以看出几乎每一种技术的发展都是渐进式演进的。例如，人工智能技术从1956年概念的诞生，到今天在不同的行业开花结果，经历了漫长的演进过程；当今正广受关注的区块链技术，从2009年伴随比特币的问世，后逐步独立于比特币发展，至今已经历了十多年的应用，正在数字经济发展中发挥着独特作用；1992年的科幻小说《雪崩》中描绘了元宇宙，在数字技术历经三十余年的不断升级后，元宇宙成为现实，正融入各行各业，迎来新的发展契机。

2.1.3 数字技术的基本特征

与传统的信息技术相比，当今的数字技术对经济发展具有放大、叠加和倍增作用，主要原因是其具有以下四个方面的特点：

1. 创新性

数字技术的创新性表现在三个方面：第一，数字技术本身是创新的产物，创新是其生生不息的原动力；第二，数字技术的应用同样离不开创新，只有创新模式、创新管理、创新服务，才能使数字技术显现创新的价值；第三，数字技术的应用和作用的发挥，离不开人才。人才是数字技术应用的关键所在，决定着数字经济的发展前景和未来。

2. 赋能性

独立存在的数字技术很难体现其价值，无论是大数据、人工智能，还是云计算、物联网，抑或是区块链、元宇宙等，都是如此，只有跟具体的应用场景和业务需求结合起来，才能真正发挥其作用。这类似于药物的价值，只有将药物用于治疗具体的疾病，才能使药物发挥其独特的治疗作用。数字经济同样如此，尤其是产业数字化，必须通过数字技术为传统经济赋能，才能使传统产业焕发活力。

3．生态性

数字技术已成为一个相对完整的生态体系，从数据的采集、存储、传输、处理到应用已形成一个较为完整的产业链。这是数字世界的基石，是数字经济孕育、发展和繁荣的重要保证。从未来发展来看，数字生态和物理生态融合是必然趋势，两者相互关联，共同促进。

4．系统性

数字技术价值的发挥不是简单的技术应用，而是一项涉及面广泛的系统工程，关系到组织、人员、流程、管理和运营等方方面面的变革，只有统筹考虑、系统谋划、有序推进，才能使数字技术这副"良药"发挥应有的"疗效"，"治愈"各类"疑难杂症"，创造各种新的价值。

2.2 大数据

大数据（Big Data）作为数字经济的基础性和战略性技术，发挥着不可替代的作用，需要对此进行全面和系统把握。

2.2.1 大数据的概念

"大数据"这一概念自出现以来，一直受到全球范围内广泛的关注，但至今仍没有一个权威的定义。一般认为，大数据是指无法在可承受的时间内用常规软件工具进行捕捉、管理和处理的数据集合。大数据蕴藏着巨大的价值，因为常规的方法无法对其进行挖掘，所以需要用相应的技术和方法。

不同行业在大数据的开发和应用方面有着不同的价值潜力和开发难度。总体来说，政府掌握着全社会主要的数据资源，在大数据的应用和开发方面的价值潜力高、难度相对较小。伴随着移动互联网、智能终端和云计算等各类技术的快速普及，数据的产生和消费进入了前所未有的快速增长阶段。数据被称为新时代的"石油""电力"，堪称是取之不尽、用之不竭的新型宝藏。

2.2.2 大数据思维的概念

面对汹涌而来的大数据时代，无论是个体还是组织都应该具有大数据思维。风靡全球的《大数据时代：生活、工作与思维的大变革》一书中从三个方面对大数据思维做出了界定：一是需要全部数据样本而不是抽样，改变过去以小数据去推测大数据的结果；二是要关注效率而不是精确度，以效率优先更好地开发数据的价值；三是要关注相关性而不是因果关系，通过相关性去更好地揭示事物内在的规律。

从本质上看，数据价值的高低取决于掌握数据的人，与其说是大数据创造了价值，不如说是大数据思维触发了新的价值增长，让大数据能真正大放异彩。

2.2.3 大数据的特征

大数据的特征一般用"V"字母开头的五个英文单词来描述：

1. 容量巨大（Volume）

容量巨大是大数据最基本的特征，因为数据容量增长过快，导致传统的处理手段无法满足要求，从而促使大数据技术应运而生。在20世纪90年代，1.44MB容量的软盘几乎是台式电脑和笔记本电脑的标配，目前，容量2TB的硬盘已然成为台式电脑和笔记本的标配，后者容量是前者的145.6万倍。随着网络宽带的快速增加，以及社交网络的广泛普及，数据产生量和存储量急剧增长，给数据处理带来严峻挑战。

2. 高速处理（Velocity）

处理速度的高低直接影响数据的价值，数据容量的快速增长要求数据传输和处理的速度得到同步提升。高速处理主要表现为数据流和大数据的移动性，以及大容量数据实时性的传输和处理。比如，用户通过手机进行股票交易，如果数据处理和传输速度跟不上，那就会错失机遇，大数据也失去应有的价值。

3. 形态多样（Variety）

形态多样是指数据形式丰富多样，包括各种途径来源的关系型和非关系型数据。由于各种设备通过网络联结成了一个整体，用户不仅可以通过网络获取信息，还可以成为信息的生产者和传播者，数据种类也开始变得繁多，语音、数字、文字、模型、图形或视频等数据类型融合共生，共同造就了大数据的精彩纷呈。

4. 价值稀缺性（Value）

由于数据容量不断扩大，要从海量数据中挖掘价值变得异常困难。挖掘数据的价值既是大数据应用的主要障碍之一，也是数据开发的关键所在。高价值数据稀缺是大数据比较普遍的特性，需要通过相应的技术手段和分析方法使其得以改进。

5. 数据真实性（Veracity）

由于大数据的分布较为广泛、跟时间的结合度高，数据的真实性得到了有效的保证，一些错误甚至造假的数据（Dirty Data）在真实数据的环境下难以存在。因此，在数据处理过程中，分析并过滤有偏差、伪造、异常的数据，防止这些数据损害数据系统的完整性和正确性进而影响决策，是必须考虑的重要方面。

2.2.4 大数据的带动作用

加快大数据在经济社会各个领域的深入应用,已成为我国各地各级政府所共同面临的战略任务,大数据的带动和引领作用也日益显现,主要表现在以下四个方面。

1. 大数据驱动传统经济的转型升级

大数据推动社会生产要素的网络化共享、集约化整合、协作化开发和高效化利用,改变了传统的生产方式和经济运行机制,可显著提升经济运行水平和效率。以数据流引领资金流、物流、技术流和人才流,将会深刻影响社会分工协作的组织模式,促进生产组织方式的集约和创新。对我国面广量大的传统经济而言,大数据是促进其转型升级的新动力,向数字化转型、向大数据要生产力是传统企业共同面临的一项紧迫任务。

2. 大数据引领创新创业双轮驱动

大数据既是激发商业模式创新、催生各类新业态的催化剂,也是激发创新创业活力的发动机,对提升企业的市场适应能力和竞争实力、为企业创造更大发展空间等方面有着不可替代的作用,是企业在新形势下做大做强的重要法宝。

3. 大数据创造国家和地区发展的新机遇

在全球经济一体化、信息网络化快速发展的大背景下,大数据是国家综合实力的重要体现。要充分利用我国人口众多、经济体量大、数据资源丰富的优势,以充分发挥数据在提升国家竞争力中的突出作用。掌握和利用好数据资源对地区经济与社会发展的重要性与日俱增,一定程度上影响着未来的发展潜力。

4. 大数据已成为治国理政现代化的新手段

大数据能够深度揭示传统技术方式难以展现的关联关系,推动政府数据开放共享,促进社会事业数据融合和资源整合,为有效处理复杂的社会问题、形成更加科学有效的决策体系提供全新的手段。利用好大数据将极大提升政府治国理政的能力,对建立法治政府、创新政府、廉洁政府和服务政府,逐步推动我国治国理政的现代化发展发挥着越来越重要的作用。

2.3 人工智能

人工智能(Artificial Intelligence,AI)不是一个新的概念,2016 年,在人工智能 Alpha Go 与围棋世界冠军李世石的"人机对弈"中,前者大获全胜。随后,人工智能在全世界范围内掀起了热潮,相关的理论研究和应用探索也正在不断深入。

2.3.1 人工智能的概念

所谓智能,一般是指学习和求解问题的能力,也即代表解决新问题、理性行动与像人一样的能力,广义的智能可以理解为世界上人类、部分动物和特定设备共同具有的一种能力。智能是一种非常广泛的精神能力,包括推理、计划、解决问题、抽象思维、领悟复杂思想、快速学习及汲取经验等,它不是一种本能。

"人工智能"这一概念发端于 20 世纪 50 年代初英国数学家艾伦·麦席森·图灵所做的图灵测试。当时图灵提出了检验机器是否具有智能的设想——测试者与被测试者(人和机器)分隔开的情况下,测试者通过一些装置(如键盘)向被测试者随意提问,进行多次测试后,如果有 30% 的测试者无法在五分钟内区分被测试者是人还是机器,那么这台机器就通过了测试,并被认为具有智能。1956 年 8 月,在美国达特茅斯学院召开了一次长达两个多月并具有重要里程碑的学术会议,这次会议集中了数学、心理学、神经生理学、信息论和电脑科学等学科的诸多知名专家,他们分别从不同的角度共同探讨人工智能的可能性,目的是为使计算机变得更"聪明",或者说使计算机更具有智能。会议最终正式提出了"人工智能"这个术语,最初目标是让机器复制人的智能,如人的创造性、自我修养、语言功能等,试图让机器在复杂和变化的环境中自动发挥功能。

从不同的角度去理解人工智能,能得出不同的定义。目前国内外比较通用的定义是:人工智能是指研究、开发用于模拟、延伸和扩展人类智能的理论、方法、技术及应用系统的一门新的技术科学。不管对人工智能作何定义,它的本质是以人加工出来的机器或系统为载体,来模拟人类智能活动以延伸人类智能。人工智能既是对人类思维的信息过程进行模拟,也是把人的智能进行有形的物化。

作为一个综合性的概念,人工智能由现代通信技术、计算机网络技术、智能控制技术、传感技术和定位技术等汇集而成,形成一种集成化的应用,实现智能化管理和服务的目的。人工智能经过信息采集、信息处理和信息反馈三个核心环节,实现智能感知、智能计算、智能反馈,即感知、思考、行动三个方面层层递进的运行过程。随着人工智能技术的日益成熟,其在各行各业中有了越来越丰富的应用,所发挥的作用也正变得越来越显著,正成为数字经济发展的重要推动力。

从人工智能演进轨迹来看,基本是按照模拟人的智能,并在局部功能上超越人的能力方向发展,一定程度上可以代替人的五官、四肢乃至大脑的功能,目前代表性的功能举例如下:

(1)会看:文字识别、图像识别、车牌识别、手势识别等。

(2)会听:语音识别、说话人身份识别、特殊音源识别等。

(3)会说:人机对话、机机对话、语音合成、语音导航等。

(4)会行动:机器人、无人驾驶、物流智能作业等。

(5)会思考:人机对弈、医疗辅助诊断、定理证明等。

(6)会学习:机器学习、自我进化、知识表示等。

2.3.2　人工智能的热点领域

人工智能涵盖的范围十分广泛,当今比较热门的发展领域主要包括以下四个方面:

1. 深度学习

深度学习（Deep Learning）是当前全球人工智能领域的主要热点之一，世界各国的政府和相关企业对此倾注了极大的热情。基于人工神经网络的深度学习技术是当前最热的研究领域，被谷歌、Meta、IBM、百度等企业广泛使用，用来进行图像、语音和人的行为习惯的智能识别。尤其深度学习技术在人脸识别、智能语音等方面的应用已经十分普遍，我国在这些方面已走在世界前列。

2. 虚拟现实

虚拟现实（Virtual Reality）作为智能技术的后起之秀，正在受到广泛的关注。虚拟现实是指借助计算机系统、传感器技术生成三维环境，创造出一种新颖的人机交互方式，通过调动用户视觉、听觉、触觉、嗅觉等感官，使其获得真实的、身临其境的体验。目前，随着各种技术的深度融合、相互促进，虚拟现实技术在教育、科研、军事、制造业、艺术与娱乐、医疗、城市管理和环境保护等领域已经有了比较多的应用，并已呈现出越来越广泛的应用态势。

3. 智能制造

制造业是对智能技术应用需求最为强烈的行业之一，世界发达国家把推进智能制造作为振兴制造业发展的重要抓手。德国正在推进的"工业 4.0"①战略，把建设智慧工厂、实现智能制造作为核心任务。美国提出的"工业互联网"战略的核心任务也是为了实现制造业的智能化，以推动美国工业制造业的转型升级。我国近年来提出的"中国制造 2025""制造业与互联网融合发展"等都是为了促进制造业与智能技术的融合，进一步提升我国制造业的市场适应力和国际竞争力。

4. 无人驾驶

汽车是人类社会最具代表性的发明之一，以人工智能为驱动力的无人驾驶是汽车未来发展的重要方向。从目前的发展情况来看，无人驾驶将会在一些驾驶条件较为艰苦、驾驶环境较为恶劣、难以保证驾驶人员安全的特定领域先行普及，如无人驾驶拖拉机、挖掘机、运矿车、大卡车等。考虑安全性等方面的因素，客车要做到完全无人驾驶还有很长的路还要走。无人驾驶创造的价值将随着技术的成熟逐渐显现，如无人驾驶卡车的应用：一是可以改善道路交通安全，二是可以降低排放有利于环境改善，三是可以因降低劳动力成本而使运营成本大幅下降。当然，若无人驾驶广泛应用，专业司机失业潮也有可能随之来临，带来的新的社会问题也需要予以充分的关注。

---

① "工业 4.0"是由全球制造业强国德国提出的概念，是指一系列智能化技术用于制造业实现制造业的智能化；"工业 1.0"是指蒸汽机用于制造业实现制造业的机械化；"工业 2.0"是指电力用于制造业实现制造业的电气化；"工业 3.0"是指计算机和自动化技术用于制造业实现制造业的自动化。

2.3.3 人工智能的局限性

与人类智能相比,人工智能的优势非常明显,但其所存在的"短板"同样不可忽视,具体表现在以下四个方面:

1. 有智能没智慧

人工智能本质上是一种机器智能,主要依靠数据作为养分而变得"熟能生巧,巧中生智",但它本身并没有意识和悟性,也缺乏综合决策能力,在本质上与人的智慧不同。从长远来看,人工智能作为一种"硅基智能"与人脑的"碳基智能"有各自的演进路线,机器智能和人类智能各有千秋。

2. 有"智商"而无"情商"

人工智能通过算法的加持和数据的训练,可以具备越来越高的"智商",并在很多方面会超越人类。但与具有丰富感情的人类相比,人工智能没有丰富的情感活动,也无"情商"可言。如何充分开发和利用人工智能的"智商",帮助人类解决各种复杂、困难的现实问题,是人工智能发展的基本方向。如何弥补人工智能"情商"的不足,是一个很难取得实际成效的问题,很大程度上会徒劳无功。

3. 有专才无通才

人工智能的优势很大程度上体现在单项能力上,例如,战胜世界围棋冠军李世石的 Alpha Go 在围棋方面几乎具有战无不胜的超能力,但如果让 AlphaGo 参加国际象棋对弈基本无法开局,甚至只要围棋的规则稍有变化,它就只能主动败下阵来。因此,人工智能在成为"单项冠军"方面有其独特的优势,但要同时兼具多项技能也是其力所不能及的,因此要扬其长、避其短,使其有更大的作为。

2.3.4 人工智能的发展浪潮

伴随着互联网的广泛普及,人工智能已经历了四次大的发展浪潮,具体如下:

1. 互联网智能化

互联网智能化是通过调用互联网中大量的数据,让网站、App 变得更"聪明"。早期的电商平台(如淘宝、亚马逊等)利用已积累的用户数据,精准判断用户喜好,并进行针对性推送是这个阶段的主要表现。

2. 商业智能化

商业智能化是指一些传统的商业公司(如沃尔玛)把多年留存的商业数据激活并让其产生商业价值,用于商品的管理和面向顾客的服务。

3. 实体世界智能化

实体世界智能化是指把真实世界里很多过去无法数字化的对象进行数字化,形成数字化内容后进行智能分析。例如，将老照片数字化之后进行智能图像识别，更好地发掘照片中的特征值，找出更多的关联性。

4. 全自动智能化

全自动智能化以无人驾驶为代表的智能化工具进入商业应用，迎来了全自动智能化时代。全自动智能化是一个不断探索和完善的过程，并将随着应用需求的驱动带来大量的商机。

当今，全球的人工智能市场主要由我国和美国的企业主导。我国人工智能相关企业主要包括百度、阿里巴巴、腾讯和小米，美国人工智能相关企业主要包括谷歌、苹果、Meta、亚马逊、微软和IBM。这些中美巨头企业在全球人工智能领域占据第一梯队，凭借各自数量庞大的用户和极其丰富的数据资源，开发各种应用，创造各种价值。值得一提的是，我国在人工智能领域有越来越多的后起之秀，例如智能语音领域的科大讯飞、智能识别领域的商汤科技等，它们正在依托我国特有的海量用户和市场优势，成为行业的领军者。

2.3.5　人工智能案例：ChatGPT

ChatGPT是由总部位于美国旧金山的人工智能研究公司OpenAI开发的一个具有独特智能的人工智能系统，用户可以通过自然语言的方式提问，ChatGPT会给出相应的答案。ChatGPT的专业知识非常丰富，跟踪对话的能力也非常出色。

ChatGPT使用了基于人类反馈的强化学习进行训练，并通过人类干预以增强机器学习的效果，从而获得更为准确、可靠的结果。在训练过程中，人类训练师扮演着用户与人工智能助手的角色，模型在Microsoft Azure的超级计算机上进行训练，并通过比信任域策略优化（Trust Region Policy Optimization）算法更为高效的近端策略优化算法（Proximal Policy Optimization）进行微调。与其前身InstructGPT相比，ChatGPT试图减少有害和误导性的回复，训练数据包括各种文档及关于互联网、编程语言等各类知识。

与其他多数聊天机器人不同的是，ChatGPT能够记住与用户之前对话的内容以及给它的提示。此外，为了防止ChatGPT接受或生成冒犯性言论，输入内容会由审核应用程序接口（Application Program Interface，API）进行过滤，以减少潜在的种族主义或性别歧视等内容。

ChatGPT也存在一些局限，其奖励模型围绕人类监督而设计，可能导致过度优化，从而影响性能。例如，在训练过程中，不管实际理解或事实内容如何，审核者都会偏好更长的答案。训练数据有时也存在算法偏见，比如当程序接收到首席执行官之类的模糊描述时可能会假设此人是白人男性。

图2-1为ChatGPT对"人工智能会使哪些职业面临危机"这一问题的回答。

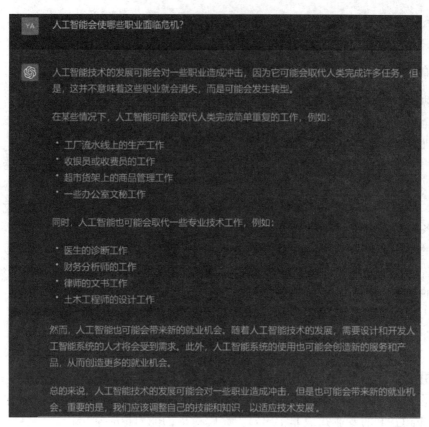

图 2-1　ChatGPT 回答问题实例

2.4　云计算

云计算（Cloud Computing）是继互联网之后迅速发展的一种技术，当前已广泛应用到不同的领域，对数字经济的贡献也正在日益显现。

2.4.1　云计算的概念

云计算是指基于互联网的计算，使终端设备可像用水、用电一样只要按需使用共享资源、软件和信息，而不必考虑如何实现，以节省使用成本并降低应用难度。在云计算体系中，处于网络节点上的、动态的计算机群就是"云"，数量庞大的计算机分工协作，共同进行计算，以更低的成本、更高的效率为用户提供更强的计算能力。

作为一种新的计算实现模式，云计算的主要特征包括：

（1）随需应变自助服务，可以随时随地用任何网络设备访问。

（2）多人共享资源池，平衡和优化算力资源的调配，进一步提升使用效率。

（3）快速灵活部署，同时可对服务进行精确测量和计算。

云计算是计算机发展史上的一次重大的革命，这种模式使得用户不再需要了解

"云"中各种基础设施的细节，也不必具有相应的专业知识，甚至无须直接进行控制，即可满足计算的需要。例如，我们家中用电不需要自己去建一个发电厂或者购买一个发电机自行发电，只需要接入公共电网，按需使用并缴费即可。云计算类似于提供计算服务的"电网"，用户只需接入这个计算"电网"，即可获得相应的服务保障。

云计算的核心理念是通过不断提高"云"的处理数据能力，减少用户终端的负担，最终使用户终端简化为一个单纯的输入输出设备，以较低的成本并享受"云"的强大计算处理能力。搜索引擎、在线字典、网络邮箱、新闻资讯等是目前云计算相关的一些较为典型的应用。例如，拥有近10亿用户的今日头条，只要我们用自己的账号登录平台，系统即可从云端源源不断地以信息流的方式推送各种符合用户兴趣的资讯。

云计算所提供的各项云服务都是通过云平台实现的，云平台由计算资源服务层、软件服务层和互联网应用服务层三层组成，面向不同类型的用户提供各类应用服务项目。云平台的运行体系如图2-2所示。

图 2-2　云平台运行体系

云计算技术经过较长时间的发展，现已出现了一批有影响力的云服务提供商，在国际上，谷歌计算（Alphabet）、微软、思爱普、IBM、亚马逊等都是世界著名的云服务提供商，并已形成了较为可观的云服务市场。国内的阿里云、华为云、腾讯云、天翼云等作为后起之秀，快速崛起，已成为云计算领域的佼佼者。

2.4.2　云计算的服务模式

目前，云计算主要有以下三种服务模式：

1. 软件即服务

软件即服务（Software as a Service，SaaS）是指用户使用应用程序，但并不掌控操作系统、硬件或运作的网络基础架构。在SaaS模式下，软件服务供应商以租赁的方式提供给用户服务,而非让用户购买。比较常见的模式是给用户提供一组账号和密码,如微软著名的办公套件 Office 365 就是采用的这一种模式。

2. 平台即服务

平台即服务（Platform as a Service, PaaS）是指用户使用主机操作应用程序,并掌控运作应用程序的环境以及主机的部分控制权,但并不掌控操作系统、硬件或运行所需的网络基础架构。例如,Google App Engine 就是一个开发、托管网络应用程序的平台。它使用谷歌的数据中心资源,跨越多个服务器和数据中心来虚拟化应用程序,用户可以使用一定量的免费资源,但当用户应用程序需要获得更多存储空间、带宽或是要解决 CPU 负载时,就需要额外付费。

3. 基础设施即服务

基础设施即服务（Infrastructure as a Service, IaaS）是指用户使用诸如处理能力、存储空间、网络组件或中间件等基础计算资源,并掌控操作系统、存储空间、已部署的应用程序及网络组件（如防火墙、负载平衡器等）,但并不掌控云基础架构。例如,亚马逊的云服务（Amazon Web Services, AWS）提供的是一种较为典型的 IaaS 服务,用户可根据亚马逊的云基础架构开发和部署相应的应用系统。

SaaS、PaaS 和 IaaS 作为三种不同的云计算服务模式,各有其优缺点。为了更好地理解三者之间的关系,下面用几个通俗易懂的例子予以说明。例如,A 公司采用非常传统的买地、建房子、装修等流程,这就相当于未使用云计算模式的传统 IT 系统建设;B 公司选择一个合适的园区,租用一栋办公楼,自己来做内部的改造和装修,这就相当于采用了 IaaS 模式;C 公司在某一园区选择了租某栋写字楼其中的一间或者一层,并自己对这一间或一层进行装修,这就相当于采用了 PaaS 模式;D 公司属于大学生创业,因缺乏资金,直接选用了某园区的一个众创空间提供的已经装修好的联合办公空间,这就相当于采用了由众创空间提供的 SaaS 模式。

为更好地理解三者的差异,这里再以"宴请尊贵"作为类比。一般我们可以选择三种方式宴请客人：一是自己到菜场采购各种食材、佐料等,亲自下厨在家招待客人,菜肴的口味、数量、花样和风格等都可以根据自身的需要调整,这相当于 IaaS 模式;二是购买各种外卖的成品菜肴,送到家后进行组合拼盘和简单加工,即可开宴招待客人,这相当于 PaaS 模式;三是直接选择一家饭店宴请,这相当于 SaaS 模式。这三种宴请模式从所需花费的时间和经费、所需的条件以及宴请的效果等各不相同,不能简单地区分出孰优孰劣,需要根据实际情况进行选择。

2.4.3 云计算的部署模型

云计算的部署模型主要分为以下四种：

1. 公有云

公有云（Public Cloud）是指公用云服务商通过互联网及第三方服务提供商开放给

用户使用的云服务。"公有"既不一定免费，也不一定完全开放用户数据，而是根据用户需要实施使用访问控制等机制，保证数据的安全和合理使用。

公有云的主要优势有：
（1）低成本：无须购买硬件或软件，仅对使用的服务付费。
（2）轻维护：维护由服务提供商提供，不需要用户额外的维护。
（3）缩放性：提供按需服务的资源，可满足业务需求。
（4）高可靠性：具备众多服务器，确保免受故障影响。

2. 私有云

私有云（Private Cloud）是指服务和基础结构始终在私有网络上进行维护，硬件和软件专供组织使用，并由专供一个企业或组织使用的云计算资源构成。私有云可在物理上位于组织的现场数据中心，也可由第三方服务提供商托管。私有云可使组织更加方便地自定义资源，从而满足特定的 IT 需求。私有云的使用对象通常为政府机构、金融机构及其他具备业务关键性运营且希望对环境拥有更大控制权的中型到大型组织。与公有云相比，私有云服务中的数据与程序皆在组织内管理，且不会受到网络带宽、安全疑虑、法规限制等的影响。此外，私有云服务让服务商及用户更能掌控云基础架构、改善安全与弹性，因为用户与网络都受到特殊限制。

私有云的主要优势有：
（1）高灵活性：组织可自定义云环境以满足特定业务需求。
（2）高安全性：资源不与其他组织共享，从而可实现更高控制性和安全性级别。
（3）高缩放性：私有云仍然具有公有云的缩放性和效率。

3. 混合云

混合云（Hybrid Cloud）是指用户将本地基础架构与私有云或公有云相结合，将非关键信息外包，并在公有云上处理；而关键服务及数据由自身控制，并在私有云上处理。用户可利用这两者的优势，例如，基于 Web 的电子邮件等大批量和低安全性需求的服务使用公有云，而对于财务报表及人员信息等敏感性和业务关键性运作的数据使用私有云，做到安全与便捷兼顾。

混合云的主要优势有：
（1）控制性：组织可针对敏感资产维持私有基础结构。
（2）灵活性：需要时可利用公有云中的其他资源。
（3）成本效益：具备扩展至公有云的能力，因此可仅在需要时支付额外的计算能力的费用。
（4）部署简单：因为可根据时间按工作负荷逐步迁移，所以无需费时费力即可实现公有云和私有云之间的转换。

4. 社群云

社群云（Community Cloud）是指由众多利益共同体掌控及使用，以满足共同安全要求、实现共同目标的云服务。这种社群云既可根据需要选择公有云、私有云或混合云，又可在成员之间共享云服务资源，对行业及集团用户有较大的吸引力。

社群云的主要优势有：

（1）低成本：成员可共同使用云计算服务，能有效压缩单独部署的成本。

（2）共享资源：成员之间可以共享共同的云数据资源和应用程序，提高资源使用效率。

（3）保障安全：社群云虽有多个用户共同参与，但能根据需要选择可靠的安全策略，满足安全需要。

2.4.4 云计算案例：中华保险

中华联合保险集团股份有限公司（以下简称中华保险）始建于1986年7月15日，前身是新疆生产建设兵团农牧业生产保险公司，是中华人民共和国成立之后我国成立的第二家国有控股保险公司。该公司基于阿里云服务构建起了新一代全分布式保险核心系统，大大加速了自身业务数字化转型的步伐，取得了良好的成效。

1. 业务及技术挑战

在引入阿里云服务之前，中华保险所面临的业务和技术挑战包括以下四个方面：

（1）在不影响业务的情况下，使中华保险旗下众多核心系统逐步迁移上云，快速响应业务需求，实现企业数字化转型。

（2）在上云过程中，借此契机，构建全新一代分布式保险核心系统。

（3）构建"1+1>2，业务+数据"双中台，打通数据壁垒，消除数据孤岛，同时将核心业务能力下沉，并通过合理的领域建模，实现服务复用。

（4）保障云上系统的安全性和业务的安全性。

中华保险希望引入阿里云服务获得两个方面的价值：一是基于云上大数据最佳实践，快速搭建大数据平台，打通各个业务中心，为企业数据中台构建坚实的技术基础；二是基于云上安全最佳实践，保障了智能一体化在云上的系统安全，同时也保证了业务的安全性。

2. 云化实践

在阿里云的支持下，中华保险旗下包括理赔资源管理、智能一体化，操作型数据存储（Operational Data Store，ODS）上云、车险报价、兴农保、农险地理信息系统等在内的重要系统已顺利在阿里金融云上运行。在ODS上云过程中，通过线下ODS全量数据导入到阿里金融云中，结合"基于DataWorks的大数据一站式开发及数据治理"的最佳实践，成功完成在线理赔在云上的大数据服务。

在智能一体化上云的过程中，通过"传统企业业务上云基础安全防护"的最佳实践，保障了智能一体化在云上的系统安全，成功保证了业务的安全性。除此之外，通过阿里金融云的灰度发布功能，中华保险可以及时对业务系统进行升级、修复或调整，大大提升了整个技术架构的敏捷性，也极大地促进了内部管理变革。

在业务中台层面，中华保险将所有的保单合同要素拆分成为原子颗粒级模块，通过领域建模,形成客户、标的、合约、服务等模块,沉淀在业务中台。根据业务需要,各种功能模块按照一定的业务逻辑,通过"乐高式"组装,即可成为创新的保险产品,及时推向市场。

在数据中台层面,中华保险将所有业务中台产生的生产交易数据,统一沉淀到由内部私有云平台承载的数据中台层面,通过数据智能分析和建模等,对数据再次加工沉淀,然后再反馈到业务前端,动态调整业务策略,实现业务与数据的双轮联动。

3. 应用成效

中华保险原有保险核心系统更多是保单记录系统,缺乏分布式、中台化、智能化等先进能力。基于阿里云的新一代全分布式保险核心系统的上线,验证了中台架构下的保险业务全链路,是公司数字化转型路上的一个重大里程碑,为业务数字化和智能化发展提供了有力支撑,对提升公司的市场适应能力和竞争实力起到了实质性的作用。

2.5 物联网

从物联网(Internet of Things)概念的提出到各类应用的发展,再到今天物联网在各行各业遍地开花,已经历了二三十年的时间,现今物联网已成为驱动数字经济发展十分强劲的动力。

2.5.1 物联网的概念

物联网最初是作为产品电子代码(Electronic Product Code,EPC)系统的概念出现的,它被认为是把所有物品通过射频识别(Radio Frequency Identification,RFID)技术等信息传感设备与互联网连接起来,实现智能化识别和可管理的网络。

2005年11月17日,在信息社会世界峰会上,国际电信联盟(International Telecommunication Union,ITU)发布了《ITU互联网报告2005:物联网》,该报告介绍了物联网的特征、相关技术、面临的挑战和未来的市场机遇。同时该报告指出,无所不在的物联网通信时代即将来临,在这个时代世界上所有的物体,从轮胎到牙刷、从房屋到纸巾都可以通过互联网主动地进行数据交换,RFID技术、传感器技术、纳米技术、智能嵌入技术将得到更加广泛的应用,成为物联网的"血脉"。在这一报告中,物联网的定义和范围已经发生了变化,覆盖范围有了较大的拓展,已不再只是指基于RFID技术的物联网。

2009年8月,时任国务院总理温家宝到无锡视察时高度肯定了传感网技术的研究发展,并提出在无锡高新区建设"感知中国"中心,从此开启了物联网从技术研发到产业应用的发展大幕。随后,无锡加快建设互联网"感知中国"中心。以此为起点,物联网在我国开始开花结果,呈现出万紫千红春满园的独特景象。

2010年,物联网首次被写入《政府工作报告》。2017年发布的国家标准《物联网术语》(GB/T 33745—2017)中,物联网被定义为:通过感知设备,按照约定协议,连接物、人、系统和信息资源，实现对物理和虚拟世界的信息进行处理并作出反应的智能服务系统。根据这一定义，可以想象，物联网的应用场景十分广泛，例如，把传感器嵌入和装备到电网、铁路、桥梁、隧道、公路、建筑、供水系统、大坝、油气管道等各种对象中，再将物联网与现有的互联网整合起来，实现人类社会与物理系统的充分融合，在这个互联的网络当中，存在能力超级强大的中心计算机群，能够对彼此联网的人员、机器、设备和基础设施实施实时的管理和控制，人类可以以更加精细、精准和科学地进行生产和生活活动，同时大大提高了资源利用率和生产力水平，进入到人人向往的智慧时代。

尽管在不同时期从不同的角度对物联网的理解也不相同，但物联网的本质并没有改变。本书认为，物联网是指用于实现物与物相连的互联网，一种基于互联网并延伸及扩展到物与物之间并进行数据交换与通信的网络，以实现各种智能化的应用，真正发挥数据的价值。这一概念包含以下四层含义：

第一，物与物之间通过互联网相连。物联网通过互联网让物与物之间实现信息交互和数据通信，互联网是物联网的基本网络载体。

第二，物与互联网之间通过多种方式相连。早期物联网基本局限于用 RFID 一种技术实现连接，现在已扩展到红外感应器、全球定位系统（Global Positioning System，GPS）、激光扫描器、环境传感器、图像识别以及机器人等传感与执行设备，按约定的协议进行信息交互和通信，以实现智能化识别、定位、跟踪、监控和管理的一种网络。

第三，物联网的目的在于应用。物与物相连的根本目的在于应用，应用必须结合具体的业务需求，满足各种实际需要。

第四，让数据产生价值。物联网通过传感器获得各种数据，再通过互联网实现数据的传输，通过数据的分析、处理和应用获得相应的价值，是物联网的本质所在。例如，在水产养殖中，通过物联网监测鱼塘的水温、氧含量，以便养殖者能及时作出动态的调整，从而大大提升养殖的安全性，降低过去完全靠人工经验作出判断带来的风险。

2.5.2 物联网的系统框架

从组成体系来看，物联网系统包含感知层、传输层和应用层三层架构（如图 2-3 所示），将数量众多并具有一定智能的设备和设施相互连接，提供诸如在线监测、定位追溯、自动报警、调度指挥、远程控制、安全防范、远程维保及决策支持等管理和服务功能。

（1）感知层：感知层用于原始数据的采集，是物联网应用的源头，数据采集的数量、质量和速度直接影响物联网应用的实际成效。

（2）传输层：传输层实现感知层和应用层之间的数据传输，是实现"物与物"之间联结的纽带，具体包括互联网、移动通信网或专用网络等，既可以是其中一种，也可以是多种组合，应根据应用场景进行选择。

（3）应用层：应用层既是物联网用于满足各类业务需求的应用系统的集合，也是物联网应用价值的具体体现，涉及各种具体的应用需求，需要根据业务需求进行针对性开发和应用。

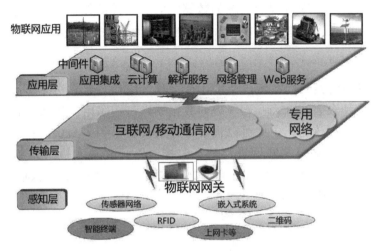

图 2-3　物联网的系统架构

经过多年的快速发展,物联网的应用触角已经伸展到各个行业。当前,我国物联网的应用正在全面铺开,应用成效也在不断得到显现,未来发展有着极为广阔的前景,为我国的经济转型和社会进步提供了重要的技术支撑。

2.5.3　物联网的典型应用

物联网的应用范围正在不断扩大,小到我们日常使用的身份证,大到各种基础设施,主要的应用领域如下:

1. 智能制造

利用物联网可对制造环节全过程进行监控和自动化管理:一是利用各种传感器对影响生产输出的情况进行自动检测;二是借助传感器警报快速检查设备精度,或将设备从生产线中移除,直至维修完毕;三是对工厂各种生产环境进行动态,包括对温湿度、粉尘及其他环境参数进行实时观察和智能分析;四是对原材料、零部件和产成品的远程监控,做到数据准确,管理高效。

2. 运输和物流

运输和物流是物联网发挥作用的主要行业:一是借助物联网传感器获得的天气状况、车辆可用性及司机位置等数据,帮助运输和物流企业做出相关调度指令;二是通过对所运货物配备相应的传感器,获得货物的各种状态数据,并对其进行远程的管控;三是利用车辆传感器及交通道路数据,掌握在途车辆、船舶等的动态,能对各种突发事件进行高效和科学处置。

3. 医疗卫生

物联网在医疗卫生行业的应用主要包括以下几个方面:一是利用物联网传感器对

医疗设备进行动态监控，减少人为的干预和人力的投入；二是利用物联网对病人的各种生命体征进行监测，获得健康状况的数据，为科学诊断提供依据；三是利用物联网进行远程诊断，提高诊断效率，降低诊断成本，同时扩大诊断范围。

4. 公共部门

物联网在各类公共部门有着广泛的用武之地，应用场景十分丰富，应用需求也极为迫切。一是各种水表、电表、燃气表的数据抄送已逐步由人工入户执行转变成通过物联网远程进行数据传送，由此可以提升工作效率、节约人力资源；二是城市公共基础设施运行状况可以通过物联网进行动态监控，以及时发现故障并在第一时间解决；三是公共交通、卫生健康、教育和养老等服务也可应用物联网，让人们获得更加丰富、更加专业的个性化服务。

5. 精准农业

监测作物和土壤条件是相对简单的物联网在农业中应用的案例，但它可以为种植者带来巨大的投资回报，具体应用包括：一是感知土壤水分和养分，根据情况调节农作物的水肥；二是感知并调节大棚等内部环境的温湿度，以促进植物生长；三是根据土壤情况确定肥料配方和用量；四是确定种植和收获的最佳时间；五是根据采集的动植物个体化数据，帮助养殖者有针对性地开展管理。

2.5.4 物联网案例：紫荆农庄

紫荆农庄是港华农业投资(南京)有限公司投资建设的首个现代农业综合示范基地，作为农业物联网的探行者，取得了较为领先的成效。

1. 智能温室建设

紫荆农庄项目总投资 2 亿元，现已建成现代化智能温室 1.2 万平方米，引进日本、以色列的现代水耕系统，建成多种模式的基质栽培系统及配套的物联网管理系统、水肥一体化系统，实现了全品类果蔬的种植生产示范和栽培技术研发，初步形成针对多种蔬菜作物的无土栽培生产技术规程。

为保障物联网系统的稳定运转，园区铺设了智慧农业光纤专网，对各类数据进行实时传输，保证系统主干通信网络的可靠性、实时性和可扩展性。当大棚内温度偏高时，可以通过手机操作将顶开窗打开，然后通过遮阳的方式给菜苗降温；当夏季高温时，还可用风机和水帘给整个棚体降温。通过精准的环境控制，能让作物更好生长，实现更高的产量。

2. 智能管控平台

目前，全园区已初步实现全覆盖管理，智慧平台实现采集、监测、控制、管理一体化，可实时掌控农作物生长情况，并可以利用手机和电脑客户端对温室内的设备设施进行自动化控制和远程控制，实现自动灌溉、施肥。一方面园区智慧管理平台实现了采集、监测、控制、管理一体化，最大程度地减少了人工；另一方面，园区立足装备升级，打造智慧农业，还引进了一套水肥灌溉系统，最大限度地实现了节水灌溉，提高肥和水的利用率。图 2-4 所示为现场智能管控实景。

图 2-4　智能管控实景

3．建设成效

物联网的应用实现了一键调节室内光、温、水、气、肥，做到了精准浇水、施肥，省时又省力……从"靠天吃饭"到"科技种菜"，比传统的人工种植能节约 30% 的成本，产量却增加了 20%。目前，紫荆农庄只需要四名技术员即可满足作业要求，平时基本都是智能化管理。而且，蔬菜一直处于最佳生长状态，从播种到采摘的时间比室外种植缩短一半。同时，室内没有病虫害，也不需要使用任何农药，蔬菜无毒无害，采下可以直接食用，受市场的认可度大大提升。

2.6　移动通信

移动通信（Mobile Communication）技术在过去数十年发展迅速且影响巨大，对人们的生活和社会各个方面都产生了深远的影响，尤其是 5G 带来的移动通信革命正在如火如荼地展开，引领全球通信领域进入新的发展阶段。

2.6.1　移动通信的概念与演进

简而言之，移动通信是指移动体之间或移动体与固定体之间的通信，移动体既包括人，也包括车、船、机器设备等。移动通信网络是指实现移动通信的传输网络，属于通信网的一个重要分支。在现代通信领域，移动通信是与卫星通信、光通信并列的三大重要通信手段之一。移动互联网是互联网与移动通信各自独立发展后互相融合的产物，包括互联网产品移动化和移动产品互联网化两种趋势。移动通信网络是移动互联网发展的重要基础设施,全球移动通信网络以带宽(数据速率)的提升为标志,经历了一代又一代的变革。移动通信技术演进如图 2-5 所示:从 1G 纯模拟的通信开始,到 2G 有了低速的数据传输,到 5G 有了 10Gb/s 以上的超高速数据传输,移动通信经历了质的飞跃。

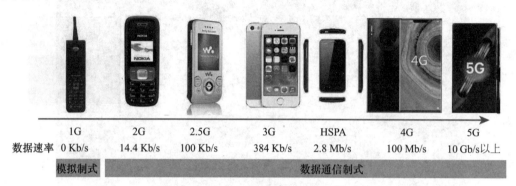

图 2-5　移动通信技术演进

2.6.2　移动通信的主要特征

移动通信具有以下主要特征:

(1)终端移动性:支持终端在移动状态下进行通话或接入互联网,如高速行驶的高铁,使随时随地进行通信成为可能。

(2)业务专有性:移动终端与用户身份紧密关联,通过移动终端处理各类业务比 PC 端更具专有性,且方便管理。

(3)网络普及性:移动互联网既可通过 4G、5G 等接入,也可通过 Wi-Fi 或城市无线网等接入,我国移动通信网络已具有较高的覆盖率,保证了移动互联网等全方位应用需求。

(4)应用集成性:移动通信网络实现了用户、终端、业务和网络的深度融合,实现了应用的高度整合,能更好地满足应用需求。

(5)技术融合性:移动通信技术与大数据、人工智能、物联网等技术高度相关。

2.6.3　5G 的主要特性

当今世界,移动通信已进入 5G 时代,5G 是最新一代移动通信技术,具有的高速率、大容量和低时延的三大优势。它的三大优势是通过三大特性来实现的。

一是 5G 使用了高频段的频谱,能缓解低频资源的紧张,使得"道路"更加宽广,提高带宽的速率。5G 提供高达 10 Gb/s 的峰值数据下载速率,最高可达 4G 的 100 倍。

二是 5G 技术引入了体积小、耗能低的微基站,每个基站可以从其他基站接收信号并向任何位置的用户发送数据,信号接收均匀,承载量大,形成泛在网,解决高频段长距离传输差的缺点。

三是 5G 为实现超低延时，从接入网、承载网、核心网、骨干网各个方面入手大幅降低空口传输延时，尽可能减少转发节点，缩短节点之间的距离，同时还引入网络切片技术，将核心网控制功能下沉，把物理上的网络切片划分为 N 张逻辑网络部署到接入网边缘，趋近用户，缩减传输距离，减少延时，使网络时延低至 1 ms，压缩到了 4G 的五十分之一。

2.6.4　5G 的应用

5G 问世以来，在需求的牵引下，呈现出生机勃勃的应用态势。

1．5G 的三大应用场景

ITU 根据 5G 的三大特性定义了各自的应用场景：
（1）增强型移动宽带场景，主要提升以人为中心的娱乐、社交等个人消费业务的通信体验，适用于高速率、大带宽的移动宽带业务。
（2）海量机器类通信场景，主要满足海量物联的通信需求，面向以传感和数据采集为目标的应用场景。
（3）低时延高可靠通信场景：基于其低时延和高可靠的特点，主要面向垂直行业的特殊应用需求。

2．5G 产业链组成

从产业链的角度，5G 在硬件和应用两个维度涵盖了消费级产业链、企业级产业链、通信网络、云计算平台及支撑应用的关键技术等不同的内容，图 2-6 为 5G 产业链全景。

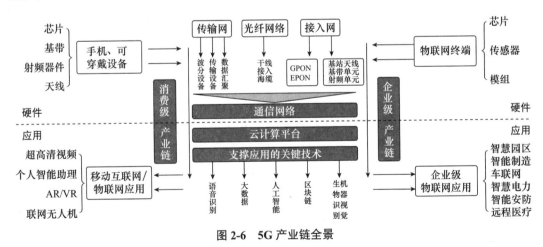

图 2-6　5G 产业链全景

3．5G 的行业应用

5G 在各个行业中的应用正在不断拓展，已覆盖超高清视频、体育赛事、居住服务、购物等多个重点领域，虚拟数字人、5G 消息、5G 新通话、AR、VR 等针对个人用户的应用异军突起,给消费者带来了全新体验。5G融合应用已在工业、医疗、教育、交通等多个行业领域发挥赋能效应,并正在向更多的行业延伸。

2.6.5 5G 商业模式

经过连续多年的探索,目前 5G 已基本形成了较为成熟的商业模式。

1. 基于流量的商业模式

5G 面向个人用户的场景,流量经营仍然是运营商的主要商业模式。运营商需要根据用户的不同需求,实现差异化的流量收费模式。例如,运营商与特定互联网平台联合推出流量套餐,可以激发相关用户的消费兴趣。

2. 基于连接的商业模式

对于大连接场景,连接是运营商的基本收入来源。运营商可以为其单独提供连接,或者提供定制的终端设备和模组,可以按照物联网设备采用卡用户收益等方式收费。目前,车用的 5G 卡就是这样的商业模式。

3. 基于网络切片的商业模式

根据不同垂直行业和特定区域定制化网络切片以支撑相应的业务开展,用户通过直接向运营商购买网络切片的方式获得服务,一般采用按年的方式支付服务费。

4. 基于完整解决方案的商业模式

运营商依托自身优势,为工业企业提供包括工厂内外连接、设备终端数字化改造、平台层在内的一整套解决方案,按年度收取服务费。这种模式需要更强的专业性,运营商往往需要采取与专业机构合作的方式来提供可靠的解决方案。

2.6.6 移动通信案例:洛阳钼业

洛阳栾川钼业集团股份有限公司(以下简称洛阳钼业),作为国内有色金属行业的领军企业,首次将 5G 技术应用于无人采矿设备上,打造了国内首家智慧矿山,为引领传统矿业企业转型升级奠定了坚实的基础。

1. 建设过程

洛阳钼业聚焦矿业科技智能和绿色两大发展主题,研制并投用了远程遥控挖机、远程遥控钻机、矿用电动无人驾驶卡车等一系列无人采矿装备;首次基于 5G 技术构建了露天矿区无人装运指令集群控制技术,实现了露天矿区无人驾驶卡车的自主运行、多金属多目标精细化配矿、无人驾驶多车协同智能调度,构建了一套高效、实用、安全的多金属露天矿区无人采矿智能生产管控系统。洛阳钼业在智能矿山建设中取得阶段性突破,实现了 5G 无人驾驶汽车智能编队运行,为单个破碎站独立供矿,成为全球领先的 5G 技术规模应用并初步具备一定生产能力的矿山企业。

2. 技术架构

该企业应用 5G 技术打造的智能矿山全景技术架构，如图 2-7 所示。智能矿山全景技术架构以 5G、互联网、物联网、组合导航、高精度实时动态差分定位（RTK）、图像识别、云计算等技术为依托，通过航测无人机、激光雷达、毫米波雷达、高精度 GPS 定位装置、RFID 系统等智能仪器，来远程遥控无人机、挖掘机、纯电动无人矿用卡车等智能设备，并通过无人机动态 3D 建模、多目标多金属智能配矿、车铲智能调度、矿区实时路网模型、矿岩计量自动接入、生产数据智能分析管理等综合应用，达到矿山智能化管理和运营的目的。

图 2-7 智能矿山全景技术架构

3. 建设内容

一是露天矿场景下的 5G 工业互联网应用建设：为彻底解决矿山特殊、复杂的环境中信号传输的技术瓶颈，将 5G 技术应用在无人矿山领域，实现了基于 5G 网络的钻、铲、装超远程精准控制和纯电动矿用卡车智能编队运行。

二是露天矿场景下的无人驾驶卡车及远程遥控无人挖机、钻机硬件平台建设：按照生产设备操作遥控化—遥控操作远程化—无人操作智能化的步骤，建立了一套高效、实用、安全的露天矿穿孔、铲装和运输生产设备智能化系统。

三是露天矿智能生产管控系统平台建设：打造了一套全方位的新型现代露天矿智能生产管理决策系统，实现露天矿多金属、多目标动态配矿管理，露天矿无人卡车生产智能调度，露天矿车辆智能统计，生产数据实时监测，以及基于云服务的露天矿无人开采管控集成。

4. 实施成效

洛阳钼业与华为、河南跃薪智能机械有限公司等进行合作，利用 5G 网络的超高速率、超低时延、超大容量等优势，实现了基于 5G 网络的钻、铲、装超远程精准控制，彻底解决了矿山特殊、复杂的环境中信号传输的技术瓶颈。

在新能源纯电动矿用无人驾驶技术方面，利用重载能量回收系统后，在矿山路况下能量回收能达 25%～30%，车辆运输效率较之前提升 22%，大幅减少司机等劳动力成本，综合运输成本较之前降低约为 70%。无人驾驶技术使得生产效率显著提高的同时，也大大降低了因为安全生产事故导致的人员伤亡率，提升企业本质安全水平和减少矿工职业危害。图 2-8 所示为工作人员在办公室里远程操控作业车辆。

多目标、多金属露天矿精细化智能配矿技术实现了多因素影响下精细化配矿管理，智能生产配矿模型采用多目标优化建模技术及群智能优化算法将综合品位波动率由 8.35% 降低到 3.62%，一年可多回收残矿 80 余万吨。

图 2-8　工作人员在办公室里远程操控作业车辆

2.7　区块链

区块链（Blockchain）是近年来伴随着比特币的出现而快速发展起来的新技术，在经过十多年的发展后，其应用的范围正在不断拓宽，应用成效也在日渐显现。

2.7.1　区块链的概念

区块链起源于 2008 年国际金融危机时期，当时一位名叫中本聪的日本人开发了应用区块链技术的比特币系统，从此区块链技术作为一种独特的形态进入数字技术大家庭。简而言之，区块链是指一种记录时间先后的、不可篡改的、可信任的、去中心化存储且保证数据安全的分布式数据库，其具有去中心化、集体维护、高度透明、去信任、匿名等特点，通过去中心化和去信任的方式，由参与其中的成员共同维护一个特定数据库，让参与系统中的任意多个用户节点把一段时间内系统用户交互传输的数据，通过特定的密码学算法计算并记录到一个数据块（Block），并且生成该数据块的指纹用于链接（Chain）下一个数据块和校验，系统所有参与的用户节点来验证记录的真伪。区块链技术是一种不依赖第三方、通过自身分布式节点进行网络数据存储、验证、传递和交流的技术方案。

从技术原理上来看区块链并不复杂，但其在经济社会发展中的应用潜力十分可观。区块链作为一种与传统数据库类型有着显著差异的新型数据库系统，为涉及数据库应用的各行业的发展提供了新的技术选择。

2.7.2 区块链的特征

区块链的特征可以总结为以下三个方面：

1．数据的完整性和不可更改性

区块链能够完整地记录整个交易过程的全部数据，并且交易的所有参与者都能实时获得区块链中的完整数据，这样可以消除因信息不对称造成的风险。与此同时，区块链中的所有数据具有基于时间的单向流动性，当新数据写入区块后，新生成的区块会迅速覆盖至区块链中的全部区块，这样的流程不可逆转，所产生的数据记录既无法修改也不可撤销，充分保证了数据的完整性和真实性。

2．独立性和依存性并存

区块链由共同参与业务运作的用户群体所共享，每一个节点上的用户均可同步更新区块链的数据，并且任何参与运作的节点均可查询整个区块链的全部数据。当整个区块链网络中的单一节点出现故障时，并不会导致其他节点上信息的缺失，其余参加者仍能照常运行，因此具有较强的独立性。区块链中任意一个节点所产生的交易数据必须依赖网络上其他节点的确认才能有效地纳入整个区块链之中，相互依存的关系十分明显。

3．开放性和专用性兼顾

区块链依托互联网进行数据的传输和业务的运作，任意一个用户只要遵循相应的规则即可通过互联网参与业务的运行，也可根据自身的需要自由退出。这种开放性的特征很大程度上保障了用户的自由选择权，能做到"进退自如"。在提供广泛的开放性的同时，区块链网络利用各种加密技术手段，使得关联业务之间的用户可以组成专门的业务单元，开展特定业务的运作。

2.7.3 区块链的类型

按照区块链的应用范围来分，区块链可分为公有链、私有链和联盟链三种类型。

1．公有链

公有链是指任何人都可以直接加入和参与的区块链，以比特币为最主要的代表。公有链依托公共的互联网开展部署，具有充分的开放性和广泛的参与性。缺点是算力消耗巨大、交易的隐私性得不到保护及安全性较弱。公有链由于部署容易、参与范围广，是区块链应用的主要选择。

2．私有链

私有链是指限定在特定范围内的参与运作的区块链，与公有链的显著差异是整个网络由一个组织管理，该组织决定允许谁参与网络、执行共识协议和维护共享分类账。私有链可以提高参与者之间的信任，既可以在企业防火墙后面运行，也可以在内部托管，在安全性和保密性方面具有特别明显的优势。

3. 联盟链

联盟链是指由多个组织共同分担维护责任的区块链。这些预先选定的组织决定谁可以提交交易或访问数据，根据共同确定的规则进行管理。在所有参与者都需要获得许可且对区块链负有共同责任时，联盟链是理想的选择。

2.7.4 三种类型区块链的比较

公有链、私有链和联盟链之间既有明显的区别，又有紧密的联系，三者的关系如表 2-1 所示。

表 2-1 公有链、私有链和联盟链的关系比较

比较内容	公有链	私有链	联盟链
参与主体	无限制	内部成员	联盟成员
记账人	所有参与者	内部成员	联盟成员协商确定
激励机制	需要	无	可选
中心化程度	去中心化	强中心化	弱中心化
主要特点	开放、参与自由	效率和安全性高	效率和成本优化
典型场景	加密货币	大型组织、机构	供应链金融、银行、物流、电商

2.7.5 区块链主要应用场景

区块链经过十余年的发展，目前应用领域越来越广泛，较为典型的应用场景描述如下：

（1）鉴证证明：主要用于身份自动验证及各种证明文件的鉴证，用于保险购买、公益捐助、追本溯源、个人和企业资质证明和所有权保护。

（2）共享账本：用于机构间的清算业务、银行间保理业务、供应链金融业务等。

（3）智能合约：独立于任何集中式运营商或受信任的第三方自主运行，用于解决买卖双方的信用，以确保在达到既定条件时能自动运行相应的程序。

（4）共享经济：利用区块链实现各种有形商品、服务和时间等方面的共享，更好地创造共享的价值，获得更大的收益。

（5）数字资产：涵盖数字货币、数字证券、数字票据等各类数字性资产，形成与数字经济发展相适应的数字资产体系，实现资产的数字化。

2.7.6 区块链案例：上汽通用五菱

汽车产业的产业链长而复杂，涉及研发、设计、生产、销售、金融和车辆服务等多个环节，包括汽车企业、零部件供应商及政府与第三方组织机构等，如何优化管理提升效率是一个必须面对的现实问题。

1. 项目需求

2021年，上汽通用五菱汽车股份有限公司（以下简称上汽通用五菱）年销量突破176万辆，位居民族品牌单一车企销量第一。[①]销量光环的背后是上汽通用五菱拥有将近900家供应商、物流商，要实现每日数亿元的交易额和600余万件的零部件交易量。庞大的供应链交易以平均4张/秒的速度产生交易单据，海量的文件和数据让以人工为主的传统文件管理手段面临巨大的挑战。与此同时，供应链上下游的各家企业数据不互通的情况也非常普遍，物料交接的过程不得不依赖于纸质文件的交接（图2-9为对账员进行纸质账单的对账）和后续的核算工作，在重复工作浪费劳动力的同时，也产生了大量的由于签名无法辨别而带来的纠纷，所以迫切需要相应的技术手段解决现实痛点。

图2-9 对账员进行纸质账单的对账

2. 项目实施

为了提升产业链的管理效率和质量，2018年起，以物流创新工作室为代表的一群五菱人便开始探索新技术武装产业链的可能性。2021年2月，上汽通用五菱完全自主研发的菱犀智享云项目正式立项。这一项目基于开源组件，在克服成本、技术等瓶颈上显现出了较大的优势。区块链技术的应用得到了供应链伙伴的一致好评。在相关技术落地之后，仅是每天和主机厂对账都能节约两个小时，非常高效。受益于区块链技术的应用，"链上签署"和"链上存证"等信息化手段纷纷得以落地，并且物料信息录入也可以通过扫描实现，信息录入的准确度和录入速度都有了很大的提升。

当前，汽车物流行业普遍存在信息化水平低、档案管理效率低和可追溯性低等问题。为了解决物流管理面临的诸多痛点问题，上汽通用五菱也主动牵头研发了区块链智能合约平台。而且，它开发了国内汽车物流行业首个应用区块链技术的项目，该项目覆盖800家供应商及69家物流商在内的全供应链物料交付环节，开拓了区块链技术在传统的汽车物流场景应用的全新领域，也为企业与供应链伙伴的合作共赢提供了有力的互信基础。

3. 应用成效

区块链技术的应用每年将为上汽通用五菱节约1600万元的成本以及1000万张纸

[①] 界面新闻. 2021年上汽通用五菱累计实销达176万辆，同比增长13.5%[EB/OL].(2022-01-11)[2023-10-05].https://baijiahao.baidu.com/s?id=1721639864294497286&wfr=spider&for=pc.

张的消耗，在进一步实现低碳环保目标的同时将供应链管理效率提升了80%，为信息化与工业化的深度融合发展提供了有益的经验和案例。① 未来，以菱犀智享云为代表的上汽通用五菱区块链技术应用还会拓展至整车、配件的结算服务，以及供应链金融、电子合同管理领域。

2.8 元宇宙

近年来，伴随着号称元宇宙（Metaverse）第一股的 Roblox 上市大涨及美国 Facebook 公司更名为 Meta② 等事件的推动，元宇宙成为一个炙手可热的概念得到广泛的关注，各种应用实践也在快速推进，为数字经济发展带来新的契机。

2.8.1 元宇宙的来龙去脉

元宇宙最初出现在美国科幻作家尼尔·斯蒂芬森于1992年出版的科幻小说《雪崩》中。在该小说中，名为希罗的主人公是洛杉矶的一名比萨快递员，他只要戴上耳机和目镜，找到一个终端，就可以通过连接进入由计算机模拟的另一个三维空间中。每个人都可以在这个与真实世界平行的虚拟空间拥有自己的分身，作者将这一空间称为元宇宙。在小说中，元宇宙被描述成与现实世界平行的虚拟世界，拥有一套完整的经济系统，现实世界的人进入元宇宙后，即可进行娱乐、社交、消费、创作、交易等活动，甚至现实世界中无法实现的梦想均可在元宇宙中轻松实现。

从这一概念出现以来的三十余年间，与元宇宙相关的技术取得了快速发展，包括虚拟现实、大数据、人工智能、移动通信和区块链等技术。这些技术的发展为元宇宙从科幻变成真实体验的场景提供了可能，同时围绕元宇宙的各种产业布局正在全面展开，掀起了元宇宙发展的热潮。

2021年3月10日，Roblox 正式在纽交所上市，当日最高暴涨65%，上市首日市值便突破400亿美元，成为元宇宙上市第一股，在带火元宇宙概念的同时，引爆了资本市场对于元宇宙投资的热情。2021年10月28日，Facebook 公司正式官宣改名为Meta，在全球范围内引起了较大的反响，对我国元宇宙的发展起到了极大的推动作用。当今，元宇宙在我国的热潮此起彼伏，各种商业机会和应用成效也正逐步显现。

2.8.2 元宇宙的概念

关于什么是元宇宙，目前有很多种定义。维基百科显示：元宇宙是一个聚焦于社交连接的3D虚拟世界之网络，拥有一个持久化和去中心化的在线三维虚拟环境，可以

---

① 汽车日记 diary. 上汽通用五菱成为汽车行业首家国家区块链创新应用试点单位 [EB/OL].(2022-02-11)[2023-10-05].https://baijiahao.baidu.com/s?id=1724433415652173066&wfr=spider&for=pc.

② 来源于元宇宙（Metaverse）。

通过虚拟实境眼镜、手机、个人电脑和电子游戏机等进入人造的虚拟世界。《纽约时报》提到：元宇宙是虚拟现实和数字第二人生这两个存在多年的概念的有机融合，使虚拟生活和现实生活发挥同样重要的作用。Meta 创始人马克·扎克伯格认为：元宇宙是一个融合虚拟现实技术，用专属硬件设施打造，具有超强沉浸感的社交平台移动互联网之后的下一代平台。[①] 元宇宙商业之父马修·鲍尔认为，元宇宙是一个由持续的、实时渲染的 3D 世界及模拟构成的广阔网络，支持身份、对象、历史、支付和权利的连续性，并可实现有效且无限的用户同步体验，每个人都具有个人的在场感。[②] 同时他还认为，元宇宙代表了继大型机计算、个人计算和移动计算之后的第四次计算机浪潮。

本书认为，元宇宙是综合应用新一代数字技术以实现信息交互、价值传递和沉浸体验等多重功能的下一代互联网综合体，是物理世界和数字世界深度融合、虚实共生的独特产物。它既根植于现实世界，又呈现在虚拟世界，是人类社会逐步进入数字时代的象征。

2.8.3 元宇宙的发展框架

作为一种新的存在形态，元宇宙是一个涉及面广泛的系统工程，其发展框架如图 2-10 所示。

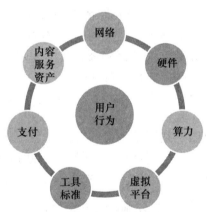

图 2-10　元宇宙发展框架

元宇宙以用户行为为中心，形成一个既相互独立又互为关联的整体，各组成部分说明如下：

（1）用户行为：消费者及其商业行为的呈现和观察，是元宇宙发展的重要动力。

（2）网络：既是连接物理世界和虚拟世界的纽带，也是人与人互联、人与机互联、机与机相连的必备条件。

（3）硬件：各类用于访问、交互或开发元宇宙的设备，包括手机、VR 耳机及带有

---

① CARMELA C.Mark Zuckerberg defies haters of the Metaverse, reveals his vision for a digital world where you can make eye contact with others[EB/OL].(2022-03-26)[2023-10-05].https://fortune.com/2022/03/25/mark-zuckerberg-metaverse-plans/?utm_source=search&utm_medium=advanced_search&utm_campaign=search_link_clicks.

② 胡泳. 虚拟世界让我们时刻在场，但又永远缺场 [EB/OL].[2024-04-06].https://www.tisi.org/23731.

触觉的手套等。

（4）算力：支撑元宇宙的计算能力，以支持物理计算、渲染、数据协调和同步、人工智能、投影、动作捕捉和翻译等多样化的功能。

（5）虚拟平台：通常以3D模拟的方式构建起沉浸式数字平台，用户和企业可以在其中进行探索、创造、社交和参与各种体验活动。

（6）工具标准：用以交互的工具、协议、格式、服务和引擎，它们充当互操作性的实际或事实上的标准，并支持元宇宙的创建、操作和持续改进。这些标准支持渲染、物理和人工智能等活动，以及资产格式及其从体验到体验的导入/导出、前向兼容性管理和更新、工具和创作活动及信息管理。

（7）支付：支持数字支付流程、平台和运营，包括法定入口到纯数字货币和金融服务，以及其他区块链技术的应用等。

（8）内容、服务资产：与用户数据和身份相关的数字资产（例如虚拟商品和货币）的设计、创建、销售、转售、存储、安全保护和财务管理等。

2.8.4 元宇宙案例：数字人手语翻译"小莫"

在我国约有2700万的听力障碍人士，在无声的世界里，手语就是他们与世界连接的纽带。可在现实世界里，非听力障碍人群精通手语者寥寥无几。通过元宇宙中的数字人技术搭建起跨越手语障碍的桥梁，是一项十分有意义的探索。为此，阿里巴巴公益支持阿里达摩院研发了一款数字人手语翻译，数字人"小莫"不仅能做手语的合成，还能进行手语识别，帮助听力障碍人群进行交流。

1. "小莫"的诞生

数字人"小莫"是阿里巴巴达摩院创造的首位数字人员工，于2021年云栖大会正式对外发布。在问世以后比较短的时间内，"小莫"不断地学习，现正逐步成为数字人手语翻译的一颗新星。图2-11为数字人"小莫"。

图 2-11 数字人"小莫"

2. 智能手语平台

为打造优质的无障碍环境，达摩院推出了智能手语平台，为听力障碍人士提供更细致、体贴的服务保障。智能手语平台通过3D虚拟人技术、计算机视觉、机器翻译、语音技术,让数字人"小莫"具备手语识别和手语播报的双重能力,既可以将自然语言翻译成手语,也可以识别听力障碍人士的手语并翻译成自然语言。图2-12为语音输入"新年快乐,阖家欢乐"即可看到的手语翻译实例。

3. 行业应用

浙江省气象局在新媒体平台让数字人"小莫"为浙江省数百万听力障碍人士提供更智能、更丰富、更有温度的气象播报服务。图2-13为数字人"小莫"播报天气实例。

图2-12 手语翻译实例

图2-13 播报天气实例

数字人作为当前元宇宙发展的重点领域,正在呈现出越来越多的创新形态和独特应用,为元宇宙找到正确的发展方向和广阔的发展前途提供更多的可能。

本章小结

数字技术是数字经济发展的基石,是激发数字经济活力的重中之重。数字技术是一个动态发展的过程,目前已形成一个相对成熟的体系,但仍处在不断演进和完善之中,各种新的技术也正在层出不穷,使得数字技术变得更加绚丽多彩,所发挥的作用也越来越突出。但必须指出的是,数字技术作用的发挥,很大程度上取决于技术与应用需求的融合水平,只有将两者紧密结合起来,才能实现真正意义上的"化合反应"。数字技术的应用和作用的发挥是一个长期的过程,只有起点,没有终点,需要在不断探索中找到逐步完善的发展道路。

本章重点探讨了大数据、人工智能、云计算、物联网、移动通信、区块链和元宇宙等数字技术中的代表性技术,但数字技术的表现形式和呈现方式远不止这些,需要在实际发展中兼收并蓄各种新技术、新方法和新思路,只有在实践中不断总结和探索,才能不断让数字技术在数字经济的大花园中枝繁叶茂、开花结果。

第 3 章

大数据与数字经济

"大数据"(Big Data)这一概念出现以来,得到了广泛的关注和普遍的认同,对应的大数据资源被喻为 21 世纪的"石油""电力",甚至是"钻石",已成为与物质、能源同等重要的基础性战略资源,正在对全球的生产、流通、分配、消费等经济活动及经济运行机制、社会生活方式和国家治理能力产生重要而又深远的影响。运用大数据引领经济转型升级、完善社会公共服务、提升政府治理能力正成世界各国的共同选择。在我国,加快大数据的发展与应用,既是发展数字经济的迫切要求,也是体现创新、协调、绿色、开放、共享的新发展理念,统筹推进经济建设、政治建设、文化建设、社会建设、生态文明建设"五位一体"的总体布局,协调推进全面建成小康社会、全面深化改革、全面依法治国、全面从严治党"四个全面"战略布局的有力抓手。面对大数据发展浪潮,我们必须审时度势、未雨绸缪,把发展大数据作为发展数字经济的有力抓手,抢抓转瞬即逝的发展机遇,全面推动经济繁荣、社会进步、民生改善。

3.1 大数据解析

要把握大数据的发展机会,必须先了解其来龙去脉,并能对相关的技术有比较清晰的认识。

3.1.1 大数据的来龙去脉

大数据的概念今天虽已尽人皆知,但它出现的时间并不长。2011 年 5 月,美国著名的咨询公司麦肯锡发布的名为《大数据:创新、竞争和生产力的下一个新领域》的研究报告让"大数据"一词进入公众的视野。该报告指出,大数据是指数据量级超过传统数据库软件工具捕获、存储、管理和分析能力的数据集。这一定义虽然没对数据量级给出具体的界定,但也表明了人类必须直面数据容量快速增长带来的挑战。这一概念提出后得到了美国政府的认可，2012年3月，美国政府发布了《大数据研究和发展倡议》，提出将大数据作为国家级科技战略，要求加速科学、工程领域的创新步伐，强化美国国土安全，转变教育和学习模式，大力促进大数据的研究和开发。此后，大数据犹如一股旋风，从美国刮向世界，成为席卷全球的浪潮。

2012年7月，日本政府提出要以电子政府、电子医疗和防灾减灾等为中心制订新的信息通信技术（ICT）计划，重点关注大数据的研究和应用。

英国政府紧随其后，于2013年1月宣布将在对地观测、医疗卫生等大数据和节能计算技术方面投资近2亿英镑，致力使英国成为全球大数据发展的领先国家。

在过去的十余年中，大数据在全球范围内得到世界各国的高度重视，不断掀起发展的热潮。

3.1.2 大数据发展趋势

经过过去数年的快速发展，大数据既作为一种技术，又作为一种资源，同时还作为一种理念，已越来越受到关注，围绕大数据展开的各类经济社会活动也变得越来越丰富。从未来的发展来看，大数据正呈现出以下五个方面的趋势：

1. 数据已成为越来越重要的战略资源

在大数据时代，数据被称为"石油""电力"甚至是"钻石"，被普遍认为是一种不可替代的战略资源。从发展趋势来看，"得数据者得天下，用数据者赢未来"将成为一种常态。无论是对于国家，还是对于企业和个人，离开了数据，将会失去立足之本和活力之源。因此，必须高度重视大数据的资源属性，抢抓大数据发展机遇，使大数据真正成为提升国家、企业和个人竞争力的根基，以期能在大数据时代赢得更大的发展机遇。

2. 数据增长将进入新爆发期

在过去数年中，数据的体量几乎以新摩尔定律的规则增长——每十八个月数据总量翻一番。伴随着5G技术的商用和物联网的广泛普及，未来的数据体量将以超摩尔定律的速度增长，一方面会大大丰富新的数据来源，为大数据应用创造更加有利的条件；另一方面，数据的爆发式增长给数据的处理带来了极大的挑战，必须在处理方法和处理手段等方面进行突破。

3. 大数据技术将与云计算、人工智能等技术全面融合

大数据与云计算、人工智能的深度融合已成为一种新的趋势，会逐步形成ABC（A：Artificial Intelligence，即人工智能；B：Big Data，即大数据；C：Cloud Computing，即云计算）的发展模式，云计算为大数据提供高可靠性、高灵活性和高扩展性的基础设施支撑环境以及数据处理的高效模式，大数据则为云计算提供新的应用需求和业务场景，两者只有深度融合，才能真正产生商业价值。

4. 大数据的应用将进一步深化

大数据技术当今已经在政府管理、金融、商贸、交通、公共安全管理等多个领域中得到了应用。但总体来说，无论是应用的广度还是深度，还远远不够。从未来发展趋势来看，大数据犹如今天的互联网，将广泛渗透到各行各业各个领域，应用的广度和深度将会全面提升，真正成为经济增长的赋能器和社会进步的助推器。与此同时，传统的结构化数据的分析将逐步转变为大量非结构化数据和半结构化数据的分析，多种类型的数据分析、复杂多变的数据组合、不同来源的数据融合将成为数据应用的基本思路。

5. 大数据生态体系将逐步形成

大数据作为一种经济资源和科技手段，正在形成一个独特的生态体系，政府、企业、个人和其他社会组织都将以大数据为纽带，构成一个相互依存、互为关联的生态体系。随着大数据技术与云计算、人工智能等新技术的相互融合渗透，多技术融合的新应用将不断涌现，以大数据驱动传统产业转型的新模式、新业态也将如雨后春笋般出现，我国大数据生态体系正加速构建，对我国未来经济社会发展的影响必将日益凸显。

6. 数据安全和隐私保护将得到显著提升

随着数据采集和应用的范围不断扩大，数据的重要性不断提升，如何保障数据的安全、保护数据当事人的隐私，成为一个十分棘手的问题。大数据资源中一般都会涉及政府数据和个人数据，政府数据可能包含事关国家或地方经济社会发展的独特数据，这些数据如果被泄露，则在一定程度上会影响社会安全和稳定，因此，必须对一些敏感数据进行脱敏化管理，对涉密数据必须严格按规定处理。对于个人数据，如涉及个人财产、健康状况等方面的数据要进行匿名化或专门化处理，防止可能出现的数据泄密隐患。因此，数据安全和隐私保护在未来将会越来越受到重视，为大数据的深度应用保驾护航。

3.2 大数据与相关热点技术的关系

大数据作为数字经济的核心支撑技术，与各类热点技术有着十分紧密的联系，需要对此有基本的了解。

3.2.1 大数据与人工智能的关系

大数据与人工智能的关系十分紧密，两者的关系可概括为以下三个方面：

第一，大数据与人工智能可以理解成奶粉与婴儿的关系，不同类型的大数据就是抚育婴儿成长、促进婴儿智力开发的奶粉，而人工智能可以看成一个嗷嗷待哺、有待智力开发的婴儿。奶粉的数量决定了能否满足婴儿的健康成长，而奶粉的质量决定了婴儿后续的智力发育水平能否符合要求。

第二，大数据在经过清洗、结构化和集成之后提供给人工智能系统进行处理，而人工智能则通过各种特定的算法对输入的大数据进行智能化处理后输出各种结果，为各种应用系统提供数据支持和决策依据。

第三，大数据和人工智能都需要依靠云计算的支持，云计算平台是支撑大数据和人工智能有机结合的载体，三者融合共生、相互促进。

3.2.2 大数据与云计算的关系

大数据和云计算密不可分，两者的关系体现在以下四个方面：

第一，大数据代表了互联网的信息层，是基于互联网的智慧和意识产生的基础，云计算是互联网的核心硬件层和核心软件层的有机结合。云计算是大数据的算力来源，是促进大数据价值实现的重要载体。

第二，云计算提供基础架构平台，犹如计算机和操作系统，大数据应用运行在这个平台上，实现海量数据的存储、处理和分析。

第三，大数据和云计算所面向的对象不同。大数据侧重解决业务问题，帮助作出相应的决策，一般由决策者如首席执行官负责；而云计算作为一个技术解决方案，一般由信息技术主管（如首席信息官）负责。

第四，从未来的趋势来看，云计算作为计算资源的底层，支撑着上层的大数据处理。而大数据主要用于发展实时交互的查询效率和分析能力，能更好地符合业务发展需要。

3.2.3 大数据与物联网的关系

大数据与物联网有着十分紧密的联系，主要表现为以下三个方面：

第一，物联网是大数据的重要来源，没有物联网的源头，大数据技术必然会英雄无用武之地。物联网的各种传感器是数据采集的基本工具，丰富的数据资源为大数据应用提供了充足的"粮食"，也使得大数据的分析结果产生更高的价值。

第二，物联网采集的数据是原始的、初始的数据，只有通过大数据技术的处理，进行深层次的关联，才能发挥真正的作用。当然，大数据技术的处理方法和技术手段需要结合物联网的数据特征进行针对性应用，使两者更好地耦合，发挥更好的作用。

第三，大数据与物联网相互依存、相辅相成，两者的有机融合，可以产生独特的经济价值和社会效益。例如，全球著名的物流公司美国联合包裹运送服务公司广泛使用物联网技术来监控和采集物流车辆的各项参数，包括汽车的速度、行驶里程、休息停靠、油耗、发动机运行情况等，采集的相关数据通过大数据技术处理之后，再有针对性地提出改进建议。该公司不仅依据此减少了有害排放和燃料消耗，也大大降低了相应的成本开支。

3.2.4 大数据与5G的关系

5G作为新一代移动通信技术，与大数据有着非常紧密的联系，主要表现在以下四个方面：

第一，5G为大数据提供了极为丰富的数据来源。5G的高带宽为超高清视频和高像素图像传输提供了条件，优质的大数据源将会高速增长，为大数据分析和应用创造条件。

第二，5G能有效克服数据传输的瓶颈。5G最显著的特性是支持超高速的数据传输，长期制约数据传输的因素将会逐步化解，信息高速公路将会真正变为现实。

第三，5G为大数据拓宽了各种应用场景。5G的高速率、低时延、大容量等特性为诸如无人驾驶、远程医疗及数字传媒等领域的应用创造了条件，大数据的应用场景将会不断拓展，应用成效也将大大提升。

第四，大数据将成为5G的标志性应用。5G相当于开通了数据传输的"高速公路"，如何让更多的车装更多的货在"高速公路"上驰骋，是通信运营商十分关心的问题，大数据作为在"高速公路"上行驶的"货物"为5G"高速公路"创造更高的商业价值。

3.2.5 大数据与区块链的关系

区块链以其去中心化等特征给大数据的应用带来了新的机会，两者紧密结合可产生新的价值。

第一，区块链可以有效提升数据的安全性。在大数据分析过程中，如何切实提升数据的安全性面临着严峻的挑战，尤其在个人隐私数据和关键数据泄密方面存在着极大的风险。区块链技术可以通过使用数字签名的方法，让只有获得授权的用户才可以对数据进行访问，以保证数据私密性。同时，还可将数据统一存储在区块链上，在不访问原始数据情况下进行数据分析，以更好保护数据的安全和数据关联者的隐私。

第二，大数据可以促进区块链数据的深度分析和应用。区块链是一种不可篡改的、全历史的分布式数据库存储技术，随着时间的积累，区块链所产生的数据量会越来越庞大，利用大数据技术对区块链进行深度分析和场景关联，可以更有效地发掘区块链数据资源的价值，进一步激活数据资源的活力。

第三，区块链提升大数据分析的质量。区块链使得数据从采集、分析和处理都集中在区块链中实现，使得数据的可追溯性和准确性有了更加充分的保障，从而有效保证了数据分析结果的正确性和数据挖掘的效果。

第四，区块链有助于保障数据权利人的合法权益。数据资产是数字经济的重要体现，对于个人或机构所拥有的各种有价值的数据资产，可以利用区块链技术对其进行注册和确权，相关记录能得到全网的认可，并且是透明的和可追溯的。在明确大数据资产来源、所有权、使用权和传输路径的基础上，给数据资产权利人带来充分的保障。

3.2.6 大数据与元宇宙的关系

元宇宙在当前还是一个充满想象和期待的概念，有极大的不确定性，但可以肯定的是，元宇宙与大数据有着紧密的联系，具体表现在以下三个方面：

第一，元宇宙是一个以数字化作为呈现方式的生态系统，数据是支撑元宇宙运营的关键性资源，失去数据，元宇宙必将变成空中楼阁。

第二，大数据技术是构建元宇宙的核心技术，在元宇宙运营过程中，数据的采集、数据的存储、数据的分析与处理、数据的应用都离不开大数据技术的支持，尤其是多重参与者多维数据源的关联及数据资源的整合，必须由大数据技术担当重任。

第三，元宇宙的发展会促使大数据技术不断改进和优化，元宇宙作为一个物理世界和数字世界有机融合的产物，为数字化发展带来了机遇和挑战。这些挑战不少将超越大数据技术现有的边界和能力，迫使大数据技术不断升级和优化，促进技术快速进步和完善。

3.3 联合国对大数据发展的推动

联合国高度重视大数据在促进可持续发展中的作用，在2021年发布的《大数据促进可持续发展》全球议题中，针对十七项可持续发展目标，通过案例展现了如何利用大数据助力实现这些目标价值，具体如表3-1所示。

为了更好地利用大数据，推动可持续发展，联合国呼吁世界各国采取三个方面的行动：一是培养和推动创新，以填补数据鸿沟；二是调动资源，消除发达国家和发展中国家、数据不足和数据丰富的人群之间的不平等；三是加强领导和协调，使数据革命在实现可持续发展中充分发挥作用。

2017年1月，在南非开普敦举办了以"让世界更有意义——用数据革命推动可持续发展"为主题的第一届联合国世界数据论坛，吸引了1400多名来自公共和私营部门的数据使用者和生产者、政策制定者、学术界和民间社会人士共同参与，为探索如何利用大数据的力量促进可持续发展发挥了积极作用，2018年10月在迪拜举办了第二届联合国世界数据论坛，主题为"推动可持续发展数据挑战提出创新方案，为未来工作落实加强合作和资源探索"。第三届联合国世界数据论坛于2021年10月线上线下同时举办，议题涉及获取更优质数据能力发展的新方式、不同数据生态系统的创新和协同、不让任何人掉队、通过数据了解世界、建立对数据和统计的信任及已经取得的进展等。第四届世界数据论坛由联合国主办、我国国家统计局与浙江省人民政府联合承办，于2023年4月在我国杭州举办。

表 3-1　大数据在全球可持续发展中的作用

序号	可持续发展目标	大数据应用及其价值
1	无贫穷	移动电话服务的消费模式可以提供收入水平的替代性指标
2	零饥饿	众包或在线追踪食品价格有助于近实时监控食品安全
3	良好健康与福祉	绘制手机用户的移动地图有助于预测传染病的传播
4	优质教育	公民报告可以揭示学生辍学率的原因
5	性别平等	对金融交易的分析可以揭示消费模式和经济冲击对男性和女性的不同影响
6	清洁饮水和卫生设施	连接到水泵上的传感器可以跟踪清洁水的获取情况
7	经济适用的清洁能源	智能电表可使公用事业公司增加或限制电、气或水的流量，以减少浪费，并确保高峰时段的充足供应
8	体面工作和经济增长	全球邮政运输模式可以提供经济增长、汇款、贸易和 GDP 等指标
9	产业、创新和基础设施	全球定位系统设备的数据可以用于交通管制和改善公共交通
10	减少不平等	对地方电台内容进行语音到文本分析可以揭示歧视问题，并支持政策回应
11	可持续城市和社区	卫星遥感可以追踪对公园和森林等公共土地或空间的侵占
12	负责任消费和生产	在线搜索模式或电子商务交易可以揭示向节能产品过渡的速度
13	气候行动	将卫星图像、众包证词和公开数据结合起来，有助于跟踪森林砍伐
14	水下生物	海上船舶跟踪数据可以揭示非法、无管制和未报告的捕捞活动
15	陆地生物	社交媒体监测可以支持灾害管理，提供有关受害者位置、影响和森林火灾或雾霾强度的实时信息
16	和平、正义与强大机构	对社交媒体的情绪分析可以揭示公众对有效治理、公共服务或人权的看法
17	促进目标实现的伙伴关系	将统计数据、移动数据和互联网数据结合起来的伙伴关系，可以更好地实时了解当今这个超连接世界

3.4　我国大数据发展概况

自从 2014 年的《政府工作报告》首次提及"大数据"这一概念以来，我国各地都开启了大数据发展的序幕。因此，2014 年可以称为我国大数据发展的元年，由此开启了我国大数据发展的新征程。

3.4.1　国家对大数据发展的部署

2014 年的《政府工作报告》中提出：设立新兴产业创业创新平台，在新一代移动通信、集成电路、大数据、先进制造、新能源、新材料等方面赶超先进，引领未来产业发展。由此可见，当时是将大数据作为"双创"的重要技术领域提出的。

2015 年 8 月，国务院正式印发了《促进大数据发展行动纲要》，这是我国推进大数据发展的战略性、指导性文件，是中央政府对大数据发展的顶层设计和统筹布局，为推进我国大数据应用、产业和技术的发展提供了行动指南。

2016年,《中华人民共和国国民经济和社会发展第十三个五年规划纲要》中专门列出了"实施国家大数据战略"一章,这也是指导各地各级政府发展大数据的基本纲领。

2016年年底,工业和信息化部正式发布《大数据产业发展规划(2016—2020年)》,这一规划以"十三五"大数据产业发展为重点,确定了大数据产业发展的指导思想、发展原则、发展目标、重点任务和重大工程及保障措施等内容,此后交通运输部、生态环境部、农业农村部等相继发布了各自行业的大数据发展规划。

2017年12月8日,习近平总书记在主持中共中央政治局就实施国家大数据战略进行第二次集体学习时,对我国实施国家大数据战略提出了五个方面的要求:一是要推动大数据技术产业创新发展;二是要构建以数据为关键要素的数字经济;三是要运用大数据提升国家治理现代化水平;四是要运用大数据促进保障和改善民生;五是要切实保障国家数据安全。

2018年的《政府工作报告》中提出:推动大数据、云计算、物联网广泛应用,新兴产业蓬勃发展,传统产业深刻重塑。这进一步明确了大数据在促进产业转型升级方面的突出作用。

2021年年底,国务院发布的《"十四五"数字经济发展规划》中多处提及大数据,包括"加快构建算力、算法、数据、应用资源协同的全国一体化大数据中心体系""支持市场主体依法合规开展数据采集,聚焦数据的标注、清洗、脱敏、脱密、聚合、分析等环节,提升数据资源处理能力,培育壮大数据服务产业""瞄准传感器、量子信息、网络通信、集成电路、关键软件、大数据、人工智能、区块链、新材料等战略性前瞻性领域,发挥我国社会主义制度优势、新型举国体制优势、超大规模市场优势,提高数字技术基础研发能力""开展政务数据与业务、服务深度融合创新,增强基于大数据的事项办理需求预测能力,打造主动式、多层次创新服务场景"以及"建立完善基于大数据、人工智能、区块链等新技术的统计监测和决策分析体系,提升数字经济治理的精准性、协调性和有效性",由此足以看出大数据在我国数字经济发展中的重要地位和突出作用。

2022年的《政府工作报告》中指出:建设数字信息基础设施,逐步构建全国一体化大数据中心体系,推进5G规模化应用,促进产业数字化转型,发展智慧城市、数字乡村。此次将大数据作为数据资源的基本保障予以部署。

经过多年大力度的推进,我国大数据的发展已进入到一个新的阶段,呈现出政策有力、基础扎实、前景广阔、势头良好的局面。

3.4.2 各地大数据发展的实践

1. 贵州的实践

"天无三日晴,地无三里平,人无三分银"曾经是贵州经济状况的真实写照,但在大数据发展方面,贵州行动早、措施实、成效好。早在2013年,贵州率先作出了把握大数据发展机遇的战略部署,将大数据产业视为地方经济"弯道超车"的重要抓手。2013年9月8日,贵阳市人民政府与中关村科技园区管理委员会签署战略合作框架协议，双方共同打造"中关村贵阳科技园"。2014年2月，贵州省人民政府印发《关于加快大数据产业发展应用若干政策的意见》和《贵州省大数据产业发展应用规划纲要（2014—2020年）》。这两份文件明确提出，要从提升产业规模、促进重点行业发展、鼓励技术创新、培育人才体系等方面出台政策，推动大数据产业链发展。作为国家大数据综合试验区，贵州构建了先行先试的政策法规体系、跨界融合的产业生态体系、防控一体的安全保障体系等三大体系，打造了大数据示范平台、大数据集聚平台、大数据应用平台、大数据创业创新平台、大数据交流合作平台、大数据金融服务平台、大数据交易平台等七大平台，实施了信息基础设施提升工程、数据资源汇聚工程、政府数据共享开放工程、政府治理示范提升工程、大数据便民惠民工程、大数据三类业态培育工程、传统产业改造提升工程、北斗卫星导航应用示范工程、人才培养引进工程、大数据安全保障工程等十大工程。2016年3月2日，我国首个大数据综合试验区在贵州开始建设。

贵州在大数据应用方面所取得的成效十分显著，以网上审批为例，该省逐步取消了省级及以下部门自建审批服务系统，要求统一使用全省网上办事大厅审批服务平台，实现了"一张网办理、一个系统审批、一个数据库汇聚、一个标准开放共享"，全省各级政府部门2万多名审批人员每天在同一个系统开展协同审批，所产生的数据全部汇聚在云上贵州平台，全省各级各部门按权限自动共享互认数据信息，服务效率大大提升，探索出一条"低投入建设、大规模应用、低成本运行、高水平服务"的发展之路，形成了符合西部地区经济社会和电子政务发展的政务服务"贵州模式"。贵州的经验表明，充分利用大数据技术打通阻碍行政服务效能的各个堵点，可以使政府行政服务的质量得到大幅度提升。

贵州作为首个国家大数据综合试验区，多年的发展取得了丰硕的成果。在解决政府数据共享这个长期存在的"疑难杂症"方面，贵州走在了全国前列，具体表现在三个方面：一是率先实现省市县政务信息系统互联互通。创新探索"四变四统"（变"分散规划"为"统一规划"，变"分散建设"为"统一建设"，变"政府直接投资"为"统一购买服务"，变"分散资金保障"为"统筹资金保障"）政务信息化建设新机制，打造服务全省的"一云一网一平台"数字政府核心基础设施，实现"一云统揽""一网通办""一平台服务"；二是探索形成数据共享交换调度机制，推动各部门数据互联互通，形成跨层级、跨地域、跨部门、跨业务的协同管理和服务；三是形成政府和社会数据开放互动常态机制，实现数据开放常态化，累计开放高质量数据集和提供数据服务均处于领先位置。

总体来说，贵州通过超前的规划、得力的措施、务实的行动和不懈的努力，已成为我国大数据发展的先行者。

2．深圳的实践

深圳作为国家级创新城市，近年来将大数据作为重点扶持的领域之一，在政策和具体行动上对大数据给予了大力支持。

2016年11月，深圳市人民政府办公厅发布的《深圳市促进大数据发展行动计划（2016—2018年）》为深圳市大数据的发展提供了重要的指导。大数据给深圳的大数据基础设施提供商、互联网企业、软件公司、高等院校、科研机构带来了机会，也吸引了国内外诸多知名大数据企业落户，如国家超级计算中心、阿里云等。同时，深圳本地知名企业包括腾讯、平安集团和招商银行等也纷纷抓住大数据发展的战略机遇，在提升整体实力、实现转型升级方面拔得头筹。从总体发展来看，深圳大数据发展已位居全国前列。

2021年11月，总投资达12亿元的深圳市城市大数据中心一期启动建设，将为深圳市大数据的发展提供高标准的运营载体和软硬件支撑。

2022年《深圳市数字政府和智慧城市"十四五"发展规划》中对大数据的发展作出了多方面的部署，包括共建、共治、共享的社会治理统筹协同格局逐步形成，初步建立以大数据为支撑的政府决策机制；城市大数据中心、政务云、政务网络全面提质扩容，构建时空信息平台，实现全域全要素叠加；统筹布局的全市一体化大数据中心体系，形成以城市大数据中心和各单位边缘计算数据中心为主体、超级计算为特色的全市算力一张网；开展基于天地一体化信息网络的时空大数据信息服务；按照"物理分散、逻辑统一、一体管控"的架构建设全市一体化的大数据中心，实现与省大数据中心互联互通；加快建设粤港澳大湾区大数据中心、全球海洋大数据中心，加强数据资源的汇聚、流动、处理、应用。该规划为充分发挥大数据在数字政府和智慧城市建设中的突出作用进行了全方位的部署。

3．杭州的实践

2010年10月，杭州被列入开展云计算创新发展试点示范城市之一，在云计算产业发展上走在前列。在此基础上，杭州大力推进大数据的发展和建设。杭州利用在国内较为领先的大数据基础设施优势、龙头企业带动和数据开放的扶持政策，使大数据发展与云计算有机结合，成为当地数字经济发展的新生力量。阿里巴巴以淘宝数据为突破口，较早开展了电子商务大数据的汇集和应用；中电海康集团有限公司、银江技术股份有限公司等行业领军企业正加速数字化转型，整体发展势头良好。"让数据多跑路，让群众少跑腿"，杭州市政府通过不同部门的数据共享，实现了跨部门、跨区域、跨行业涉及政务服务事项的数据联通，从"最多跑一次"到"一次不用跑"，实现了近300项事项均可以用一张身份证来办理，解决了长期以来一直难以解决的系统接口杂乱、技术路线不统一、数据交换节点繁多、数据流转过程环节多、缺乏统一管控和监督手段等造成的行政效能低下、信息孤岛密集等"老、大、难"问题，切切实实提升了政府部门工作的效率，提高了公众对政府的满意度。

杭州在大数据应用方面的探索十分丰富，其中综合交通运行分析系统是典型代表，该系统集成了公交、地铁、出租、网约、新能源车的定位、运营等多维数据，通过运用大数据分析算法，主要实现三大功能：一是对公共交通行业的整体运行监测分析，从公交整体线网、单条线路、单个站点等宏观或微观不同维度，监测分析公交整体运行情况；二是路网监测分析功能，将浮动车数据叠加到杭州的路网上，算出浮动车在每一条道路上的车速，再根据道路的等级，按照一定的权重，计算出每个区域、每个街道的路网整体运行状态；三是堵点治理功能，可以对某条路段的车辆进行路网及区域的溯源，了解车辆的来源和去向。该系统的应用，对于杭州综合治堵、公交优先提供可信赖的数字支撑。①

杭州作为我国数字化改革和发展的领跑者，在大数据应用方面作出了大量领先的探索，已成为国内外广泛学习和借鉴的对象，需要在更大范围、更深层次、更高水平上进行总结和提炼。

拓展阅读

扫码可了解更多国家大数据发展概况。

3.5 大数据发展所面临的问题和挑战

加快大数据的发展正在成为重要的共识，但在如何推进方面仍然存在着多方面的问题和挑战，主要表现在以下四个方面。

3.5.1 管理体制和运行机制障碍

我国的行政管理体制条块分割、各自为政的现象较为明显，由此而导致的信息系统孤立运行、信息资源孤岛存在等问题未能得到有效解决。尽管这些年取得了比较大的进步，但管理体制尚未健全、运营机制尚未到位，很大程度上影响了数据资源的充分共享和数字经济的发展潜力。大数据价值的发挥在于如何有效共享和充分利用数据，数字经济的价值创造在于是否有数量丰富、质量可靠的数据资源为其赋能。如果管理体制无法理顺、运营机制无法建立，那么大数据就很难真正取得成效。企业作为市场经济的主体，同样存在着管理体制和运行机制的问题，只有建立起有利于数据资源高效运行和顺畅流动的体制机制，才能使数字经济迸发出旺盛的生命力。

3.5.2 人才短板

大数据的快速发展和数字经济的蓬勃兴起对相关专业的人才产生了井喷式的需求，从目前高等院校设置的专业和人才培养规模来看，人才培养与社会的需求有极大的差距。长期以来受热捧的计算机相关专业人才与大数据所需要的人才的技术要求和开发能力差异较大，尤其是结合具体应用场景的行业需求，相关人才存在巨大的缺口。而传统的统计学等方面的专业人才很少接触大数据方面的课程，对工具的应用和海量数据的处理都缺乏相应的训练，与现实工作场景中所需要的大数据专业人才要求无法有

---

① 林海燕.这场报告揭秘了杭州交通大数据，综合治堵、公交优先原来都是靠它[EB/OL].(2022-01-14)[2023-10-05].https://ori.hangzhou.com.cn/ornews/content/2022-01/14/content_8145331.htm.

效匹配。大数据的人才匮乏是世界各国和地区所普遍面临的现实问题，尤其是对一些欠发达地区而言：一方面人才基础薄弱，另一方面受发达地区的冲击，所面临的困难和挑战是显而易见的。

3.5.3 技术瓶颈

近十年各类社交数据犹如雨后春笋般快速增长，如何从海量数据中提炼出"真金白银"是大数据发展的根本目的。在过去几年中，用于海量处理、高速率和多样化的大数据处理工具层出不穷，但无论对政府，还是对企业，抑或对学校等社会组织，如何有效应用大数据技术解决现实问题，尚存在比较大的技术障碍。可以说，技术本身尚不完善，在很多大数据应用主体中还不具备利用技术解决问题的条件。

3.5.4 文化障碍

大数据技术的引入、大数据资源的开发和数字经济的发展必将会给传统的经济社会运转模式和利益格局带来无法避免的冲击，从而给传统的文化带来新的挑战。大数据的发展要求企业、政府和其他各类组织能够建立起创新、协同、开放、包容和融合的文化，只有有效清除各种阻碍大数据发展的文化障碍，才能使大数据摆脱桎梏，在新的文化体系中赢得更好的发展和更大的跨越。

3.6 助力大数据发展的对策

运用大数据推动数字经济发展、促进社会进步、加强政府监管、完善公共服务正成为共同的趋势，建议采取以下六个方面的对策：

3.6.1 全面树立起对大数据的认知

大数据已成为当代经济社会发展最为不可或缺的战略资源，需要在全社会形成广泛的共识，切切实实树立起对大数据的认知。具体可以树立以下几点对大数据的认知：第一，大数据既是一种技术，又是一种资源，更是一种思维，只有将技术、资源和思维融为一体，才能使大数据真正成为驱动经济社会发展的强大动力；第二，大数据的发展必须从长计议，夯实基础，稳扎稳打，一步一个脚印，切忌急躁冒进；第三，大数据是不折不扣的"一把手"工程，只有领导重视、保障得力、措施到位，才能够真正让大数据发挥其应用作用；第四，大数据不是简单的数据开放或处理，而是需要围绕特定的应用场景和需求，深入利用数据资源，所以只有将数据用于实际业务等需求时才能发挥其应有的作用；第五，要尽力消除阻碍大数据发展的人为障碍，尽力促进各类信息孤岛的互联互通，促进数据在更大范围、更多场景、更高水平中的应用。

3.6.2 将发展以大数据为根基的数字经济作为政府和企业的战略选择

数字经济作为一种新的经济形态，以其独有的使能方式正成为转型升级的重要驱动力，也是全球新一轮产业竞争的制高点。无论是政府还是企业都应该把发展数字经济作为重要的战略选择，使数字经济成为未来支撑经济发展和民生服务的基本支撑。具体应从以下几个方面采取相应的对策：第一，要不断优化数字经济的基础设施，夯实数字经济发展的根基，尤其要加快对 5G 的布局，完善党政机关和企事业单位的装备，努力为发展数字经济发展"建好路、造好车"；第二，要引导传统经济抢抓向数字经济转型的发展机遇，尤其是鼓励面广量大的制造业企业利用大数据、人工智能等技术实现智能制造，做到线上线下融合发展，成为数字经济转型的先行者；第三，要加快培育数据驱动型的企业，选择数据基础好、集成能力强、发展前景好的企业打造数据驱动型的服务平台，使其成为数字经济的排头兵；第四，建立政、产、学、研、金、用高度融合的数字经济体，抢占数字经济制高点。

3.6.3 建立起切实有效的推进机制

发展大数据是一项复杂的系统工程，需要根据"创新驱动、规范有序、安全可控、开放融合、共建共享"的发展原则进行统筹谋划，同时需要建立起"政府引导、企业主导、多方参与、资源共享、协同推进"的运作机制，从经济社会发展需求迫切的领域入手，重点推进大数据在政府服务、公共安全、交通、教育、医疗、文化旅游、智能制造、金融、农业等领域的应用，选择一批有良好条件、有相应实施能力、积极性高的政府和企业部门开展应用试点，同时要从政策措施和推进步骤等方面提供相应的保障，使大数据应用真正成为政府提供高质量服务和企业发展数字经济的战略性支撑。

3.6.4 切实加强大数据专门人才的培养

大力推进大数据的发展，能否建立起一支数量与质量能满足发展需求的人才队伍起着决定性的影响。从国内外的发展现状来看，目前普遍面临着人才匮乏的现实障碍，必须想方设法弥补这一短板。具体的应对策措施如下：第一，要加大对人才培养的资金支持，通过设立人才专项资金等方式，切实为创新型人才培养提供经费保障；第二，对各级政府职能部门在职人员进行大数据技术的培训，要求能在全面具备大数据思维的基础上提升应用技术的能力和水平；第三，充分利用高校、科研院所和相关企业的资源，联合开展专门人才的培养；第四，在政府相关部门设立"首席数据官"的职位，为数据资源的统筹运作提供运行保障；第五，在公务员招录、职称晋升等环节为大数据人才提供绿色通道，给予一定程度的政策倾斜。

3.6.5 积极鼓励公众参与和社会共享

发展大数据是一项巨大的工程，离不开公众参与和社会支持。除了政府所掌握的大数据资源之外，还有大量大数据资源分布在各类企事业组织和公众个人手中，只有有效整合各类数据资源才能形成政府高质量服务的强大基础。第一，要积极鼓励各类组织和个人提供大数据资源，同时也为他们更加高效便捷地开发利用大数据资源创造条件；第二，要破除数据资源开放和应用的各种壁垒，让全社会都能从大数据的开放和共享中受益；第三，要建立起数据所有者、数据管理者和数据使用者等各方之间的责、权、利关系，形成科学合理的管理体系；第四，为公众开发利用大数据资源提供政策和技术支持，使大数据能更好地"取之于民、用之于民、惠之于民"。

3.6.6 要注重大数据的安全和隐私保护

数据安全和隐私保护是大数据助力高质量服务所必须高度重视的问题，必须从技术措施和管理制度等多个角度加以落实。第一，对涉及国家利益、公共安全、商业秘密等重要数据要加强保护，切实做到"涉密不上网、上网不涉密"，尽可能消除各种可能的安全隐患；第二，对涉及用户的隐私，如特定病患的诊疗记录、特殊用户的个人数据等，都必须严加控制，防止隐私数据的不当使用和非法泄露；第三，要完善相应的立法，对侵犯用户隐私、利用非法数据牟取不正当利益者要加大打击力度，提升对利用大数据犯罪的震慑威力；第四，利用区块链技术等手段，提高数据防篡改、防灭失的能力。

本章小结

利用大数据可以对海量的数据进行关联与分析，最终获得具有更大价值的产品与服务，从而推动经济社会发展的变革。以大数据为核心资源的数字经济正成为驱动经济转型、产业升级和社会繁荣的强大动力，加快数字经济的发展、促进传统经济数字化转型升级，已成为新旧动能转换和经济结构调整的战略选择。不容置疑，大数据发展是一个长期持续的过程，只有起点、没有终点，必须抢抓机遇、抱变革、迎接挑战，共同开创大数据发展的新局面。

国内外的实践表明，大数据发展并没有固有的模式，需要根据自身情况开拓创新，通过数字技术的应用、数据资源的开发和数据价值的创造，真正让大数据成为促进数字经济的驱动器和引领社会进步的助推器。

大数据既作为一种技术，又作为一种资源，还作为一种思维，正在对经济繁荣、社会进步和时代变迁产生长远和深刻的影响。"得大数据者得未来，失大数据者失未来"，无论是国家，还是企业，抑或个人，都应该将把握大数据发展机会作为战略选择，予以高度重视和科学部署，力争成为大数据发展的主导者和受益者。

第 4 章

数字资产

随着数字技术的不断成熟和数字经济的快速发展，资产的数字化正在成为一种新的潮流。无论是传统的各类实物资产还是各种虚拟资产，都正在经历着一场巨大的转型，将给传统资产的呈现形式、基本属性和交易规则带来重大而深刻的影响。正如在农业经济时代最重要的生产要素是土地和劳动力、在工业经济时代最重要的生产要素是资本和技术一样，进入数字经济时代后，以数据为表现形式的数字资产（Digital Assets）正逐步成为越来越重要的资产存在形态。而且，伴随着经济社会数字化程度的不断提高，数字资产的地位和作用也将随之快速提升。如何更好地理解数字资产，并能更好地把握资产数字化过程中的机遇，是一个值得深入研究和开展实践探索的重要问题。

4.1 数字资产概述

"数字资产"这一概念虽由来已久，但相关的理论体系尚不完善，并在一定程度上滞后于实践的发展，下面我们对此进行进一步的了解。

4.1.1 数字资产的概念

数字资产是伴随着数字化发展而出现的，必须理清其发展脉络，把握其发展本质。

1. 概念的来龙去脉

美国麻省理工学院教授及媒体实验室的创办人、《数字化生存》一书的作者尼古拉斯·尼葛洛庞帝当年曾被接待员问及其所需要寄存的笔记本电脑价值几何，答曰在100万～200万美元，近乎天文数字的价值让接待员目瞪口呆。他为此解释道，电脑中所存储的数据资源十分珍贵，笔记本电脑不能光看机器的价值，更应该看其所存储的数据价值。类似的例子不胜枚举。例如，准备论文答辩的博士生如果遭遇保存所有论文成果且没有另做备份的笔记本电脑被盗，那对其打击几乎是致命的。从中可以看出，数字资产的价值和实际意义非同小可，需要我们予以应有的重视。

从已有的文献来看，"数字资产"这一概念最早由美国的学者海伦·迈耶于1996年提出，他认为数字资产是伴随互联网而生并以数字化方式存在的资产形式。[①] 美国加州州立大学圣伯纳迪诺分校的阿尔普·托伊加尔等人于2013年提出，数字资产是指通过二进制形式所产生的数据所有权，产生并存储在计算机、智能手机、数字媒体或云端等设备中。[②]

很多国家的政府部门对数字资产关注度比较高，有的从立法层面给出了相应的定义。美国统一州法全国委员会于2015年颁布的《统一受托人访问数字资产法（2015修订版）》中将数字资产定义为：仅包括个人拥有权益的电子记录。这一定义对数字资产的遗产继承及交易转让等提供了法律依据，具有较高的可操作性。加拿大在《统一信义人数字资产访问法》中将数字资产定义为：通过电磁或光学手段（或任何其他方式）创建、记载或储存的数字化（或其他无形的）形态的记录。这一定义明确了数字资产的存在方式，提出了相应的判断依据。

2. 数字资产的定义

从不同的角度去理解数字资产均能给出不同的定义，本书认为，数字资产是指以二进制方式存在、以数字设备为载体、以所有权和使用权为主要权益表现形式的电子数据。从广义的角度来看，数字资产既包括信息系统产生的业务数据，又包括以电子形式存在、与资产交易相关的直接数据（如物流、资金流、信息流和商品流的相关数据）和行业数据等。从狭义的角度来理解，数字资产是指基于加密算法所形成的数字代币及相关资产。数字代币型资产作为一种新型的数字资产存在方式，具有传统资产所不具有的特点，正成为数字经济时代的新宠，数字藏品等是其新的表现形式。

3. 与电子票据的比较

与传统电子票据相比较，数字资产与其有较为明显的区别，如表4-1所示。

表 4-1 电子票据与数字资产比较

比较内容	电子票据	数字资产
信息属性	纸质票据数字化表达，只包含作为流通工具的部分信息	包含原生、全量信息，如数字化后的订货合同、物流单据等
权益属性	纸质凭证替代，一般不包含所有权或使用权等权益	权益的直接体现，包含所有权或使用权等权益
可流转性	流转性弱，可交易性差	流转性强，能直接用于交易
资产属性	以电子化方式呈现的证券	以数字化方式呈现的资产

资料来源：姚前.姚前：数字资产和数字金融[EB/OL].(2019-09-17)[2023-10-13].https://www.yicai.com/news/100333361.html.

---

① MEYER H. Tips for safe guarding your digital assets[J]. Computers and Security,1996,15(7):588.

② TOYGAR A, ROHM CETJ,ZHU J. A new asset type: digital assets[J]. Journal of International Technology and Information Management, 2013,22(4):113—119.

4.1.2 数字资产的基本特征

数字资产与传统的有形资产具有明显的不同,其主要特征表现在以下四个方面:

1. 多样性

数字资产的表现形式十分丰富,我们较为熟悉的有数字文档、数码照片、视频、应用程序、各类账号等,另外一些诸如数字货币等形式的数字资产也如雨后春笋般涌现,共同构成了数字经济的基石。

2. 无形性

与实物资产相比,数字资产既无实物形态,也无法被观察到。例如,一个存满数据的U盘和一个空U盘相比,无法用肉眼观察出两者存在的差别。数字资产以数据化的方式存在,无实物形态,这是其与有形实物资产的根本不同。

3. 依附性

数字资产虽是无形的,但并不能独立存在,必须依附特定介质,如服务器、硬盘、U盘等。也就是说,数字资产只有存储于特定介质,并通过相应的设备读取,或与对应的软件结合起来才能产生出应有价值。例如,以复杂代码为标志的数字资产如果保存它的硬盘等载体发生诸如错误格式化等操作,就可能无法追回数据,造成永久的损失。

4. 易复制性

数字资产的形成可能需要较大的资金和成本投入,一旦形成相应的资产成果即能够实现低成本的复制。例如,微软的Windows软件的每一个版本的开发几乎都需要数万人投入数年的时间和努力,一旦开发完成,即可让全球数十亿用户使用。虽然并不是所有的数字资产都可无限制复制,但与实体资产相比,其规模扩张的成本要低得多,有的甚至趋于零。

4.1.3 数字资产的主要类型

数字资产的发展经历了相对较为漫长的时间,尤其在互联网进入商用以来,取得了更大的发展。当前,数字资产的主要类型包括以下六种:

1. 网络参与类数字资产

网络参与类数字资产包括以下类型:一是电子邮件类数字资产,代表参与者的个人身份及相关的权益;二是社交媒体类数字资产,包括诸如微信和QQ等各类账户,具有较高的经济价值和个人权益价值;三是网络游戏类资产,包括手机游戏、网络游戏账户等,主要用于网络参与和社交活动等,具有独特用途和特殊价值。

2. 经济权益类数字资产

经济权益类数字资产与个人的经济权益关系十分密切,主要包括以下类型:一是基于传统金融业务的数字资产，包括网上银行、网上证券、第三方支付、理财类等，具有线上线下融合的特性；二是在线交易类数字资产，包括网络购物、在线交易等交易活动所形成的数字资产；三是体现各种经济权益的数字凭证，包括折扣券、代金券和各种数字优惠券等。

3. 数字内容类数字资产

数字内容类数字资产主要包括以下类型：一是以数字化方式呈现的电影、电视剧等艺术作品；二是以视频、音频等形式表现的各类数字化内容资产，包括教学视频、专题影像等；三是以各类数字化方式存在的文字内容，如电子书、电子报刊等；四是各类数字化的创意作品，包括数字化的照片、设计图及字画作品等。

4. 软件和网络资源类数字资产

软件和网络资源既是数字资产的重要表现形式，也是数字资产形成的重要条件。软件和网络资源类数字资产主要包括以下类型：一是基础支撑类应用程序，即各类操作系统，包括华为的 HarmonyOS、微软的 Windows、谷歌的 Android 和苹果的 iOS 等，这是保证整个数字世界运作的基本条件；二是各类应用程序，这是充分展现数字资产价值的重要条件，如微软的 Office 组件、Adobe 公司的 PhotoShop 等应用软件长期风靡世界，对经济社会的发展起到了重要的作用；三是各类网络资源，如网站域名、微信公众号、微博号、头条号、视频号等。

5. 个人身份类数字资产

个人身份类数字资产体现为与个人身份相对应的数字资产，主要包括以下类型：一是个人的特殊身份所获得的权益，例如，因长期的信用积累所形成的 VIP 身份，可以得到更多特殊的待遇；二是利用个人身份所产生的影响力而形成的数字资产，如某著名人物代言的数字化品牌必然有更高的社会认可度；三是包含个人消费或参与活动记录积分的账号，可以兑换相应的价值，如航空公司积分、信用卡积分等；四是拥有大量个人粉丝的博主，能展现极高的个人身份价值。

6. 数字代币类数字资产

数字代币类数字资产伴随区块链而生，经过多年的发展正逐步渗透到各行各业，这类资产属于狭义的数字资产，具有数字加密、去中心化及独立性强等基本特点，正广泛融入到经济社会的发展之中。

在以上数字资产的分类中前五类是广义的数字资产，最后一类是狭义的数字资产，但数字资产的表现形式十分丰富，而且还处于日新月异的发展之中，需要我们不断发现和探索数字资产的新形式，以期能更好地发挥其经济价值和实践意义。

4.2 数字资产的构成

数字资产主要包括数字资产化和资产数字化两个组成部分，两者既相互独立，又互为整体，构成一个完整的数字资产体系。

4.2.1 数字资产化

1. 数据的生产要素属性

生产要素是人类社会开展生产经营活动的基本条件。在农耕文明时代，土地和劳动力是农业经济的最基本生产要素；进入到工业经济时代，生产要素扩展到资本、技术和管理等范畴，土地和劳动力的作用、地位不断削弱；进入到数字经济时代之后，数据作为新的生产要素和传统的土地、劳动力、资本、技术和管理等一起相互融合，在经济价值创造过程中发挥出越来越不可替代的作用。将数据作为一种新型生产要素，充分发挥数据对其他要素效率的倍增、放大、叠加作用，培育发展数据要素市场，使数据成为推动经济高质量发展、社会高水平进步的新动能，是数字经济发展的重要着力点。

2. 数字资产化的概念

数字资产化是指将数据作为生产要素，不断强化其资产属性，持续为经济活动赋能的过程。从价值的形成和传递的过程来看，数字资产化主要通过数据资源的加工、处理、分析和应用，使数据资源有机融合在经济活动之中，促进资源的优化配置和新的经济价值形成。例如，在设计创意领域，各种可调用的数字化素材资源，能直接提升创意作品的效果，大大提升其经济价值；经过专业化定制的导航数据，可以帮助用户"少走弯路""少花冤枉钱"，从而降低不必要的开支，产生可观的经济效益。

在当前，数字资产化相关的实践走在了理论研究的前面，相关的理论体系还尚未建立，立法保障等也处在滞后的状态，需要进一步补齐短板。

3. 数字资产化所面临的挑战

数字资产化是一个不可逆转的过程，但在发展过程中会遭遇多方面的挑战：

一是数据交易的挑战。由于与实物资产相比，数据的产权模糊，对数据的所有权、使用权、经营权、处置权和分配权很难准确地进行区分，使得交易十分困难，而且因为交易所导致的用户隐私泄露、所有权丧失、知情权得不到保障等情形会时有发生。

二是商业模式挑战。与实物交易长期以来已经形成较为成熟的商业模式不同，目前数据交易虽然初步形成了第三方平台交易、数据银行和数据信托三种商业模式，但无论哪种模式都尚未成熟，供求双方接受程度还较为有限。

三是估值挑战。对数据资产如何进行估值存在实际操作的困难，因为对于不同的需求和应用场景而言，数据的价值差异巨大，同时又因为数据的可复制性和数据权益保护的复杂性，使得数据价值的认定缺乏行之有效的方法和依据。

4.2.2 资产数字化

资产数字化是为了更好地适应数字经济的发展而出现的一种传统资产的"进化"

方式，以便更好地发挥资产的作用和价值。

1. 资产数字化的概念

一般认为，资产数字化是指传统实物资产通过数字技术应用使其从物理世界映射到数字世界，实现数字化价值的呈现和创造的过程。从本质上来看，资产数字化本身并没有创造出新的资产，但实物资产实现数字化之后，可以大大提升原有资产的作用和价值。例如，长期以来，研究人员的论文成果都是通过纸质的期刊予以发表的，读者阅读相关文章必须获得相应的纸质刊物，现在中国知网将国内大多数期刊论文数字化并收录到数据库后，大大提升了研究论文的传播范围和应用效果。再如，传统的线下课程通过直播或录播的方式在线上发布，可以大大扩大受众的范围和教学效果。

物理世界的实物资产映射到数字世界后，实物资产本身并未消失，其内在价值也能继续保持，但相比数字化之后的数字资产，实物资产的应用价值和赋能作用会受到极大限制。例如，曾经人人都缺之不可的纸币，如果长期"睡"在个人的钱包里，不但不能增值，反而使其应有的作用得不到发挥。

从未来的发展趋势来看，如何将传统的实物资产映射到数字世界，以更好地激活其所隐藏的经济价值和增值潜力，将是一项十分重要而又艰巨的任务，必须予以应有的重视，同时要开展各种可能的探索。

2. 资产数字化步骤

资产数字化是实物资产融入数字世界的重要一环，主要包括以下三个步骤：

一是确权。用户通过数字身份，对所拥有的资产进行数字化登记，经分布式网络一致认可后，即可完成数字化后资产的权属确认。

二是资产原生信息数字化。在资产数字化过程中，实现资产底层信息同步数字化，并能实现自动更新，确保信息披露机制的自动化、透明化。

三是智能交易。交易双方可以将事前约定的合同条款写入智能合约，待条件触发时自动实现资产的交割和转移过程，交易过程无须第三方介入。

资产数字化为大量传统的非标准化实体资产进入数字世界进行交易提供了新的路径，对促进传统资产价值的发挥和资产线上线下的流转具有重要作用。

4.3 数字资产管理系统

数字资产管理系统是开展数字资产管理的利器，可为用户提供从创建到存档整个数字资产生命周期完整的控制和安全的管理。除了易于访问、控制和安全之外，经授权的用户均可在不同的地方访问所有相同的数字资产。

4.3.1 数字资产管理系统的概念与类型

数字资产管理系统是指让用户从一个来源上传、存储、组织、管理、共享和跟踪所有数字资产的系统。通常情况下,这类系统可以让用户随时随地在任何设备上进行访问,并定期进行备份和同步,以确保所有数据的安全。与此同时,这类系统还用于存储过去的数字资产,并能对当前的内容和创意工作流程进行自动化和简化。此外,管理员可以通过具有访问控制权的特定角色来授予或拒绝对特定文件的访问。

数字资产管理系统包含有以下多个子系统:

(1)营销资产管理系统:专注于营销的各种数字资源,例如产品图像/徽标和其他营销材料等。

(2)媒体资产管理系统:更多地侧重于存储和检索大量不经常更改的媒体资产。

(3)生产资产管理系统:专注于需要频繁更改的媒体的存储、组织和修订控制。

(4)数字供应链服务系统:专注于向数字零售商分发内容。

4.3.2 数字资产管理系统的主要功能

数字资产管理系统主要具有以下功能:

(1)新建:软件程序通过编码、扫描、光学字符识别等方式导入数字资产来新建数字资产项目。

(2)索引:通过提供可搜索的索引来支持其用户使用资产,支持通过资产的内容和/或元数据进行资产检索。

(3)工作流:允许创建自定义工作流程,并根据组织内部的用途对不同的资产生命周期进行建模。

(4)版本控制:系统通常会存储数字资产的早期版本,并允许将其下载或还原为数字资产,可以用作高级类型的版本控制系统。

(5)访问控制:系统通常包括安全控制,以确保相关人员可以访问资产,这通常涉及通过单点登录等技术与现有目录服务集成。

4.3.3 数字资产管理系统软件要求

有效的数字资产管理系统软件应满足以下要求:

1. 支持全生命周期和用户角色管理

无论以何种方式获取数字资产,系统都应支持其分角色的内容,提供一个针对整个工作流中的用户任务调整的界面,界面可以个性化设置,功能可以与用户角色匹配。

2. 高度集成

在许多情况下,数字资产管理系统需要与其他系统结合在一起使用,因此需要与一系列旧版存储库和现代应用程序集成和互操作。

3. 高灵活性

数字资产管理必须考虑数字内容的来源和去向,因此系统必须提供可访问性,并将内容传递至各种目的地设备和使用者。它们不仅需要支持多媒体文件,还需要支持电子文档、电子表格、扫描和数字化的文档图像,以及几乎任何其他大型非结构化数据文件。

4. 强基础架构和骨干

虽然数字资产管理系统主要关注资产和内容,但支撑它的存储系统需要具有可扩展性和灵活性,而且必须保证可靠性,以提供高性能来支持大文件的存储,并提供冗余和可恢复性以保护有价值的资产。

5. 支持双模式存储

数字资产管理软件应支持两种存储模式:一是基于云的存储模式,使应用程序将数据上传到远程连接的服务器网络,确保可访问性和异地恢复,同时可以降低成本;二是软件定义的存储,将软件放置在应用程序和存储设备之间的数据路径,以提供一定程度的虚拟化和存储设备的独立性,以优化存储资源的利用率。

4.4 数字代币

从全球范围来看,数字代币(Digital Tokens)正成为数字资产的新形式,这类数字资产以前所未有的特征和越来越丰富的形式,成为数字资产大家庭中耀眼的明星。

4.4.1 数字代币的概念

数字代币跟传统意义上的数字资产有明显的不同,目前尚无统一的定义。数字代币本身不存在物理形态,主要的表现形式就是代码。与实物资产数字化不同,数字代币是电子记录中表示所有权的资产(可以是证券或实物资产)。例如,存储在数字分类账上的不动产所有权的电子记录,分类账可以包含与所有权相关所有权利的电子记录,尽管资产本身(如房地产)与电子记录相互独立,例如房产作为实物资产存在,但房产所有权的相关电子记录作为分类账存在。

值得注意的是,数字资产在电子分类账上的表示,不一定是区块链。基于区块链的数字代币通常被称为区块链代币(Blockchain Tokens),这类代币是创建在区块链上的作为去中心化软件协议一部分的数字代币。

4.4.2 数字代币的特征

数字代币具有以下五个特征:

1. 虚拟性

数字代币是以比特结构存在的虚拟资产,不是像黄金、白银那样具有原子结构的实物资产,加密的数字代码是其主要的存在形式。

2. 可编程性

数字代币可以通过计算机进行编程，资产之间的交易是代码与代码之间的数据交换，在区块链上通过编制智能合约程序，实现完全去中介化的自主、自治的点对点交易。

3. 不可篡改性

数字代币登记在区块链账本上，数据分布式存储，具有数据公开透明和共同维护的特点，不可被篡改。

4. 去中心化

数字代币在区块链机制上的生命力更强，它的生产、使用和分配行为能够在区块链上形成闭环，对中心化资源支配者的依赖度降低。数字资产可以依赖单个或多个区块链生态存续，并被公开、公允地定价，成为真正具备独立物权的数字资产，并衍生出新的商业模式和社会价值。

5. 独立性

数字资产跨越了传统资产证券化的阶段，直接达到了资产货币化的阶段，能独立于实物资产存在，具有较高的独立性。

4.4.3 数字代币的类型

数字代币作为一种新的数字资产形式进入各行各业，这种基于协作和共识算法的数字资产的出现，正使传统意义上的资产概念发生新的转变。当前数字代币主要有以下七种表现形式：

1. 数字加密代币

数字加密代币（Cryptocurrencies）是指利用密码算法建立起来的一种代币，用于交易结算、价值存储和货币计价等，目前各种类型的数字加密代币正在不断涌现，逐步形成了数字加密代币的一个生态体系。

2. 平台代币

平台代币（Platform Tokens）是指用于平台中各种业务系统之间的交易和结算的代币，用以消除各种传统的中介媒介。平台代币的典型代表是总部位于加拿大的以太币，它是用以支持全球最大的区块链平台以太坊（Ethereum）①运作的数字代币，已经形成了相当大的规模和垄断地位。

3. 实用代币

实用代币（Utility Tokens）是指可编程的区块链资产，可以赋予持有者使用网络

---

① 以太坊是一个开源的且具有智能合约功能的公共区块链平台，该平台通过其专用加密货币以太币提供去中心化的虚拟机［称为以太虚拟机（Ethereum Virtual Machine）］来处理点对点的合约。

的特定权利,并利用服务对网络进行管理。例如,Golem 是一种整合全球分散算力的超级计算机系统,参与者可以将计算机的备用资源借给需要其他功能来执行复杂计算和任务的其他人,以实现算力的共享;在 Golem 中,任何人都可以使用该系统的实用代币 GNT 来运行计算,以获得共享的算力支持。

4. 证券代币

证券代币(Security Tokens)是指将数字化的债券股票和其他证券摆脱传统金融中介(如证券交易所)而进行点对点的分散和结算。证券代币的目标是要实现证券交易买方和卖方之间的直接结算,并完成"T+0"[①]的交易。加拿大证券交易所正在考虑引入证券代币,以探索新型证券交易的模式。

5. 自然资产代币

自然资产代币(Natural Asset Tokens)是指将黄金、石油或碳等实物自然资产以代币的方式实现点对点的数字交易和实时结算。例如,美国皇家铸币厂与芝加哥商品交易所合作,创造自然资产代币,由皇家铸币厂金库中的金块做支撑,并实现自然资产与数字代币的一一对应,满足市场交易所需。

6. 数字加密收藏

数字加密收藏(Crypto Collectibles)是指利用区块链技术将传统收藏品以代币的方式进行收藏和交易,使实物的收藏品能进入数字世界参与收藏和交易。比如,Everledger 曾是一家应用区块链技术进行珠宝鉴定的平台企业,实现了在区块链上跟踪和交易稀有并真实存在的收藏品的功能,使收藏品能跨越时空进行收藏和交易。

7. 法定加密货币

法定加密货币(Crypto-fiat Currencies)是指由中央银行发行并管理的加密数字货币,用以支持各类数字交易活动。法定加密货币可以使数字化的交易更加透明、高效,更具包容性,同时还能使中央银行更好地应对一些去中心化数字代币带来的冲击。因为石油出口受阻而遭遇危机的委内瑞拉早在 2017 年就推出了法定加密货币,以对应的石油作为法定加密货币的实物资产,是一种创新的探索,但仅限于本国内部的交易,所能产生的影响和成效较为有限。中国人民银行也在作相关方面的准备,很有可能成为全球法定加密货币的引领者。

4.4.4 数字代币的主要优势

数字代币作为一种新型的数字资产形态,其主要包括以下三个方面的优势:

1. 更加安全

无论是传统的实物资产还是一般意义上的数字资产,与数字代币相比,在安全性

[①] "T+0"是"Transaction plus 0 days"的缩写,意思为"当天买入,当天卖出"。

方面都要相对逊色。很多数字代币是基于区块链技术及其他加密算法创建和运行的，采用高密级的密钥进行管理，有更为可靠的安全保障。

2. 更加便捷

数字代币独立于传统的有形资产体系，有自身的运行生态，在支付、结算和交割等方面更加方便快捷。以证券代币为例，这种方式将颠覆传统的证券发行模式，为证券发行提供了十分便捷的通道。

3. 更加开放

数字代币往往不受某一个国家的政府或特定组织控制，可以以自己的规则独立运行。由于系统具有极高的开放性，用户参与其运营，只需具备相应的软硬件条件，并获取相关的数据即可成为其中一员。

4.4.5 数字代币交易

数字资产交易是体现数字资产价值的重要方式，数字代币交易包含以下多种交易模式。

1. 币币交易

币币交易主要是指数字代币和数字代币之间的交易，以其中一种币作为计价单位去购买其他币种，按照价格优先、时间优先顺序完成撮合交易。这种模式适合不同数字代币的优化配置，让用户在不增加投资的基础之上，获得自己想要的投资组合。

2. 法币交易

法币交易是指通过法定货币为媒介实现与数字货币的交易，即通过法定货币购买、出售或交易数字资产。例如，通过美元买入或卖出一些数字代币，即可完成法币交易。

3. 场外交易

场外交易是指除了在交易平台以外的交易。数字代币可在交易平台之外的一些其他地方进行交易，这些市场基本没有集中的和统一的交易制度和撮合机制。

4. 限价交易

限价交易是指用户设置一个买入/卖出数字代币的价格和数量，生成委托单，系统根据设定条件自动撮合市场上的买卖单，一旦达到用户设置的价格便按照价格优先、时间优先顺序自动成交。

5. 市价交易

市价交易包括市价买和市价卖两种情形，前者是指用户只设置一个总金额，生成委托单，从一开始撮合直到总金额成交完成；后者是指用户只设置要卖的总币数，生成委托单，从一开始撮合直到总币数交易完成。

6. C2C 交易

交易双方根据需求在 C2C[①] 交易平台上发布买币或卖币的交易信息，买卖双方根据约定的付款方式，线下完成交易，平台作为中间人从交易成功的每笔交易中收取一定比例的手续费。

7. 期货合约交易

期货合约交易是指利用期货的方式订立合同进行数字资产的交易。这种交易模式不确定因素多，交易风险大，交易门槛高，实际采用的比例较低。

8. 杠杆交易

杠杆交易是指用户以小博大的方式增加可交易资产，享受高投资的收益回报。这种交易模式让用户将自己的本金作为保证金，向平台借贷，以扩大交易资金。这种交易模式的风险非常大，既可以在短时间内大幅盈利，又可能血本无归。

> **拓展阅读**
>
> 扫码可了解不同国家对数字代币的监管政策。
>
>

4.5 数字藏品

数字藏品是一种伴随区块链而兴起的数字资产确权方式，现已在不同的行业中开始应用，成为数字时代的一种独特的数字资产形态，值得人们对此进行研究和关注。

4.5.1 概念比较

1. 相关概念

数字藏品的概念来源于在国外流行的非同质化代币（Non-Fungible Token，NFT），它是指通过区块链技术加密某张数字图片、数字专辑或其他数字作品，使其成为具有唯一性的独特数字资产。换而言之，NFT 就是通过区块链技术给某一件数字作品打上防伪编码，使其本身变成一种具备唯一性的数字代币，数字作品也因此可以追根溯源，明确相关权益并方便进行交易。NFT 与可以不断分割的比特币不同，它经过区块链上认证后以不可分割且独一无二的数字资产方式存在，并在智能合约中有唯一的信息记录。

数字藏品可以理解为具有中国特色且受监管的 NFT，是指使用区块链技术进行唯

---

① C2C 是"Consumer-to-consumer"的缩写，是指用户对用户。

一标识的、经数字化处理的特定作品、艺术品和商品,如数字画作、照片、音乐、视频、3D模型等。每个数字藏品都映射着特定区块链上的唯一序列,不可篡改、分割和互相替代。

每个数字藏品都代表特定作品、艺术品和商品或其限量发售的单个数字复制品,记录着其不可篡改的链上权利。因此,数字藏品与NFT存在本质的不同,因为其虽有特定作品、艺术品和商品的实际价值作支撑,但不具备支付功能等任何货币属性。

2. 两者比较

将我国正一片火热的数字藏品与国外相对成熟的NFT进行比较,可以从五个方面得出两者的差异,如表4-2所示。

表4-2 数字藏品与NFT的比较

比较项目	数字藏品	NFT
区块链类型	在各自联盟链发行,无法跨平台流转和交易	以太坊链等公链发行,允许跨链流动和交易,价值由市场决定
价值稳定性	禁止市场交易,只反映确权价值	限量发行,价值由市场决定
购买方式	实名购买,以人民币或数字人民币购买	匿名购买,可通过虚拟货币购买
流通方式	不能随意流通买卖,二级市场交易约束严格	在全球用户手中购买流通,不受限制
所有权归属	购买后并未获取该版权,几乎没有任何商业活动的使用权	购买NFT后所有权属于购买者,可以进行二次加工和商业行为

由上可以看出两者具有极大的差异,数字藏品发展基于我国现实国情和当前的市场环境,目前正处在发展的初期,发展的步子相对慢一点,但既不能裹足不前、因噎废食,也不能急躁冒进、一哄而上,需要脚踏实地,走出一条适合中国国情的道路。

4.5.2 数字藏品的价值

数字藏品作为数字资产的一种呈现方式,其价值包含以下三个方面:

1. 艺术价值

数字藏品一般具有丰富的文化审美内涵,同时又经过专业人士专门设计,集艺术灵感、创意思想和设计构思于一体,有非同一般的艺术价值,可以让拥有者能深层次、高维度感受优秀的中国精神与中国文化,享受更多的精神愉悦。图4-1为代表性数字藏品图案组合。

2. 营销价值

数字藏品作为数字时代宣传品牌的方式,促进销售的作用也在不断显现。以深受年轻人喜爱的"奈雪的茶"为例,该公司在庆祝六周年生日之际,发布了品牌大使"奈雪女孩NAYUKI"收藏级潮玩艺术品、数字艺术品系列《创造美好》,同时在微博打造了"#奶茶届进军元宇宙#"的话题,官宣自己率先进入新茶饮元宇宙时代。这一富有创意的活动在 72 小时内成功带货近 2 亿销售额，并成功成为全球茶饮第一股。图 4-2 为"奈雪的茶"数字藏品系列设计。

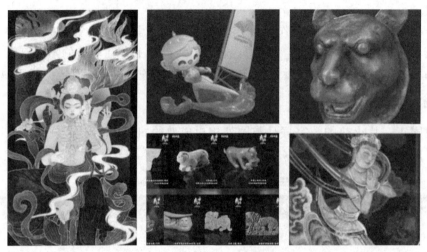

图 4-1　代表性数字藏品图案组合

图 4-2　"奈雪的茶"数字藏品系列设计

3. 经济价值

因为数字藏品作为一种全新的资产类别，可观赏性、珍贵性、稀缺性和唯一性相统一，其本质上是不可替代的，并且从底层区块链技术上来讲，它也是无法被复制的，因为可以跟踪到它的出处和交易记录。所以当拥有了一款数字藏品，也就意味着持有者拥有了其真品的经济价值，一旦具备相应条件即可产生应有的经济价值。

4.5.3　数字藏品发行模式

当前，我国数字藏品已初步形成三种发行模式：

1. 转赠模式

以鲸探为代表的部分发行平台，借助其自身强大的流量，选择走平民化路线，以较低的单价、较多的数量发行数字藏品，这些数字藏品在持有超过 180 天之后可以转赠给他人。但是获得转赠的数字藏品在持有满 2 年后方可进行第二次转赠。通过限制流通的方式，极大地减少了炒作的风险。

2. 收藏模式

以幻核为代表的部分平台，通过发行具有强大 IP[①]流量的数字藏品，让喜欢的用户进行购买收藏。适应于收藏模式的数字藏品一般发行量少、发行价格较高，对一些希望专门收藏特定主题数字藏品的用户来说具有极大的吸引力。

3. 二级市场模式

二级市场模式以 iBox 为代表，该平台是国内最早一批数字藏品发行方，采用的是物以稀为贵的发行模式，每期数字藏品发行数量在 100～2000 个不等，单价在 69.9～999 元不等，开放二级市场，允许实时交易流通。iBox 虽然开放了二级市场，但是这种平台发行的作品数量少，价格高，致使发售即破发的情况时有发生。iBox 通过优先购、藏品合成、大手笔空投等创新的手段，使不少参与者尝到不小的甜头而受到外界的关注。

4.5.4 数字藏品在旅游业中的应用

数字藏品与旅游业的结合有很大的发展空间，开展适当的探索很有必要。

1. 我国旅游业开发数字藏品的一些实践

数字藏品在旅游中的应用既可为旅游产业拓展新的价值呈现方式，也可激发更多的创意表达形式，尤其是与历史人文等文化元素的结合，可以创造出大量精彩纷呈的文旅数字化成果。这不仅是旅游业创新发展的有益尝试，而且是适应数字化时代发展形势的重要探索。黄山景区发行的"迎客松系列"和曲江文旅推出"中国年迎财神"等数字藏品受到热捧，表明旅游数字藏品具有旺盛的生命力，有广阔的发展前途。

2. 我国旅游业开发数字藏品的相关建议

当前我国数字藏品大多数基于区块链的联盟链构建，还缺乏相应的流通性和金融属性，因此，旅游业在打好数字藏品这张"牌"时需要注意以下八个方面：

一是从概念创意、图案设计到想象空间等方面提升数字藏品的含金量，让其显现出更高的身价，激发大家的购买热情。

二是将数字藏品与旅游门票进行关联，这样既能为游客提供门票优惠，又能提高游客多次游览的兴趣。

---

① IP："Intellectual Property"的简称，即知识产权。

三是鼓励游客参与数字藏品的设计,如通过组织数字藏品创意大赛等方式扩大影响力,促进旅游数字藏品的可持续发展。

四是考虑融入更多个性化的元素,使数字藏品更具独特性和收藏性,提升其无形的精神价值。

五是以数字藏品作为纽带将线上流量转化为线下流量,做到线上线下双轮驱动,为数字时代旅游业的转型提供契机。

六是加强不同旅游景区之间、旅游企业与文化企业之间的"联姻",使数字藏品形成多系列、多品种的生态,不断扩大规模。

七是重视国际化的需求,开发多语种、多风格的作品,吸引国际游客的参与。

八是加强龙头企业与标准化组织、行业协会等的合作,开展旅游数字藏品标准规范的研究,同时促进权益保护和数据安全等问题的实践。

旅游数字藏品还处在发展的初级阶段,有很多实际问题需要解决,希望能在社会各界的共同努力下,走出一条具有中国特色的发展道路。

本章小结

数字资产既是数字经济的主要象征,也是推动数字经济发展的重要动力,数字资产的表现形式丰富,经济作用独特,已成为越来越重要的资产表现形式。数字资产包含数字资产化和资产数字化两种形式,两者各自独立,又互为整体,共同形成数字经济发展的基石。当前有关数字资产的理论研究明显滞后于实践的推进,需要在后续的发展中不断完善。在数字资产立法方面,国际上除了少数几个国家之外,其他基本处在空白或探索状态,亟须取得新的突破。

数字代币作为一种新型的数字资产形式,正成为数字经济时代的一种新的金融形态,也在一定程度上显现出重塑世界金融新格局的趋势,我国需要对此高度重视,并能采取积极有效的措施去面对新的挑战。

数字藏品是数字资产的一种特殊形式,国内外的实践表明,其有广阔的前景和丰富的应用场景,需要结合我国的现实国情开展创新探索,以期能把握更多更好的发展机遇。

第 5 章 数字化治理

众所周知,国家治理体系和治理能力是一个国家的制度和制度执行能力的综合体现。国家治理体系是管理国家的一系列制度体系,包括经济、政治、文化、社会、生态文明和党的建设等各领域体制机制、法律法规,也就是一整套相互关联、有机协调的国家制度;国家治理能力是综合运用国家制度管理社会各方面事务的能力,包括改革发展稳定、内政外交国防、治党治国治军等方方面面。在数字化时代,传统的治理思路、治理方式和治理手段显然已无法适应时代需要,数字化治理作为数字技术与数字社会发展的产物,通过全面运用数字技术手段,直面数字化时代因生产方式、消费方式、工作方式、生活方式和社交方式等变化所带来的各类治理问题,开创数字治理的新时代,相关的治理体系和技术手段都将发生新的变化,我们需要对此有深入和系统的了解。

5.1 数字化治理概述

数字化治理作为数字经济发展的有机组成部分,既为数字经济健康、快速发展保驾护航,又为数字经济发展带来更多机遇。政府不仅是数字化治理的重要参与者,而且是数字化治理的主要实践者,有着独特的地位和作用。

5.1.1 数字化治理的概念

将数字技术全面、广泛、深入地应用于治理,是推动治理数字化、网络化和智能化运行的基本前提,对推进国家治理体系和治理能力现代化建设起着强有力的支撑作用。一般来说,数字化治理是指以数字化思维为导向,综合运用数字化技术手段,以数据融合和提供专业化、个性化和人性化的服务为目标,着力解决信息孤岛化、应用条块化、服务碎片化等难题,实现治理过程的数字化转型和智能化升级。

对政府而言,构建数字化治理体系是数字化时代对法治政府、廉洁政府、服务型政府建设的要求，是全面提升治理能力现代化的必由之路，对实现"以人民为中心"的社会治理和公共服务有着决定性的意义。

5.1.2 数字化治理的基本原则

在我国，数字化治理的发展必须坚持以下基本原则：

一是坚持党的全面领导。确保党的全面领导能贯穿政府数字化治理的各领域、各环节，能贯穿政府数字化改革和制度创新全过程。

二是坚持以人民为中心。始终把满足"人民对美好生活的向往"作为数字化治理的出发点和落脚点，坚持数字普惠，消除数字鸿沟，让建设成果惠及全体人民。

三是坚持改革引领。围绕经济社会发展的迫切需要，着力强化改革思维，注重顶层设计和基层探索有机结合，技术创新和制度创新双轮驱动，以数字化改革助力政府职能转变，促进数字化治理各方面改革创新，推动治理法治化与数字化深度融合。

四是坚持数据赋能。建立健全数据治理制度和标准体系，加强数据汇聚融合、共享开放和开发利用，促进数据依法有序流动，催生经济社会发展新动能。

五是坚持整体协同。强化系统观念，加强系统集成，统筹推进技术融合、业务融合、数据融合，提升跨层级、跨地域、跨系统、跨部门、跨业务的协同管理和服务水平，促进数字政府建设与数字经济、数字社会协调发展。

六是坚持安全可控。全面落实总体国家安全观，坚持促进发展和依法管理相统一、安全可控和开放创新并重，严格落实网络安全各项法律法规制度，全面构建制度、管理和技术衔接配套的安全防护体系，切实守住网络安全底线。

5.2 大数据在数字化治理中的应用

从全球范围来看，无论是发达国家还是发展中国家，政府都是全社会的数据资源的主要拥有者，如何科学有效地开发和利用自身所拥有的数据资源，不仅关系到政府职能发挥的能力和水平，更关系到如何利用数据资源为经济社会发展赋能的大局，很大程度上决定着一个地区甚至一个国家的整体实力和未来潜力。

5.2.1 大数据在数字化治理中的作用

大数据技术的应用和大数据资源的开发利用，将为政府的改革与发展带来前所未有的新机遇。

1. 大数据是政府重大决策的主要依据

决策既是政府职责的首要任务，也是政府领导能力和服务水平的重要体现。在缺乏基本数据的条件下，很多重大的决策往往只能依据决策者的历史经验和个人判断。依托各种渠道所获得的数据资源，在进行清洗关联的基础上再综合分析，必将大大提高决策的科学性和可靠性。让数据说话、凭数据决策、用数据管理,将成为大数据时代政府决策的常态,决策的能力和水平必将得到全面的提升。

2. 大数据是政府履职的血液

经济调节、市场监管、社会管理和公共服务是政府最基本的职能。从本质上来看,政府职责的履行在很大程度上都可以通过数据的流动得以实现。换而言之,政府业务数据化的程度,既反映出政府执政能力的高低,也决定着政府在引领经济社会数字化发展中的地位和作用。

3. 大数据是政府提供高质量服务的利器

政府不但是各类重要数据资源的生产者,如各类统计数据、宏观分析数据等,而且是各类数据的使用者,尤其是在面向社会提供服务的过程中,政府所掌握的各类数据是最重要的服务资源。因此,利用大数据技术将政府数据资源转化为服务优势是各地各级政府部门共同面临的现实需求。

总体而言,政府是当之无愧的大数据应用引领者,政府在应用大数据提供政府服务时所面临的困难最小、为社会所创造的价值更多、数据资源应用的潜力也更大,关键是如何能更好地落地。

5.2.2 大数据对政府决策的影响

美国著名管理学家、诺贝尔经济学奖获得者赫伯特·亚历山大·西蒙曾指出:组织首先是个决策过程,组织的基本功能就是决策,"管理就是决策"。古今中外的无数实践证明,无论是对政府还是对企业,成也决策,败也决策。政府决策是对经济、政治、文化和民生服务等各个方面提出思路、作出规划、出台政策、落实措施的过程,决策一经出台实施,就会对经济社会发展产生决定性影响。数据是决策的基本依据,也是决策科学与否的关键。大数据技术的应用和大数据资源的开发为政府决策带来了多方面的影响。

1. 大数据有助于政府部门更好地掌握决策背景

任何决策都是在一定的背景下形成的,只有在充分掌握全面丰富、真实可靠的数据前提下,才能对决策背景有准确的把握。但在传统的条件下,由于缺乏有效的数据支撑和可靠的技术手段,决策者缺乏对决策有效性的把握,容易导致"拍胸脯保证、拍大腿后悔和拍屁股走人"的后果。大数据为政府决策提供了充分的决策依据,可以通过数据的关联避免盲目决策,提高决策的准确性和科学性。

2. 大数据有助于决策后果的研判

决策是面向未来的一种选择,决策能否取得理想成效受很多不确定因素的影响。在对决策取得的成效作出判断之前,可以利用大数据对可能的结果进行建模,对指定的问题进行数据分析,对政策效果进行预测,并将预测结果作为政府决策的重要参考,无疑会提高决策的科学性。

3. 大数据有助于消除政府决策过程中的信息孤岛

由于受条块分割和地理区域限制等因素的影响，政府部门存在着各种形式的信息孤岛，很大程度上给政府决策带来困扰。例如，某地要为年满 70 岁的老人发放生活补助，但不同的掌握老人信息的部门所提供的数据各不相同，且各部门都声明各自的数据是真实可靠的，各有各的依据。利用大数据技术，可以建立起统一的实时动态管理的人口大数据管理系统，将多头管理、分散维护的人口数据整合成统一、完整和动态更新的人口大数据，有效摆脱"数出多门，相互打架"的窘境。

4. 大数据有助于民众更好地参与政府决策

如何在有关国计民生的重大决策正式出台之前让民众能有机会更好地参与制定过程，是决策者十分关注的，大数据技术可以发挥很好的作用。借助大数据手段可以对网络民意进行全面收集，及时了解和管理社会舆论，同时对可能的方案进行预先投票，更大范围地把握民众的诉求，做到在政府决策过程中"问计于民"，进一步提升决策的科学性和可行性。

5.2.3 纽约市政府利用大数据进行决策治理的做法

纽约市是美国最大的城市，作为全球主要的国际金融、政治、经济和文化中心，纽约市的城市管理面临着极大的挑战，经过较长时期的实践探索，纽约市在利用大数据实现政府决策治理方面积累了很多成功的经验。

第一，利用政府网站公开政府数据。"纽约市公开数据门户网站"作为数据公开渠道，有数以千计可以公开下载的数据类型。例如，纽约市的消防栓地图，其中列出了 250 个最容易被开罚单的消防栓位置，甚至标出了某个消防栓因为停车不当而产生的罚款收入，最高的可达到 5.5 万美元/年的罚款。这些数据的公开为公众提供了极大的方便，尤其为避免不必要的罚款提供了警示。

第二，利用市长实时仪表盘强化进行决策。为更好地将大数据用于城市的管理和服务，纽约市政府开发了市长实时仪表盘（如图 5-1 所示）。在仪表盘上集成了大量城市管理的实时数据，例如交通堵塞情况、街道整洁情况、树木倒塌情况等，应有尽有。以交通拥堵为例，如果画面上摄像头标志变红了，就表示这里发生了拥堵或事故，点开摄像头就可以看到现场的情况。这一仪表盘不仅为市长决策提供了良好的支撑，而且为公众获得高质量的政府服务创造了条件。

第三，利用大数据防范各类犯罪案。20 世纪 70 年代起，纽约市犯罪分子横行、毒品泛滥，治安状况不断恶化。到 90 年代中期，纽约警察局开发了一个以地图为基础的统计分析系统，即 CompStat 系统。在应用该系统后，治安开始逐年好转，第一年凶杀案就减少 24%，到 2009 年凶杀案减少了 70%，使纽约市跻身美国最安全的大城市行列。这一系统（如图 5-2 所示）的原理非常简单，通过将每天发生的罪案数据录入到系统中，分析出何时何地最容易发生何种类型的案件，可以及时部署警力予以应对，效果十分明显。

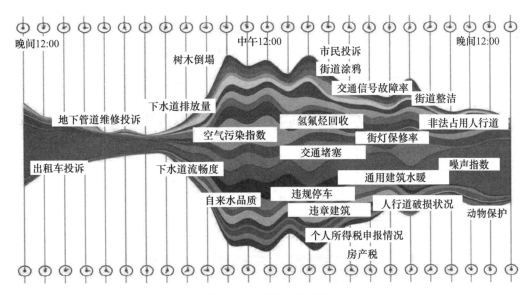

图 5-1 市长实时仪表盘

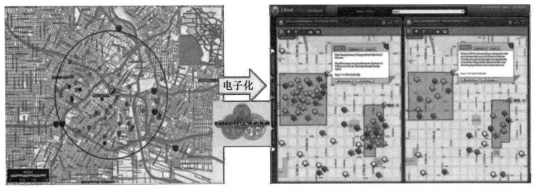

| 地图墙:跟踪劫案发生的时间、地点,分析其原因和规律 | 将每天发生的各种罪案录入CompStat系统,进行加总和分析,形成可预测未来的图表 |

图 5-2 CompStat 系统

第四,利用大数据分析各类违法犯罪行为。纽约市警察局利用数据统计的办法有效防范各类违法犯罪行为的发生,图 5-3 为纽约市第 20 分局在 2016 年 8 月 8 日至 8 月 14 日这一周的统计数据,第一列是罪案的类型,首行是统计数据的时间。此外,还有和前一年同期的比较及各项历史数据的比较,最早甚至有 1990 年的数据。每一个分局都有这样一份统计,每周更新一次,这一数据的统计对更好地研判治安形势有重要意义。

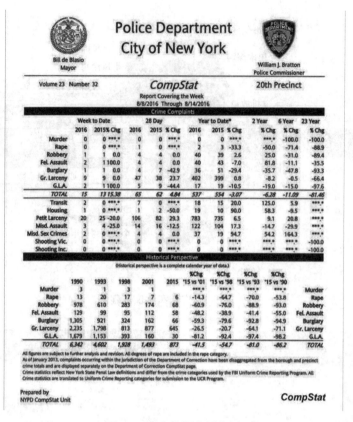

图 5-3 治安数据分析实例

作为世界级的大城市,纽约市的城市管理复杂程度自然首屈一指,大数据的应用为提升政府决策能力和治理水平起到了十分重要的作用。

5.3 交通数字化治理

交通运输是国民经济和社会发展的基础性、先导性产业和服务性行业,如何利用数字化治理进一步推动交通更加畅通、更为高效、更合民意,是交通建设发展所面临的重大任务。改革开放四十多年来,我国的交通事业有了长足的进步,当前正朝着综合交通、智慧交通、绿色交通和平安交通四个方向大踏步迈进,数字化治理是新时期交通事业发展的重要促进剂。

5.3.1 交通管理面临的挑战

如何确保交通运输的高安全、高效能、高品质,是交通发展长期所追求的目标,实现交通系统的信息化、智能化、综合化和协同化是实现这一目标的必由之路,而交通信息化有着基础性、战略性的地位。但由于交通管理的涉及面十分广泛,交通信息化面临着很多问题,主要表现如下:

一是交通数据碎片化：交通数据分散在不同部门，缺乏开放互通，条块化分割，很大程度上以交通信息孤岛的形式存在。

二是缺乏统一标准：交通形式多样，顶层设计不统一，缺乏统一的数据标准，互联互通困难。

三是商业化滞后：缺乏有效的市场化推进机制，无法实现商业化运营，产业链、价值链无法形成。

四是数据不完整：以车辆为例，环境、车内信息、车辆工况、排放等感知数据缺乏，应用分析数据支撑不足。

交通是经济发展和社会繁荣的龙头，发展的目标和方向十分明确，促进数字化治理的应用、大力推进大数据资源在交通管理中的开发和利用是一项重要而又艰巨的任务。

5.3.2 我国交通运输大数据平台

由我国交通运输部负责建设的交通运输大数据平台以数据为基础，深入开发利用全国道路运政、重点营运车辆和重型载货汽车等动静态信息资源，进一步提升动态数据资源分析的实时性和全面性，实现重点营运车辆数据的完整、准确和有效；完善政府平台、企业平台及社会化监控平台考核管理功能及服务能力；将车辆卫星定位数据与道路运政、联网售票、包车客运、交通运输信用系统、接驳运输等业务系统数据及交通设施、行政区划、交通路网等基础信息进行结合，实现道路运输行业动静态业务数据融合分析、车辆运行状态分析，促进相应业务发展，发现重点运输运行规律，提高决策支撑能力，促进交通运输行业实现由被动监管到主动服务的转变。图 5-4 为交通运输大数据平台总体架构。

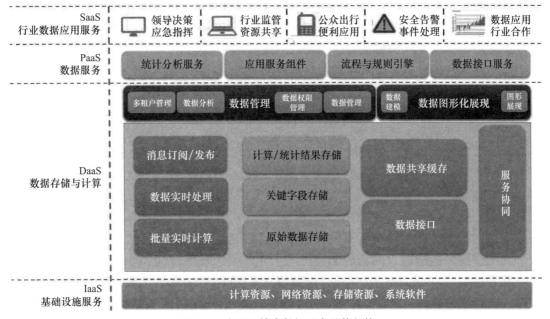

图 5-4 交通运输大数据平台总体架构

如图5-4所示,交通运输大数据平台包括基础设施服务、数据存储与计算、数据服务和行业数据应用服务,基础设施服务层汇集计算资源、网络资源、存储资源和系统软件;数据存储与计算主要解决数据存储和相关计算的业务需求;数据服务包括统计分析服务、应用服务组件、流程与规则引擎和数据接口服务;行业数据应用服务涵盖的面十分广泛,主要包括领导决策与应急指挥、行业监管与资源共享、公众出行与便利应用、安全告警与事件处理、数据应用与行业合作。这一大数据平台是支撑我国交通运输行业的一个巨型系统,各子系统相互依存,互为整体,共同发挥作用。

5.3.3 杭州"城市大脑"

车流量大、路网复杂、路面立体、协调指挥困难是城市交通的普遍问题,在传统的交通巡逻方式中,主要以路面警力为主体、人工后台查看监控为补充。而随着机动车、道路里程迅猛增长,路面和后台监控操控都不得不投入更多的人力资源,产生了警力紧张、大量监控视频闲置等问题。如何利用数字化治理手段解决城市交通的难题,阿里云通过建设"城市大脑"的方式找到了解决之道。"城市大脑"是以数据为基础,按照城市生命体理论和"互联网+"现代治理思维,创新应用大数据、云计算、人工智能等前沿技术构建的平台型人工智能中枢,通过整合汇集政府、企业和社会数据,在城市治理领域进行融合计算,实现城市运行的生命体征感知、公共资源配置、宏观决策指挥、事件预测预警、"城市病"治理等功能。杭州"城市大脑"的总体架构由大脑平台(计算资源平台、数据资源平台、算法服务平台)、行业系统、超级应用和区县中枢等组成,是城市大数据综合应用的主要基础设施。"城市大脑"主要包括以下子系统:

(1)数据采集系统:不同终端的海量数据源源不断进入系统平台。

(2)数据交换系统:通过将不同终端、不同政府部门、不同商业公司的数据进行融合加工,形成多维度的数据。

(3)开放算法平台:利用强大的计算能力为数据建模。

(4)数据应用平台:将算法形成的决策快速输出到各个应用场景中。

为了解决传统交通巡逻的问题,"城市大脑"利用视频智能分析技术以提高监控球机巡检效率,以辅助、替代交警发现交通事件为切入点,在目标检测、跟踪、场景分割和行为识别等领域有了较大的突破,尤其在行人、非机动车检测方面成效显著。

名为"天曜"的视觉产品是"城市大脑"的核心,它拥有全面的交通事件识别能力,能自主识别城市道路中路口、路段、机动车道、非机动车道、人行横道等不同场景,并从动态变化的混合交通中准确识别出机动车、非机动车、行人等交通参与者,实现拥堵、逆向行驶、非机动车走机动车道、行人走机动车道等各类交通异常事件的自动识别功能,同时能适应夜间低照明度下的工作环境。在即时性和准确性方面,"天曜"从事件发生到报警仅需不到20秒,准确率达95%以上,为早发现、早处置提供有力支持。在扩展性方面,"天曜"进行的所有分析都在云端实现,大大增强视频分析的灵活性和可扩展性,可以根据用户需求扩展更多分析内容。在成本投入方面,"天曜"不同于传统的视频分析功能,它对前端摄像机的清晰度没有特殊的要求,城市已有监控设施得到充分利用,即使是老旧设备也都能完全适用,避免大规模更新监控设备给城市带来经济负担。这一系统让杭州交警拥有了超乎寻常的深度视觉,让道路上的监控球机变成了一个个忠实的站岗巡逻民警,并能让所节约警力精确聚焦于交通事件处置,推动事件处置机制与堵点、乱点治理能力的转型升级。

从本质上来看,"城市大脑"就是利用人工智能技术,形成以数据为驱动的城市决策机制,根据实时数据,调控调配公共资源,让数据帮助城市来做思考和决策,将城市打造成一个能够自我调节、与人类良性互动的"生命体"。以杭州为例,仅视频摄像头就有5万多个,这些摄像头每天产生的海量数据需要实时与其他数据整合,从而构成城市路网的立体数据平台,当不同设备、不同政府部门的数据最终被打通,形成畅通无阻的数据流时,城市的交通也将随之变得更为畅通和高效。

5.3.4　新加坡交通管理数字化治理

新加坡人口密度大,但交通通畅情况在全球首屈一指。麦肯锡曾经的调查显示,从基础设施的可用性、财政可行性、有效性、方便性和安全性等五个方面进行评价,全世界交通系统最发达的城市是新加坡。[①]大数据的应用为新加坡的交通系统提供了强有力的支持,新加坡的交通管理也成为大数据应用于交通管理方面的成功典范。

新加坡从1998年开始实施电子道路收费系统来解决繁华路段的交通拥堵问题,推行电子道路收费系统,根据不同的时间和路段征收不同的通行费,具体的做法是在闹市区划出了限制区,除公交车外,其他车辆进入限制区必须付费通行,计费系统能根据路段拥堵程度实时调整收费价格。这一系统正式运行后,每天进入限制区的交通流量减少了20%~24%,行车时速明显提高。

新加坡还实施了鼓励错峰出行的"早鸟计划",该计划通过对早高峰前乘车的市民提供免费待遇,在解决早高峰拥堵方面也取得了较为明显的成效。巴士等候服务利用基准数据设定巴士进站等候时间,交管部门根据等候时间是否达标对巴士运营商予以奖惩等,有效地提升了交通运营效率。此外,新加坡交通管理部门还推出了为乘客和驾车者提供实时路线规划服务的App——MyTransport,用户可通过该App查看全国范围内的交通状况,包括道路车辆数量、平均车速、拥堵情况和事故路段等信息,提前规划线路,规避拥堵。在出租车管理方面,新加坡交通管理部门开发了出租车预召系统,这一系统应用热感应技术能在出租车停靠站点测算乘客排队人数,为出租车更加高效调度提供依据。新加坡也在积极推进自动驾驶交通工具测试,并已开通了多条自动驾驶测试路线,主要为制定自动驾驶公共道路标准方面提供参考。

总体来看,数字化治理的应用是新加坡交通治理取得领先成就的重要原因,以更高效的数据流动带动交通通畅是其基本的思路。

---

①　林芮.新加坡交通解决方案很独特[EB/OL].(2018-08-14)[2024-04-06].http://www.xinhuanet.com/world/2018/08/14/c_129932229.htm.

5.3.5 交通数字化治理优化的思考

从交通管理的实际出发,我国在数字化治理方面可考虑采取以下对策:

第一,对未达标高速公路实施提速工程。对我国范围内时速低于 120 千米/小时的高速公路进行全方位调查,利用大数据进行监测,动态掌握车流通行状况,论证提速到 120 千米/小时的可行性,可通过试点半年到一年的方式掌握提速可能带来的影响,想方设法在较短时间内使高速公路车速逐步达到 120 千米/小时的通行标准,尤其是对那些作为地级市出入主动脉的高速公路而言,越早提高到 120 千米/小时的标准,越有利于这些城市的发展。如果确因基础设施原因不达标的,就要筹集资金解决这些瓶颈。

第二,要对产生大量罚单的路段和交通道口进行彻查,通过数据分析解决人民群众"心堵"的问题。建议对各个产生较多罚款的监测点的数据进行公开,让人民群众知道哪些地点属于高危区域,同时要对产生较多罚款区域的职能部门进行问责,正是因为管理和服务不到位才让人民群众受罚。只有树立起"高罚款的责任在于政府"这样的理念,才能使交通真正畅通起来!

第三,要以最大限度地促进交通畅通为前提制定更为科学合理的交通资费政策。"免费往往是最贵的",很多时候因为不当的免费会带来更大的时间消耗和资源浪费,最终得不偿失。例如,某些法定节假日小型客车免费通行本来是一个让民受惠的好政策,但如果因为免费导致的过分拥堵,所付出的时间成本远高于免费带来的实惠。所以需要从交通资源最优化配置的角度,根据不同的时间、不同的路段、不同的通行方向,制定出更为科学灵活的通行资费政策,切忌"一刀切",要尽可能多采用电子扫描车牌等技术手段获取通行数据,通过大数据手段分析和判断各种交通问题的症结所在,并采用科学合理的资费调节手段让交通变得畅通无阻。例如,过江通道采用不同时段单向收费的方法进行流量调节,比简单的收或不收更具针对性。

5.4 市场监管数字化治理

市场监管是政府所承担的重要职能,是推动国民经济健康快速发展的基本保障。充分应用数字化治理为市场监管助力,是当前全国市场监管系统所面临的共同任务。

5.4.1 市场监管面临的新任务

简政放权和工商登记制度改革措施的稳步推进,降低了市场准入门槛,简化了登记手续,激发了市场主体活力,有力带动和促进了就业。为确保改革措施顺利推进并取得实效,一方面要切实加强和改进政府服务,充分保护创业者的积极性,使其留得下、守得住、做得强;另一方面要切实加强和改进市场监管,在宽进的同时实行严管,维护市场正常秩序,促进市场公平竞争。2018 年,中共中央办公厅、国务院办公厅印发《关于深化市场监管综合行政执法改革的指导意见》,该意见指出:深入推进市场监管综合行政执法改革,全面整合市场监管职能,加强综合执法队伍建设,着力解决市场监管体制不完善、权责不清晰、能力不适应、多头重复执法与执法不到位并存等矛盾,实行最严谨的标准、最严格的监管、最严厉的处罚、最严肃的问责,构建统一、权威、高效的市场监管执法体系,严守安全底线,维护公平竞争的市场秩序,为推动高质量发展营造良好环境,为人民群众买得放心、用得放心、吃得放心提供有力保障。这对重塑我国市场监管格局以及构建良好的市场体系带来了深远的影响。当前,我国各地各级市场监管部门共同面临着"六个着力"的新任务:

(1)着力优化营商环境,当好"放管服"改革的先行者。
(2)着力强化竞争政策,当好市场公平竞争的维护者。
(3)着力防范市场风险,当好安全底线的守护者。
(4)着力树立消费者至上的理念,当好消费者权益的保护者。
(5)着力实施市场综合执法,当好高效监管的实践者。
(6)着力实施质量强国战略,当好高质量发展的推动者。

"六个着力"对市场监管部门在新形势下准确把握市场监管的定位和方向,助力市场监管的改革与发展有着重要意义。

5.4.2 数字化治理正成为推动市场监管的重要支撑

当前,市场主体数量快速增长,市场活跃度不断提升,全社会信息量爆炸式增长,数量巨大、来源分散、格式多样的大数据对政府服务和监管能力提出了新的挑战,也带来了新的机遇。数字化治理在市场监管中应用的主要价值体现于以下几个方面:

(1)有利于政府充分获取和运用信息,更加准确地了解市场主体需求,提高服务和监管的针对性、有效性。
(2)有利于顺利推进简政放权,实现放管结合,切实转变政府职能。
(3)有利于加强社会监督,发挥公众对规范市场主体行为的积极作用。
(4)有利于高效利用现代信息技术、社会数据资源和社会化的信息服务,降低行政监管成本。

数字化治理在市场监管中应用的指导思想是,围绕使市场在资源配置中起决定性作用和更好发挥政府作用,推进简政放权和政府职能转变,以社会信用体系建设和政府信息公开、数据开放为抓手,充分运用大数据、云计算等现代信息技术,提高政府服务水平,加强事中、事后监管,维护市场正常秩序,促进市场公平竞争,释放市场主体活力,进一步优化发展环境。

数字化治理在市场监管中应用的主要目标包括四个方面:一是提高大数据运用能力,增强政府服务和监管的有效性;二是推动简政放权和政府职能转变,促进市场主体依法诚信经营;三是提高政府服务水平和监管效率,降低服务和监管成本;四是促进政府监管和社会监督有机结合,构建全方位的市场监管体系。

5.4.3 数字化治理助力市场监管的具体措施

利用数字化为市场监管提供全方位的支持，是一个多措并举的系统工程，主要措施如下：

1. 运用数字化提高为市场主体服务的水平

一要运用数字化创新政府服务理念和服务方式，针对不同企业的共性、个性化需求提供更具针对性的服务，推动企业可持续发展。

二要提高注册登记和行政审批效率，推动行政管理流程优化再造。

三要多渠道整合相关信息，为企业提供全方位的信息服务。

四要建立健全守信激励机制，为守信企业保驾护航。

五要加强统计监测和数据加工服务，支持企业发展。

六要引导各类专业机构和行业组织运用数字化完善服务，支持企业发展。

七要运用数字化评估政府服务绩效，加强评估与监督。

2. 运用数字化加强和改进市场监管

一要构建数字化监管模型，健全事中事后监管机制。

二要建立健全信用承诺制度，接受社会监督。

三要加快建立统一的信用信息共享交换平台，实现信用信息共建共享。

四要建立健全失信联合惩戒机制，发挥综合监管效能。

五要建立产品信息溯源制度，方便监管和查询。

六要加强对电子商务领域的市场监管，健全权益保护和争议调处机制。

七要运用数字化科学制定和调整监管制度和政策，进行定期的跟踪和监测。

八要推动形成全社会共同参与监管的环境和机制，形成广泛参与的监管格局。

3. 推进政府和社会信息资源开放共享

一要进一步加大政府信息公开和数据开放力度，方便全社会开发利用。

二要大力推进市场主体信息公示，促进公开透明。

三要积极推进政府内部信息交换共享，促进跨地区、跨部门的互联互通。

四要有序推进全社会信息资源开放共享，促进政府信息与社会信息交互融合。

4. 提高政府运用数字化技术的能力

一要加强电子政务建设，全面提高政务信息化水平。

二要加强和规范政府数据采集，明确信息采集责任。

三要建立政府信息资源管理体系，充分挖掘政府信息资源价值。

四要加强政府信息标准化建设和分类管理，建立健全政府信息化建设和政府信息资源管理标准体系。

五要推动政府向社会力量购买数字化资源和技术服务，加强对所购买信息资源准确性、可靠性的评估。

5. 积极培育和发展社会化征信服务

一要推动征信机构建立市场主体信用记录，建立起全面覆盖经济社会各领域、各环节的市场主体信用记录。

二要鼓励征信机构开展专业化征信服务，进一步扩大信用应用领域。

三要大力培育发展信用服务业，支持鼓励国内信用服务机构参与国际合作。

5.4.4 江苏市场监管数字化治理的实践

江苏在利用数字化治理推动市场监管方面有良好的基础。早在2002年，江苏就建成了全国第一家省、市、县、所四级联网的"三网三库一中心"信息管理系统。2016年10月，当时的江苏省工商局（江苏省市场监督管理局的前身）成立了大数据工作组，积极推进市场监管和服务大数据中心的规划和建设，取得良好的建设和运营成效。主要做法如下：

1. 建设完整规范的数据仓库

充分归集工商业务数据、部门涉企许可和监管数据、政务共享数据，实现"主体+"数据的整合集成和高效利用。具体做法如下：

一是归集内部业务数据。按照"应归集尽归集"的要求，建立业务数据归集目录（标准），以登记注册、执法办案和消费维权数据为核心，将历史数据进行集中归集。

二是归集政府部门数据。以市场监管信息平台、省公共信用信息平台为纽带，采集各政府部门的许可信息、处罚信息、信用信息等分散在各级各部门的涉企数据。

三是建设数据仓库。将归集的数据进行清洗、整理、集成，建设形成"市场监管和服务数据仓库"，并将数据归集逐步转为常态工作，加强数据质量管理，确保数据更新及时准确。

2. 建设基于工商业务和政务数据的内部分析研判系统

江苏市场监督部门以业务条线提出应用需求为基础，以服务经济发展和市场监管为应用方向，探索推进融工商业务研判、市场主体"画像"、经济运行情况综合分析为一体的工商数据研判系统建设。建成的内部分析研判系统，主要包括决策支持、业务分析、风险预警、"主体+"查询、自由统计、年报监控和工商一天等七个展示模块。内部分析研判系统实现了五项突破：

一是业务分析模块共有十四个业务系统，每个条线都能开展有深度的工商业务分析研判。

二是基于"主体+"数据分析重点区域、行业和企业，为精准监管奠定了基础。

三是初步为市场主体"画像"，通过引入地图信息，形成标准地址下的市场主体定位，构建企业间、股东间投资经营关系的"族谱图"。

四是对当前工商重大改革绩效情况构建模型、开展评估，客观评价各项改革措施落实情况。

五是围绕工商职能，对相关经济运行情况构建模型，开展监测、评估与风险防范，为科学决策和精准监管提供分析支持。

3. 建设基于互联网和大数据的分析研判系统

建立以信息归集共享为基础、以信息公示为手段、以信用监管为核心的新型市场监管机制，本质上是运用大数据进行监管。江苏市场监督部门在抓好内部数据归集、研判的同时，着手研究引入社会和互联网数据，以提高研判的客观性和科学性。在大数据研判方面具体的做法包括以下三个方面：

一是建设市场监管知识库，采集整理市场准入、执法维权、监督检查等法律、法规、规章、司法解释、案例及理论研究成果，为智慧服务提供知识支持。

二是深化对准入环境、竞争环境和消费环境"三大指数"的研究，力争未来能全部通过研判系统进行数据采集和评价。

三是实现互联网案源情报线索的研判，为精准执法提供支持。

5.4.5　重庆自贸试验区利用数字化治理推进市场监管的实践

2017年3月15日，国务院正式批复同意设立中国（重庆）自由贸易试验区（以下简称重庆自贸试验区），目标是建成投资贸易便利、高端产业集聚、监管高效便捷、金融服务完善、法治环境规范、辐射带动作用突出的高水平高标准自由贸易园区，成为服务于"一带一路"建设和长江经济带发展的国际物流枢纽和口岸高地，推动构建西部地区门户城市全方位开放新格局，带动西部大开发战略深入实施。重庆自贸试验区通过构建市场综合监管大数据平台，创新监管，取得了理想的成效。具体做法如下：

一是首创区域识别系统，实现自贸试验区范围"全面查"和投资"全速办"。通过深度融合地理空间数据库和市场主体数据库，在电子地图中准确划分自贸试验区及各个片区界限，自动将已登记的各类主体准确定位于电子地图上，形成自贸试验区区域"全景图"和主体"全画像"。借助区域识别引擎，投资者一键即可查询是否属于自贸试验区范围，无缝对接网上行政审批平台，投资者随时、随地方便注册登记。

二是打造智能监管体系，实现差异化、精准性监管。将自贸试验区企业分为良好、警示、失信、严重失信等监管类别，采取差异化、精准性监管措施；创设周边查询、地址比对、变更提示等功能，确保风险预警、防控有力；建设重庆国际贸易"单一窗口"平台，保障企业注册信息真实可靠，为联检部门实施后续监管提供支撑。

三是推广"双随机"查，实现阳光执法、文明执法。在自贸试验区率先确保"双随机"跨部门联合抽查全覆盖，通过梳理整合各职能部门抽查事项，建立完善各职能部门检查对象名录库和执法人员名录库，利用智能化随机摇号和核查系统，采取委托检查、共同检查、协同检查等方式，实现"多帽合一"抽查，破解重复执法难题，减轻企业创业负担。

四是探索"四新"监管模式，实现"双创"升级。两江新区片区先行先试，根据区域布局和功能划分，动态确定新技术、新产业、新业态、新模式等"四新"经济范围，按照包容审慎与依法扶持的理念，从市场准入、日常监管、信用约束、社会参与等方面量身定制十条具体举措,并在全国率先出台相关措施,营造支持大众创业的良好氛围。

五是创新社会共治监管,实现企业自我管理。推行企业走访和企业联络员制度,在国家企业信用信息公示平台(重庆)新建"政企互动"板块,启动企业走访服务活动,进一步畅通服务企业渠道;试行产业聚集区自主管理模式,在园区、楼宇等地推行楼长制度,制定入驻企业自律公约、守信承诺、诚信评价等制度,实现企业自我管理。

六是引入纠纷调解机构,实现合法权益不受侵害。联合中国贸促会成立"中国贸促会(重庆)自由贸易试验区服务中心",协调成立"新加坡中华总商会企业发展与服务中心重庆代表处",为解决自贸试验区内国际化争议提供法律保障。

5.5 民生服务数字化治理

民生一直都是党和政府各项工作的重中之重,因为民生问题直接影响着人民群众的切身利益,是人民群众最为关切的核心问题。利用数字化治理服务民生,实现民生服务的普惠化,是民生数字化治理发展和应用的重要方向,必须以优化提升民生服务、激发社会活力、促进数字化治理应用市场化服务为重点,引导企业和社会机构开展民生服务大数据应用的探索。

5.5.1 数字化治理是改善民生服务的利器

建设服务型政府、不断提升服务民生的能力是我国各地各级政府长期追求的目标。尽管各地为此作出了大量的努力,也取得了多方面的进展,但仍然存在一些问题,主要包括民生服务因政府的条块分割而造成碎片化、信息资源孤岛式存在现象严重、民生服务资源配置不合理、民生服务无法满足个性化需求、政府与服务对象之间缺乏科学有效的沟通渠道等。从国内外的发展实践来看,大数据的应用对改善民生服务将会产生以下多方面的价值:

第一,数字化治理有利于满足民生服务普惠化的需求。政府是民生服务的主要提供者,政府提供的民生服务与商业服务的显著差别在于普惠性,必须把最广大人民的民生服务需求作为政府的为政之要。大数据能充分揭示千差万别的民生服务需求,能解释传统技术难以实现的数据关联关系,使政府民生服务能更具广泛性、更富针对性、更有成效性地提供给服务对象,使人民群众更有获得感,同时有助于推动数据资源开放共享,促进社会事业数据的融合和资源的整合,对提升民生服务的能力和水平、激发社会活力大有裨益。

第二,数字化治理有助于破解民生服务的堵点和盲点。由于基础数据匮乏或互联互通受阻等原因,传统的民生服务遭遇诸多困境。例如,怎样证明"我妈是我妈";再如,过去由于婚姻状况数据没有联网,某人在甲地领了结婚证,到了乙地可以再领一次,便出现了持有两张合法结婚证的违法者。诸如此类的问题,基本是因为数据资源管理不到位造成的,利用大数据手段,可以有效消除民生服务中由于数据流动不畅造成的堵点，同时可以通过对不同来源数据进行深层次的关联来破解民生服务中的盲点，让数据多流通、让百姓少跑腿，使民生服务得到有效改善。

第三，满足人民群众对民生服务数字化的需求。在过去的二十年，互联网为我国经济社会发展带来了翻天覆地的变化，尤其是以手机端应用为主的移动互联网，已完全融入绝大多数中国人的生活，几乎生活、学习和工作的方方面面都离不开手机，由此而产生的数据以几何级数的速度增长。这既为政府应用大数据优化民生服务提供了可能，也为政府了解民众所需提供了依据，只有了解民意，才能使民生服务真正适合新的需要。

5.5.2 贵阳民生服务数字化治理的实践

作为全国大数据发展的领先地区，贵阳市政府充分认识到政府作为数据的主要拥有者、提供方，也是最大的服务者，只有将数据贴近民生、应用民生、服务民生，方能破解"数据多而无效"的瓶颈，回答"数据究竟用于何处"的问题。为此，贵阳在全市范围内开展了全方位的探索。

由贵阳市政府和神州控股共同打造的"筑民生"平台是一个集政务服务、生活服务和社交网络等功能于一体的平台。该平台通过大数据互动手段实现民生需求和民生供给的精准对接，让市民获得更加安全、便捷的民生服务。这一平台的运作包含两个方面：一是按照"1+N"模式，即"一个综合平台，融合N项领域民生服务"，把教育、公积金中心、民政等近20个部门和20多个合作商家近200项服务接入平台，将数据进行汇聚、关联、优化服务流程；二是通过大数据分析，找准民生服务的难点、痛点、堵点，使服务供需双方精准对接，最终让需求者"一站式"快捷享受各类服务内容。这一平台真正实现了"一窗受理、一站式服务"，提升民生服务精准化水平，市民可以通过网页、App、微信公众号等渠道，享受这些服务，同时还可以向"筑民生"平台提交自己对政府服务、城市建设等方面的需求和意见，平台会利用大数据进行信息管理和分析，定期自我修复与升级优化。

总结"筑民生"平台的经验可以看出，贵阳大数据产业发展的基础在于服务民生，前景也在于服务民生，从尝试中不断进行优化调整，才能找到正确的方向。只有对接民生需求，满足群众对美好生活的需要，才能厚积薄发而不断完善、不断优化、不断创新，以此形成新的产业形态、形成新的增长点。

大数据在民生服务领域的开花结果，为贵阳市相关工作的开展带来了极大的改变。曾经，一条信息录10遍，打字打到手抽筋；现在，手持平板电脑可随时随地采集信息，效率大大提高。曾经，信息变更要从头再来，费时费力；现在，通过社区管理系统，更改录入，一次解决……这是贵阳市智慧社区建设和大数据应用所取得的实际成效。智慧社区·社工移动工作平台是一个专供基层网格员使用的集业务、学习、查询为一体的移动工作平台，该平台有事件管理、数据管理、在线学习、业务助手、辖区信息、工作日志和基础功能七大模块，通过专业化分工和流程重建，基层网格员只要带着平板电脑，走访时可就地采集、维护变更数据信息。建设智慧社区的根基，首先就是要实现数据融合。过去，以公安、民政、党建、计生等各个垂直系统为代表的传统条数据，彼此之间不能共享互通，形成信息孤岛。而智慧社区通过建立块数据综合应用平台，打破了这个信息孤岛，将传统条数据通过从数据到"数聚"、从跨界到融合、从解构到重构的过程，经业务流程的再造，最终搭建起南明块数据综合应用平台。同时，以智慧社区为根基扩展应用面，增加民生服务、社会治理、经济运行等综合功能，整合区各个应用平台，汇聚全区数据资源，形成块数据，为民生服务、社会治理、经济发展提供精准决策。

贵阳大数据精准帮扶平台由于整合了扶贫、民政、卫计、人社、住建、残联、统计、国土等数据，实现全市扶贫信息资源融合共享，累计汇聚数据上千万条，形成了大数据动态扶贫全景图，对提高扶贫的精准度、提升扶贫的成效贡献很大。

贵阳的实践表明，数字化治理与民生服务的高度融合是贵阳大数据产业健康稳定发展的出发点和落脚点，否则就无法深度挖掘潜力，迸发更大的发展动能。事实上，大数据与民生服务的深度融合，正是贵阳大数据产业发展的成功之道。

5.5.3　宁夏民生服务数字化治理实践

宁夏在应用数字化治理服务民生方面从自身出发，走出了一条独特的发展道路。宁夏政务大数据服务平台和民生服务门户的建设，标志着其政务数据共享开放总枢纽建设取得阶段性成果，为实现跨地区、跨部门、跨层级的政务数据共享开放奠定了坚实的基础。

宁夏政务大数据服务平台包括政务大数据平台、数据开放门户、大数据分析系统、政务大数据库和相关标准体系库等，汇聚了公安、民政、人社、旅游等部门的业务系统数据库，有效支撑了各相关部门之间的业务协同和数据增值服务。在此基础上，从精准扶贫和智慧旅游两个领域入手，对现有的数据进行清洗和分析挖掘，建立了贫困人口的精准识别和研判分析模型，以及游客来源流向分布和消费习惯的分析模型，为宁夏精准扶贫和全域旅游发展的决策分析提供了有力的数据支撑。在此基础上，这一平台加强了横向各部门政务数据融合，向上积极探索对接国家共享交换平台，向下对接地市、区县的共享开放数据，形成国家、自治区、市、县四级一体的共享开放架构。

宁夏民生在线服务门户整合了"8+N"朵云的应用服务系统，建成了全自治区统一身份认证系统，为社会公众提供在线办理民生服务的统一窗口，实现了一次登录，全网通办各类民生服务。

本章小结

大力推进数字化治理是政府治理能力提升和高质量发展的有效举措，也是真正体现"以人民为中心"的现代政府建设的关键所在。各级政府必须从树立数字化发展思维出发，充分应用数字技术提升数据处理和应用能力，进一步开发适合政府服务所需的各类数据资源，形成充满活力和发展潜力的数字化生态体系，切切实实为提供高标准的政府服务夯实基础。

从目前国内外的发展实践来看，数字化治理存在十分广阔的发展空间和应用需求，应用价值也十分显著，但总体来说目前发展还比较缓慢，存在的问题和困难比较多。当然，这是一个持久推进的过程，不可能一蹴而就，需要全国各地、各级党政部门和社会各界共同为此进行锲而不舍的探索。

第 6 章

平台经济

平台经济是数字经济的重要组成部分,对提高全社会资源配置效率、贯通国民经济循环各个环节、提高国家治理体系和治理能力现代化水平具有重大的作用。伴随着互联网平台的快速兴起和电子商务的高速发展,我国的平台经济迎来了黄金时代,在促进经济转型、推动技术进步、带动就业等方面发挥了十分积极的作用,我国也成为平台经济发展领先的国家,所取得的成就可圈可点。但在平台经济蓬勃兴起的同时,也出现了一些新情况、面临着诸多新挑战,例如大平台滥用市场支配地位、App 过度索取权限导致用户隐私泄露、大数据杀熟、强制"二选一"及恶意屏蔽网址链接等,极大地阻碍了平台经济健康、有序和可持续的发展。在当前,进一步做大做强我国的平台经济,同时有效化解发展中的各种困难和障碍,是一个必须切实面对的现实问题。

6.1 平台经济概述

平台的概念由来已久,从古老的集市到现代的商场,都是平台的表现形式,伴随着互联网的出现,平台被赋予了更加丰富的内涵和更为广泛的功能,平台经济对经济社会发展的影响也不再与传统的平台同日而语。

6.1.1 平台的演进

平台经济的发展是依托平台实现的,平台的演进最初从居民日常生活领域切入,逐步向企业生产、政府治理、社会服务等专业领域拓展。从互联网正式商用至今,平台依次经历了信息媒介、网络交易及赋能和价值交易三个发展阶段(如图 6-1 所示),当前正呈现出垂直化、行业化和专业化的发展趋势。

1.0：信息媒介	2.0：网络交易	3.0：赋能和价值交易
• 时间：20世纪90年代中后期开始 • 类型：新闻资讯、信息检索 • 代表：新浪、百度等	• 时间：2000年以后 • 类型：网购、支付等 • 代表：淘宝、京东、支付宝等	• 时间：2015年以后 • 类型：生产生活赋能，价值交换 • 代表：微信、字节跳动、卡奥斯等

图6-1 平台演进发展阶段

当前，信息媒介、网络交易及赋能和价值交易三个阶段并没有严格的划分区间，三个阶段处于融合共生的状态，共同为平台经济提供支撑。

6.1.2 平台的分类

随着技术的不断成熟及应用需求的持续牵引，平台的形态变得越来越丰富，类型也不断增加。从大的范围来看，我国当前初步将平台分为网络销售类平台、生活服务类平台、社交娱乐类平台、信息资讯类平台、金融服务类平台和计算应用类平台等六个大类，每个大类又包含若干个小类，如表6-1所示。

表6-1 平台分类

大类	连接属性与业务功能	主要形态	
		子类	平台特性
网络销售类平台	连接人与商品，提供销售服务、促成双方交易、提高匹配效率等功能	综合商品交易	提供衣帽鞋靴、箱包饰品、数码电器、食品洗护等各类商品的综合交易服务
		垂直商品交易	从事某一类型产品交易的平台，具有精准的差异化定位和独特的品牌附加值
		商超团购	供给蔬菜水果、肉蛋水产、粮油调味、酒水饮料、日用百货等生活用品，并提供团购等配送服务
生活服务类平台	连接人与服务，提供出行旅游、配送、家政、租房买房等功能	出行服务	提供出行相关服务的平台，如共享单车、打车软件、公交地铁查询软件等
		旅游服务	招徕、接待游客，为其提供交通、游览、住宿、餐饮、购物、文娱等服务，如旅游定制、门票购买、酒店预订等
		配送服务	提供外卖、物流等服务，如外卖送餐、同城配送、快递配送等
		家政服务	提供保姆、护理、保洁、家庭管理等家政服务
		房屋经纪	房地产销售、租赁，包括房屋买卖、房屋租赁等
社交娱乐类平台	连接人与人，实现社交互动、游戏休闲、视听服务、文学阅读等功能	即时通信	即时传递文字信息、语音与视频交流
		游戏休闲	从事游戏运营和推广，包括网页游戏、电脑游戏、手机游戏等
		视听服务	供给各类多媒体资料的平台，包括歌曲、电影等
		直播视频	利用互联网及流媒体技术进行直播
		短视频	短视频内容推送，包括技能分享、社会热点、公益教育等主题
		文学	提供网络文学、数字出版物等主要电子阅读产品，包括文学、社科、教育、时尚等内容

续表

大类	连接属性与业务功能	主要形态	
		子类	平台特性
信息资讯类平台	连接人与信息,提供新闻资讯、搜索服务、音视频资讯内容等功能	新闻门户	提供新闻信息、娱乐资讯等互联网信息资源并提供有关信息服务
		搜索引擎	对互联网上采集的信息进行组织和处理后,为用户提供检索服务,并将检索的相关信息展示给用户
		用户内容生成(UGC)	用户将自己原创内容上传到互联网或者提供给其他用户
		视听资讯	广播电台、音频分享等
		新闻机构	新闻采集、制作、发布、经营等
金融服务类平台	连接人与资金,提供支付结算、网络贷款、金融理财、金融资讯和证券投资服务	综合金融服务	为小微企业和个人消费者提供普惠金融服务等
		支付结算	提供互联网支付、移动电话支付等服务
		消费金融	向消费者提供消费贷款的现代金融服务
		金融资讯	为用户提供行情报价、金融数据、财经信息、分析工具、组合管理等业务
		证券投资	为金融机构提供整体的互联网技术解决方案和服务、为个人投资者提供财富管理工具等
计算应用类平台	连接人与计算能力,应用在手机、操作系统上,进行信息管理和云计算,提供网络服务等	智能终端	数据通信设备、信息系统、智能系统、无线数据产品等终端产品的开发、生产、销售、技术服务等
		操作系统	移动操作系统、分布式操作系统等操作系统的研发、生产、销售等
		手机App应用商店	分析、设计、编码、生成App软件
		信息管理	企业资源计划(ERP)管理软件、财务系统、IT资讯等企业管理软件研发、技术服务等
		云计算	为企业提供云计算服务的平台,包括提供网络基础设施服务(IaaS)、平台服务(PaaS)、应用软件服务(SaaS)等
		网络服务	域名服务(DNS)、动态主机配置协议(DHCP)、Windows网际命名服务(WINS)、文件传输协议(FTP)、远程终端协议(Telnet)等
		工业互联网	平台设计、智能制造、网络协同、个性定制、服务延伸、数字管理等

平台的分类是一个动态的过程,也无法穷尽,需要随着技术的进步和应用实践的深化而与时俱进。

6.1.3 平台的分级

目前,我国平台按照规模、业务种类等差异分为超级平台、大型平台和中小平台,初步的划分标准如表6-2所示。

表 6-2 平台分级参照

平台分级	分级依据	具体标准
超级平台	超大用户规模	在我国的上年度年活跃用户不低于 5 亿
	超广业务种类	核心业务至少涉及两类平台业务
	超高经济体量	上年底市值（估值）不低于 10000 亿元
	超强限制能力	具有超强的限制商户接触消费者（用户）的能力
大型平台	较大用户规模	在我国的上年度年活跃用户不低于 5000 万
	较广业务种类	具有表现突出的平台主营业务
	较高经济体量	上年底市值（估值）不低于 1000 亿元
	较强限制能力	具有较强的限制商户接触消费者（用户）的能力
中小平台	一定用户规模	在我国具有一定的年活跃用户
	一定业务种类	具有一定业务
	一定经济体量	具有一定的市值（估值）
	一定限制能力	具有一定的限制商户接触消费者（用户）的能力

6.1.4 相关概念

从本质上来看，平台是市场的具象化，是一种基于实体或虚拟的交易场所。当今用于支撑平台经济的平台一般特指数字平台，它是指通过数字技术使相互依赖的双边或者多边主体在特定载体提供的规则下交互，以此共同创造价值的商业组织形态。快速发展的数字平台早已突破了传统平台面临的时间、地域、交易规模、信息交互等方面的约束，它本身并不生产产品，但可以促成双方或多方供求之间的匹配，通过收取服务费用或赚取差价而获得利润，从而获得了全新的发展内涵、交易规模、运营效率和市场影响力。

平台的参与主体有：①平台经营者，是指向自然人、法人及其他市场主体提供经营场所、交易撮合、信息交流等数字平台服务的经营者。平台经营者在运营平台的同时，也可能直接通过平台提供商品。②平台内经营者，是指在数字平台内提供商品或服务的经营者。平台经营者、平台内经营者以及其他参与平台经济的经营者统称为平台经济领域经营者。

关于平台经济的定义，理解的角度不同，表述也不尽相同。

在欧盟，平台经济是指一种正在进行的双边或多边市场运营机制，通过互联网技术撮合两个或多个独立但相互依赖的用户，并至少对其中一方产生价值。

在我国多个官方文件中，对平台经济作出了相关定义。2019 年 2 月，商务部等 12 部门发布的《关于推进商品交易市场发展平台经济的指导意见》中提出：平台经济是利用互联网、物联网、大数据等现代信息技术，围绕集聚资源、便利交易、提升效率，构建平台产业生态，推动商品生产、流通及配套服务高效融合、创新发展的新型经济形态。2021 年 12 月，国家发展改革委等部门发布的《关于推动平台经济规范健康持续发展的若干意见》中提出：平台经济是以互联网平台为主要载体，以数据为关键生产要素，以新一代信息技术为核心驱动力、以网络信息基础设施为重要支撑的新型经济形态。

概括不同的表述，本书认为，平台经济是以数字化平台为主要载体，以数据资源为关键生产要素，以数字技术为核心驱动力，以数字化基础设施为重要支撑，促进商品生产、商品流通及配套服务高效融合和创新发展的新型经济形态。从技术功能上来看，平台经济是利用数字化手段来实现诸如供需匹配、交易、支付、物流、反馈及对产品和服务提供商进行监督等全方位的功能，它既离不开云、网、端等数字化的基础设施，又需要充分利用互联网、人工智能、云计算、大数据、移动通信等数字技术，同时还必须依托商品信息、交易交流、物流跟踪及评论反馈等各种数据资源，可以说全方位、全过程、全流程的数字化是平台经济的"命脉"。从本质上来看，平台本身一般并不生产产品或提供交易的服务，而是作为交易的载体促成双方或多方之间基于产品或服务标的的交易，平台经营者作为第三方收取适当的费用或赚取合理的差价以获得收益。

与平台经济高度相关的概念——共享经济，两者有明显差异。共享经济是通过相应的平台将处于闲置状态的商品临时使用权转让，从而为供求双方同时创造价值。从本质上来看，共享经济是充分利用了存量市场中被闲置的资源，提高了各类商品的使用率，创造出更多的经济价值。共享经济离不开平台作为供求双方使用权对接的载体和纽带，是平台经济的一种表现形式，例如全球领先的个人房源共享平台 Airbnb 和国内的交通车辆共享平台滴滴出行都是共享经济的典型代表。

6.1.5 平台经济的主要特征

与传统的经济模式相比，平台经济具有多方面的特征（如表 6-3 所示）。

表 6-3 平台经济主要特征

主要特征	特征表现
开放性	平台经济既需要在开放的环境中存在，又需要在开放的生态中运营，只有开放自身资源，吸引更多用户参与，才能使平台经济不断发展
网络外部性	呈现梅特卡夫法则（Metcalfe's Law），即网络的价值以网络节点数平方的速度增长的经济现象，平台用户数量越多，平台用户得到的效用越高。例如，网络平台参与点评的数量越高越能吸引新用户的购买
生态性	平台以聚集数量众多的买卖双方为基础，同时汇集众多关联服务方，形成了一个业态丰富、充满活力的商业生态，同时也促进各类创新业务的培育
普惠性	平台为社会提供低门槛、多门类、全天候的商业基础设施，显著降低各方的沟通成本，同时通过无处不在、随需随取、丰富多样、极低成本的商业服务，为社会创造更多价值
整合性	平台让各类参与主体直接沟通信息、寻找合作对象和理想的合作关系，通过整合重构商业关系、重组价值链
准公共性	平台既可以成为各种资源泛在连接、弹性供给、高效配置的有效载体和枢纽，又能用于城市管理、社会治安等方面，具有了十分明显的准公共属性，例如，微信已成为经济社会运转十分重要的准公共产品

续表

主要特征	特征表现
多边性	平台经济必须充分考虑各方的利益，寻求利益平衡点，例如，外卖平台既要面对餐饮提供方，又要面对消费方，还要面对骑手，只有充分兼顾各方的利益，才能确保平台方自身的利益
引领性	平台集聚大量参与主体和各类交易及其行业信息，对产业链上下游产生极大的辐射，能极大地引领相关产业链的规模壮大和新兴产业的培育成长
精准性	平台通过收集和分析用户的相关数据，可以为用户提供更加个性化、专业化和定制化的产品或服务，有效弥补了传统条件下无法掌握用户数据的缺憾，使平台服务更为精准、更富有成效
跨界融合性	平台经济打破了传统行业中的信息不对称、行业跨界困难等弊端，大大提升了资产的利用效率，并促进了协同创新，行业边界将变得越来越模糊，通过平台实现跨界融合变得更加容易，各种新模式新业态也将应运而生

6.1.6 平台的建设步骤

平台是平台经济的"底座"，平台的建设一般包含以下八个步骤，如图 6-2 所示。

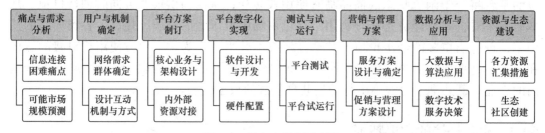

图 6-2 平台建设主要步骤

平台建设各步骤的重点任务如下[①]：

第一步：痛点与需求分析。识别具有相互依赖性的群体，判断因信息连接困难而导致的痛点及可能的市场规模。

第二步：用户与机制确定。明确连接的价值所在和能够引发网络效应的核心群体，以及核心群体的互动机制与方式。

第三步：平台方案制订。确定平台运作拟开展的核心、基本的业务方式（平台基本架构），设计好平台对接外部资源而构建平台生态系统的标准化接口。

第四步：平台数字化实现。开发相关软件，采用相应的数字技术，配置必要的信息技术硬件。

第五步：测试与试运行。数字化平台测试及上线运行，发现相关问题，并及时改进。

第六步：营销与管理方案。确定合理的价格结构和采用有效的营销策略，制订相应的管理方案，促进平台的发展壮大。

第七步：数据分析与应用。运用大数据和算法等数字及人工智能技术，高效撮合

---

① 魏际刚. 推动我国平台经济高质量发展 [EB/OL].(2022-04-27)[2024-04-06].https://www.drcnet.com.cn/www/TrainInterview/TrainInterviewDetail.aspx?interviewid=225.

用户的互动与交易。

第八步：资源与生态建设。塑造资源集结力，集结相关资源，构建强劲的数字化平台生态系统和社区。

6.1.7 平台经济用工模式

平台经济在提供人力服务方面，一般是将作为人力需求方的企业和人力提供方的个体劳动者通过平台整合起来，形成基于平台的劳动雇佣关系。平台往往采用较为灵活的用工方式，实现业务流、合同流、付款流和票据流的四流融合，如图6-3所示。

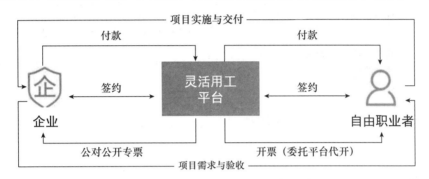

图 6-3 平台经济灵活用工平台

在平台经济用工模式中，具体交易结构包括两个环节：一是用工企业（通常是法人）与灵活用工平台签订服务协议，用工企业将结算费用和一定比例的服务费充值到平台，平台向企业开具增值税专用发票，完成现金流和票据流的流转；二是灵活用工平台与自由职业者签订电子协议，待人员按要求提供相应服务后，平台将应得的报酬发放到其账户，完成报酬支付，项目实施完毕。

6.2 平台经济治理

平台经济作为新生事物，在经济发展、社会稳定等各方面所发挥的作用越来越显著，加强治理是促进其健康、快速发展的重要条件。

6.2.1 平台经济的治理体系

平台经济的治理是一个复杂的问题，需要综合考虑多方面的因素，表6-4为平台经济的治理体系。

表 6-4 平台经济治理体系

治理要素	基本特征	具体体现
治理问题	平台经济治理问题复杂多变，具有复杂性和不确定性	如定价问题、垄断问题、"二选一"问题、大数据杀熟及数据安全与隐私保护问题等
治理主体	平台经济的治理主体多元化，需要政府主导，强化平台与企业、社会组织、网络社群、公民个人等协同作用	政府部门（以网约车为例，包括交管、公安、通信管理及城市管理等部门）、行业协会、用户代表等
治理手段	充分应用数字化手段，以数据作为主要治理依据	利用大数据、人工智能、区块链等技术，并通过大数据构建信用体系、代码规则，结合音视频、关联数据分析等
治理过程	治理过程涵盖全方位、全过程、全流程	平台企业内部从战略到落地的自上而下的垂直治理；自下而上的问题导向的垂直治理；集约化与分散化兼顾的扁平治理
治理评价	评价的标准应综合考虑平台经济带来的经济效应、社会影响、产业生态等	综合考虑平台经济对地方经济、创造就业及方便人民群众生活等方面所作出的贡献

平台经济的治理涉及面广、呈现新问题多、治理技术要求高，需要科学谋划，审慎推进。

6.2.2 平台经济治理的基本原则

平台经济治理需要综合考虑多方面的因素，在治理过程中需要坚持以下四个方面的原则：

1. 坚持正确政治方向

平台经济治理必须从构筑国家竞争新优势的战略高度出发，坚持发展和规范并重，把握平台经济发展规律，建立健全平台经济治理体系，明确规则，划清底线，加强监管，规范秩序，更好统筹发展和安全、国内和国际，促进公平竞争，反对垄断，防止资本无序扩张。

2. 坚持创新驱动发展

创新是平台经济发展的灵魂，高频创新、颠覆创新、持续创新是平台经济源源不断的发展动力，必须把促进创新作为平台经济治理的基本出发点，秉着包容、审慎、发展的原则，合理确定平台经济治理的制度体系和治理规则，坚持把创新作为驱动发展的根本动力。

3. 坚持发展主体公平

平台经济是一种新的经济形态，具有普惠化、平台化、数据化、生态化等特征，运行规律与传统经济形态有很大差别。要坚持"两个毫不动摇"——毫不动摇巩固和发展公有制经济，毫不动摇鼓励、支持、引导非公有制经济发展，保证各种所有制经济依法平等使用生产要素、公平参与市场竞争、同等受到法律保护，要大力促进平台经济领域民营企业健康发展，充分发挥民营经济在发展平台经济方面所具有的独特优势，为促进其健康发展提供有力保障。同时还要加强开放合作，构建有吸引力、有创新力、有辐射力的制度环境，强化国际技术交流和研发合作，形成以国内大循环为主体、国内国际双循环相互促进的平台经济新发展格局。

4. 坚持人民利益为本

发展平台经济的根本目的是要发展经济、促进就业、繁荣市场、便利生活，是让众多商家和广大人民群众通过平台经济享受时代红利，获得更多福祉。因此，平台经济的治理不能偏离"以民为本"这一基本出发点，要合理调节相关参与主体之间的责、权、利关系和利益分配，尽量做到人民利益最大化，让平台经济为全社会创造更大价值。

6.2.3 平台经济治理措施

我国对平台经济发展的主要治理措施如下：

1. 完善治理规则，健全制度规范

制定出台禁止网络不正当竞争行为的规定，细化平台企业数据处理规则，制定出台平台经济领域价格行为规则，推动行业有序健康发展。完善金融领域监管规则体系，坚持金融活动全部纳入金融监管，金融业务必须持牌经营。

厘清平台责任边界，强化超大型互联网平台责任。建立平台合规管理制度，对平台合规形成有效的外部监督、评价体系。加大平台经济相关国家标准研制力度。建立互联网平台信息公示制度，增强平台经营透明度，强化信用约束和社会监督。建立健全平台经济公平竞争监管制度。完善跨境数据流动"分级分类+负面清单"监管制度，探索制定互联网信息服务算法安全制度。

2. 推动协同治理

强化部门协同，坚持"线上线下一体化监管"原则，负有监管职能的各行业主管部门在负责线下监管的同时，承担相应线上监管的职责，实现审批、主管与监管权责统一。推动各监管部门间抽查、检验、鉴定结果互认，避免重复抽查、检测，探索建立案件会商和联合执法、联合惩戒机制，实现事前、事中、事后全链条监管。推动行业自律，督促平台企业依法合规经营，鼓励行业协会牵头制定团体标准、行业自律公约。加强社会监督，探索公众和第三方专业机构共同参与的监督机制，推动提升平台企业合规经营情况的公开度和透明度。

3. 完善竞争监管执法

对人民群众反映强烈的重点行业和领域，加强全链条竞争监管执法。依法查处平台经济领域垄断和不正当竞争等行为。严格依法查处平台经济领域垄断协议、滥用市场支配地位和违法实施经营者集中行为。强化平台广告导向监管，对重点领域广告加强监管。重点规制以减配降质产品误导消费者、平台未对销售商品的市场准入资质资格实施审查等问题，对存在缺陷的消费品落实线上经营者产品召回相关义务。加大对出行领域平台企业非法营运行为的打击力度。强化平台企业涉税信息报送等税收协助义务，加强平台企业税收监管，依法查处虚开发票、逃税等涉税违法行为。强化对平台押金、预付费、保证金等费用的管理和监督。

4. 加强金融领域监管

强化支付领域监管，断开支付工具与其他金融产品的不当连接，依法治理支付过程中的排他或"二选一"行为，对滥用非银行支付服务相关市场支配地位的行为加强监管，研究出台非银行支付机构条例。规范平台数据使用，从严监管征信业务，确保依法持牌合规经营。落实金融控股公司监管制度，严格审查股东资质，加强穿透式监管，强化全面风险管理和关联交易管理。严格规范平台企业投资入股金融机构和地方金融组织，督促平台企业及其控股、参股金融机构严格落实资本金和杠杆率要求。完善金融消费者保护机制，加强营销行为监管，确保披露信息真实、准确，不得劝诱消费者超前消费。

5. 探索数据和算法安全监管

切实贯彻收集、使用个人信息的合法、正当、必要原则，严厉打击平台企业超范围收集个人信息、超权限调用个人信息等违法行为。从严管控非必要采集数据行为，依法依规打击黑市数据交易、大数据杀熟等数据滥用行为。在严格保护算法等商业秘密的前提下，支持第三方机构开展算法评估，引导平台企业提升算法透明度与可解释性，促进算法公平。严肃查处利用算法进行信息内容造假、传播负面有害信息和低俗劣质内容、流量劫持及虚假注册账号等违法违规行为。推动平台企业深入落实网络安全等级保护制度，探索开展数据安全风险态势监测通报，建立应急处置机制。国家机关在执法活动中应依法调取、使用个人信息，保护数据安全。

6. 改进提高监管技术和手段

强化数字化监管支撑，建立违法线索线上发现、流转、调查处理等非接触式监管机制，提升监测预警、线上执法、信息公示等监管能力，支持条件成熟的地区开展数字化监管试点创新。加强和改进信用监管，强化平台经济领域严重违法失信名单管理。发挥行业协会作用，引导互联网企业间加强对严重违法失信名单等相关信用评价互通、互联、互认，推动平台企业对网络经营者违法行为实施联防联控。

6.3 平台经济反垄断规定

平台经济由于互联网的聚集性、用户规模爆发性及经营活动跨地域性等多方面的原因，极易造成垄断性，所以完善反垄断机制是促进平台经济健康发展的重要条件，我国在这方面已经出台了相关的法律法规。

6.3.1 基本原则

反垄断执法机构对平台经济领域开展反垄断监管需要坚持以下原则：

1. 保护市场公平竞争

坚持对市场主体一视同仁、平等对待，着力预防和制止垄断行为，完善平台企业垄断认定的法律规范，保护平台经济领域公平竞争，防止资本无序扩张，支持平台企业创新发展，增强国际竞争力。

2. 依法科学高效监管

反垄断各项规定适用于平台经济领域所有市场主体，执法机构需根据平台经济的发展状况、发展规律和自身特点，结合案件具体情况，强化竞争分析和法律论证，不断加强和改进反垄断监管，增强反垄断执法的针对性和科学性。

3. 激发创新创造活力

要积极营造竞争有序开放包容发展环境，降低市场进入壁垒，引导和激励平台经营者将更多资源用于技术革新、质量改进、服务提升和模式创新，防止和制止排除、限制竞争行为抑制平台经济创新发展和经济活力，有效激发全社会创新创造动力，构筑经济社会发展新优势和新动能。

4. 维护各方合法利益

平台经济发展涉及多方主体，反垄断监管在保护平台经济领域公平竞争，充分发挥平台经济推动资源配置优化、技术进步、效率提升的同时，要着力维护平台内经营者、消费者和从业人员等各方主体的合法权益，加强反垄断执法与行业监管统筹协调，使全社会共享平台技术进步和经济发展成果，实现平台经济整体生态和谐共生和健康发展。

6.3.2 垄断协议的认定

平台经济领域垄断协议是指经营者排除、限制竞争的协议、决定或者其他协同行为。协议、决定可以是书面、口头等形式，其他协同行为是指经营者虽未明确订立协议或决定，但通过数据、算法、平台规则或者其他方式实质上存在协调一致的行为，有关经营者基于独立意思表示所作出的价格跟随等平行行为除外。

1. 横向垄断协议认定

具有竞争关系的平台经济领域经营者可能通过下列方式达成固定价格、分割市场、限制产（销）量、限制新技术（产品）、联合抵制交易等横向垄断协议：

（1）利用平台收集并且交换价格、销量、成本、客户等敏感信息。
（2）利用技术手段进行意思联络。
（3）利用数据、算法、平台规则等实现协调一致行为。
（4）其他有助于实现协同的方式。

协议中的价格包括但不限于商品价格及经营者收取的佣金、手续费、会员费、推广费等服务收费。

2. 纵向垄断协议认定

平台经济领域经营者与交易相对人可能通过下列方式达成固定转售价格、限定最低转售价格等纵向垄断协议：

（1）利用技术手段对价格进行自动化设定。

（2）利用平台规则对价格进行统一。

（3）利用数据和算法对价格进行直接或者间接限定。

（4）利用技术手段、平台规则、数据和算法等方式限定其他交易条件，排除、限制市场竞争。

平台经营者要求平台内经营者在商品价格、数量等方面向其提供等于或者优于其他竞争性平台的交易条件的行为可能构成垄断协议，也可能构成滥用市场支配地位行为。

分析上述行为是否构成纵向垄断协议，需要综合考虑平台经营者的市场力量、相关市场竞争状况、对其他经营者进入相关市场的阻碍程度、对消费者利益和创新的影响等因素。

3. 轴辐协议认定

具有竞争关系的平台内经营者可能借助与平台经营者之间的纵向关系或者由平台经营者组织、协调，达成具有横向垄断协议效果的轴辐协议。分析该协议是否属于垄断协议，需要考虑具有竞争关系的平台内运营方之间是否利用技术手段、平台规则、数据和算法等方式，达成、实施垄断协议，排除、限制相关市场竞争。

4. 协同行为认定

平台经济领域协同行为认定，需要通过直接证据判定是否存在协同行为的事实。如果直接证据较难获取，可以按照逻辑一致的间接证据，认定经营者对相关信息的知悉状况，判定经营者之间是否存在协同行为，经营者可以提供相反证据证明其不存在协同行为。

6.3.3 滥用市场支配地位判定

《中华人民共和国反垄断法》规定，禁止具有市场支配地位的经营者从事下列滥用市场支配地位的行为：①以不公平的高价销售商品或者以不公平的低价购买商品；②没有正当理由，以低于成本的价格销售商品；③没有正当理由，拒绝与交易相对人进行交易；④没有正当理由，限定交易相对人只能与其进行交易或者只能与其指定的经营者进行交易；⑤没有正当理由搭售商品，或者在交易时附加其他不合理的交易条件；⑥没有正当理由，对条件相同的交易相对人在交易价格等交易条件上实行差别待遇；⑦国务院反垄断执法机构认定的其他滥用市场支配地位的行为。认定平台经济领域的滥用市场支配地位行为，通常情况下，首先界定相关市场，分析经营者在相关市场是否具有支配地位，再根据个案情况具体分析是否构成滥用市场支配地位行为。

认定或者推定经营者具有市场支配地位，结合平台经济的特点，主要应确定以下因素：

1. 经营者的市场份额及相关市场竞争状况

确定平台经济领域经营者的市场份额要考虑交易金额、交易数量、销售额、活跃用户数、点击量、使用时长或其他指标在相关市场所占比重，以及该市场份额持续的时间。同时要分析相关市场竞争状况，考虑相关平台市场的发展状况、现有竞争者数量和市场份额、平台竞争特点、平台差异程度、规模经济、潜在竞争者情况、创新和技术变化等。

2. 经营者控制市场的能力

确定经营者控制市场的能力要考虑该经营者控制上下游市场或其他关联市场的能力，阻碍、影响其他经营者进入相关市场的能力，相关平台经营模式、网络效应，以及影响或决定价格、流量及其他交易条件的能力等。

3. 经营者的财力和技术条件

确定经营者的财力和技术条件要考虑该经营者的投资者情况、资产规模、资本来源、盈利能力、融资能力、技术创新和应用能力、拥有的知识产权、掌握和处理相关数据的能力，以及该财力和技术条件能够以何种程度促进该经营者业务扩张或巩固、维持市场地位等。

4. 其他经营者对该经营者在交易上的依赖程度

确定其他经营者对该经营者在交易上的依赖程度要考虑其他经营者与该经营者的交易关系、交易量、交易持续时间、锁定效应、用户黏性及其他经营者转向其他平台的可能性及转换成本等。

5. 其他经营者进入相关市场的难易程度

确定其他经营者进入相关市场的难易程度要考虑市场准入、平台规模效应、资金投入规模、技术壁垒、用户多栖性、用户转换成本、数据获取的难易程度、用户习惯等。

6.3.4 不公平价格行为认定

具有市场支配地位的平台经济领域经营者，可能滥用市场支配地位，以不公平的高价销售商品或以不公平的低价购买商品。分析是否构成不公平价格行为，主要考虑以下因素：

（1）该价格是否明显高于或明显低于其他同类业务经营者在相同或相似市场条件下同种商品或可比较商品的价格。

（2）该价格是否明显高于或明显低于该平台经济领域经营者在其他相同或相似市场条件下同种商品或可比较商品的价格。

（3）在成本基本稳定的情况下，该平台经济领域经营者是否超过正常幅度提高销售价格或降低购买价格。

（4）该平台经济领域经营者销售商品提价幅度是否明显高于成本增长幅度，或者采购商品降价幅度是否明显低于成本降低幅度。

认定市场条件相同或相似，一般可以考虑平台类型、经营模式、交易环节、成本结构、交易具体情况等因素。

6.3.5　低于成本销售认定

具有市场支配地位的平台经济领域经营者，可能滥用市场支配地位，没有正当理由以低于成本的价格销售商品，排除、限制市场竞争。分析是否构成低于成本销售，重点考虑平台经济领域经营者是否以低于成本的价格排挤具有竞争关系的其他经营者，以及是否可能在将其他经营者排挤出市场后，提高价格获取不当利益、损害市场公平竞争和消费者合法权益等情况。

在计算成本时，一般需要综合考虑平台涉及多边市场中各相关市场之间的成本关联情况。平台经济领域经营者低于成本销售可能具有以下正当理由：

（1）在合理期限内为发展平台内其他业务。

（2）在合理期限内为促进新商品进入市场。

（3）在合理期限内为吸引新用户。

（4）在合理期限内开展促销活动。

（5）能够证明行为具有正当性的其他理由。

6.3.6　拒绝交易认定

具有市场支配地位的平台经济领域经营者，可能滥用其市场支配地位，无正当理由拒绝与交易相对人进行交易，排除、限制市场竞争。分析是否构成拒绝交易，考虑以下因素：

（1）停止、拖延、中断与交易相对人的现有交易。

（2）拒绝与交易相对人开展新的交易。

（3）实质性削减与交易相对人的现有交易数量。

（4）在平台规则、算法、技术、流量分配等方面设置不合理的限制和障碍，使交易相对人难以开展交易。

（5）控制平台经济领域必需设施的经营者拒绝与交易相对人以合理条件进行交易。

认定相关平台是否构成必需设施，需要综合考虑该平台占有数据情况、其他平台的可替代性、是否存在潜在可用平台、发展竞争性平台的可行性、交易相对人对该平台的依赖程度、开放平台对该平台经营者可能造成的影响等因素。

平台经济领域经营者拒绝交易可能具有以下正当理由：

（1）因不可抗力等客观原因无法进行交易。

（2）因交易相对人原因，影响交易安全。

（3）与交易相对人交易将使平台经济领域经营者利益发生不当减损。

（4）交易相对人明确表示或实际不遵守公平、合理、无歧视的平台规则。

（5）能够证明行为具有正当性的其他理由。

6.3.7 限定交易认定

具有市场支配地位的平台经济领域经营者，可能滥用市场支配地位，无正当理由对交易相对人进行限定交易，排除、限制市场竞争。分析是否构成限定交易行为，考虑以下因素：

（1）要求平台内经营者在竞争性平台间进行"二选一"，或者限定交易相对人与其进行独家交易的其他行为。

（2）限定交易相对人只能与其指定的经营者进行交易，或者通过其指定渠道等限定方式进行交易。

（3）限定交易相对人不得与特定经营者进行交易。

上述限定可能通过书面协议的方式实现，也可能通过电话、口头方式与交易相对人商定的方式实现，还可能通过平台规则、数据、算法、技术等方面的实际设置限制或障碍的方式实现。

分析是否构成限定交易，重点考虑以下两种情形：一是平台经营者通过屏蔽店铺、搜索降权、流量限制、技术障碍、扣取保证金等惩罚性措施实施的限制，因对市场竞争和消费者利益产生直接损害，一般可以认定构成限定交易行为；二是平台经营者通过补贴、折扣、优惠、流量资源支持等激励性方式实施的限制，可能对平台内经营者、消费者利益和社会整体福利具有一定积极效果，但如果有证据证明对市场竞争产生明显的排除、限制影响，也可能被认定构成限定交易行为。

平台经济领域经营者限定交易可能具有以下正当理由：

（1）为保护交易相对人和消费者利益所必须。

（2）为保护知识产权、商业机密或数据安全所必须。

（3）为保护针对交易进行的特定资源投入所必须。

（4）为维护合理的经营模式所必须。

（5）能够证明行为具有正当性的其他理由。

6.3.8 搭售或者附加不合理交易条件认定

具有市场支配地位的平台经济领域经营者，可能滥用市场支配地位，无正当理由实施搭售或附加不合理交易条件，排除、限制市场竞争。分析是否构成搭售或附加不合理交易条件，考虑以下因素：

（1）利用格式条款、弹窗、操作必经步骤等交易相对人无法选择、更改、拒绝的方式，将不同商品进行捆绑销售。

（2）以搜索降权、流量限制、技术障碍等惩罚性措施，强制交易相对人接受其他商品。

（3）对交易条件和方式、服务提供方式、付款方式和手段、售后保障等附加不合理限制。

（4）在交易价格之外额外收取不合理费用。

（5）强制收集非必要用户信息或附加与交易标的无关的交易条件、交易流程、服务项目。

平台经济领域经营者实施搭售可能具有以下正当理由：

（1）符合正当的行业惯例和交易习惯。

（2）为保护交易相对人和消费者利益所必须。

（3）为提升商品使用价值或效率所必须。

（4）能够证明行为具有正当性的其他理由。

6.3.9 差别待遇认定

具有市场支配地位的平台经济领域经营者，可能滥用市场支配地位，无正当理由对交易条件相同的交易相对人实施差别待遇，排除、限制市场竞争。分析是否构成差别待遇，可以考虑以下因素：

（1）基于大数据和算法，根据交易相对人的支付能力、消费偏好、使用习惯等，实行差异性交易价格或其他交易条件。

（2）实行差异性标准、规则、算法。

（3）实行差异性付款条件和交易方式。

条件相同是指交易相对人之间在交易安全、交易成本、信用状况、所处交易环节、交易持续时间等方面不存在实质性影响交易的差别。平台在交易中获取的交易相对人的隐私信息、交易历史、个体偏好、消费习惯等方面存在的差异不影响认定交易相对人条件相同。

平台经济领域经营者实施差别待遇行为可能具有以下正当理由：

（1）根据交易相对人实际需求且符合正当的交易习惯和行业惯例，实行不同交易条件。

（2）针对新用户在合理期限内开展的优惠活动。

（3）基于平台公平、合理、无歧视的规则实施的随机性交易。

（4）能够证明行为具有正当性的其他理由。

6.4 我国平台经济发展

我国平台经济从无到有，从弱到强，走过了一条不平凡的发展道路，在促进我国经济增长、扩大城乡就业、应对国内外挑战方面发挥着十分重要的作用。当然平台在成长发展过程中也遇到了不少问题和困难，需要我们予以正视，并采取得力有效的措施予以推进。

6.4.1 我国平台经济发展现状

伴随着互联网的普及和电子商务的崛起，我国的平台经济总体处在世界领先的位置，具体表现如下。

1. 平台经济规模世界第一

2023年，我国网上零售额15.42万亿元，比上一年增长11%，连续11年成为全球第一大网络零售市场。其中，实物商品网络零售额占社会消费品零售总额比重增至27.6%，创历史新高。绿色、健康、智能、"国潮"商品备受青睐，国产品牌销售额占重点监测品牌比重超过65%；在线服务消费更多元，在线旅游、在线文娱和在线餐饮销售额增长强劲，对网络零售增长贡献率达到了23.5%。[①]

2. 平台经济已成为我国就业的重要渠道

2022年我国参与灵活就业人数达2亿人，平台经济快速发展。[②]平台经济快速发展创造了大量的新职业、新岗位，不仅创造了网店运营、网站管理、电商客服等直接就业机会，而且还提供了诸如快递配送、外卖等间接就业机会，并且各种新业态新模式还在不断涌现，就业潜力十分可观。平台经济驱动的"餐饮外卖"服务，不仅提供了前所未有的餐饮消费形式，扩大了实体企业服务客户的数量，而且还缓解了我国低学历人群的就业压力。不可否认，平台经济已成为当前缓解就业压力、促进新增就业的有力抓手。

3. 平台经济成为应对国内外挑战的有力武器

中美经贸摩擦给我国出口和经济增长带来了严重威胁，双循环作为应对国内外严峻形势的重要决策部署，而平台经济是促进双循环有效运作的驱动轮，发挥着不可替代的作用。

总体来看，平台经济对我国经济增长、市场繁荣、就业稳定和社会进步起到了十分关键的作用，同时也为我国从平台经济大国向强国迈进奠定了十分坚实的基础。

4. 平台经济已成为经济发展新动能

平台经济现已成为我国经济增长的新动能，具体表现如下：

一是平台经济有助于更好地发挥科技驱动增长的作用，高等院校和科研机构的科技成果通过各种平台能更快更好地走向市场，有力地促进了科技成果的产业化。

二是平台经济有助于生产厂家更好地把握用户需求，建立起以客户为中心的研发和生产体系，形成更加直接有效的产销模式，建立起市场驱动、多方联动的发展新机制。

三是平台经济在促进国内国际双循环中担当重任，并将为经济增长提供强有力的

[①] 季爽.商务部：2023年全年网上零售额15.42万亿元，增长11%[EB/OL](2024-01-19)[2024-04-06]. https://m.gmw.cn/2024-01/19/content_1303636413.htm.

[②] 徐向梅.我国灵活就业人数已超2亿：充分发挥平台经济稳就业作用[EB/OL].(2022-11-23)[2024-04-06].https://www.chinanews.com.cn/cj/2022/11-23/9900313.shtml.

支撑。

6.4.2 我国平台经济所发挥的作用

我国的平台经济在推动经济结构优化、激发消费活力以及助力产业转型升级等方面，发挥着十分重要的作用。

1. 推动经济结构优化方面的作用

在推动经济结构优化方面，平台经济所发挥的作用表现如下：

一是促进现代服务业范围不断延伸，规模不断扩大，地位不断提升，成为驱动经济增长的强大动力。

二是城乡一体化的流通格局基本形成，平台经济有力地弥合了城乡之间长期存在的商品流通鸿沟，大大促进了"工业品下乡"和"农产品进城"，对乡村振兴发挥着十分重要的作用。

三是平台经济的新业态、新模式不断形成，由此而不断发展壮大的新产业成为我国经济结构优化的新亮点。

2. 激发消费活力方面的作用

在激发消费活力方面，平台经济发挥的作用表现如下：

一是消费群体规模不断扩大，平台经济的广泛参与性让男女老少都能有机会参与消费，消费主体的数量得以空前扩大。

二是消费地域得到大范围突破，平台经济不再受空间地域的限制，各种曾经只能在线下销售的商品均能通过线上销售销往全国乃至世界各地，比如螃蟹、龙虾等生鲜借助电商平台使销售地域显著扩大。

三是助力消费规模快速增长，2023年，我国社会消费品零售总额和实物商品网上零售额分别达到47.1万亿元、13.0万亿元①，是全球第二大商品消费市场、第一大网络零售市场。

3. 助力产业转型升级方面的作用

在助力产业转型升级方面，平台经济所发挥的作用表现如下：

一是助力我国制造业的转型升级，我国制造业在平台经济的驱动下，专业化设计、个性化定制和集约化生产等方面的水平有了本质的提升，正在从制造大国大步向制造强国迈进。

二是助力服务业转型升级，平台经济带来了大量的服务业新机会，同时也驱使传统的服务业提档升级，更富有技术内涵和创意思想的服务业正成为主流。

三是助力农业的转型升级，农产品因平台经济卖得更远、更好，农民因平台经济有了更多的就业机会和更高的收入，农村也因各类平台的助力变得更有活力和生机。

---

① 康义. 国务院新闻办就2023年国民经济运行情况举行发布会 [EB/OL].(2024-01-17)[2024-04-06]. https://www.gov.cn/zhengce/202401/content_6926623.htm.

因此，平台经济所发挥的作用和背后隐藏着的潜力十分惊人，在新的发展形势下尤其需要予以足够的重视。

6.4.3 我国电商平台经济新机遇

电子商务是平台经济的重要组成部分，也是我国平台经济取得领先优势的重要表现，当前工业电商、农村电商和跨境电商正成为平台经济的新机遇。

工业电商平台经济主要是指B2B的平台经济，重点是在供应链上下游之间开展的平台经济活动。相对于B2C平台经济，这类平台经济业务具有交易规模大、参与规模小和交易品种少等特点。工业电商平台经济是产业数字化的重要表现形式，对工业提质增效意义重大。作为世界第一制造业大国，我国工业电商平台经济发展潜力巨大，前景广阔，是引导工业平台经济做大、做强、做优的有力举措。

农村电商平台经济既是数字乡村建设的重要内容，也是乡村振兴的重要表现形式。随着农村信息化和物流基础设施的不断完善，电商服务商下沉至全国农村市场，使得农村电商发展迅猛，对促进农村现代化发展意义重大。培育更多更接地气的农村电商平台，促进农村电商从过去的粗放型发展阶段进入到精细型发展阶段，进一步引导我国农村电商健康、快速、有序发展，虽任重道远，但前景一片光明。

跨境电商已成为我国进出口业务发展的重要方式，对扩大出口、带动进口起着越来越不可替代的作用。大力发展跨境电商平台经济，对提升跨境电商的交易规模、扩大交易品类和范围、创造更多跨境电商机遇有很大意义。

6.4.4 我国平台经济发展存在的问题

我国平台经济在取得巨大成就的同时，也还存在不少问题，以下四个方面的问题需要重点关注：

一是平台经济交易主要由少数几大平台垄断，"赢家通吃"的格局基本形成，新兴的平台成长空间狭小，生存困难，不利于健康公平的平台经济生态的形成。以团购为例，从当年的"千团大战"，到如今极少几家垄断市场，一定程度上扼杀了新企业发展的机遇。

二是平台经营主体马太效应现象严重，无论是京东、天猫，还是淘宝、拼多多，同一品类中，销量越高、好评越多的卖家对买家的吸引力越大，而那些起初销量不高及新进入者，很难动摇已经形成的竞争格局，往往处于十分不利的境地。

三是平台监管不到位导致的问题层出不穷，例如，胁迫卖家"二选一"甚至"多选一"、大数据杀熟、用户数据泄露等。监管措施不完善一定程度上制约了平台经济健康有序的发展。

四是我国平台经济相关企业国际竞争力不强、影响力不高、创新性不足。以电商为例，在国际上以亚马逊为代表的国际巨头占据显著优势，我国企业还缺少应有的国际话语权，与平台经济发展大国的地位有明显差距。

6.4.5 我国平台经济发展的一些建议

针对我国平台经济发展中存在的问题,既要客观分析问题的成因,又要采取切实有效的措施加以应对,切忌急躁冒进,更不能一棍子打死。以下几点建议可供参考:

1. 提高对平台经济发展的认知

提高对平台经济的认知是提升平台经济发展水平的重要提前,需要从以下几个方面入手:

一是要认识到在数字化时代平台既是整合和配置各种经济资源,促进人、财、物顺畅流动,打破传统时空局限的新兴业态,又是创新密集型、技术密集型、人才密集型的经济模式。

二是要深入理解"得平台者得天下,有平台者有未来"的发展经验,充分认识到平台的作用和价值,促进平台健康、快速发展。

三是要看到不少平台企业由于对平台的认知不到位,导致应用场景和业务功能缺失,使得不少平台变成空中楼阁,要总结经验和教训,防止平台经济走偏。

四是要坚持系统思维,积极营造创新发展环境,促进有序竞争,致力于通过平台经济实现产业升级、经济转型。

五是要积极支持和引导平台企业加大研发投入,夯实底层技术根基,改造传统产业,扶持中小企业创新,挖掘市场潜力,增加优质产品和服务供给,推动平台经济持续健康发展。

六是要明确规则、划清底线、加强监管、规范秩序,着重完善平台经济治理体系,促进营造公平竞争、规范有序的市场环境。

2. 引导平台经济为高质量发展赋能和为高品质生活服务

牢牢把握平台经济"两为"的发展方向,使其成为为高质量发展赋能和为高品质生活服务的利器:

一是在为高质量发展赋能方面,要重点引导平台企业在赋能制造业转型升级、推动农业数字化转型、促进扩大内需等方面创造更大价值,推动构建有序开放的平台生态,促进平台经济各参与方平等互利、合作共赢。

二是在为高品质生活服务方面,要把丰富商品和服务供给、方便消费、满足用户个性化和专业化消费需求及加强用户隐私保护等作为发展方向,做用户放心、安心和贴心的生活好伙伴。

3. 提升平台消费创造能力

创造消费能力是平台做大做强的重要举措,具体促进措施如下:

一是要鼓励平台企业拓展"互联网+"消费场景,为用户提供高质量的产品和服务,促进智能家居、虚拟现实、超高清视频终端等智能产品的普及应用,发展智能导购、智能补货、虚拟化体验等新兴零售方式,推动远程医疗、网上办公、知识分享等的应用。

二是要引导平台企业开展品牌消费、品质消费等网上促销活动,培育消费新增长点。

三是要鼓励平台企业助力优化公共服务，提升医疗、社保、就业等服务领域的普惠化、便捷化、个性化水平。

四是要鼓励平台企业提供无障碍服务，增强老年人、残疾人等特殊群体享受智能化产品和服务的便捷性。

五是要引导平台企业开展数字帮扶，助力全民数字技术和数字素养的提升。

4. 建立有序开放、充满活力的平台生态

平台生态关乎平台参与者的前途和命运，可从以下四个方面予以推进：

一是要推动平台企业间的合作，构建开放共享、共存共荣的生态圈，激发平台企业的发展活力，培育平台经济发展新动能。

二是要倡导公平竞争、包容发展、大胆创新，平台企业应依法依规有序推进生态开放，按照统一规则公平对外提供服务，不得恶意不兼容，或设置不合理的程序要求。

三是要禁止平台企业利用数据、流量、技术、市场和资本优势，限制其他平台和应用独立运行。

四是要推动制定云平台间系统迁移和互联互通标准，促进业务和数据的联动。

5. 为平台经济参与者提供更多参与便利

鼓励平台经济参与者积极参与并为他们提供多方面的便利，是促进平台经济繁荣的有效手段，具体措施如下：

一是要持续推进平台经济相关市场主体登记注册便利化、规范化，进一步清理和规范各地于法无据、擅自扩权的平台准入等规章制度。

二是要引导平台企业合理确定支付结算、平台佣金等服务费用，给予优质小微商户一定的流量扶持。

三是要让平台服务收费质价相符、公平合理，并鼓励平台企业经营者与平台内经营者平等协商、充分沟通，维护公平竞争秩序。

四是要为中小微经营者开展平台经济业务提供技术支持和业务指导，帮助他们消除开展平台经济的各种障碍，使平台经济成为他们强有力的经营武器。

6. 切实保护平台经济参与者的权益

要将切实保护平台经济参与者的相关权益作为平台经济发展的重要目标，具体措施如下：

一是要完善新就业形态劳动者与平台企业、用工企业之间的劳动关系认定标准，探索明确不完全符合确立劳动关系情形的认定标准，合理确定企业与劳动者的权利义务。

二是要引导平台企业加强与新就业形态劳动者之间的协商，合理制定订单分配、计件单价、抽成比例等直接涉及劳动者权益的制度和算法规则，并公开发布，保证制度规则公开透明。

三是要健全最低工资和支付保障制度，保障新就业形态劳动者获得合理的劳动报酬。

四是要开展平台灵活就业人员职业伤害保障试点，探索用工企业购买商业保险等机制。

五是要实施全民参保计划，促进新就业形态劳动者参加社会保险。

六是要加强对新就业形态劳动者的安全意识、法律意识培训。

7. 支持平台加强技术创新

技术创新是平台企业赢得生命力和竞争力的重要举措，具体措施如下：

一是引导平台企业进一步发挥平台的市场和数据优势，积极开展科技创新，提升核心竞争力。

二是鼓励平台企业不断提高研发投入强度，加快人工智能、云计算、区块链、操作系统、处理器等领域的技术研发突破。

三是鼓励平台企业加快数字化、绿色化融合技术创新研发和应用，助推构建零碳产业链和供应链。营造良好技术创新政策环境，进一步健全适应平台企业创新发展的知识产权保护制度。

四是支持有实力的龙头企业或平台企业牵头组建创新联合体，围绕工业互联网底层架构、工业软件根技术、人工智能开放创新、公共算法集、区块链底层技术等领域，推进关键软件技术攻关。

8. 鼓励平台企业开展模式创新

模式创新是平台企业拓展市场机会、扩大业务覆盖面的重要举措，具体措施如下：

一是鼓励平台企业在依法依规前提下，充分利用技术、人才、资金、渠道、数据等方面的优势，发挥创新引领的关键作用，推动"互联网+"向更大范围、更深层次、更高效率方向发展。

二是鼓励基于平台的要素融合创新，加强行业数据采集、分析挖掘、综合利用，试点推进重点行业数据要素市场化进程，发挥数据要素对土地、劳动、资本等其他生产要素的放大、叠加、倍增作用。

三是试点探索"所有权与使用权分离"的资源共享新模式，盘活云平台、开发工具、车间厂房等方面的闲置资源，培育共享经济新业态。

四是鼓励平台企业开展创新业务众包，向中小企业开放和共享资源。

9. 提升全球化发展水平

开拓国际市场、加强国际合作，是我国平台经济发展的重要着力点。具体措施如下：

一是要支持平台企业推动数字产品与服务"走出去"，增强国际化发展能力，提升国际竞争力。

二是要积极参与跨境数据流动、数字经济税收等相关国际规则制定，参与反垄断、反不正当竞争国际协调，充分发挥自由贸易试验区、自由贸易港先行先试作用，推动构建互利共赢的国际经贸规则，为平台企业国际化发展营造良好环境。

三是要培育知识产权、商事协调、法律顾问等专业化中介服务，试点探索便捷的司法协调、投资保护和救济机制，强化海外知识产权风险预警、维权援助、纠纷调解等工作机制，保护我国平台企业及平台内经营者在海外的合法权益。

四是要鼓励平台企业发展跨境电商，积极推动海外仓建设，提升数字化、智能化、便利化水平，推动中小企业依托跨境电商平台拓展国际市场。

五是要积极推动境外经贸合作区建设，培育仓储、物流、支付、通关、结汇等跨境电商产业链和生态圈。

10. 加强人才队伍建设

人才是平台经济发展的重中之重，需要创新思路，寻求突破。具体措施如下：

一是要充分认识到平台企业发展的关键在人才，竞争力的核心在人才，将人才战略作为发展平台经济的制胜法宝，并形成广泛的共识。

二是通过评选领军人物、优先积分落户、专业资质评定、开展系统培训等措施，帮助平台企业引进人才、留住人才，充分激发人才创新活力，夯实高质量发展基础。

三是依托各类高等学校、职业院校和研究机构加强对平台经济高端人才、实用人才的培养，形成不同层次的人才培养矩阵。

四是支持平台企业与相关高等院校共建，探索平台经济教学和实践基地，打造平台人才订单式及定制化培养平台。

五是鼓励专业机构和企业开展平台经济在职培训，开展企业新型学徒制培训，支持企业建立平台经济人才内部体系。

六是启动"平台经济工匠"人才培育计划，为平台经济技能人才搭建发展新空间，并通过职称评定倾斜、福利待遇改善等多种途径，为工匠型人才脱颖而出创造良好条件。

作为拥有14多亿人口的发展中大国，我国有得天独厚的平台经济发展土壤和内生需求，当前正在大力推进经济社会的数字化发展进程，数字经济发展正在如火如荼地推进，平台经济作为数字经济发展的主要表现方式之一，也是凸显数字经济价值的重要途径，大力发展平台经济是不容置疑的发展之策。

6.5 平台经济案例：美团

美团是我国平台经济的领军企业，在短短的十多年时间内历经历了包括被巨额处罚等波折，在发展中不断纠偏，逐步走出了一条符合我国国情的平台经济发展之路。

6.5.1 案例背景

美团成立于2010年3月，以团购起家，不断发展壮大，现已成为业务覆盖范围广、带动就业作用大、发展势头良好的平台企业，成为国内总市值处在第一阵营的互联网巨头。

1. 美团的商业模式

王兴在正式创立美团之前的2009年年底在公司内部提出了"四纵三横"，其中"三横"是指搜索、社会、移动三个互联网技术变革的方向，"四纵"是指资讯、交流、娱乐、商务四个用户需求的发展方向。他认为，每个技术和用户需求的交汇处都蕴含着重大的创业机会,Web 2.0 时代的商务是当时唯一还未被开发的领域,而这个方向就是团购。在此基础上,他从团购行业的鼻祖 Groupon 高毛利、高运营成本的商业模式中得到启发,提出了"三高三低"。"三高三低"具体为:高品质、低价格、高效率、低成本、高科技、低毛利,也由此确立了美团的商业模式。

在团购兴起的早期,由于实物团购毛利高、起量快,短时间内汇聚了大量的竞争者。美团为了避开属于红海市场的实物团购,一直坚守服务类团购,将实物团购的占比控制在10%以下,有效地保住了服务类团购的地盘。

2. 美团发展现状

美团成立十余年来,坚持以客户为中心,聚焦 Food(食品)+ Platform(平台),以吃为核心,建设生活服务业从需求侧到供给侧的多层次科技服务平台,不断加大在新技术上的研发投入,践行"零售+科技"的战略,持续推动服务零售和商品零售的数字化升级,现已成为国内具有领先地位的科技零售公司。

作为我国领先的生活服务电子商务平台,美团旗下包含美团、大众点评、美团外卖、小象超市和团好货等品牌,拥有美团、大众点评、美团外卖等广为熟知的 App,服务涵盖外卖、打车、共享单车、酒店旅游、电影、机票订购等 200 多个品类。

值得一提的是,美团在创造就业机会、扩大就业机会方面发挥了十分重要的作用,尤其是为学历不高、手艺不强、机会不多的就业群体开辟了一条独特的就业通道。美团研究院的数据显示,2019 年,通过美团获得收入的骑手总数达到 398.7 万人,在美团平台建档立卡的 25.7 万贫困人口中 98.4% 实现了脱贫。①

拓展阅读

扫码可了解美团核心团队成员及发展历程。

6.5.2 运营特色

在多年的实践中,美团结合自身的业务围绕用户的需求进行全方位、多角度、深层次的创新,形成了较为明显的运营特色。

1. 应用大数据提升生活服务业经营管理效率

美团将大数据、物联网、人工智能等数字化技术应用于服务业,通过数字化、网络化和智能化为消费者提供更加专业化和个性化的服务,助力商户增强运营能力,推动产业转型升级与消费升级,促进新产业、新业态、新模式的培育和壮大。

美团率先在餐饮行业将大数据应用到消费者行为分析和餐饮企业运营优化,取得

---

① 赵大威,尤越. 2019 年及 2020 年疫情期美团骑手就业报告 [R]. 美团研究院,2020:1.

了明显成效。首先,美团推出了餐饮开放平台,将自身的业务开放给 ERP 供应商,为商家打通交易和数据通道,实现了线上和线下服务产品的贯通和降本增效;其次,美团为所有商家免费开放全渠道会员,通过支付、扫码、电子收款机、线上团购、外卖等多渠道订单的集成,精准记录会员行为,并基于消费者行为分析满足用户个性化需求,实现从带客到留客的转化;最后,美团为商家提供小白盒、电子收款机、SaaS(软件即服务)收银软件等工具支持,提供收银、支付、排队、预订等环节的一站式服务。

2. 以常态化的高效配送创新消费新模式

美团有超过 1 万人的工程师队伍,持续大力探索智能调度、无人配送等领先科技,帮助餐饮外卖提高配送履约能力,用闪购新模式促消费。

美团外卖智能配送调度系统,在大规模、高复杂度运营管理场景下,运用精准画像建模和配送特征预估、多目标实时优化调度、分布式配送仿真等创新技术手段,在极短的时间内通过数亿次的计算,规划出最优的路线,按照最优的方式分派订单,让美团外卖订单配送时长降至 30 分钟内。此外,美团还搭建无人配送协同创新开放平台,突破无人驾驶、人机混送智能调度、数据安全等共性关键技术,投入实际试点应用,填补了国内无人配送技术和商业应用的空白,搭建起了一套开放的技术服务平台。

在强大的即时配送能力的基础上,美团自 2018 年起正式推出闪购业务,该业务采用快零售的业务模式,为用户搭建了一个 24 小时无间断、30 分钟内配送到货的生活卖场,同时对加入闪购平台的传统零售商加强营销、配送、科技等三方面的服务,助力其实现业态升级,更加精准、高效、专业地服务消费者。

3. 多角度助推生活服务业供给侧数字化

为了帮助餐饮商家控制进货成本、品质和食品安全等问题,提升他们在原材料供应等方面专业化、精细化、动态化的管理能力,美团进一步深入餐饮产业上游,推出了快驴进货业务,为平台商家提供包括粮油、餐具、纸巾、一次性用品、打印机、酒水饮料等产品进货服务,并通过聚合商户需求,最大程度缩短供应商到餐饮客户的中间链条,帮助中小微餐饮商家提高采购效率、降低采购成本。

针对生活服务业领域中小微企业在扩大经营、管理升级改造过程中面临的迫切融资需求,美团推出生意贷等普惠金融服务,通过平台大数据与人工智能技术,为广大生活服务行业的小微商家和个体工商户提供无担保、方便快捷的信用贷款,助力解决普惠金融"最后一公里"难题。

4. 多管齐下助力员工数字化技能和素质

随着互联网与服务业的高速发展,服务业对从业人员的技术及能力要求不断提高,人力资源结构对产业结构升级的不适应性凸显,美团持续开放共享平台的创新创业资源,为有创业意愿的劳动者提供创业培训,以经验介绍、案例分析、讨论交流、现场演练等形式帮助其创业,提升行业从业者能力水平,激发行业创新创业的活力。美团先后开设了袋鼠(外卖)学院、餐饮学院、美酒学院、丽人美业学院、亲子学院、结婚学院等职业培训平台，通过在线知识共享平台和线下培训课程，帮助生活服务业人才成长。

为了提高广大骑手的专业技能，美团从2021年10月开始与国家开放大学合作，开办了"骑手上大学"项目，帮助数百位骑手开启了大学学习生涯，并在两年半之后获得大专或本科学历。这一项目为一批又一批骑手拓宽前路，赋能每一个追梦个体，为外卖行业提升整体素质和提高职业声望提供了有力支持。

6.5.3 管控措施

经过十多年的摸索，美团逐步形成了相对成熟的管控措施，具有了较为严格的售前审核流程和售后服务保障。

1. 售前审核流程

美团与商家合作，要都经过美团专门组建的品控团队进行严格的审核把关，审核没通过的商家一律不能合作，以保障消费者的权益，具体售前审核流程包括了八个环节，分别是：①网上调研；②实地调研商家，销售谈方案签合同；③城市经理审核合同及相关材料；④总部品控审核合同及相关材料；⑤现场商家采访；⑥总部品控审核采访内容，由编辑写文案；⑦责任编辑审核文案；⑧总部品控终审（如图6-4所示）。

图6-4　售前审核流程图

（资料来源：国盛证券研究所）

2. 售后服务保障

美团遵循消费者第一、商家第二和美团第三的原则，已形成一整套为消费者提供好价格、好商品和好服务的体系。具体表现如下：

（1）在消费者消费后，让消费者对消费进行评价，以便于能够及时发现消费中存在的问题。

（2）在消费者购买的美团券过期前，会多次给消费者发短信提醒。

（3）建立大型客服中心，并将客服电话是否能接通作为一个评价客户服务评价的重要指标。

（4）推出团购券过期包退，让消费者及时退回预付款。

（5）推出了"团购无忧"的售后服务计划，内容包括购买七天后未消费无条件退款、消费不满意美团就免单、过期未消费一键退款等。

6.5.4 美团的两大战略

美团在强手如林的团购市场占据一席之地，与其所采取的两大战略密不可分，一是超级平台战略，二是供给侧战略。

1. 超级平台战略

超级平台表明有巨大的用户数量和较高的使用频次，它本质上可以对用户流量进行有效控制，使其成为平台经济的命脉。美团通过整合原本散落在不同业务中的中低频需求，来形成高频需求，以此来打造超级平台，从而掌握生活服务这个大场景下C端流量的分发权。依托这一超级平台，美团对内可低成本获客、哺育引流新业务；对外可树立壁垒御敌、实现对单业务线公司的降维打击。图6-5为美团超级平台逻辑关系。

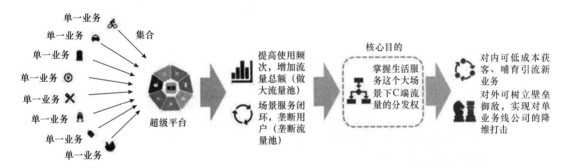

图 6-5 美团超级平台逻辑关系

美团很多决策都是围绕做大超级平台，包括早期与大众点评的合并及收购摩拜单车等。有了超级流量池，美团获客成本优势得到了充分显现，而且作为网络广告的投放平台，其广告投放效益也在业内处于领先地位。

2. 供给侧战略

供给侧战略是指美团希望深耕产业链，利用自身在下游的积累、对行业的理解和自身的技术优势带动上游供给侧改革，从而达到提升产业链价值并增强自身壁垒的目的。具体的做法是，美团为B端商户提供涵盖从筹建到运营、从前台到后台每一个环节的供给端解决方案，从而做到在提升供给侧效率的同时，提高行业进入门槛，拓深加宽"护城河"。对B端商户而言，为提升效率进行付费，可以有效提升自身在美团产业链上的价值。

美团在餐饮供给侧改革的全面布局已经成型：商家开店前，在上游可以选择快驴进货解决供应链需求，申请美团小贷融资，参加美团大学提供的餐饮培训，并通过馒头直聘招聘员工等。在开业后，商家可以在美团、大众点评上做营销，在美团外卖上开通店铺外卖服务,并利用美团配送提供配送服务,同时可以用美团的 ERP 系统解决所有的中后台需求。图 6-6 为供给侧战略布局。

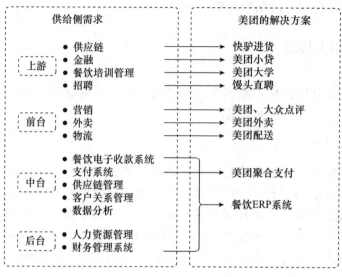

图 6-6　美团供给侧战略布局

(资料来源:国盛证券研究所)

6.5.5　美团的竞争优势

美团在竞争中长大,逐步形成了自身的竞争优势,具体表现如下。

1. 品牌和技术

品牌和技术对平台型企业而言,至关重要。品牌形成有助于平台在用户中建立知名度、信誉度和美誉度;而技术优势所形成的"护城河",远非竞争者在短时间内能企及,美团大量的研发投入,使其技术优势十分明显。

2. 网络流量优势

美团是个典型的双边网络模型,C 端的聚集依赖 B 端的丰富度,而 B 端的丰富又依赖 C 端的用户数量,双方相互影响、相互促进,一旦形成正向机制,必然会使得平台规模不断扩大,聚集效应也会越来越显著,同时也会使竞争者的进入门槛变得越来越高。网络流量的积累绝非一日之功,但一旦形成,所产生的价值非同小可。

3. 资源优势

美团的发展积聚起较为丰富的资源,其资源优势具体体现在以下三个方面:

一是人力资源优势。美团作为国内领先的互联网企业,在吸引人才和团队方面具有明显优势,尤其是对于应届生有很强的吸引力。

二是渠道资源优势。美团形成了以餐饮业为主体的渠道优势,数以百万计的商户资源是美团极为重要的经营资源,这些不是后来者短时间可以获得的。

三是社会支持资源。美团作为吸纳社会中低端人才就业的中坚力量，受到社会各界的认同和支持，同时对促进地方经济也有重要贡献，因此社会支持资源十分丰富，为其发展提供强大助力。

6.5.6 案例评析

美团是我国平台经济的"旗舰"，其快速发展壮大离不开"天时、地利、人和"。"天时"是指美团的成长恰逢我国电子商务全面普及、移动互联网快速发展的关键时期，从2010年至今的十余年中是我国移动商务发展的重要时期，美团是移动商务应用的佼佼者；"地利"是指我国的人口基数大，消费能力强，市场机会多，餐饮业发达，特别是一、二线城市对外卖等服务的需求大，所以为美团的成长提供了难得的契机；"人和"是指美团以让人民群众"吃得更好，生活更好"为使命，同时以助力餐饮等行业发展和提供更多就业为己任，因此能赢得更多的发展机遇和成长空间。

未来美团要取得持续的发展必须把用户的利益放在首位，切实承担起数据安全、隐私保护等重任，尤其需要从过去的失误中吸取教训，为公司自身的发展及我国平台经济发展作出更大贡献。

本章小结

平台经济作为数字经济时代新型的经济形态，在推动经济繁荣、便利人民生活、助力就业创业、促进科技进步、加强国际合作和提升综合国力等诸多方面正发挥着越来越重要的作用，我国平台经济在取得快速发展的同时，也暴露出不少短板。面对新的挑战，既要充分发挥政府在平台经济治理和监管方面的独特作用，帮助和指导平台企业纠正不健康、不可持续的行为，又要遵循市场规律、顺势而为，要从构筑国家竞争新优势的战略高度出发，全力促进平台经济健康、快速、可持续和高质量发展，使平台经济成为驱动经济转型升级、社会进步繁荣的强劲动力。

第 7 章 智能制造

制造业是物质财富的主要创造者,是一个国家经济社会发展的根基所在。作为国民经济的主体,制造业担当着立国之本、兴国之器、强国之基和富国之源的独特角色。打造具有国际竞争力的制造业,是提升我国综合国力、保障国家安全、建设世界强国的必由之路。作为世界制造业大国,我国制造业还面临着关键核心技术仍然受制于人、产业结构不合理、产品附加值较低、产品质量和附加值总体不高、制造业智能化程度偏低以及制造业数字化人才青黄不接等诸多挑战。加快制造业数字化转型,促进智能制造更好更快发展是我国制造业所面临的迫切任务,亟须开展深入研究和系统实践。

7.1 我国制造业发展概况

自 18 世纪中叶开启第一次工业革命以来,世界强国的兴衰史和中华民族的奋斗史反复证明,没有强大的制造业,就没有国家的地位和民族的强盛,我国制造业是我国综合国力的坚强后盾。

7.1.1 我国制造业发展现状

在中华人民共和国成立之前,由于经历了长时间的战乱,我国工业基础十分薄弱,工业部门残缺不全,只有采矿业、纺织业和简单的加工业,工业企业设备简陋、技术十分落后。经过中华人民共和国成立之后七十多年特别是改革开放四十多年以来的跨越式发展,我国制造业成功实现了由小到大、由弱到强的历史大跨越,使我国由一个贫穷落后的农业国成长为世界第一工业制造大国。我国工业为中华民族实现从站起来、富起来到强起来的历史飞跃作出了不可磨灭的贡献。

改革开放前,我国工业基础比较薄弱,1978 年工业增加值仅有 1622 亿元。改革开放后,工业经济发生了翻天覆地的巨大变化。1990 年我国制造业占全球的比重为 2.7%,居世界第九位;2000 年上升到 6.0%,位居世界第四;2007 年达到 13.2%,居世界第二；2010年占比进一步提高到19.8%，跃居世界第一。① 我国制造业增加值从2012年的16.98万亿元增加到2021年的31.4万亿元，持续保持世界第一制造大国地位。按照国民经济统计分类，当前我国制造业有31个大类、179个中类和609个小类，是全球产业门类最齐全、产业体系最完整的制造业。在500种主要工业产品中，我国有40%以上的产品产量位居世界第一。② 我国制造业的创新能力正在明显提升，光伏、风电、船舶等产业链的国际竞争优势进一步增强，新型显示、工业母机、新材料等领域攻关取得阶段性成效。与此同时，我国制造业产业结构正在加快升级，2021年高技术制造业、装备制造业增加值分别增长18.2%、12.9%。③

总体而言，我国制造业有了非常稳固和扎实的基础，既给我国国民经济和人民生活提供了强有力的保障，也为世界经济和全人类的福祉作出了巨大的贡献。

7.1.2 我国制造业面临的挑战

我国作为全球领先的制造业大国，在取得举世瞩目的成就的同时，也面临着多方面的考验，具体表现如下：

1. 制造业劳动力青黄不接趋势日益严重

我国作为人口大国，长期来数量充足的劳动力是制造业发展的重要条件，但这一局面正在快速变化。1962—1973年为我国人口出生高峰期，这一时期庞大的人口基数为20世纪80年代之后的经济腾飞提供了极为丰富的劳动力资源。2022年，新生人口已降至不足千万，这将直接影响我国未来劳动力人口的供给。而且作为劳动密集型的制造业，行业吸引力正在下降，例如，相较于传统制造业，很多年轻的劳动者更愿意从事快递、外卖配送等工作。

新生力量的供给不足、制造业自身的分流，再加上社会对制造业认可度不高，使得制造业企业招工难、用工荒的问题愈发严峻。例如，国内制造业的领军企业之一富士康，同样面临着招工困难的问题，即使放宽年龄、学历等条件，招工人数仍很难满足用工需要。

2. 制造业成本优势正在丧失

我国制造业之所以能在全球范围内赢得"霸主"地位，很大程度上取决于我国曾经拥有的成本优势。自2001年我国正式加入世界贸易组织（WTO）以来，随着经济的快速发展和劳动力市场的日益成熟，我国的人力成本呈现出持续且较为显著的增长趋势。

---

① 央视网.国家统计局：改革开放以来工业总量不断上台阶[EB/OL].(2018-09-06)[2024-04-06]. https://app.www.gov.cn/govdata/gov/201809/06/428918/article.html.

② 王政，韩鑫.我国产业发展综合实力稳步提升[EB/OL].(2022-10-24)[2024-04-06].https://www.cnipa.gov.cn/art/2022/10/14/art_3087_179293.html.

③ 王政.我国制造业增加值连续12年世界第一[EB/OL].(2022-03-10)[2024-04-06].https://www.gov.cn/xinwen/2022-03/10/content_5678190.htm.

2023年，我国普通员工平均工资超过了5000元/月，而越南员工平均工资仅达到2000元/月。所以，我国劳动力成本优势已经消失。

用地成本是制造业成本的重要组成部分，自我国加入WTO以来的二十余年间，我国主要城市工业用地价格呈现显著上涨趋势。当前我国工业用地成本与美国相比，已经失去优势；与日本、越南等亚洲国家相比，我国工业用地成本也处于较高水平，表现出一定的劣势。

在物流成本方面，2023年我国的物流成本占GDP的比重为14.4%，跟美国、日本等发达国家的7%、8%左右的水平相比，这一比率还是相对较高。

在能源成本方面，我国的电力和天然气成本已超过美国，电力紧张、油气进口依存度高，能源成本很难下降，很大程度提升了制造业的成本。

3. 环保约束要求不断提升

我国制造业在发展早期时，各地为了抢抓市场机遇对环境保护的重视程度不到位，导致不少制造业企业发展以环境损害作为代价。2018年我国高耗能行业单位产品能耗水平与国际先进水平存在10%～30%的差距；① 制造业产能利用率与世界平均利用率差距明显，不少依赖落后产能生存的"僵尸企业"和"土小企业"亟待出清。

随着经济结构的持续优化和产业升级的迫切需求，我国出台了一系列旨在加强环境保护的举措，这些措施如环保税费的实施、环境管理力度的加大以及生态环境治理投入的增加，无疑彰显了国家对环境保护的坚定决心和积极行动。然而，这些举措的推进也在很大程度上提升了企业的运营成本，特别是对制造业而言，面临着更为严峻的经营压力。一些制造业企业因需承担更高的环保费用，不得不进行成本结构的调整，甚至有个别企业因难以承受而面临转型或关闭的困境。尽管如此，环境保护政策的实施对于促进经济可持续发展、保障人民健康福祉具有重要意义，是推动社会全面绿色转型的必由之路，所以制造业企业必须尽快朝绿色化方向发展。

4. 制造业关键核心技术受制于人

长期以来，我国制造业在关键核心技术方面受制于人，存在着较为明显的大而不强、创新不足、附加值偏低等问题。

当前在我国制造业领域被"卡脖子"的技术还很多，如光刻机、芯片、操作系统、发动机、数控机床、工业软件等，特别是在医疗器械领域。截至2022年年底，我国医疗器械领域国产化率为零的产品共有85项，主要分布在体外诊断试剂、有源植入器械和无源植入器械。② 必须清醒地认识到，关键核心技术是国之重器，必须从源头提升科技创新能力，坚定走自主创新之路，逐一突破关键核心技术的瓶颈。

---

① 信达证券股份有限公司. 节能在双碳目标下的作用与机遇：节能产业投资机遇分析[EB/OL].(2023-06-22)[2024-04-06].https://pdf.dfcfw.com/pdf/H301_AP202306221591231493_1.pdf.

② 前瞻产业研究院.2023年中国高端医疗器械产业全景图谱(附产业规模、企业布局、发展趋势等)[EB/OL].(2024-01-16)[2024-04-06].http://www.camdi.org/news/12539.

5. 制造业智能化程度不足

我国制造业在智能化方面存在较为明显的短板。工信部的数据显示：2022 年，我国制造业企业实现平台化设计的比例为 9.5%，智能化生产的比例为 6.6%，网络化协同的比例为 39.5%，个性化定制的比例为 10.8%。① 总体来说，我国制造业水平处在相对滞后的状态。即使有一些引入智能装备的企业，也基本停留在较为初级的应用阶段，以智能制造整合价值链、产业链和供应链的企业屈指可数，更没有形成构建智能制造体系的战略思维和总体框架。

大力发展智能制造是促进我国制造业迈向全球价值链中高端的战略选择，当前还存在不少现实困难，需要正确对待，积极应对。

7.2 工业 4.0 发展解析

制造业的发展与各种技术的进步有很大关系，是一个动态演进的过程，现代制造业从工业 1.0 不断演进，当前正处于工业 4.0 时代。

7.2.1 制造业演进方向

制造业在早期阶段主要以人力为主；逐渐过渡到人与机器相互替代的阶段；最后人力逐渐退出，机器发挥的作用越来越大。不同的时代，人力和机器之间是一个相互替代的过程，技术越进步，人力所发挥的作用就越小。从图 7-1 可以看出，从石器时代开始，经历青铜器时代、铁器时代、机器时代、电气时代、自动化时代、信息时代、网络时代再到今天的智能时代，人力在制造业系统中是一个不断被替代并逐渐退出的过程。尤其是今天以计算机为核心的数字技术应用延伸了人的脑力劳动，引发了新的工业革命，使人类社会从工业社会走向数字社会。

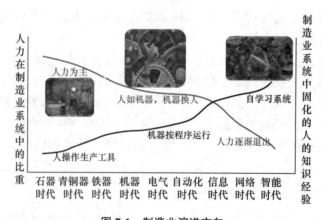

图 7-1 制造业演进方向

---

① 佚名. 我国制造业企业智能化生产比例达到 6.6%[EB/OL].(2022-09-15)[2023-10-15]. https://gongkong.ofweek.com/2022-09/ART-310081-8120-30574254.html.

回顾人类历史上所经历的制造业工业革命历程，一般分为工业 1.0 到工业 4.0 四个阶段（如图 7-2 所示）。

图 7-2　工业革命四个阶段

7.2.2　工业 1.0

工业 1.0 以机械化为基本特征，起源于英国，从 18 世纪 60 年代至 19 世纪中期（一般认为是从 1760—1850 年），显著标志是瓦特改良了蒸汽机，从而开创了以机器代替人工的工业浪潮，同时也标志着经济社会从以农业、手工业为基础的传统模式转型到以工业、机械制造带动经济发展的新模式。尽管在这个阶段，机器制作较为粗放，主要依赖蒸汽或者水力驱动，来完成一些初级的制造作业。但是具有划时代意义的是，以机器代替人力的工业生产方式开始成为工业发展的主流。

工业 1.0 是手工业和机器工业的分水岭，为以蒸汽机为动力的汽车的诞生奠定了基础，开启了人类历史的新纪元。也正因为有了工业 1.0，英国作为一个曾经落后的农业国在短短数十年间一跃成为全球头号工业强国，在大半个世纪中成为称霸全球的"世界工厂"，同时也为英国在全世界的殖民扩张提供了强大的国力保障。

7.2.3　工业 2.0

19 世纪 70 年代，人类开始进入电气化时代。工业 2.0 以电力驱动为基本特征。在工业组织上通过劳动分工并采用电力驱动实现了大规模生产，在这个阶段，零部件生产与产品装配成功分离，也因此开创了产品大批量生产的高效新模式。工业 2.0 大大提升了工业生产效率，流水线生产方式也应运而生。1913 年美国福特汽车公司创建了世界第一条流水线，使福特 T 型车年产量达到了 1500 万辆，福特先生也被誉为"为世界装上轮子"的人，同时这也使汽车在全球范围内得以快速普及。图 7-3 为福特 T 型车流水线及样车。

工业 2.0 让美国获得了超越英国的机会，到了 1900 年，美国占全球工业生产的比重达到了 24%，之后是英国（19%），德国（13%），俄国（9%）以及法国（7%），新的世界工业格局基本形成，并一直影响至今。工业 2.0 促进了世界殖民体系的形成，也使得汽车工业、电力工业、石化工业等快速崛起，劳动生产率进一步提高，同时使企业的规模大幅度扩大，工业领域的各类垄断组织相继出现。

图 7-3　福特 T 型车流水线及样车

7.2.4　工业 3.0

工业 3.0 以自动化为基本特征，起始于 20 世纪 70 年代。它是在工业 2.0 的基础上，通过广泛应用电子信息技术，大幅度提高制造过程自动化控制程度，从而使生产效率得到显著提升。在这个阶段，具备自动化功能的机器开始出现，它们不仅承担了繁重的体力劳动，有的还可以进行一定的脑力劳动。

工业 3.0 推动了电子信息产业的快速崛起，以生产信息化商品和提供信息化服务为特征的产业，如计算机、信息存储加工设备、自动化机械、电气设备等得到了空前的发展。同时，知识和信息呈现爆炸式增长，生产各环节和流程的信息壁垒也逐渐被打破，自动化程度迅速提升，使得生产效益得到全面增长。工业 3.0 也还推动了生产作业人员结构的改变，1956 年美国历史上第一次出现了蓝领工人数量少于白领工人数量的情况，这意味着人们的劳动方式从以产品制造为主的体力劳动转向以处理信息为主的脑力劳动。

工业 3.0 在进一步巩固了美国作为世界工业强国的同时，也使得日本、加拿大、英国、法国、德国、意大利等七国集团（G7）的其他成员国的工业凭借扎实的电子信息产业基础得以快速发展壮大。从某种意义上来说，工业 3.0 是 G7 成员国强大国力的重要来源。在这个阶段，我国的工业也得到了快速的发展，包括华为、一汽、美的等一系列制造业领军企业在这个阶段崛起。

从世界范围来看，工业 3.0 仍在不断推进，这个过程将会长期延续，并且工业 3.0 将与工业 4.0 结伴而行。

7.2.5　工业 4.0

工业 4.0 以智能化为基本特征，起源于德国，如今正在全球范围内深入推进。本节主要介绍德国工业 4.0 的相关情况。

德国是全球领先的制造业强国，宝马、奔驰、奥迪、西门子、博世等制造业品牌犹如璀璨星辰，在世界制造业的星空中熠熠生辉。2008年国际金融危机后，德国制造业元气大伤，面临着四大难题：一是标准化问题。工厂要对内外的各种物品与服务进行联网，通信方式、数据格式等都需要标准化。二是复杂系统管理问题。实际生产过程与各种业务管理系统协同之后，系统更加复杂，管理难度陡增。三是通信基础设施建设问题。适用于工业的、具有高可靠性的通信基础设施建设十分匮乏，无法满足需要；四是网络安全保障问题。物理和信息安全面临严峻挑战。为了解决制造业所面临的问题，重振德国制造雄风，德国政府在2013年将工业4.0提升至国家战略层面。其核心目的是确保德国继续保持制造业发展的同时，进一步巩固并提升全球竞争力。为此德国采取了双重策略：一是致力于成为智能制造技术的主要供应商；二是形成信息物理系统（Cyber-Physical System，CPS）技术及产品的领先市场。

德国工业4.0所提出的整体框架包括一个网络、四大主题、三大集成、八项计划。

一个网络是指CPS，即将物理设备连接到互联网上，让物理设备具有计算、通信、精确控制、远程协调和自治管理等五大功能。CPS既可以将系统资源、信息、物体以及人紧密联系在一起，创造物联网及相关服务，并将生产工厂转变为一个智能环境，又可以提供全面、快捷、安全可靠的服务和应用业务流程，还能支持移动终端设备和业务网络中的协同制造、服务、分析和预测流程等。

四大主题分别包括智能工厂、智能生产、智能物流和智能服务。智能工厂用以实现企业的智能化生产以及智能化制造；智能生产涵盖制造过程的人机协同及3D打印技术在生产过程中的应用等；智能物流旨在通过互联网、物联网整合物流资源，提升物流运行效率；智能服务旨在通过服务联网结合智能产品为客户提供全方位的服务。综合来看，德国工业4.0就是要建设智能工厂，并利用智能设备和智能物流实现智能生产，再通过智能物流和智能服务提升生产效率、缩短生产周期、降低生产成本，更好地满足客户个性化、专业化和多样化的需要。

三大集成是指将无处不在的传感器、嵌入式终端系统、智能控制系统、通信设施通过CPS形成一个智能网络，使人与人、人与机器、机器与机器以及服务与服务之间能够互联，从而实现企业间业务网络的横向集成、价值链端到端数字化集成和网络化制造体系纵向集成。德国工业4.0的三大集成示意图如图7-4所示。

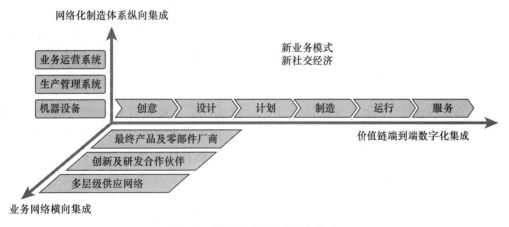

图7-4　德国工业4.0的三大集成

八项计划包括：

（1）标准化和参考架构建设。

（2）开发出管理复杂系统的工具和方法。

（3）建立一套综合的工业宽带基础设施，加强伙伴国间协作。

（4）确保信息安全和保障。

（5）进行新的组织与工作设计，使其能适应智能化工厂时代。

（6）建立最佳实践网络和数字化学习工具，推进终身学习和个人职业发展。

（7）设计科学的监管框架。

（8）有效地提高资源利用效率，实现全方位的绿色化生产。

德国工业4.0取得了比较大的成功，以德国飞梭哈雷机车生产工厂为例，在工业3.0时代，因为整个生产过程都是固定化的流程，一台机车生产需要21天。在工业4.0时代，工厂可以根据顾客定制的要求在6小时内完成生产并交付，不仅效率得到了极大的提高，成本也明显降低。

从概念的提出到全方位的探索，德国工业4.0的概念正在世界范围内掀起波澜，对推动制造业的进步和繁荣发挥着积极的作用，对我国制造业的发展具有重要的借鉴意义。

7.3 数字工厂

数字工厂（Digital Factory）是制造业走向数字化的重要一环，是实现智能制造的前提和基础。

7.3.1 数字工厂的基本概念

从不同的角度可以得出不同的对数字工厂的定义。德国工程师协会制定的"VDI 4499标准"把数字工厂作为一个通用术语，定义为：数字工厂是由数字化模型、方法和工具构成的综合网络，其包含仿真技术和3D/虚拟现实可视化手段，通过连续不断的数据管理流程实现无缝集成。换而言之，该协会认为数字工厂集成了产品、过程和工厂模型的数据库，通过先进的可视化、仿真和文档管理等技术，提高产品的质量和生产过程所涉及的质量和动态性能。在我国，认可度较高的数字工厂定义是：数字工厂是指在计算机虚拟环境中，对整个生产过程进行仿真、评估和优化，并进一步扩展到整个产品生命周期的新型生产组织方式。

数字工厂具有以下多个方面的功能：一是从产品研发、订单处理，到生产调度、数据采集，都可通过多个信息系统无缝集成实现闭环流转；二是通过数字技术的应用，可以实现各个环节高效率运行；三是通过信息系统和柔性的生产线融合，实现产品的混流生产；四是通过人机协作，提升生产效率，显著降低人力成本；四是支持新的制造业务模式，如大规模定制、熄灯工厂、数字化服务等，进一步提升生产力、产品质量和企业效益。

数字工厂是数字技术与工业制造有机融合的应用体现，它并不是无人工厂，而是根据生产工艺的实际情况,在考虑投资成本的情况下,为企业提供最佳支持的新型生产组织方式。国内外已有众多企业开始了数字工厂的建设,且不少已取得了令人满意的成效。

智能工厂是与数字工厂密切关联的概念,目前还没有比较权威的对于智能工厂的定义。一般认为,智能工厂在数字工厂的基础上,进一步利用数字化和智能化的手段,提高生产过程的可控性和自主能力,以减少人工干预,实现用最低的成本和最短的时间生产定制化产品的目标。智能工厂已经具有了一定的自主能力,可自主对工厂的相关数据进行采集、分析、判断和处理,具备自我协调、自主学习和自行维护等能力,能在较大程度上实现人与机器的相互协调合作。人机智能交互是智能工厂最基本的特点。从目前的建设和运行情况来看,数字工厂处于主流地位,智能工厂建设基本还处在探索阶段。

7.3.2　数字工厂的核心技术

数字工厂的建设和运营牵涉诸多数字技术的应用,其中数字孪生技术是其中的核心技术,发挥着十分重要的作用,具体应用在以下三个方面:

一是工厂数字孪生。工厂数字孪生一方面是为了能够协助规划、设计和建造工厂建筑与各类基础设施,另一方面是为了用于支持厂房和其他各类建筑的测试、模拟和试运行。

二是产品数字孪生。产品数字孪生是对该产品的数字化呈现,将产品工程设计和生命周期管理与工厂运营结合起来,并将其作为研发过程的一部分,使技术人员在产品早期加工阶段能进行模拟和测试,从而有助于高效率、低成本和高成功率地开发产品。

三是生产资产或设备的数字孪生。生产资产或设备的数字孪生用于对一个或多个生产资产或设备进行数字化设计、虚拟启动和数字化持续运营,主要是模拟生产资产或设备的运转、设定和优化关键参数,以实现预防性维护和增强现实等目的。

7.3.3　数字工厂实现路线

数字工厂的实现是一个复杂的系统工程,普华永道经过广泛调研,提出了包含六个环节的实现路线(如图 7-5 所示)[1]。各环节说明如下:

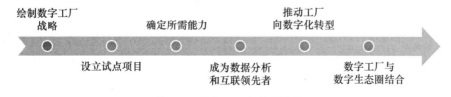

图 7-5　数字工厂实现路线图

---

[1] 夷萍,黄敬义,REINHARD G,等.数字化工厂 2020:塑造制造业的新未来 [R]. 2018:13.

第一步：绘制数字工厂战略。企业需要确立数字工厂的建设愿景，了解自身目前建立数字工厂的成熟度，确保人才和技术能够得到保障，聚焦能够带来价值最大化的项目，同时组建起一支包含高层、中层及车间工人的队伍，共同推进战略的落地。

第二步：设立试点项目。通过试点项目能发现最适合自身的方式，并能将成效展现给整个组织以便获得认可，进而争取资金用于大规模推广。试点的方式有如下几种：在一两处生产基地纵向整合从数字化工程设计到以实时数据为支撑的生产规划；在主要的生产设备上安装传感器和执行装置；使用数据分析来探索预测性维护方案；在特定的工厂中实现特定产品线的数字化。

第三步：确定所需能力。数字工厂旨在达成提升效率、提高质量或增强业务能力等特定的目标，根据试点中汲取的经验，从组织、人才、流程和技术四个战略的维度，结合企业的生产战略和整体业务目标，确定数字工厂的体系架构及所需的能力。

第四步：成为数据分析和互联领先者。传感器协助收集数据，信息层负责数据分析，并将分析结果传回联网的物流设施和生产设备上以实时调整生产。数字工厂通过熟练掌握能生成和传输数据的互联工具与系统，来提升效率和提高质量。

第五步：推动工厂向数字化转型。高层要将数字工厂战略视为工作的重点，并积极投资培训和继续教育，加快推进数字化团队的转型，督促数字化团队侧重于各类增值活动而不是疲于应付各类行政要求。

第六步：将数字工厂与数字生态圈结合。数字工厂建设要将整条供应链上的供应商和客户信息与数字工厂进行横向整合，根据客户要求作出灵活调整，优化规划流程和生产执行流程，深化企业与具有战略意义的供应商和客户之间的纽带。

数字工厂的建设和运营是一个渐进的过程，需要从企业自身实际出发，走出一条适合自身发展的道路。

7.3.4　数字工厂案例：西门子安贝格工厂

德国的西门子安贝格工厂是全球数字工厂建设的典范。它从1989年建立至今，在占地面积、员工人数不曾有过增加的情况下，通过数字工厂建设将产能足足提高了13倍，创造了制造业数字化转型的奇迹。

1. 建设过程

西门子安贝格工厂每年生产超过1500万件可编程逻辑控制器（Programmable Logic Controller，PLC）及相关产品，是全球PLC的主要生产厂商，为全球6万多家客户提供高质量的产品。

西门子安贝格工厂在数字工厂建设之前，迫切需要通过利用数字化手段对供应链上下游进行高效的管理，例如，对生产全过程实现透明可视化，能追踪并准确记录为应对新的市场需求或提升效率而实施的多种车间的增量变化，同时也能向客户提供展示。为此，西门子安贝格工厂在各方支持下开启了数字工厂建设，并通过持续不断地改进，它的数字工厂已经达到了全球领先水平。以研发环节为例，在过去，一个产品从最初设计到第一个试验品出现，中间需要数年时间；但在数字工厂建设完成后，利用仿真技术，能够在虚拟环境中进行产品的研发设计，研发周期可缩短一半以内。图 7-6 为西门子安贝格工厂实景。

图 7-6　西门子安贝格工厂实景

西门子安贝格工厂经过不断探索和完善，已取得了非同寻常的运营成效，表现如下：

（1）24 小时的生产交货期，从工厂收到生产订单到产品配送到中央仓库，全过程在 24 小时内完成。

（2）每天生产 1000 多种不同产品，每条生产线一天可进行 350 次切换。

（3）每年生产大约 1700 万件产品，约 1 秒钟生产 1 件，合格率达到 99.9985%。

（4）长达 5 千米的地下元器件磁悬浮运输带，自动化管理 30 亿个元器件。

（5）生产设备和电脑可以自主处理 75% 的工序，其余 25% 的工序由人工完成。

（6）每年生产 150 万平方米的电路板，大小相当于 50 个标准足球场。

2. 数字孪生应用

由于采用了数字孪生技术，西门子安贝格工厂的某种产品在生产之前其使用目的就已被预先确定，包括部件生产所需的全部信息，这些部件有自己的名称、编号和地址，具备各自的身份信息。它们清楚地"知道"什么时候、哪条生产线或哪个工艺过程需要用到自己。通过这种方式，这些部件可以自行确定各自在数字工厂中的运行路径。利用预设的通信应答机制，设备和部件之间可以直接"交流"，并自主决定后续的生产步骤，组成一个分布式、高效和灵活的系统。

这种现实与虚拟的结合不仅体现在研发设计、生产制造等环节。该工厂还利用数字化的协作平台集结所有数据，让所有环节的数据都在这个协作平台中进行分类、管理。早在 1995 年，西门子安贝格工厂每天产生的数据量就达到了 5000 条；到了 2000 年，其每天产生的数据量增加到 350000 条；现阶段工厂每天产生的数据量已经达到了上亿条。大量的数据不仅成为设备与设备之间沟通的"语言"，而且大量的不同环节的数据实现了闭环式的价值反馈，成为优化整个产品生命周期的重要依托。

数字孪生技术改变了过去规模化生产的工厂模式，让生产变得更具灵活性。当工厂要开始生产全新的产品时,先在电脑上的虚拟生产线中对新产品的生产过程进行模拟,并反推应该让哪一条生产线接纳这个"新成员"。依托虚拟环境中的生产制造,实现了在一条生产线上同时生产不同的产品,这样混线生产的场景在西门子安贝格工厂内十分普遍,既大大提升了产能的利用率,也有效降低了生产成本。

3. 人机协同

西门子安贝格工厂通过数字工厂建设极大地提升了生产效率,但人的作用依然不可替代。整个工厂依然有大约1200名正式员工,他们实行三班轮换制,每班有300~400名员工。由于工厂里的所有设备都已经联网,可以实时自动交换数据,因此员工只需要通过移动终端查看重要信息,并对一些特殊情况进行处理。

4. 案例评析

西门子安贝格工厂通过构建数字工厂,将物流自动化、信息自动化与生产过程自动化无缝衔接,打通了所有的环节,使生产制造企业的效率得到大幅提升,产品质量合格率达到了全球领先水平。

西门子安贝格工厂充分运用了虚拟与现实有机结合的数字孪生技术,打造出与现实镜像对应的"虚拟工厂",通过打破各种信息孤岛形成了整体的集成思路,建立起了统一的数据标准,并实现了多系统的平台集成,取得了显著效果,值得学习和借鉴。

7.4 智能制造概述

当前我国制造业普遍面临着提高质量、增加效率、降低成本、快速反应及不断增长用户个性化消费需求的压力,加快实现智能制造(Intelligence Manufacturing)的转型是制造业满足高端化、个性化、智能化产品和服务需求的必然选择,同时也是我国制造业由大变强的关键路径。

7.4.1 智能制造基本概念

智能制造的概念最早可以追溯到20世纪80年代出现的计算机集成制造系统,当时计算机及自动化技术已经开始在制造业中应用,计算机集成制造系统是通过计算机技术把分散在产品设计制造过程中各种孤立的自动化子系统有机地集成起来,形成适用于多品种、小批量、短交期的生产模式,实现整体集成化的制造生产作业。伴随着互联网、人工智能、大数据、移动通信技术的快速发展,计算机集成制造系统也不断向智能制造演进。

为了更好地理解智能制造的内在本质,以下从不同的定义对其进行分析。

美国国家标准与技术研究院于2016年发表了题为《智能制造系统现行标准体系》的报告,该报告指出美国制造商正面临着差异性更大的定制化服务、更小的生产批量、不可预知的供应链变更和中断等多方面的挑战,发展智能制造是关键选择。该报告将智能制造定义为：智能制造区别于其他基于技术的制造范式，通过设备互联和分布式智能来实现实时控制和小批量柔性生产，以快速响应市场变化和供应链失调，集成和优化的决策支撑用来提升能源和资源使用效率，通过产品全生命周期的高级传感器和数据分析技术来达到高速的创新循环。该定义对智能制造所具有的能力进行了相应的描述，有一定的代表性。

在我国，目前一般将智能制造定义为：将先进制造技术与数字技术深度融合，并贯穿于设计、生产、管理、服务等各个环节，实现制造的数字化、网络化、智能化，不断提升制造业企业的产品质量、运营效率、经济效益和服务能力。

与智能制造较为类似的概念有数字化制造和网络化制造：

数字化制造是指在数字化技术和制造技术融合的背景下，通过对产品信息、工艺信息和资源信息进行数字化描述、分析、决策和控制，快速生产出满足用户要求的产品。数字化制造是智能制造的基础，推动制造业从传统方式向数字化方式迈进。主要特征表现为：一是数字技术在产品制造中得到普遍应用；二是广泛应用数字化设计、建模仿真、数字化装备等数字化技术；三是生产管理高度依赖数字化实现。

网络化制造是借助网络技术且充分利用制造资源进行制造活动的一种制造模式。主要特征表现为：一是在产品制造方面，数字技术、网络技术得到普遍应用，设计、研发依托网络连接实现协同与共享；二是整个制造系统实现网络连接，数据流高度畅通；三是与客户实现网络连接，打通企业内外壁垒，形成一体化制造运作模式。

7.4.2 智能制造总体架构

智能制造可以从价值维、技术维和组织维三个维度进行理解。

1. 价值维——以制造为主体的价值实现维度

智能制造的根本是制造，其价值实现主要体现在产品、生产、服务三个方面及其系统集成：

（1）产品包括智能制造的装备和各种产出物。

（2）生产包括基于产品的制造流程的各个环节。

（3）服务包括以用户为中心的产品全生命周期的各种服务。

（4）系统集成包括产品、生产、服务的集成，消除各环节的信息不对称，提高系统的可靠性，优化资源配置，提升质量和效益。

2. 技术维——以新两化融合为主线的技术进化维度

新两化融合是指先进制造技术与数字技术的深度融合。随着数字技术的不断演进，制造技术也会得到不断升级和迭代。

3. 组织维——以人为本的组织系统维度

智能制造的组织系统包含智能单元、智能系统和系统之系统三个层次。

（1）智能单元是实现智能制造功能的最小单元，可以是一个部件、产品或装备。

（2）智能系统通过工业网络集成多个智能单元，包括生产线、车间、企业等多种形式。

（3）系统之系统是多个智能系统的有机结合，实现跨系统、跨平台的横向、纵向和端到端集成。

7.4.3 智能制造发展维度

根据工业和信息化部、国家标准化管理委员会联合发布的《国家智能制造标准体系建设指南（2021版）》的描述：智能制造系统包含生命周期、系统层级和智能特征三个发展维度，如图7-7所示。

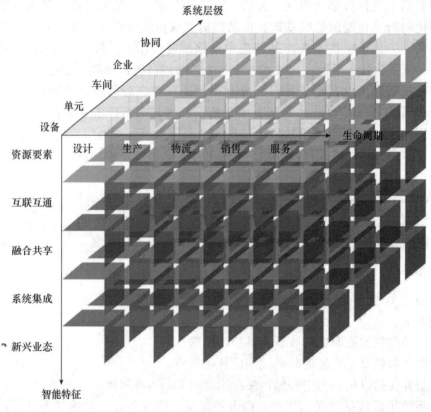

图7-7 智能制造发展维度

1. 生命周期

生命周期涵盖从产品原型研发到产品回收再制造的各个阶段，包括设计、生产、物流、销售、服务等一系列相互联系的价值创造活动，各项活动可进行迭代优化，具有可持续性发展的特点，不同行业的生命周期构成和时间顺序不尽相同。

（1）设计是指根据企业所有约束条件及所选择的技术来实现和优化需求的过程。

（2）生产是指将物料进行加工、运送、装配、检验等活动创造产品的过程。

（3）物流是指物品从供应地向接收地的实体流动过程。

（4）销售是指产品或商品等从企业转移到客户手中的经营活动。

（5）服务是指产品提供者与客户接触过程中所产生的一系列活动的过程及其结果。

2. 系统层级

系统层级是指与企业生产活动相关的组织结构的层级划分，包括设备层、单元层、车间层、企业层和协同层。

（1）设备层是指企业利用传感器、仪器仪表、机器、装置等，实现实际物理流程并感知和操控物理流程的层级。

（2）单元层是指用于企业内处理信息、实现监测和控制物理流程的层级。

（3）车间层是实现面向工厂或车间的生产管理的层级。

（4）企业层是实现面向企业经营管理的层级。

（5）协同层是企业实现其内部和外部信息互联和共享，实现跨企业间业务协同的层级。

3. 智能特征

智能特征是指制造活动具有的自感知、自决策、自执行、自学习、自适应功能的表征，包括资源要素、互联互通、融合共享、系统集成和新兴业态等五层智能化要求。

（1）资源要素是指企业从事生产时所需要使用的资源或工具及其数字化模型所在的层级。

（2）互联互通是指通过有线或无线网络、通信协议与接口，实现资源要素之间的数据传递与参数语义交换的层级。

（3）融合共享是指在互联互通的基础上，利用云计算、大数据等新一代信息技术实现信息协同共享的层级。

（4）系统集成是指企业实现智能制造过程中的装备、生产单元、生产线、数字化车间、智能工厂之间，以及智能制造系统之间的数据交换和功能互联的层级。

（5）新兴业态是指基于物理空间不同层级资源要素和数字空间集成与融合的数据、模型及系统，建立的涵盖了认知、诊断、预测及决策等功能，且支持虚实迭代优化的层级。

7.4.4　智能制造发展逻辑

智能制造的发展逻辑如图 7-8 所示。智能制造的发展目的非常明确，为了实现六个"更"，包括生产效率更高、资源消耗更少、产品品质更好、单件成本更低、市场响应更快和环境影响更小。智能制造的发展目标包括六个"自"：自度量、自适应、自决策、自诊断、自维护和自学习。从发展条件来看，智能制造要实现六个"化"：①自动化：淘汰、改造低自动化水平的设备，引进高自动化水平的智能装备；②互联化：建设工厂物联网、服务网、数据网、工厂间互联网，实现装备互联与信息集成；③信息化：产品、服务通过信息化手段实现从物理世界到数字世界的映射，智能化元件参与提高产品信息处理能力；④集成化：通过不同系统的互联互通实现系统集成，充分实现数据共享和协同作业；⑤智能化：通过传感器和机器视觉等技术，实现智能监控和自主决策；⑥人本化：体现以人为本的发展理念，充分发挥人的主观能动性，促进人机高效协同。

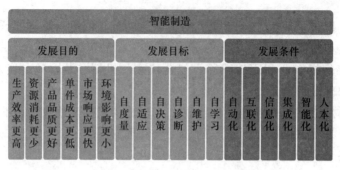

图 7-8　智能制造的发展逻辑

7.4.5　智能制造技术类型

智能制造是数字技术与现代先进制造技术的有机融合，涉及当今各种新技术和交叉技术的应用，当前主要包括如表 7-1 所示的技术类型。

表 7-1　智能制造技术类型

技术类型	技术组成与实际应用
新型传感技术	实现高传感灵敏度、高精度、高可靠性和高环境适应性的传感技术，采用新工艺、新原理、新材料的传感技术，微弱传感信号提取与处理技术
识别技术	低功耗、低成本的 RFID 芯片设计制造技术，超高频 RFID 核心模块设计制造技术，低温热压封装技术，超高频和微波天线设计技术，基于深度三维图像识别技术，物体缺陷识别技术，等等
先进控制与优化技术	基于大数据的建模技术，工业过程多层次性能评估技术，大规模高性能多目标优化技术，大型复杂装备系统仿真技术，高阶函数连续运动规划、电子传动等精密运动控制技术
多系统协同技术	大型制造工程项目复杂系统整体方案设计技术及安装调试技术、统一操作界面和工程工具的设计技术、统一事件序列和报警处理技术、一体化资产管理技术等
控制系统设计技术	不同结构的模块化硬件设计技术，微内核操作系统和开放式系统软件技术、组态语言和人机界面技术，以及实现统一数据格式、统一编程环境的工程软件平台技术
高可靠实时网络通信技术	高可靠无线通信网络构建技术，嵌入式互联网技术，工业通信网络信息安全技术和异构通信网络间信息无缝交换技术
故障诊断与健康维护技术	在线或远程状态监测与故障诊断、自愈合调控与损伤智能识别及健康维护技术，重大装备的寿命测试和剩余寿命预测技术，可靠性与寿命评估技术
特种工艺与精密制造技术	多维精密加工工艺，精密成形工艺，焊接、粘接、烧结等特殊连接工艺，微机电系统技术，精确可控热处理技术，精密锻造技术，等等
功能安全技术	智能装备硬件、软件的功能安全分析、设计、验证技术及方法，建立功能安全验证的测试平台，研究自动化控制系统整体功能安全评估技术

(续表)

技术类型	技术组成与实际应用
数字孪生技术	利用物理模型、传感器实时数据、运行历史等数据，在虚拟空间完成仿真，反映相对应的实体装备的全生命周期，用于产品设计、工艺优化、质量管理、供应链管理、预测性维护、客户体验分析和跨学科合作等
边缘计算技术	在最靠近物理设备的使用现场，利用有限的硬件资源，完成设备层数据采集、协议转换、数据上传、数据存储、实时分析、实时监控和反馈控制等操作
人工智能/机器学习技术	利用高级分析技术，并管理和整合各种数据集进行智能分析和决策，并不断迭代和优化
3D打印技术	根据需要随时通过打印生产部件，可以通过虚拟库存方式满足相应需要
云计算技术	云连接和计算使制造商能够按需获得系统资源，实现工业物联网数据、分析和流程自动化
大数据技术	通过分析数据，预测需求、预测制造、避免风险和解决不可见问题，利用数据实现产业链和价值链整合
AR/VR技术	环境建模技术、立体声合成和立体显示技术、触觉反馈技术、交互技术和系统集成技术等，以及基于AR/VR技术的智能运维系统、智能培训系统等

7.4.6 智能制造推进措施

智能制造发展是一个艰巨而又复杂的任务，可考虑采取以下推进措施：

第一，要紧跟世界技术发展趋势，积极融入新的技术，掌握核心技术。

第二，要多层次、多维度推进，要通过试点示范实现重点突破、整体提升，循序渐进。

第三，要从企业实际出发，紧贴市场，始终把效率和效益放在第一位，稳扎稳打，促进效率和效益全面提升。

第四，要筑牢根基，做好基础管理和精益生产，抓住痛点、难点，要从解决这些痛点和难点入手，切中要害，务求实效。

第五，要加快智能制造实践探索发展，使之与企业的发展战略深度融合。

第六，既要着眼现在，又要展望未来，积极把握数字化转型升级的机遇，焕发企业的青春和活力。

7.5 智能制造发展重点

智能制造发展的牵涉面十分广泛，从国内外的发展实际来看，智能制造可重点围绕以下五个方面予以推进：

7.5.1 智能化产品

1. 对智能化产品的理解

生产智能化产品是智能制造的重要目的，主要通过把传感器、处理器、存储器、通信模块、传输系统融入各种产品中，使得产品具备动态存储、感知和通信的能力，实现产品可追溯、可识别、可定位、可管理。智能化产品与智能制造相伴而生，同时又对智能制造提出了新的要求。

2. 智能化产品实例

小米是我国领先开发智能化产品的企业，推出了一系列具有创新性的智能化产品。以智能家居产品为例，其推出了小米智能门锁、小米温度检测器、小米空气净化器、小米电视、小米空调、小米监控、小米环境报警器、小米扫地机器人、小米智能电饭锅等产品（如图7-9所示），这些产品为万千家庭带来非同寻常的智能生活体验。

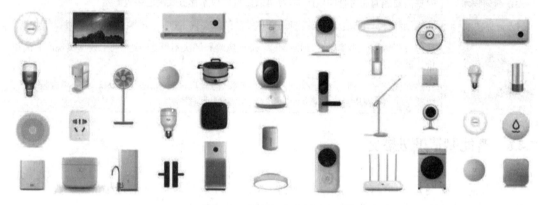

图 7-9 小米智能家居产品

智能制造是智能化产品研发、设计和生产的基础保障和重要条件，智能化产品也是智能制造的重要动力来源，两者相互作用，融合生长。

7.5.2 智能化装备

智能化装备是智能制造的重要武器，对智能制造的发展起着决定性作用。

1. 对智能化装备的理解

智能化装备是指通过将先进制造技术、大数据和人工智能等技术的有机集成和深度融合，形成具有态势感知、数据分析、逻辑推理、自主决策、自动执行、自主学习及自我维护等自组织、自适应功能的智能生产系统以及网络化、协同化的生产设施。

工业机器人被誉为"制造业皇冠顶端的明珠"，它是衡量一个国家科技创新和高端制造业水平的重要标志，也是智能化装备的重要标志。当前我国已成为全球第一大工业机器人市场，服务机器人、特种机器人在教育、医疗、物流等领域大显身手，不断孕育出新产业、新模式、新业态。

2. 智能化装备实例

格力是我国智能制造领域的领军企业，也是智能化装备的领先布局者。在格力电器生产车间，工业机器人、数控机床等智能装备已全面普及，自动导向车（AGV）与智能电子仓实现智能调度、精准配送，5G、人工智能已充分融入生产场景，实现了从产品设计、生产计划到制造执行的全流程数字化。目前，格力智能化装备已涵盖数控机床、工业机器人、智能物流仓储设备、智能环保设备、工业自动化等五大产品领域，攻克了机器人、数控机床等领域的关键核心技术，除了满足自身智能制造需求之外，还广泛应用于汽车、家电、新能源、机械加工等行业，成为我国智能化装备领域的重要服务商。图 7-10 为格力智能化装备实际场景。

图 7-10　格力智能化装备实际场景

7.5.3　智能化生产

1. 对智能化生产的理解

智能化生产是指可实现个性化定制、小批量生产、服务型制造及云制造等需求的制造新模式。它伴随着智能制造应运而生，能更好地满足市场需求，同时通过重构生产过程中的信息流、物流、资金流的运行模式，重建新的产业价值链、生态系统和竞争格局。智能化生产不仅能通过简化中间环节提升运营效率，还能通过客户的参与创造价值。

2. 智能化生产实例

青岛酷特智能股份有限公司（以下简称酷特智能）是一个拥有 C2M[①] 产业互联网核心技术和核心能力的科技企业，通过以打造 C2M 产业互联网平台生态为战略、以 C2M 产业互联网研究院为核心，形成了 C2M 产业互联网的核心能力，为用户提供个性化定制解决方案和数字化治理体系。酷特智能工厂已经实现了在线量体、电脑打版、智能断料与裁剪、流水缝制和自动配套，拥有自主研发的量体工具和量体方法专利，采用手机拍照智能量体，可在 7 秒内完成人体 19 个部位共 22 项尺寸数据的自动采集，

---

① C2M：Customer to Manufacturer 的简称，指用户到生产者。

实现与生产系统自动智能化对接。采集的尺寸数据会直接上传到生产端的板型数据库，并驱动系统内数据的同步变化，能够满足99.99%的体型特征的定制，覆盖用户个性化设计需求，实现一人一版。电脑生成板型后，智能终端将根据板型数据自动进行断料，面料经自动吊挂机被传送至智能裁床自动裁剪。裁剪好的衣片将再次被传送至生产线上的不同工位，进行流水缝制。最终，经过质检后的成衣将自动配套，通过物流寄给客户。机器设备还是原来的机器设备，工人也还是原来的工人，技能更是原来的技能，但进行智能化升级改造后，整个工厂就可以像一台大型的3D打印机，可以大批量、快速、低成本地生产出个性化产品，与转型前的传统模式相比，生产效率提高了25%，成本下降了50%以上，利润增长了20%以上，完成了从传统的成衣工厂到数据驱动生产全流程、全面实现智能化生产的智能工厂的转型。图7-11为酷特智能工厂实现智能化生产的场景。

图7-11 酷特智能工厂实现智能化生产的场景

7.5.4 智能化管理

1. 对智能化管理的理解

智能化管理是智能制造运行效率和水平的重要体现，涵盖纵向集成、横向集成和端到端集成的智能化管理，确保企业智能制造所需要的数据及时、完整和准确，使智能制造的管理更加高效、精准、科学和以人为本。

2. 智能化管理实例

河北鑫达集团（以下简称鑫达集团）是一家集矿产采选、地产开发、钢铁冶金及上下游产业链实体贸易为一体的全国大型综合性民营企业，是我国钢铁工业绿色发展和智能制造的探索者与先行者。该集团将数字技术与企业的业务、技术和组织三大领域相结合，在实时监控、资产管理、生产运行、能源管理、安全环保、经营管理等方面进行智能化分析，围绕信息化、数字化、智能化对企业价值链进行重构，成为我国钢铁行业智能化管理和智能制造的佼佼者。鑫达集团以精益管理为基础，围绕信息化、数字化、智能化等三方面对企业价值链进行重构。首先，业务全部信息化，做到互联互通、流程优化，用系统管理人、流程、工作，信息化系统甩掉了企业以往可以看得见的账、单、表、证，解决了企业内部管理流程多、效率低的问题；其次，借助数字化建立企业内部与外部以及企业各个环节之间的连接，重构企业工作的模式、流程，把企业的相关业务流程迁移到线上完成，从而提升企业的运行效率；最后，利用智能化管理实现智能化生产和智能化决策，将数据贯穿智能车间、智能工厂和智慧供应链等各个智能场景，全面提升企业管理能力和水平。图 7-12 为鑫达集团智能化管理和智能制造应用场景。

图 7-12　鑫达集团智能化管理和智能制造应用场景

7.5.5　智能化服务

1. 对智能化服务的理解

随着制造业自身不断发展，服务所占的比重也越来越高。而在智能制造发展过程中，与之相适应的服务智能化也成为重要内容。与传统服务模式相比，智能化服务具体以下四个方面特点：一是要体现"以用户为中心"的服务理念。智能化服务要"想用户之所想、急用户之所急、解用户之所忧"，积极主动了解用户需求，通过智能化方法和手段切切实实提供用户所需要的服务。二是要以数据为驱动。服务的智能化来自数据赋能，既要利用智能化产品等产生的实时数据，又要结合用户的个性特征及服务偏好等数据，让数据助力用户个性化服务方案的设计，为用户提供更科学和精准的服务。三是要实现线上线下有机融合。要坚持线上优先、线下补充的服务原则，对可以通过线上提供的服务要优先使用线上方式，减少用户的等待时间，同时也节约人力成本。四是打造服务新生态、创建服务新业态。通过智能化服务建立起数据驱动的服务商业模式，打造资源互补、跨业协同的服务新生态，同时积极探索服务新业态的形成，创造新的服务增长点。

目前国内外制造业领域智能化服务主要包括以下四种模式：一是基于物联网的远程设备维保服务。这种模式充分应用各类传感器和移动通信网络，将传统的产品/设备被动性售后服务转变为远程预防性主动维保服务，使服务的作用和价值得以显著提升。二是基于各类 App 的用户个性化服务。用户有服务需求时通过 App 提交服务请求，并获得相应的服务。三是用户数据驱动的定制化服务。这种模式可以让用户参与产品设计，享受定制化服务。四是借助第三方服务商提供针对性服务。制造业企业将检测、认证、安全及维护等服务外包给专门的第三方，由第三方根据相关数据和服务条款提供针对性的服务。

2. 智能化服务实例

成立于1925年的美国卡特彼勒公司是世界上最大的工程机械和矿山设备生产厂家、燃气发动机和工业用燃气轮机生产厂家之一，也是世界上最大的柴油机厂家之一，客户遍布世界各地。2017年，公司将服务作为企业发展的三大支柱之一，通过智能化的手段使其涵盖内容更广、专业程度更深、反应速度更快。卡特彼勒公司的服务战略是在设备出售后继续增加设备在全生命周期内的价值，帮助客户降低持有和运营成本，减少停机时间，最终提高资产利用率。具体做法如下：

（1）在全球范围内大规模采用智能组件和传感器，帮助客户对机器进行基于大数据的智能化高效管理，并为研发团队收集一手信息。

（2）除了传统的故障排除和上门维修，卡特彼勒公司和代理商也可实时关注设备状况，在出现故障和需要维修前向客户发出预警。

（3）通过再制造服务让生命周期到限的产品获得新生，通过再制造技术将旧件恢复至与原厂新配件完全相同的规格和性能，降低用户的购置和使用成本。

（4）采用连接技术（Connectivity Technology）助力用户实时远程监控设备车队，使用户以更具战略性的视角对设备进行管理运营，如通过空气滤芯内置传感器提示设备维护和大修的时间点，帮助用户确保设备状态良好。

（5）利用"Cat Inspect"软件解决设备意外停机问题，帮助用户及时排除可能故障。

（6）在中国设立原装零部件电商平台，帮助用户直接在线购买有保障的配件服务。

（7）借助"卡特价值宝"，卡特彼勒公司和代理商可以将不同价值的服务打包提供给用户，如设备保养计划、配送维修工具包和零部件。

（8）在客户需要的时间和地点为其提供所需的支持，目前卡特彼勒公司的代理商利星行机械向近26000个客户承诺2小时快速响应服务，且当天完成维修。图7-13为卡特彼勒公司智能化服务场景图。

图7-13　卡特彼勒公司智能化服务场景

徐工机械智能化改造

徐州工程机械集团有限公司（以下简称徐工机械）是我国工程机械行业的排头兵，是全国工程机械制造商中产品品种与系列最多元化、最齐全的公司之一。在智能制造方面，徐工机械也开展了卓有成效的实践。

1. 智能化旋挖钻机生产基地建设

智能化旋挖钻机是全球基础工程机械的标志性产品，徐工机械在该生产基地部署了六大智能制造模块，分别是智能物流系统、智能仓储系统、关键工序现场终端动画演示安装系统、柔性化制造单元建设系统、智能检测系统开发应用和智能化设备操作系统，这六大系统以物联网为基础，协同推进，成效明显。图7-14为徐工机械智能化旋挖钻机现场实景。

图7-14 徐工机械智能化旋挖钻机现场实景

2. 智能化定制生产

在工程机械领域实现智能化定制是极富挑战性的，徐工机械通过智能制造中的智能数据管理、计划排程与生产调度智能管理、库存数字化管理、设备与能源智能化管理等四个方面进行实践探索，逐步实现从批量化生产向定制化生产转变，能根据客户个性化需求。

3. 智能化装配

徐工机械通过建立柔性自动化总装生产线，可满足多品种、小批量桩工产品的混线生产需求，且装配线已实现了准时化生产，提高了装配效率，缩短了生产周期，减少了人员配置。同时，徐工机械还建立了平台分装输送线，能满足多品种回转平台混线生产的要求，主要用于跨平台作业，同时缓解总装生产线装配压力。此外，徐工机械还建设了工程数据中心——旋挖钻机试验台，以加强企业试验检测数据和计量数据的采集、管理、应用和积累，同时提供创新知识和工程数据汇总及管理。图7-15为徐工机械智能化装配实景。

图 7-15　徐工机械智能化装配实景

4. 智能化技术应用

徐工机械通过强大的智能化技术应用，不断提升智能制造的能力和水平。一是利用智能化设计软件，让工程师专注于设计，并快速实现生产二维图转换；二是通过完整、专业的仿真验证工具，实现设计验证和运动仿真分析、完整的结构力学分析和计算流体力学分析；三是通过集成的三维工艺过程，实现三维工艺、实现现场工艺电子化、实现可视化装配动画；四是自主研发可追溯件管理平台，实时跟踪物料的装配情况，提升产品的部件可追溯性；五是产品下线自动生成电子档案，生产效率得到有效提升，产品质量也更有保证。

5. 案例评析

作为工程机械的领军企业，徐工机械将智能制造作为推动产业转型升级的有力抓手，以数字化工厂、智能化装备、网络化供应链、绿色化制造技术为支撑，通过智能制造单元、智能制造系统到智能制造工厂的演进，不断提升发展水平，取得了多方面的成效，为其成为工程机械制造"强企"提供了坚强有力的支撑。

7.6　智能制造案例：三一集团

总部位于湖南长沙、创立于1989年的三一集团有限公司（以下简称三一集团），是以工程机械为主的装备制造企业，自成立以来，秉持"创建一流企业，造就一流人才，做出一流贡献"的企业宗旨，秉承"品质改变世界"的经营理念，全力铸造具有世界影响力的三一品牌。经过三十余年的快速发展，三一集团现已发展成为我国主要的工程机械制造商，同时也是全球最大的混凝土机械制造商。三一集团的发展壮大与其实现智能制造和数字化转型紧密相关，经过卓有成效的探索，取得了骄人业绩，集团下的北京桩机工厂在全球重工行业第一个摘得了堪称智能制造"奥斯卡"的"灯塔工厂"桂冠，为制造业企业实现智能制造和数字化转型提供了十分宝贵的经验。

7.6.1 案例背景

三一集团的发展与我国改革开放所带来的基础设施建设大发展的机遇密不可分,而数字化转型是其发展过程中十分重要的武器。

现在,三一集团的主营业务是工程装备,主导产品已扩展到混凝土机械、挖掘机械、起重机械、筑路机械、桩工机械、风电设备、港口机械、石油装备、煤炭装备、装配式建筑机械等全系列产品。

三一集团每年会将销售收入的 5% 左右用于研发,在业内处于领先水平,所取得科技成果先后三次荣获"国家科技进步奖"、两次荣获"国家技术发明奖"。三一集团广泛参建全球重点工程,其中包括迪拜塔、北京奥运场馆、伦敦奥运场馆、巴西世界杯场馆、港珠澳大桥以及大兴国际机场等重大项目的施工建设。

7.6.2 数字化转型部署

三一集团的发展壮大与数字化转型紧密相关,实现全面的数字化转型也是其发展到一定阶段的必然选择。

1. 数字化转型历程

作为大型的工程机械制造企业,三一集团的数字化转型之路最早可以追溯到 2007 年,当时它建成了我国工程机械行业第一个设备控制中心(Equipment Control Center,ECC)控制平台(如图 7-16 所示),开启了数字化转型之旅。这一平台能让已经出售的机械设备通过控制器、传感器和无线通信模块,将采集的工况数据传输到数据中心,通过对回传数据进行分析处理实现设备工况实时监控和远程故障排除。同年在集团内部开始使用焊接机器人,经过一年的试用后正式全面推广。应用焊接机器人取得了十分显著的成效,挖掘机的使用寿命也因此翻了约两番,售后问题下降了四分之三,一个焊接机器人的工作效率相当于四五个焊工。焊接机器人不仅有效提升了产品的稳定性,同时显著提高了生产与管理效率,得到了集团内部的高度认可。2008 年,三一集团开始进行数字化工厂建设。同年,三一集团长沙 18 号工厂开始筹建,到 2012 年建成全面投产,当年即实现了产品研制周期缩短 20%、生产效率提高 20%、产能提升 23%、不良品率降低 15% 以及整体运营成本降低 24% 等多项突破,被业界称为"最聪明的厂房",三一集团也由此成为工程机械行业首家国家级智能制造示范企业。

2018 年,三一集团吹响了全面数字化转型的号角。在第十三届全国人民代表大会第一次会议第四场"代表通道"上,当时身为全国人大代表的三一集团董事长梁稳根在回复记者提问时说道:"面对工程机械和制造业数字化,三一集团要么'翻船',要么'翻身'。"这个后来被称为"两翻"的论断,在当时引起了较大的舆论关注,从中可以看出三一集团发力数字化转型的强大意志。

作为工程机械领域的跨国企业,三一集团业务规模庞大、分支机构和员工众多,从而导致管理体系十分复杂,彼时正面临着各业务系统各自独立、各零部件加工过程相互孤立、生产线之间难以衔接、网络连接复杂及工厂生产设备复杂繁多等严峻挑战。

三一集团进行数字化转型既需求迫切，又困难重重。面对复杂的局面，三一集团数字化转型的方向十分明确。当时，三一集团希望用数字化转型驱动公司全面转型，对企业的商业模式、管理、组织和流程等各个方面进行重构，实现一切流程在线化、一切业务数据化和一切数据业务化。为此，三一集团针对数字化转型明确了三个方面的要求：一是核心业务必须全部在线上；二是全部管理流程必须靠软件来完成；三是产品必须高度智能化，管理流程必须高度信息化。与此同时，三一集团确立了数字化转型四个重点任务：一是"灯塔工厂"建设；二是运营业务数字化、智能化；三是产品电动化和智能化；四是数据的管理和应用。

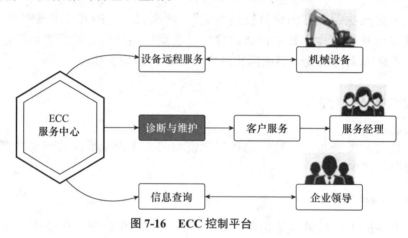

图 7-16 ECC 控制平台

2018 年 10 月，三一智能研究总院正式成立，与智能制造总部、流程信息化总部共同推动公司内数字化转型，下设智能制造研究院、工业智能研究院、三一机器人和盛景科技等研究部门，共同负责 4IR（The innovations of the Fourth Industrial Revolution，第四次工业革命）技术的开发、试点及智能工厂规划、实施等工作。2019 年，三一集团启动制造升级，包括长沙 18 号工厂和北京桩机工厂在内的 6 个智能工厂开始改造升级，这成为国内最大规模的工厂改造项目。

2020 年 3 月，三一集团"设备互联 2.0"项目启动，目标聚焦于建设覆盖整个集团的设备互联平台，以实现设备联网与数据采集。项目具体需求包括三个方面：一是可实时、自动化采集生产过程中的数据，包括设备运行数据、温湿度、用电量、生产过程数据、工单数据、质量数据等；二是根据检验结果，可远程修改刀具补偿值；三是可实现设备远程调试、远程控制，缩短停机时间。

2. 三一集团数字化转型的目标和举措

三一集团设定了数字化转型的具体目标，内部称之为"三三"目标——3000 亿销售额、3000 名工人、30000 名工程师。3000 亿销售额是指三一集团要在 2025 年实现 3000 亿销售额，是 2020 年 1368 亿销售额的两倍以上；3000 名工人是指集团蓝领工人数量要从 2020 年的 2.7 万余人减少至 2025 年的 3000 人；30000 名工程师是指工程师的数量由 2020 年的不足 10000 人扩充到 30000 人。与"三三"目标相对应的是人均产值接近达到 1000 万元，这是 2020 年的两倍以上。

为了实现"三三"目标，三一集团确定了五个方面的重大举措：一是工业互联网应用，在工程机械领域形成相应示范；二是通过"灯塔工厂"建设和30余家工厂全面智能化改造来实现制造升级；三是通过产品电动化和产品智能化实现产品升级；四是全面采用各类软件实现软件升级；五是通过流程再造和优化服务实现运营升级。

7.6.3 "灯塔工厂"建设

"灯塔工厂"是由达沃斯世界经济论坛和麦肯锡咨询公司共同遴选的数字化制造和工业4.0示范者的荣誉称号，代表着全球制造领域数字化发展的最高水平。三一集团的北京桩机工厂是全球重工行业首家获认证的"灯塔工厂"，入选的原因是：三一集团利用先进的人机协同、自动化、人工智能和物联网技术，将劳动生产率提高85%，将生产周期从30天缩短至7天，成为全球工程机械制造的标杆。

1. 项目简况

作为全球最大的桩工机械制造基地的北京桩机工厂位于北京市昌平区南口产业园，占地面积4万平方米，是全球重工行业智能化程度最高、人均产值最高、单位能耗最低的工厂之一。北京桩机工厂生产的旋挖钻机是王牌产品，全球市场占有率连续十多年稳居第一，客户认可度极高。图7-17为北京桩机工厂内部实景。

桩工机械作为重型装备，生产它的主要挑战在于工件复杂，且又大又重又长，最长的钻杆长达27米、重达8吨，动力头最重的达16吨。北京桩机工厂经过自动化、数字化和智能化升级后，形成了8个柔性工作中心、16条智能化产线和375台全联网生产设备。基于三一集团自研的树根互联工业互联网平台，各项生产制造要素实现了无缝连接，整个工厂深度融合成互联网、大数据和人工智能的"智慧体"，焕发出了蓬勃的生命力。

图7-17 北京桩机工厂内部实景

相比于改造前，智能改造后的北京桩机工厂在同样的厂房面积的条件下产值却翻了一番，总体生产设备作业率提高了三分之一，平均故障时间下降了近60%，成为了全球重工行业智能工厂的标杆。

2. 设计思路

北京桩机工厂的设计思路如图 7-18 所示。北京桩机工厂以高素质的人力资源为依托，通过智能生产执行层支撑信息系统应用层，最终能实现智能制造。人力资源管理层旨在培养高素质的员工，适应数字化转型需要；智能生产执行层包括下料成型岛、构件焊接岛、机加岛、智能涂装岛、装配工作岛和智能调试岛等执行支撑系统；信息系统应用层涵盖制造运营管理系统、仓储配送管理系统及生产数据管理与分析系统。不同的系统形成一个整体，共同保障智能制造的实现。

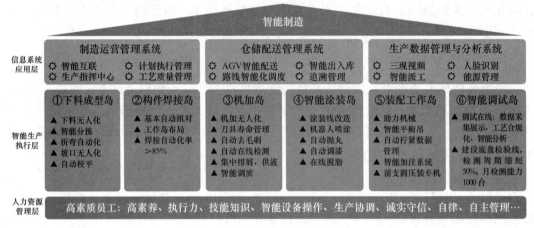

图 7-18　北京桩机工厂设计思路

3. 运行体系

为了更好地理解北京桩机工厂作为"灯塔工厂"的运作，可将其看作是一个聪明、眼疾手快、左右逢源的"工程师"，它巧妙地实现了工匠精神与经验的参数化与软件化，为智能制造提供了强有力保障。

（1）工厂控制中心：智能大脑

工厂控制中心（Factory Control Center，FCC）是整个工厂智能制造的核心，订单通过 FCC 快速分解到每条柔性生产线，每个工作岛、每台设备、每个工人实现从订单到交付的全流程数据驱动。沿着数据流程，产品能够"了解"自己被制造的全过程和细节。图 7-19 为 FCC 的柔性装配岛。

（2）机器视觉系统：慧眼

机器视觉系统是工厂内无处不在的慧眼，主要借助 2D/3D 视觉传感技术、人工智能技术及高速的 5G 网络，已经实现了机器人在大型装备自适应焊接、高精度装配等领域的深入应用，有效解决了"16 吨动力头无人化装配""厚 40 毫米、宽 60 毫米钻杆方头多层单道连续焊接"等多个世界难题。有了机器视觉系统这一慧眼之后，机器人每秒可产生 100 万个三维数据坐标，拥有强大的感知和运算能力。小到一块钢板的分拣，大到 10 多吨桅杆装配，都可由机器人自动化完成。图 7-20 为正在作业的机器人。

图 7-19　FCC 的柔性装配岛

图 7-20　正在作业的机器人

（3）AGV：飞毛腿

在工厂内部，智慧物流由 AGV 来实现，AGV 堪称是货物搬运飞毛腿。在 5G 无线工业专网的支持下，北京桩机工厂首创 2 台 AGV 联动（如图 7-21 所示），最终实现 27 米超长超重物料的同步搬运和自动上下料。

图 7-21　2 台 AGV 联动

在工厂内，智慧大脑、慧眼、飞毛腿高效协同分解任务，形成了高效而有序的作业场景。与此同时，基于 5G+AR 设备的人机协同技术在三一集团已得到广泛应用，物料分拣、销轴装配等繁重工作、危险工作不再需要人力操作，全部由机器人高效完成。而且通过强大的人机协同，机器人还能免编程学习熟练工人的技能和手法。

7.6.4　数据中台建设

三一集团在推进数字化转型的过程中，根据自身的业务发展需要，于 2020 年 5 月开启了堪称超级工程的数据中台建设，同时明确了"业务在线化、业务数据化、数据业务化"的建设目标，为全方位数字化转型提供数据资源支撑。

1. 建设过程

随着数字化转型的不断深化，数据的沉淀不断增多，三一集团的决策层认识到，按照原有的思路进行单点的数字化改造，无法解决根本问题，必须采用更加规范和合乎标准的方法对海量数据进行采集和利用，以赋能越来越丰富的业务场景，数据中台建设的需求由此应运而生。三一集团以期能通过数据中台提供清洁、透明的数据资产和高效、易用的数据服务，同时能打通各自独立的信息系统，使数据能"数"尽其流、"数"尽其用。

三一集团在数据中台建设方面，面临两个方面的挑战：一是产品线极其丰富、主营业务众多且业务地域分布十分广泛，已经积累的海量数据融合程度低，并缺乏统一的数据标准及管理平台；数据价值未被深度挖掘，搭建数据中台不仅工作量巨大而且复杂程度也超出预期。二是三一集团选择的"数据湖（Data Lake）""客户数据平台（Customer Data Platform, CDP）"和"数据管理平台（Data Management Platform, DMP）"三种技术融合应用、同时实施的方案，对企业业务咨询、IT 实施能力带来很大的挑战。

面对三一集团这样庞大而复杂的企业的数字化转型需求，任何一家云厂商都无法用单一产品去解决数据的系统性问题，而是需要一站式的数据中台。为此，三一集团选择与国内领先的数据中台服务商阿里云合作，由阿里云提供覆盖从数据存储、数据资产管理、数据分析到数据应用的全生命周期的解决方案，以满足三一集团的业务需要。

经过半年多高速度、快节奏的建设，数据中台终于在 2020 年年末建成，这一项目涉及三一集团产品营销、技术研发、计划排产、生产执行、质量监控、商务采购、仓储管理、客户服务、债券融资及人事财务等业务环节，打通了 75 个核心业务系统，形成了 4000 多张任务表格，整合完成 1.2 万亿条业务数据，覆盖的业务场景极为丰富，堪称装备制造业全域全场景数据中台的典范之作。

2. 智能应用

数据中台上线后不久，三一集团给各事业部提出了两项具体要求：一是各事业部需要招聘 7～8 名数据建模人员、大数据分析员，要提升员工数字化能力，并实施向首席执行官（Chief Executive Officer，CEO）汇报制；二是各事业部制定数据洞察应用清单，每周上报至少 2 个智能化应用的需求。随后，全集团征集到了 60 多个智能应用软件的需求，第一个投入开发的是园区能耗监控软件。三一集团的管理人员基于数据中台第一次清晰地了解到了分散在各地的 19 个园区一天总计会消耗多少水电，这些数据能帮助他们对高能耗设备进行重新排产，以有效降低能耗成本。

依托这一平台，三一集团对外销售的设备中有数 10 万台设备已经实现了在线化，在接入数据中台后，零部件耗损情况得以实时监控，违规操作也能被实时捕捉。更进一步，在数据中台、在线设备的共同配合下，在危险作业环境中，可实现挖矿机、挖土机的远程自动驾驶，这既能降低作业人员的风险，同时也能有效提升作业的成效。图 7-22 为数据中台应用场景。

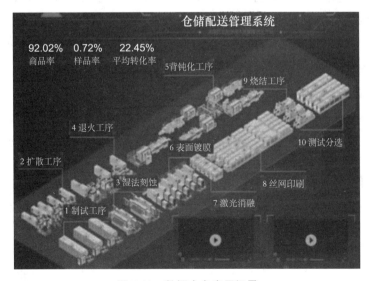

图 7-22 数据中台应用场景

3. 实施成效

作为全球工程机械领域占用领先地位的全场景数据中台，其整合了从商机意向到合同、订单生产、交付、出货到售后跟踪管理等覆盖业务全流程节点的信息，将原本分散在五六个系统中的信息统一接入，实现了全流程跟进及预警，让数据自由流转并发挥价值。数据中台不仅能在宏观层面帮助三一集团把数字资产"摸清楚、管起来"，也能在单业务微观层面让三一集团把数据"用起来、活起来"，实现对业务场景的全链路赋能。数据中台对分散在各个独立业务系统中的海量业务数据进行深度挖掘，释放其潜在价值，从而凸显数据更大的意义。随着应用的不断拓展，数据中台的作用必将发挥出更加显著的作用。

7.6.5 树根互联与根云平台

如果说，建立"灯塔工厂"是三一集团数字化转型的生命体，那支撑其运营的"灵魂"就是三一集团自身培育的工业互联网企业树根互联股份有限公司（以下简称树根互联）研发的根云平台，这一与三一集团数字化转型共同发展的平台已成为行业数字化转型的助推器和赋能器。

1. 树根互联

成立于 2016 年的树根互联是由三一集团孵化的我国较早进入工业互联网领域的科技企业，以工业装备互联为基础，为各行业企业客户提供基于物联网、大数据的云服务。其使命为"赋能万物，连接未来"，愿景是"工业互联网平台的领跑者"，定位为"担当数字化转型新基座的工业操作系统"。

成立之初，三一集团希望通过树根互联将自身的设备互联模式复制到制造业的各个领域，让它们也能拥有设备互联、数据互通的能力，从而能够实现设备全生命周期管理、设计研发数字化和生产制造数字化，售后及维修服务可预测等一系列数字化时代的工业能力，打造出一个适用于我国制造业的、自主可控的工业互联网平台。经过数年的快速发展，树根互联现已成为工业互联网领域的"独角兽"企业。

2. 根云平台

树根互联聚焦于面向工业 4.0 的平台技术和产品研发，打造了自主可控的工业操作系统——根云平台，构建了基于平台的工业 App 和工业数据驱动的创新服务，通过跨行业跨领域的工业互联网平台，为工业企业提供低成本、低门槛、高效率和高可靠的数字化转型服务。业务范围涵盖了数据驱动的智能研发、智能产品、智能制造、智能服务、产业金融等场景，还通过"通用平台＋产业生态"的 P2P2B 模式[①]，与行业龙头企业、产业链运营商等生态伙伴的行业经验和应用场景相结合，共同打造产业链平

---

① P2P2B 模式：第一个 P 为 Platform，即根云平台；第二个 P 为 Partner，是指龙头企业或者产业链运营商，它们熟悉各自所在领域的制造过程和场景；最后一个 B 为 Business。P2P2B 模式，即与行业龙头企业或者产业链运营商合作，是树根互联快速了解制造业不同领域的捷径。

台，实现工业互联网平台更广泛、更深度赋能，提升产业链供应链现代化水平。三一集团通过根云平台既实现了数字世界和物理世界的融合可视化，又完成了全要素、全价值链和全产业链的数字化转型。

根云平台是以"制造即服务，数据即价值"为理念，面向全工业领域开放的工业互联网平台。根云平台专注于三个方面：一是立足工业互联网，基于物联网平台，为制造业企业提供完整的应用方案，创造看得见的价值；二是专精工业大数据，以专业的工业大数据分析团队实现数据服务产品化，提升运营的效率；三是构建云生态系统，携手云服务提供商、物联网硬件、软件和服务厂商，建立云生态系统。

根云平台主要具备三个方面的功能：一是智能物联，通过传感器、控制器等感知设备和物联网络，采集、编译各类设备数据；二是大数据和云计算，面向海量设备数据，提供数据清洗、数据治理和隐私安全管理等服务及稳定可靠的云计算能力，并依托工业经验知识谱构建工业大数据工作台；三是SaaS应用和解决方案，为企业提供端到端的解决方案和即插即用的SaaS应用，并为应用开发者提供开发组件，方便其快速构建工业互联网应用。其特点包括四个方面：一是提供直接增值的应用解决方案；二是提供开放、众包的应用平台，促进工业知识共享；三是提供符合国家安全战略的本土平台，确保安全性；四是实现便捷、低成本的接入呈现，即插即用，降低了应用门槛和复杂性。

根云平台的服务对象主要是价格昂贵的高端专业设备，这些设备需要稳定可靠的生产运营环境，一旦装备遭遇停机故障，客户的损失可能达到数百上千万的级别。通过工业互联网实现设备监控和预测性维护能够帮助客户减少可能的损失。而这要求工业互联网平台不仅要稳定，而且要具有弹性的可伸缩能力，以应对不断增长的设备接入需求。为此，根云平台选择了亚马逊AWS和腾讯云等作为合作伙伴，把分布全球的30万台设备接入平台，采集近1万个运行参数，利用云计算和大数据，远程管理庞大设备群的运行状况，不仅实现了故障维修2小时内到现场、24小时内完成，还大大减轻了备件的库存压力。

根云平台已形成了多种类工业设备的大规模连接能力、多源工业大数据和人工智能的分析能力、多样化工业应用的开发和协同能力等三个方面的核心通用能力，可以向下对接海量工业设备，向上支持工业应用的快速开发与部署，发挥类似Windows、Android和iOS等操作系统的作用，真正发挥出数字化转型的助推器、赋能器的作用。

目前根云平台已在工程机械、混凝土、环保、铸造、塑料模具、纺织及定制家居等数十个行业建立起国内领先的云平台，并在数十个国家提供工业互联网服务，为跻身国际市场打下了坚实基础。

3. 根云平台为三一集团提供的保障

三一集团既是根云平台的主要培育者，也是其首要的服务对象，因为有了根云平台的加持，三一集团的数字化转型如虎添翼，真正进入发展快车道。

依托根云平台，三一集团的重工工厂已经实现生产现场的全要素可视化，通过包括现场、现实和现物的视频采集，并叠加设备各类业务指标，实现了对生产流程和人员的深度分析，其管理有效性提升了15%，决策及时性提升了30%，真正达到了提质、降本和增效的精益管理目标。

以长沙 18 号工厂的智能化制造车间为例，借助根云平台赋能，实现了现场、现实、现物的全部透明化，管理人员通过掌握全要素数据，可以科学地降低能耗成本、提高设备使用率，并进一步优化现场管理流程。

7.6.6 5G 技术应用

三一集团在数字化转型的发展过程中，积极探索数字技术的创新应用，取得了多方面的应用成效。5G 在制造业企业中有着很广泛的应用，三一集团对此开展了富有前瞻性的探索。自 2019 年起，三一集团联合各大运营商及华为、中兴等企业，共同开展 5G 应用实践。

1. 5G 应用需求

传统的工程机械行业主要依托于原有的工业企业网络（如有线方式的工业以太网、无线方式的 Wi-Fi 及 4G 网络）来完成工厂内数据的传输。但无论是有线网络还是无线网络，传统网络都是面向办公环境的而不是针对工业场景的。在工业场景中，设备会产生大量的电磁干扰，网络的稳定性和可靠性无法得到保障。对工厂现场、现实、现物进行采集的摄像头及工业相机需要通过拉大量的光纤完成接入工作，机械臂与机器人主要通过有线方式完成抓取、分拣、喷涂等工作。但搭建有线网络，投入成本高、施工难度大，而选择 Wi-Fi 或 4G 网络又难以达到工业级对生产要素高精度定位的需求。要想打造数字化、智能化的柔性制造工厂，满足工业互联网连接工业设备种类繁多、数据类型多样化、数据实时性等方面要求，同时保障端到端毫秒级超低时延和高可靠性的通信，只有 5G 专网才能实现，原因如下：第一，5G 专网是有线网络的补充和拓展，可以让车间的 AGV、矿山上的无人驾驶工程车辆摆脱有线的羁绊；第二，工厂柔性制造要求一条产线为多个产品服务，实现模块化、可重组、快速调测，5G 专网能更好地根据需求调整，做到随机应变，带来更好的投入产出比；第三，与 Wi-Fi 和 4G 网络相比，5G 专网基于授权频段，具备电信级品质，更能保障安全性和可靠性，满足工业场景的应用需求。

2. 5G 应用场景

北京桩机工厂根据需要，建成了"专建专维·专用专享"的 5G 专网，既有可靠的服务质量（Quality of Service，QoS）保障，又能做到数据不出园区。在运营商的支持下，打造了多个典型、可复制推广的 5G 专网应用场景，包括 5G 高清视频采集、工厂物流 AGV 运输、工业相机人工智能分拣抓取质检、园区安防巡检机器人、PLC 数据采集、移动办公和工业机械臂控制等。例如，通过园区安防巡检机器人（如图 7-23 所示）采集园区视频、语音和图片等各项数据，机器人连接 5G 客户终端设备（Customer Premise Equipment，CPE）接入 5G 基站，回传数据在靠近用户侧完成数据本地化分流，并在边缘侧完成计算。

图 7-23　园区安防巡检机器人

3．5G 应用成效

5G 在三一集团内部的应用，取得了多方面的成效：一是 5G 的高带宽、低时延和大容量的特性有效满足了重工机械装备制造的无线通信需求，低成本解决了大范围高速数据传输的难题；二是大幅度减少了人力的投入，主要通过应用 5G 模块的各种类型、功能的机器人代替传统的人工作业；三是管理效能大幅提升，管理人员能随时掌握生产线设备运行情况、开工状况、异动信息等，并能获得预测性维护数据，以便提前进行部署；四是智能化水平有明显提升，人员干预显著减少。

5G 在三一集团应用所体现的价值表现如下：一是"5G+ 视频监控"使得企业可以通过智能识别、调度人员、物料、设备，提升管理和生产效率，并且能在出现意外时自动告警，保障人员和生产安全；二是"5G+ 机器视觉"帮助工厂实现了智能下料、多机协同作业、危险生产环节无人化、自动装配和智能质量检测等，人工成本降低了 64%，产品不良率也下降了 14%；三是"5G+ 智慧仓储"提升了 AGV 的连接质量，能确保时延不超过 10 毫秒，实现了 AGV 运输作业、调度控制的高速稳定运行，将仓储管理效率增加了 50%，整体成本降低了 20%～30%；四是通过将"5G+ 机器视觉技术"应用于质检环节，实现了生产全程自动化、流程化、体系化、高效化的质检追踪。

7.6.7　数字化营销实践

营销是工程机械相关企业必须啃下的"硬骨头"，三一集团也不例外。面对困难，三一集团不断探索创新，走出了一条以"三一机惠宝"为标志的数字化营销发展之路。

1．开发背景

工程机械行业有比较明显的"口碑文化"，经过熟识的业内人士推荐购买设备的转化率远超其他销售模式。三一集团经过调查发现：有近 50% 的人表示"经熟人介绍购买设备"；60% 的人出现过"想买设备但不知道去哪买的情况"；90% 以上的人"愿意通过推荐他人购买设备赚取佣金"。为此，三一集团以熟人推荐、口碑传播的互联网思维为基础，以数字化手段建立起信任纽带，成功开发了"三一机惠宝"这一独特的数字化营销工具，帮助解决何处购买设备、怎样获得销售激励等问题。

2. 业务功能

"三一机惠宝"秉承"一切以客户为中心"的理念，在充分调研和了解客户需求后，开发了相应的业务系统。"三一机惠宝"是工程机械行业首个全民经纪人平台，致力于帮助广大工程机械行业的用户更省时、省力、省心地购机。它创新性地运用了"老带新"的推荐模式，推荐购机即可享受高额返佣。依托这一系统，服务工程师可以连接客户、企业员工可以连接朋友、操作手可以连接老板、老板可以连接行业伙伴。"三一机惠宝"把"老用户"和"新用户"紧密连接在一起，将资源人脉转化为巨大商业价值的同时，也为用户带来了可观的经济回报。

"三一机惠宝"的六大核心功能包括"钱"程可视、一键分享、邀请好友共赢、商机奖励、秒提现秒到账和积分商城兑礼，形成了一个较为完整的功能体系。例如，"钱"程可视功能，可以做到用户推荐状态实时更新，佣金提现、商机奖励、销售跟进全流程透明可见，整个交易过程都在用户的可视范围内，让用户用得更放心；又例如，一键分享功能可让用户对单个产品实现一键分享到微信社群和朋友圈，通过"广撒网"支持用户自营销，操作简单方便，能轻松让营销突破圈层，创造更大的商业价值。"三一机惠宝"在商机奖励方面有完善的机制，确认推荐真实有效后，先提供10%商机奖励，推荐成交后，就能够在"三一机惠宝"平台上秒提现、秒到账。除了推荐领取佣金，"三一机惠宝"还开通了做任务领积分功能，可以轻松在积分商城兑换丰富好礼。

3. 发展成效

"三一机惠宝"在工程机械行业开启了一种全新的互联网营销模式。对用户来说，推荐好友购买设备赚取佣金可轻松实现人脉变现，或许会成为行业新兴的赚钱利器；对于三一集团来说，借势互联网东风，快速拓展更多新用户，实现高效精准营销；对于工程机械行业来说，这是互联网模式营销的全新探索，或将为整个工程机械行业在营销模式上提供新的选择。

值得一提的是，三一重工的许多王牌产品，包括挖掘机械、混凝土机械、起重机械、路面机械、桩工机械等都可以在"三一机惠宝"上直接进行推荐，包括挖掘机械在内的不少产品本身就是行业畅销品，在熟人推荐的加持下更容易成交。从收益上来看，"三一机惠宝"的佣金激励已明显超出了业内通用信息费的主流水平。对于拥有客户资源且想要获得额外收入的从业人员来说，"三一机惠宝"平台无疑极具吸引力。

4. 案例评析

三一集团坚持数字化的发展道路，以数字化推动竞争力的提升和盈利能力的增强，取得了有目共睹的发展成效。从三一集团数字化转型的成功，可以得出以下五个方面的启示：

一是领导者的认知和决心对数字化转型的成败至关重要。三一集团董事长的"两翻"论断掷地有声,显现出三一集团积极推进数字化转型的强大意志和迫切需求,为统一思想、统筹协调提供了强有力的保障。

二是清晰明确的发展目标是引领数字化转型的明灯。三一集团以"三三"目标为指引,确立了数字化转型的具体目标和方向,并通过具体的发展措施加以推进,做到目标明确、措施得力,一步一个脚印推进,不断取得发展成效。

三是数字化发展必须切合实际,切忌为了数字化而数字化。三一集团作为全球工程机械行业的头部企业,在数字化发展方面没有现成的方案可以借鉴。为此,三一集团因企施策,大胆创新,找到了一条适合自身的发展道路,并逐步深入。

四是在强化自身数字化保障能力的同时向外赋能。三一集团先是着力培育树根互联并打造根云平台,在扎扎实实服务自身数字化需要的基础上不断积蓄力量,同时拓展服务范围和行业边界,将根云平台打造成为国内重要的工业互联网平台,为推进行业内企业的数字化转型发挥了重要作用。

五是充分发挥人才在数字化转型中的突出作用。三一集团在发展壮大的过程中不断认识到科技和人才的重要性,将过去注重的"劳动力红利"上升到"工程师红利",通过大幅度提高人均产值来提升企业的盈利水平,促进企业的可持续发展。

三一集团已成为国内行业的领导者和国际市场的主要竞争者,数字化转型是三一集团取得今天这个地位的重要法宝,但其所面临的问题和困难依然十分复杂,只有不断迎难而上、励精图治,才能创造出一个又一个新的奇迹。

本章小结

制造业是国民经济的命脉,不仅关系国家的经济繁荣、社会进步,也直接影响我国的国际地位和未来发展大局。我国是世界制造业第一大国,产业门类最齐全、产业体系也最完整,但制造业所面临的问题和困难也很多,加快数字化转型、大力推动数字工厂建设和智能制造发展是当务之急。数字化能力将会逐渐成为每一家制造企业的核心能力。

国内外的实践表明,制造业数字化转型是一个百花齐放、百家争鸣的探索过程,很难找到一个通用的模式或现成的技术方案,必须根据自身的实际开展持久和富有成效的探索,找到一条最适合自身的发展道路。

第 8 章
服务业数字经济

服务业是国民经济的中流砥柱，吸纳就业人数多、占比高，对 GDP 增长贡献多、影响大。服务业发展水平既是一个国家综合国力的重要体现，也是国际竞争力的综合表现。经过改革开放四十余年的快速发展，我国服务业从弱到强，走过了一条不平凡的发展道路，现已当之无愧地成为世界服务业大国。国家统计局相关数据显示：2023 年服务业增加值约为 68.8 万亿元，比上年增长 5.8%，对国民经济增长的贡献率为 60.2%；服务业增加值占 GDP 的比重为 54.6%，高出 2022 年 1.2 个百分点；[①]2021 年，服务业就业人员超过 35 万人，占全国就业人员总数的 48.0%，比 2012 年提高 11.9 个百分点。[②]综上说明，服务业已成为支撑国民经济发展的重要支柱，也是提供就业岗位重要来源。

要实现服务业持续健康发展，加快服务业的数字化转型、促进数字服务发展已迫在眉睫，亟须对此开展深入研究和探讨，同时采取得力有效的措施予以推进。

8.1 服务与服务业概述

服务业既是国民经济的稳定器和助推器，也是社会进步的驱动器和赋能器，大力推进服务业健康、快速和可持续发展，是各地各级政府和社会各界所面临的共同任务。

8.1.1 对服务的理解

服务是现代社会普遍存在的一种行为状态，传统意义上对服务的理解往往泛指产品的售后服务，也就是为了解决顾客在产品使用过程中的服务需求，以解决顾客的后顾之忧，内容包括所购商品的安装、调试、维修等。随着服务在市场竞争中地位的上

---

① 赵同录.国家统计局相关部门负责人解读2023年主要经济数据[EB/OL].(2024-01-18)[2024-04-06]. https://www.gov.cn/lianbo/bumen/202401/content_6926737.htm.

② 国家统计局.服务业释放主动力 新动能打造新引擎：党的十八大以来经济社会发展成就系列报告之五.(2022-09-20)[2024-04-06].https://www.stats.gov.cn/xxgk/jd/sjjd2020/202209/t20220920_1888502.html.

升、作用的增强，服务的内涵变得更加丰富，外延也变得更为广阔。当前，除了商业服务之外，各种非商业的服务也层出不穷，比如政府服务、公益服务等。从本质上来看，服务是为了使服务对象感到满意，并为了与其保持长期友好的互惠合作关系而开展的一系列活动。这一概念包含以下四层含义：

1. 服务是一种满足感

为客户提供任何一种服务都要预先设想客户对服务过程和结果的感觉，如果只是完成了一个服务过程，而没有考虑服务对象对其服务的评价，就可能是一次失败的服务。

2. 服务是一系列行为的集合

服务的体验来源于服务提供方一系列的优质服务过程，它的"不可转让性"是特定价值的体现。所以，服务的提供不应是短视行为，不应追求表面的轰动效应，而要对服务对象的需求有预期，通过构建科学的、规范的服务行为体系，使"提供优质服务"成为一种发自内心的、持久的活动，并内化为自觉的行动。

3. 服务是一种尊重

服务作为一种活动，其明显的特征是服务对象的需求得到满足。它的重点在于使服务的提供者尊重服务对象，而不是相反，否则就会影响服务这一商品的市场寿命。给予尊重和得到尊重恰恰是服务的目的和经济价值的体现。换而言之，服务始于尊重，终于尊重。

4. 服务是一种沟通

众所周知，沟通是服务的延续。国外的研究表明，只有4%的服务对象能把自己对服务提供方的抱怨通过投诉等形式反映出来，而96%的服务对象即使心怀不满，也会在沉默中忍受或另作选择。服务提供方既要面对面地解决4%的服务对象反映的问题，又要通过各种方式了解96%的服务对象对企业产品或服务的满意程度，只有这样，才能使服务经久不衰，创造出更大的价值。

8.1.2 服务业的概念与特征

服务业是国民经济的重要支柱，需要对该行业有一个基本的了解。

1. 服务业的概念

从传统意义上来看，服务业是指利用设备、工具、场所、信息或技能等为社会提供劳务、服务的业务。伴随着技术的进步和时代的变迁，服务业也进入到现代服务业阶段。现代服务业是指以信息技术和现代管理理念为依托，具有人力资本密集、技术密集和高附加值等特征。新技术、新业态、新模式融合的服务行业，既是国民经济的重要组成部分，也是引领经济高质量发展的基础性、先导性和民生性产业。从国内外的发展实践来看，服务业的兴盛是现代经济的显著特征。高质量的服务业不仅是经济社会发展的必然趋势，而且是衡量经济发展现代化、国际化、高端化的重要标志。

2. 服务业的特征

服务业作为一个独立的产业，有其自身的特征，主要包含以下四个方面：

一是聚集性特征。如商场、餐厅、电影院、教育培训机构，都是人员高度聚集地，不论是身体接触还是面对面交流的概率都会大大增加。

二是流动性特征。服务业从业人员和服务对象流动性大，而且地域分布十分广泛，并随着人员的流动，服务范围会不断扩大。

三是接触性特征。服务业带有接触性特征（包括直接接触和间接接触），如共同娱乐、共同就餐、共同托管、送餐等。

四是个性化特征。服务业一般离不开人的参与，而要更好满足人的需求，就需要提供个性化的服务。而个性化的服务对服务提供者的能力和水平提出了更高的要求，同时需要服务业企业通过各类数字化的手段来更好地满足服务对象的个性化需求。

8.1.3 我国服务业的总体发展

改革开放以来，我国服务业由小到大，不断发展壮大，我国现已成为世界服务业大国，服务业对国民经济的贡献正在不断凸显。在过去十年间，我国服务业发展呈现出良好势头，成为稳增长、促发展、强动能的有力抓手。2012—2019 年，服务业对 GDP 的贡献率从 45% 增长到 63.5%，提高了 18.5 个百分点；按不变价计算，2013—2021 年，我国服务业增加值年均增长 7.4%，分别高于 GDP 和第二产业增加值年均增速 0.8 和 1.4 个百分点。①

在我国服务业总体组成中，互联网和相关服务、软件和信息技术服务业企业作为引领增长的主力军，发挥出十分强劲的动力。2013—2021 年，规模以上互联网和相关服务、软件和信息技术服务业企业营业收入年均增速分别达 30.1% 和 19.5%，远超规模以上服务业企业 11.9% 的年均增速。②与此同时，我国电子商务交易规模呈现出持续快速增长的良好态势，2013—2021 年，年均增速达 20.3%，2021 年全国电子商务交易规模已达到 42 万亿元，我国电子商务在网络零售市场、网购人数、数字化快递业务及移动支付规模方面稳居世界第一，而且我国电子商务从业人数超过 6700 万人，成为新增就业的重要渠道。③

---

① 魏玉坤. 报告显示：近十年我国服务业增加值年均增长 7.4%[EB/OL].(2022-09-20)[2023-10-23]. http://www.gov.cn/xinwen/2022-09/20/content_5710807.htm.

② 国家统计局. 服务业释放主动力 新动能打造新引擎：党的十八大以来经济社会发展成就系列报告之五 [EB/OL].(2022-09-20)[2024-04-06].https://www.stats.gov.cn/xxgk/jd/sjjd2020/202209/t20220920_1888502.html.

③ 陈琳. 去年我国电子商务交易额超 42 万亿元 [EB/OL].(2022-09-02)[2023-10-23]. https://finance.sina.com.cn/chanjing/cyxw/2022-09-02/doc-imqmmtha5568224.shtml.

拓展阅读

扫码可查看《现代服务业统计分类》。

8.2 服务业数字化

在数字技术飞速发展的今天，服务业的数字技术应用和数字化转型升级已成为一个必选项，必须找到一条行之有效的发展道路。

8.2.1 服务业数字化的内涵与作用

简而言之，服务业数字化是指服务业的各个环节和流程应用各类数字技术，以提升服务效率、提高服务效益的过程。服务业数字化作为服务业自身发展的内在需要，可以在以下五个方面发挥作用：

一是提升服务业的劳动生产率。服务业往往需要借助人的手工作业才能实现，服务效率低下是一个长期难以克服的瓶颈。数字技术的应用可以显著提升作业效率，如数字化表单处理、线上服务订购及数字化的自助服务等，都将给服务业的劳动生产率带来根本性的提升。

二是促进服务资源的有效整合。服务需求千差万别，服务资源分布极为分散，同时还存在服务供求双方时间的冲突，利用数字化手段充分整合服务资源，充分实现服务时空的有效匹配，对优化服务资源的配置、提升服务的价值有重要的意义。

三是促进服务业创新和个性化服务的实现。数字化既能聚集各类已经明确了的服务需求，又能更好地挖掘潜在的服务需求，对促进服务新项目的开发和市场培育有着重要的作用。与此同时，将服务数据资源等新生产要素与服务业的经营模式、管理方式和服务内容紧密结合，必将催生出更多创新的服务空间，为服务业发展提供更多可能。

四是提升服务的经济效益。数字化既能使得服务的人工成本得到有效控制，甚至大幅度下降，如智能客服代替人工客服，又能使服务的市场覆盖范围得到显著提升，同时还能使服务对象的服务需求得到更为充分的满足，对提升服务的经济效益有着极大的帮助。

五是助推服务业绿色可持续发展。在传统的条件下，服务业的供给和需求往往脱节，造成较多的服务资源浪费和对生态环境的破坏。在数字化时代，数据作为基本的生产要素成为服务的基础资源，可以减少物理空间需求、降低实物资产投入，同时以"数据代替人跑路"，也会使得服务的资源消耗得以下降，对环境更加友好，更有利于实现服务业绿色可持续发展。

8.2.2 服务业数字化的新形态

伴随着数字技术的不断进步,近年来服务业数字化呈现出多种新的形态,正在为服务业的转型升级带来新的气象。以下是较为典型的服务业数字化新形态:

1. 在线教育

依托互联网平台等手段开展在线教育伴随着互联网的出现已经历了二十多年之久,经过不懈探索,腾讯会议、钉钉、雨课堂等平台成为我国在线教育的主要支撑平台。

与此同时,我国在教育数字化基础资源建设方面也作出了多方面的探索。例如,作为国家教育公共服务的综合集成平台的国家智慧教育公共服务平台(如图8-1所示),聚焦学生学习、教师教学、学校治理、赋能社会、教育创新等多重功能,包含了国家中小学智慧教育平台、国家职业教育智慧教育平台、国家高等教育智慧教育平台和国家大学生就业服务平台等子平台,为社会提供了十分丰富的课程资源和教育服务。

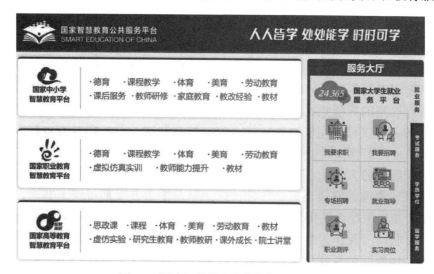

图 8-1 国家智慧教育公共服务平台主页

国家智慧教育公共服务平台采用了先进的智联网引擎技术,在三个方面实现了技术创新与突破:

一是服务智能化。平台依托大数据、云计算、人工智能等技术,通过快捷搜索、智能推荐等方式,为学习者提供多种符合个性化学习要求的智慧服务,优化了用户体验。

二是数据精准化。平台对课程信息及学习数据进行实时采集、计算、分析,为教师教学与学生学习提供定制化、精准化分析服务。

三是管理全量化。将所有在线课程平台的学分课程纳入管理范围,可集中反映我国在线课程发展全貌,具备门户的汇聚集中能力、开关控制能力,实现"平台管平台"。

在线教育当前已成为教育现代化的重要组成部分,是数字化时代教育的基本实现方式,同时也成为服务业数字化转型的典型代表。

2. 数字医疗

利用数字化手段实现在线诊断和远程手术，加快发展数字医疗，既是医疗服务自身发展的内在需求，也是解决民生问题的有效措施。数字医疗是指将数字技术充分运用到医疗服务的各个环节，实现医疗服务的数字化、网络化和智能化，形成数字技术赋能和数据资源驱动的医疗新模式。数字医疗技术是一个涉及面广泛的体系，包括数字医疗诊断技术、数字临床诊疗技术、数字医疗检测技术、数字医疗监测监控技术及数字医疗康复技术等，为医疗服务数字化转型提供强有力的支撑。

数字医疗是一个发展迅速、前景良好的发展领域，当前正呈现出以下四个方面的特征：

一是医疗信息的数字化。传统的医疗诊断等环节需要采集大量的信息，这些信息主要通过纸笔或胶片等方式记录，处理效率十分低下。随着数字技术的应用，目前各种医疗信息正逐步实现无纸化、无胶片化，既可大大减少医疗人员的工作量，又可为资源的复用和比对分析提供方便。

二是医疗设备的网络化。传统的医疗设备不具备联网的条件，基本都处于单打独斗、独立运营的状态，而随着互联网和物联网等技术的应用，医疗设备的网络化已成为普遍的需求，既可在医院内部实现影像结果、检验结果及诊断结果的共享，又可在医院与外部实现远程教学、远程会诊和远程手术等。

三是医疗诊断的智能化。借助数字化手段，临床应用中十分广泛的光谱、色谱等医疗分析设备，不仅可以完成自动取样、自动控制测试，而且还具有自我诊断、自我分析等功能，使得医疗诊断过程更加智能，更具效率。

四是医疗服务的人性化。应用数字技术后，患者可以直接通过网络进行挂号、诊断，免去了来回奔波的麻烦，而且各种诊疗结果及手术方案都可线上共享，远程手术也可以异地实施，医疗人性化服务的水平得到显著提升。

当前，互联网医院作为数字医疗发展的重要表现形式，正受到普遍的关注。互联网医院是指实体医院的互联网化以及依托实体医院设立线上医疗机构，是传统医疗机构与数字技术有机融合的产物，助力实现医疗资源的均衡化和医疗服务的普及化。当前我国互联网医院基本建成了由四个方面组成的服务生态圈：一是健康管理，包括家庭医生服务、医养结合和健康教育等；二是远程诊疗，包括远程诊断、互联网问诊、远程会诊、远程慢病管理及教育科研等；三是院后管理，包括患者跟踪、复诊续方、患者依从性教育及康复训练等；四是远程诊断，包括远程影像诊断、远程超声诊断、远程病理诊断、远程心电和血压、远程血糖和胎心监测等。

作为数字医疗的重要实践，互联网医院的价值具体表现在以下三个方面：一是可以帮助医生塑造个人形象和团队品牌，缩短与患者的距离，建立起更加紧密和牢固的医患关系；二是可以让当地患者大大减少在医院等待的时间，免去过去必须在医院才能完成的挂号、缴费等手续；三是可以让外地患者在术后与医生保持进一步联系，各种在当地所做的检查、治疗结果等可以让医生及时获悉，以获得相应的建议和指导。

3. 在线办公

经过这些年的实践探索，线上办公不仅已成为一种弥补线下办公不足的替代方式，更是成为提升办公效率、降低办公成本的重要选择，在线办公所产生的价值正在得到不断显现。

在线办公除了最常见的远程会议，近年来还陆续推出了线上打卡、即时沟通、文档编辑、数据处理、工作群组、电子公章、电子签名、财务报销和移动审批等各类越来越专业的功能，支持员工、组织在工作中实现无缝连接、高效协同、融合创新。

在我国，在线办公领域经过一段时间的市场培育和应用驱动，当前基本形成了以钉钉、企业微信和飞书为主导的三足鼎立的局面，三者之间的差异如表 8-1 所示。

表 8-1 钉钉、企业微信和飞书比较

维度	钉钉	企业微信	飞书
目标用户	大型企业和政府用户	中小企业	小型团队和组织
功能定位	安全高效的内部沟通和外部商务沟通工具，用以协同办公和一站式组织的管理工具	提供一体化内部协同办公和一站式组织管理工具	集成沟通、日程管理、文档协作的高效沟通工具
主要特色	能对特定用户进行特定时间的消息推送	与微信打通，实现企业微信与微信的互联互通	能对群聊中重点信息进行重点展示，群成员及后入群成员均可见
在线协作	支持多人实时在线编辑，直接接入 WPS 云文档，最大化保留用户习惯	上传公司制度文件、产品资料、企业内刊等，在线文档和表格支持最多 80 人同时编辑，用户可随时随地查询、共享知识	可查看所有经编辑的在线文档，可在文档内直接评论，能自动提醒反馈给文档的所有者
日程管理	包含会议、ding、任务、通知等，可以将工作消息一键转为日程，集成所有的工作日程，并在指定时间提醒用户	通过日程安排自己的工作，同时也可以发起多人日程，可在内容里添加时间、参与人、地点、备注	将日历与沟通工具、团队组织会议、在线文档进行了深度整合，可创建日历和日程，并邀请相关人员参与，提醒按时参加

资料来源：佚名. 企业微信、钉钉、飞书各有怎样的功能和优势？企业应该如何选择？(2021-09-15)[2023-10-23]. https://wbg.do1.com.cn/xueyuan/22174.html.

4. 无人化服务

无人化服务作为近年来快速兴起的服务方式受到大众的欢迎，正迎来新的发展机遇。简而言之，无人化服务是指无人值守的服务，主要通过数字化手段借助机器人等载体实现。当前无人化服务重点应用领域包括以下几种：

一是无人零售。无人零售泛指无人情形下进行的零售消费行为，主要是通过数字技术实现的无导购员和收银员值守的新零售服务。无人零售作为替代传统有人零售的一种新的方式，在降低人工成本和提升顾客的自主性方面优势明显。

二是无人酒店。随着酒店机器人的应用逐步普及，无人酒店正成为越来越多酒店的选择，在减少人力和能耗成本的同时，也在很大程度上提高了住客的私密性和服务的自助性。

三是无人驾驶。无人驾驶是当前汽车智能化发展的"必争之地"，集中了大量的资本、技术和人才,并成为驾驶方式变革的基本方向。无人驾驶是指通过搭载各种车载传感器(如摄像头、激光雷达、毫米波雷达、GPS和惯性传感器等)来识别车辆所处的周边环境和行驶状态,并根据所获得的道路信息、交通信息、车辆位置和障碍物信息等环境自主作出分析和判断,从而自主地控制车辆运动的驾驶方式。当前,我国无人驾驶正在快速发展,与此相关的市场机遇正在不断涌现,将成为服务数字化转型的新机遇。

四是无人仓储。传统的仓储业是人力高度密集型的产业,当前正在快速进入无人化时代,物流机器人和人工智能等技术的应用,使得仓储领域的智能化程度得到显著提升,不但缓解了仓储业招工难、用工贵等问题,而且还大大提升了仓储作业的效率,代表着仓储作业转型升级的方向。

五是无人餐厅。无人餐厅充分运用中央厨房智能处理、智能点餐、大数据分析、智能配送和个性化配餐等,将传统的线下餐厅进行线上"重构",实现线上线下的有机融合,为餐饮业数字化重生提供新的路径。

六是无人农场。为应对农村劳动力的短缺和劳动力成本上升的挑战,同时提升农业作业效率,增加农业产出,无人驾驶播种机、植保机、收割机在农场得到越来越广泛的应用。生态农场整合了现代农艺和各类智能化的农机装备以及人工智能、物联网、大数据等技术,依托天、空、地一体化农情信息获取与智能分析,实现覆盖农作物前期耕种、中期管理及后期采收的全过程智能化,逐步实现少人化直至无人化的作业。

当然,无人服务当前还面临着技术、研发投入及市场培育等诸多因素的掣肘,但总体发展前景十分光明,蕴藏着巨大的发展机遇。

8.3 生产性服务业数字化

生产性服务虽不直接参与生产或者物质产品的转化过程,但却是生产制造过程中缺之不可的产业活动。生产性服务业作为保障工农业生产、促进技术进步和劳动生产率提升的服务行业,与工业尤其是制造业关系密切,它贯穿于生产制造的各个阶段。积极促进数字技术应用,推动生产性服务业数字化更深层次、更高水平发展,是我国服务业转型升级的重大任务。

8.3.1 生产性服务业的地位和作用

生产性服务业是指直接或间接为生产活动提供各种中间服务的行业,主要包括信息传输、计算机服务和软件业、金融业、租赁和商务服务业、科学研究和综合技术服务业、物流业(包括交通运输和仓储业)以及生产资料批发等。生产性服务业贯穿于生产经营活动的上游、中游和下游各个环节之中,是产业分工高度专业化、高度细密化的产物,具有专业性强、创新活跃度高、产业融合性强、运营方式灵活、带动作用显著等特点,既是第二产业与第三产业加速融合的关键环节,也是当今世界产业竞争的战略制高点,对促进经济转型和产业升级具有十分重要的意义。在我国,生产性服

务业在以下四个方面发挥着不可替代的作用:

一是促进制造业不断发展,助力我国真正成为制造强国。制造业是一个国家经济的主体,是立国之本、兴国之器、强国之基,是一个国家综合实力的体现。制造服务业是面向制造业的生产性服务业,既是提升制造业产品竞争力和综合实力、促进制造业转型升级和高质量发展的重要支撑,也是我国从制造大国走向制造强国的强大基础。我国制造服务业总体供给质量不高,专业化、社会化程度不足,引领制造业价值链攀升的作用尚不明显,与建设现代化经济体系、实现经济高质量发展的要求还存在明显差距。因此,大力促进制造服务业发展已成为我国制造业振兴的重要选择。

二是提升我国产业链和供应链的韧性。由于受美国在技术、贸易和金融等诸多领域的牵制,我国产业链遭受重大挑战,供应链更是危机四伏。尤其是美国对华为发起的一轮又一轮的制裁,让我们清醒地看到提升产业链和供应链的韧性的重要性和迫切性。大力发展生产性服务业既可以补短板、强弱项、堵漏洞,又可以锻长板、强基础、育先机,变被动为主动,为巩固产业链和供应链的韧性提供强有力的保障。

三是促进产业链和价值链向高端延伸。世界经济的格局已进入到以服务业为主导的全球价值链分工体系,以研发、设计、销售、物流及售后服务等为核心内容的生产性服务业正占据越来越重要的地位,而传统的制造、加工和组装等环节由于缺乏技术含量加上对人力成本高度敏感,利润空间正变得越来越小。大力发展生产性服务业,助力制造业从产业链、价值链由中低端向高端攀升,提升制造业的附加值和核心竞争力,对我国制造业高质量发展有着重要的推动作用。

四是进一步优化社会分工、创造出更多发展机会。生产性服务活动是基于成本比较优势而形成的专业性分工,它既可以从各个生产环节剥离出来以适应生产方式、营销方式的变革,也可以作为新产业以适应现代化大生产背景下日趋细密的社会分工。因此,大力促进生产性服务业发展不仅可以形成新的经济增长点,又可以培育出各种新的职业和岗位,对促进就业大有裨益。

8.3.2 生产性服务业发展新趋势

生产性服务业当前正呈现出以下发展新趋势:

一是服务细分越来越专业化。通过产业链、供应链和价值链"锻长板、补短板",垂直细分领域的专业服务能力更加突出,专业服务的优势逐步显现,各种专业细分市场不断涌现,正引领产业快速增长和可持续发展。

二是产业发展数字化。由于数字技术的深度应用,对生产性服务业创新发展的带动效应日益显现,产业数字化转型已成必然趋势,生产性服务业数字化正迎来蓬勃发展的新契机。

三是技术服务高端化。数字技术加快渗透、应用,高端服务集中度逐步显现,产业链核心环节的高端服务将成为产业升级的重要动力。

四是制造业和服务业加快融合。先进制造业与现代服务业呈现深度融合发展态势,制造业服务化和发展服务型制造业成为"两业融合"的主要方向。

五是服务竞争品牌化。随着生产性服务业的服务能力进一步提升,服务品质成为企业的竞争核心，打造服务品牌成为必然手段，生产性服务业的竞争将会越来越聚焦于品牌。

8.3.3 生产性服务业数字化转型重点

我国在研发设计、物流、信息传输、软件和信息技术服务、金融服务等环节还需要加快发展，这些环节也是数字化转型的重点领域。

1. 研发设计数字化

研发设计是生产性服务业的重要组成部分，代表着生产性服务业的发展水平和竞争实力。尽管我国研发设计在改革开放以来取得了十分显著的进步，但总体而言在世界范围内还处于滞后的状态，尤其是作为生产性服务业的发展主体，我国企业在生产性服务业的研发设计投入方面与国际企业还有明显的差距，无论是投入的强度还是研发的力度，都有待提升。数字技术在研发设计发展方面有着极大的用武之地，是全面提升其发展潜力和整体实力的有力武器。研发设计数字化需要从以下四个方面予以推进：

一是形成数字化的研发设计体系。利用数字化手段建立起从客户到客户的端到端研发设计体系，涵盖技术管理、项目管理、流程管理、反馈与决策等不同环节，包括产品/服务定义、需求分析、产品/服务开发、测试与验证、发布和生命周期运营等全过程和全流程，强化研发设计的数据监管和质量保证，形成广泛覆盖、深度融合的数字化研发设计体系，为提升研发设计打下坚实基础。

二是构建数字化的研发设计组织架构。在数字化研发设计体系基本形成的基础上，建立起与之相适应的组织职责、数据驱动的业务导向组织机制、与产品/服务流程相匹配的团队与角色、以价值实现为目标的绩效管理等，实现研发设计数字化转型与组织架构的数字化深度融合，激活数字化发展动力。

三是打造数字化研发设计流程。充分利用数字技术精简和优化流程，建立与数字化研发设计要求相匹配的流程分层体系、端到端并行流程、不同领域的流程无缝衔接、流程中的数据管理等，同时完善流程管理的部门与职责，全面开展业务流程的运行状态跟踪、过程管控和动态优化等。精简、高效和顺畅的数字化流程将为研发设计提供强有力的保障。

四是强化数字化研发设计能力建设。结合研发设计的数字化转型，强化包括产品数字化研发创新能力、数字化协同设计能力、数字化需求定义能力、数字化快速响应能力、数字化客户服务能力、数据管理能力、数字业务培育能力及数字化智能分析能力在内的各种能力，通过多方面的能力建设，加速推进研发设计数字化转型，获取可持续发展的能力源泉。

2. 物流数字化

物流作为实体经济的有机组成部分，是融合运输、仓储、货代、信息等产业的复合型生产性服务业，既是支撑国民经济发展的基础性、战略性和先导性产业，也是提升区域经济和国民经济综合竞争力的重要产业。数字化是增强物流企业活力、提升行业效率效益水平、畅通物流全链条运行及增强我国物流国际竞争力的重大支撑力量。当前，物流数字化将重点在以下五个方面发力：

一是在国家层面要推动国家物流枢纽网络建设。当前需要围绕"一带一路"建设、京津冀协同发展、长江经济带发展、粤港澳大湾区建设、长三角一体化发展等重大战略实施，依据国土空间规划，在国家物流骨干网络的关键节点，选择部分基础条件成熟的承载城市，加快国家物流枢纽布局建设，培育形成一批资源整合能力强、运营模式先进的枢纽运营企业，促进区域内和跨区域物流活动组织化、规模化、网络化运行。

二是建立资源共享的物流公共信息平台。鼓励和引导城市共同建立配送公共信息平台，加强与国家交通运输物流公共信息平台的有效衔接，同时促进相关部门、大型市场主体物流公共数据互联互通和开放共享。在保障信息安全的情况下，扩大物流相关信息的公开范围和内容，为物流企业和制造业企业查询信息提供便利。依托骨干物流信息平台，探索市场化机制下物流信息资源整合利用的新模式，推动建立国家骨干物流信息网络，畅通物流信息链，加强社会物流活动全程监测预警、实时跟踪查询。依托行业协会实施全国骨干物流园区互联互通工程，促进信息匹配、交易撮合、资源协同。

三是加快推进物流数智化应用。推动5G、大数据、云计算、工业互联网、人工智能、区块链等数字技术在物流领域的应用。加快货、车（船、飞机）、场、物流器具等物流要素数字化转型升级。推动物流枢纽、物流园区（基地）、港口码头、货运场站等物流基础设施数字化改造升级，打造一批智慧物流园区、全自动化码头、无人场站、口岸智能通关、数字仓库等。推进智能化多式联运场站、短驳及转运设施建设。加快运用无人机、无人驾驶货车、可穿戴设备、智能快件箱、自动分拣机器人等智能化装备，推进数字化终端设备的普及应用。加快推广"信息系统＋货架、托盘、叉车"仓库基本配置技术，推进传统仓储设施的数字化转型。

四是全面推进物流数字化管理。加快推进物流业务的数字化转型，推动企业在车（船）货智能配载、多式联运、安全运输、信用监管、路径优化等方面实现全流程数字化改造，建立物流业务基础数据的采集管理系统。推动企业开展数据"上云"行动，鼓励具备条件的物流企业挖掘、应用物流大数据价值，提高物流大数据在风险识别、网络优化、市场预测、客户管理等领域的应用水平。培育基于"数据＋算力＋算法"的核心能力。推进基于数据驱动的车货匹配、运力优化和车路协同等模式创新。推进智能物联网在运输风险管控、安全管理领域的应用，提升运输精细化运营和主动安全管理能力。以数据集中和共享为重点，打通信息壁垒，构建安全高效的政企数据共享机制，不断完善安全监管标准。探索建立基于区块链技术汇集运输、仓储、交通、税务、银行、保险等多方信息的物流公共"数据池"，推进物流数据资源跨地区、跨行业互联共享。加快推进物流领域的"互联网＋政务服务"，构建基于大数据的信用约束、精准实施、分类扶持、协同监管的智慧化治理体系。

五是通过数字转型不断拓展物流服务范围。推动物流业和制造业深度融合发展，提高面向制造业供应链协同需求的数字物流响应能力。鼓励发展数字云仓，培育数字物流服务品牌。提升"冷链物流＋"跨界融合与集成创新服务水平，建设安全可靠、全链条、数字化、可追溯、高效率的现代冷链服务网络。推动快递物流与供应链、产业链融合发展，加快邮政快递处理中心智能化改造，推进智能分拣系统应用。推进农村快递服务网络建设，提升快递服务城乡一体化水平。

3. 信息传输、软件和信息技术服务数字化

信息传输、软件和信息技术服务业包括：①电信、广播电视和卫星传输服务，包括电信、广播电视传输服务和卫星传输服务；②互联网和相关服务，包括互联网接入及相关服务、互联网信息服务和其他互联网服务；③软件和信息技术服务业，包括软件开发、信息系统集成服务、信息技术咨询服务、数据处理和存储服务、集成电路设计、数字内容服务、呼叫中心及其他未列明信息技术服务业等。信息传输、软件和信息技术服务业既作为数字化赋能者发挥着引领和驱动的作用，同时又面临自身的数字化转型升级需求，可以着重在以下三个方面予以深入推进：

一是大力促进信息传输数字化快速发展。围绕信息传输有效性、可靠性和安全性三大性能指标，推动包括 5G/6G 移动通信、广电网络和卫星传输的数字化发展，完善信息传输基础设施，不断降低资费水平，为数字经济发展构筑坚实的底座。

二是进一步提升软件数字化发展质量。充分认识到软件是新一代信息技术的灵魂，软件既是数字经济发展的基础，又对加快建设现代产业体系具有战略意义。要大力推动软件加速向网络化、平台化、智能化方向发展，驱动云计算、大数据、人工智能、5G、区块链、工业互联网、量子计算等新一代信息技术迭代创新、群体突破，加快数字产业化步伐，全面推动经济社会数字化、网络化、智能化转型升级。

三是全面优化信息技术数字化服务。面向数字化、网络化、智能化应用需求，加强典型场景下的算法服务，推进企业级业务连续性管理相关技术创新。围绕数字化管理咨询、一体化集成、智能运维等，完善信息技术服务体系，提升重点行业和领域专业化信息技术服务能力。支撑构建具备感知力、控制力和决策力的信息技术服务生态。

4. 金融服务业数字化

数字经济的快速兴起为金融创新发展搭建了十分广阔的舞台，数字技术的快速演进为金融服务业数字化转型注入了强大的动力。金融服务业数字化是数字技术驱动金融创新、深化金融供给侧结构性改革、增强金融服务实体经济能力的重要引擎。我国金融服务业数字化的发展重点包括以下四个方面：

一是要全面塑造数字化能力。强化数字思维、培育数字文化，提升金融业全员数字素养，将以数连接、由数驱动、用数重塑的数字理念深度融入企业价值观，建立技术从"支撑使能"向"价值赋能"变革的数字化认知，增强对数字化趋势的洞察力与适应力。运用"数据+技术"打造数字化劳动力，实现全价值链、全要素优化配置，培育技术先进、研发敏捷、渠道融合、决策精准、运营高效的创新发展动能，构建以用户、场景为中心的金融服务体系，全面提升数字时代企业核心竞争力。打造对内聚合产品与服务、对外连接合作机构与用户的数字化综合服务能力，稳妥开展跨界合作创新，推动与供应链、产业链上下游数据贯通、资源共享和业务协同，构建各方互促共进、互利共赢的网状数字生态。

二要充分释放数据要素潜能。深刻认识数据要素的重要价值，强化数据能力建设，提升数据准确性、有效性和易用性。积极应用多方安全计算、联邦学习、差分隐私、联盟链等技术，推动数据有序共享，同时探索建立多元化数据共享和权属判定机制，明确数据的权属关系、使用条件、共享范围等提升数据要素资源配置效率。推动金融与公共服务领域系统互联和信息互通，综合电子政务数据资源，不断拓展金融业数据要素广度和深度，为跨机构、跨市场、跨领域综合应用夯实多维度数据基础，全面深化数据综合应用。严格落实数据安全保护法律法规、标准规范，明确原始数据和衍生数据收集目的、加工方式和使用范围，确保在用户充分知情、明确授权的前提下规范开展数据的收集、使用，避免数据过度收集与数据误用、滥用。

三要激活数字化经营新动能。探索扁平化、网格式金融科技创新管理模式，建立技术与业务高效联动、前中后台密切协作、决策与执行高度统一的企业级内部创新协同网络，形成安全与效率并重的创新孵化与应用推广体系，构建敏捷化创新机制。采用低耦合、高内聚架构搭建便捷易用的技术中台，构建集成数据整合、提纯加工、建模分析、质量管控、可视交互等功能的综合型数据中台，建设模块化、可定制、高复用的业务中台，夯实一体化运营中台。事前，运用大数据、人工智能等技术拓展风险信息获取维度，构建以客户为中心的风险全景视图；事中，加强风险计量、模型研发、特征提取等能力建设，实现对高风险交易、异常可疑交易等的动态捕捉和智能预警；事后，通过数字化手段实施自动化交易拦截、账户冻结、漏洞补救等应对措施，持续迭代优化风控模型和风险控制策略，健全自动化风险控制机制。

四要提升数字化营销能力。在获客方面，合理规范布局自有营销渠道与外部合作渠道，加强线上线下营销资源协同，深化金融和非金融场景交叉融合，积极探索裂变式、场景化营销模式，向客户提供不针对其个人特征的营销内容、产品选项、搜索结果等，探索推动营销服务向智能化、人性化转变，提升客户活跃度。在留客方面，基于深度学习、知识图谱等技术打造服务客户全生命周期的营销范式，强化以客户为中心的信息共享及价值创造，提升客群分层分类经营能力，推动客户关系管理智能化、精细化升级，增强客户黏性和稳定性。

拓展阅读

扫码可了解国际生产性服务业发展状况。

8.4 生活性服务业数字化

生活性服务业涉及门类广，提供的就业机会多，带动作用强，既是国民经济的重要组成部分，也是人民群众生产生活的基本保障，因此生活性服务业加快数字化转型是发展的必然趋势。

8.4.1 生活性服务业的新趋势

顾名思义，生活性服务业是指满足人民群众生活需要的服务行业，既包括政府提供的相关公共服务，也包括由市场供给的个性化、多样化、专业化的各类商业性服务。大力发展生活性服务业，既是全面建设资源节约型社会、环境友好型社会的现实需要，也有利于转变经济发展方式，对扩大消费需求、增加就业、优化经济结构、富民惠民、改善民生和增进社会和谐具有十分重要的作用。生活性服务业作为服务业的基本组成部分，伴随着科学技术的不断进步和人民需求的持续增长，正呈现出以下新的发展趋势：

1. 市场竞争日趋激烈

自中华人民共和国成立以来，生活性服务业经历了从极度短缺到基本平衡再到渐趋饱和的发展过程，当前大部分生活性服务业的门类处在供过于求、竞争激烈的状态，如何在服务市场中脱颖而出，已成为各生产性服务业企业及广大从业人员普遍关心的问题。

2. 服务时空聚集的要求越来越高

随着生活节奏的加快和服务需求的提升，服务对象对服务的时间和空间要求也出现了新的变化：一是要求快，尽可能在短的时间获得服务；二是要求便利，希望能根据自身的时间和空间条件获得相应的服务。从满足服务需求的角度来看，如何提供更快、更便利的服务，已成为服务竞争力的重要体现。

3. 线上线下融合已成为服务刚需

随着电子商务和移动支付的快速普及，服务业的线上预订、线上支付、线上评价等线上应用得到快速发展，与传统的线下方式有机融合。从未来发展趋势来看，线上线下双轮驱动，是生活性服务业赢得新的发展机遇的重要动力，失去任何一个轮子都将难以保持服务发展的动力。

4. 服务新业态将会不断呈现

在消费需求个性化、多样化和专业化的大趋势下，生活性服务业正衍生出众多新的业态。以零售业为例，由超市行业演变而来的"生鲜超市+餐饮"模式，实现线上线下融合；互联网与餐饮业的组合实现"线上订餐+线下配送"的外卖模式，使餐饮服务的空间得以放大；城市大型购物中心通过打造主题图书、影院、展览和演出等主题，形成"零售+文化+餐饮+娱乐"等多业态融合的创新服务。

8.4.2 我国生活性服务业发展存在的问题与总体发展思路

1. 存在的问题

当前，我国生活性服务业取得了多方面的重大进展，对国民经济和社会发展的支撑作用也在进一步提升，但存在的问题也较为明显，主要表现如下：

一是社会认同度不高。生活性服务业属于传统服务业，以人工作业为主，对地方经济的贡献不够显著，因此获得的政府支持和关注程度不高，影响其健康发展。

二是行业规范性程度不足。由于生活性服务业主要靠服务人员个体提供，门类极为广泛，而服务人员教育程度普遍较低，导致行业的规范性总体不高，相应的服务标准较为欠缺。

三是服务质量参差不齐。由于生活性服务业从业门槛低，大部分门类不需要专门的教育和培训，使得相应的服务质量随意性较大。

四是服务运营成本呈现不断增长趋势。年轻的服务人员数量的逐步短缺导致生活性服务业人工成本不断上升，加上高房价所导致的高房租等因素的影响，我国生活性服务业成本基本呈现长期增长的态势，同时由于生活性服务业竞争壁垒低，扎堆的情况比较常见，导致同业之间的竞争十分激烈，盈利水平总体偏低。

五是从业人员社会地位不高。城市中最为普遍的保洁、家政服务、美容美发、废旧回收、安保等生活性服务业的从业者主要是外来务工人员，他们收入普遍较低，医疗保障不足、子女入学困难、居住条件较差等问题较为突出，同时他们在工作地的社会融合程度也普遍不高。

2. 总体发展思路

我国生活性服务业发展的总体思路包括以下三个方面：

一是发挥政府、市场和社会合力，激发生活性服务业活力和动力。要坚持有为政府和有效市场相结合，动员社会各界力量，集结多方资源，推进政府、市场和社会进行良性互动。同时，鼓励和支持社会力量加大投入，创新创造个性化、精细化服务供给和消费场景，加快生活性服务业产业升级和消费升级。

二是聚焦基本、普惠和品质服务，强化多层次、多样化。生活性服务业涵盖基本公共服务、普惠性生活服务和品质生活服务，要针对不同的服务类型，强化供给侧结构性改革，提升生活性服务业的创新和保障能力。

三是因地制宜打造生活性服务业品牌。既要打造有特色、有亮点、可持续性的城市服务品牌，又要高度重视生活性服务业企业的品牌培育，以品牌为动力，促进服务企业的发展壮大，同时还要注重社区服务品牌的培育，积极推进社区服务与社区养老、托育服务、物业服务、便民商业服务等融合发展。

8.4.3 我国生活性服务业发展重点

我国生活性服务业今后的发展重点主要包括补短板和促提升两个方面。

1. 补短板任务

我国生活性服务业需要在以下四个方面补足短板：

一是实施公共服务补短板行动。既包括切实强化基本公共服务保障，不断提升基本公共服务均等化水平，又要支持公益性社会机构或市场主体提供质量有保障、价格可负担的普惠性生活服务，积极有效地扩大普惠性生活服务供给。

二是实施服务场地设施补短板行动。既包括推进社区综合服务设施标准化规范化建设，推动公共服务机构、便民服务设施、商业服务网点辐射所有城乡社区，又包括重点推进城乡公共服务设施和公共空间适老化、适儿化改造，加快为老服务设施、儿童友好社区、无障碍环境和残疾人服务设施建设。

三是实施社区服务能力补短板行动。既包括全面提升社区服务供给品质，加强居家社区养老服务，持续扩大社区托育服务覆盖面，加强社区医疗健康、健身、助残等服务能力，又包括统筹城乡社区生活服务网点建设改造，加快构建城市社区"15分钟生活圈"，提高与居民日常生活密切相关的生活服务便利化水平。

四是实施从业人员专业技能和职业素养补短板行动。既要开展大规模职业技能培训，提升生活性服务业从业人员道德素养和能力素质；又要畅通从业人员职业发展通道，为生活性服务业发展提供高质量人力资源支撑；还要加快紧缺人才培养，提升生活性服务业职业化发展水平。

2. 促提升任务

我国生活性服务业需要在以下四个方面促进提升：

一是实施生活性服务业质量提升行动。既要加快构建生活性服务业标准体系，加强生活性服务业国家标准、地方标准、行业标准和企业标准制定，又要在全国范围内培育发展一批生活性服务业知名品牌，还要完善服务质量监督检查机制，树立行业标杆和服务典范，加强生活性服务业质量监测评价，严厉打击违法违规行为，促进生活性服务业健康、有序可持续发展。

二是实施生活性服务业发展能级提升行动。既要推动服务数字化赋能，促进数字技术与生活性服务业深度融合，又要大力发展数字化生活性服务业，促进服务模式的创新，还要推动生活性服务业融合发展，打造一批高品质生活服务消费集聚区。

三是实施城乡生活品质提升行动。既要促进城市生活品质提升，打造一批标志性生活服务消费载体，加强城市特色商业街区、旅游休闲街区和商圈建设；又要加快补齐县域地区生活服务短板，建设农村生活服务网络，全面提升城乡居民生活品质。

四是实施生活性服务业发展环境改善行动。既要加强财税、投资和金融支持，加大对生活性服务业的政策支持力度，又要深化"放管服"改革，依法保护各类市场主体产权和合法权益，还要提升政务服务便利化法治化水平，为生活性服务业加快发展构建良好的政策环境。

8.4.4 数字化对生活性服务业的赋能作用

数字化通过数字技术在生活性服务业中各个环节的全方位应用，促进其全面的转型，在以下四个方面发挥赋能作用：

1. 数字化有效促进生活性服务业的供给

传统条件下的生活性服务业依赖服务提供者在特定的时间和空间下提供相应的服

务，例如就餐必须去餐厅、就医必须到医院找医生诊断等，而数字化的应用突破了传统的时空束缚，餐饮外卖、生鲜电商、远程医疗、在线教育等大大扩展了服务的供给能力，使生活性服务业进一步提升了便利度，同时也扩大了自身的市场发展空间。

2. 数字化有助于提升生活性服务业的作业效率

传统条件下的生活性服务业依赖人工进行作业，对数据的使用需求少，作业效率相对较低。数字化既可以从消费端进行数字化管理，形成线上消费、线上支付和线上评价反馈的完整数字化闭环；又能从服务供给端实现数字化改造，店面的数字化运营、物流的数字化管理、上门的精准化服务、服务资源的智能化调配、到店服务的智能排队等都可以做到以数据为依据，形成一个精准、高效和便捷的作业系统，显著提升服务的效率。

3. 数字化有助于提升服务的个性化和专业化水平

在生活性服务业领域，服务对象在服务消费能力、服务时间和空间需求及服务数量和质量等方面的要求千差万别，在传统的条件下服务提供者要全面了解服务对象的需求十分困难。通过数字技术，服务提供者能有针对性地对服务对象进行区分，同时根据其特定需要提供更具个性化和专业化的服务，在服务质量、服务水平和服务方式等方面更能满足服务对象需要，创造出更高的服务价值。

4. 数字化有助于服务供需双方的精准匹配

各种类型的数字化服务是生活性服务业进行数字化转型的重要支撑，平台主要依靠移动互联网、大数据、人工智能、基于位置服务（LBS）、物联网及云计算等技术，对到店服务与到家服务的价格、服务时间和服务要求等进行多种方式精准组合，全方位、多角度调度服务资源，解决生活性服务业供需不均衡、不匹配、不协调的问题，从而为促进服务消费、推动服务行业发展、助力政府监管等方面提供支撑和助力。

8.4.5 生活性服务业数字化的实现路径

加快生活性服务业的数字化转型升级，对于进一步释放服务业的消费潜力、扩大服务消费、促进生活性服务业本身的供给侧结构性改革、激活经济发展动力等有着重要意义。生活性服务业的数字化转型的实施是一个系统工程，重点从以下四个方面予以推进：

1. 加强基础设施建设

生活性服务业的数字化转型离不开完善的基础设施，如5G网络的覆盖、快递站点的布局、支撑服务平台运行的算力等，将生活性服务业数字化基础设施纳入新基建之中，由政府牵头规划建设一批新基建项目，同时鼓励平台企业通过PPP模式[①]等参与基础设施建设，促进新基建与终端需求更好衔接。同时要促进生活性服务业数字化基

---

① PPP模式：Public-Private Partnership，是指政府与社会资本合作模式。

础设施与社区"15分钟生活圈"、数字城市等建设项目相结合，支持智能取餐柜、智能快递柜、智能自助服务系统、智能救护设施等智能服务终端布局，促进线上线下有机融合，全方位、深层次、多角度满足人民群众对提升生活水平发展的需求。

2. 促进生活性服务业数字化平台健康、有序发展

既要充分激发平台的支撑、引领作用，又要加强对平台的监管，加大反垄断执法和互联网重点领域监管的力度，强化用户隐私保护和商业数据的确权，促进生活性服务业数字化平台健康、有序发展。

3. 进一步鼓励平台经济发展

积极鼓励平台企业发展平台经济，引导平台企业与实体企业发展线上线下结合、跨界业务融合新模式，同时加快医疗、养老、婚恋、社区、家政、教育、健康等领域的服务平台建设，推动精细化定制、个性化服务和数字化连接等新型服务模式。

4. 推动企业上下游数字化一体化运作

要在服务企业内部进行数字化应用，促进人财物、产供销全方位的数字化，加快向数字化服务业转型。加快上下游供应链的数字化，确保服务产业链条能实现数字化运作和运营模式的转型。激活数字化发展动能，改变生活性服务业长期以来被人力和场地等约束的局面，更多地依靠技术、数据和人力资本的赋能，实现服务业发展动力的转型。

8.4.6 生活性服务业数字化的推进措施

在我国，生活性服务业总体数字化水平还比较低，与生活性服务业的广阔市场空间及人民群众的现实需求存在比较大的落差，需要从以下四个方面予以有力推进：

1. 加强生活性服务业标准规范体系和政策建设

从当前发展状况来看，生活性服务业数字化转型的需求强劲，但由于存在标准规范缺失、数据资源共享机制尚未形成、信息系统互联互通等多种障碍，导致总体发展面临困难。解决这些困难需要从政府层面加强标准规范体系的建设，积极疏通产业链上下游的数据流动通道，形成支撑生活性服务业数字化运行的健康生态。政府方面需要加强规划和引导，制订适合当地实际的生活性服务业数字化专项行动方案，力求取得实际成效。

2. 加强政产学研用多方协同

生活性服务业涉及面广泛，需要充分调动政府、企业、高校、科研机构和用户等各方参与数字化建设的积极性，只有发挥各自的作用和优势，形成多方协同的合力，才能培育出良好的发展生态。政府需要发挥组织领导、统筹协调的作用；企业要作为建设主体，推动数字化项目的开发和实际应用；高校和科研机构要为生活性服务业数字化发展提供人才和技术保障；用户作为需求主体，可以参与相关系统的开发和业务

功能的迭代优化；与此同时，产业联盟、协会、学会等行业组织也需要积极发挥作用，为提升行业的整体发展水平助力。

3. 创新监管模式，激活发展动力

要根据分类放宽服务业准入限制的要求，构建既充满活力又规范有序的监管体系。由于生活性服务业以民营经济为主，要按照竞争中性、所有制中立和非禁即准的基本原则，清理、废除和调整优化对民营经济发展的各种歧视性政策规定，确保"公""民"平等、协同发展。对在线娱乐、在线教育、在线医疗、在线文化服务、到家服务等各种新兴业态，要采取更具有适应性和针对性的市场准入政策，推动其健康有序发展，避免将线下业务发展的市场准入政策直接套用到线上，以防止给相关业务带来致命打击。

4. 探索多样化服务模式，防范数字化发展风险

针对生活性服务业普遍面临的数字化基础薄弱、数据资源匮乏、数字化人才短缺等现实问题，要积极探索灵活多样、富有成效的服务模式，重点考虑通过 SaaS 模式为中小微生活性服务业企业提供管理简单、操作方便、使用便捷的应用支持，切实降低生活性服务业企业数字化的应用门槛，为企业提供低成本、高收益的应用解决方案。同时要防范生活性服务业数字化过程中的发展风险，既要防范被资本非理性绑架，防范生活性服务业新业态、新模式、新应用跑偏方向，更要避免脱离服务对象需求的假创新、伪创新，使数字化真正为生活性服务业插上翅膀，助力其转型升级。

8.5 生产性服务业数字化转型案例：上飞院

中国商飞上海飞机设计研究院（以下简称上飞院）创建于 20 世纪 70 年代，是中国商用飞机有限责任公司的设计研发中心，是我国第一架大型喷气式客机"运-10"的设计方。上飞院作为设计研发中心，担负着我国民用飞机项目研制的技术抓总责任，承担着飞机设计研发、试验验证、适航取证及关键技术攻关等任务，是我国最大的民机研发中心。上飞院以建设国际一流设计研发中心、形成国际一流研发能力为指引，以数字化为重要抓手，大力促进生产性服务业的发展壮大，并取得了十分显著的成效。

8.5.1 案例背景

上飞院长期以来坚持走"具有中国特色、体现技术进步"的民机研制道路，以自主创新为战略基石，积极吸纳凝聚国内外各种优势资源和创新要素，着力打造一流的总体设计能力、超强的系统集成能力、独特的试验验证能力和快速的应用转化能力，努力创建一流人才队伍、打造一流自主品牌、建设一流研发中心、铸造一流航空企业。

上飞院研发的客机主要有三个型号：ARJ21 新支线喷气式客机、C919 大型客机和 CR929 远程宽体客机。随着型号不同，数字化研发随之不断深入：设计 ARJ21 时，主要以二维图纸的形式进行；设计 C919 时，从产品数据管理协同逐步进化到 3D 合作伙

伴关系管理协同,设计的数字样机也逐步从单纯的产品数字样机拓展到服务数字样机和制造数字样机,不断向下游进行拓展;到CR929时,则采用了企业级的系统全生命周期协同,系统需求从功能、原理、结构连续传递到生产、服务和运营,数字样机也拓展到了功能数字样机和性能数字样机,目标是实现数字孪生。

在研发设计数字化发展历程中,由于大飞机研制具有知识密集、技术密集、多学科集成、研制周期长、产品复杂、产业链长、产业关联度高和全球一体化等特点,研发工作面临着系统复杂度不断增加、多型号、系列化、创新发展等多方面挑战,呈现出产品创新门槛高、产能需求呈倍数级增长、系统复杂度呈指数级增加、研制成本和研制周期大幅压缩等四个方面的痛点,为此上飞院积极开展数字化转型,以期能取得新的突破。

8.5.2 新型能力的识别与确认

上飞院数字化转型的第一步,就是识别和确认新型能力。具体过程分为业务场景策划、价值模式策划、可持续发展的竞争合作优势培育、确立战略目标与举措。

1. 业务场景策划

飞机设计主要分为分析客户需求、产品概念设计、产品初步设计、产品详细设计和产品服务验证五个阶段,上飞院对不同阶段的数字化需求分别进行了调研和分析,确定了数字化研发设计与仿真、网络化协同研发和知识赋能三个核心业务场景,同时明确了相应的度量指标、价值效益和治理体系的优化方向。图8-2为业务场景策划框架。

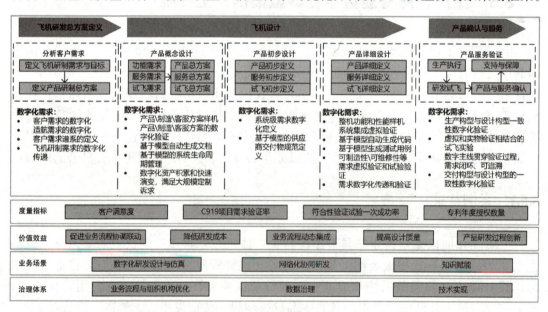

图8-2 业务场景策划框架

2. 价值模式策划

上飞院认识到自身的价值需求主要是降低研发成本、提升产品质量、促进数字化业务培育，同时能提升产业链数字化水平。为此，上飞院将运行和改进新型能力、推进业务创新转型、获取可持续竞争优势及获得稳定的预期市场收益作为价值模式策划的重点，成为贯穿数字化转型始终的核心路径，以最大限度支持业务按需调用能力，快速响应市场的变化。

3. 可持续发展的竞争合作优势培育

在可持续发展的竞争合作优势培育方面，上飞院认为自身在人员赋能、设计技术、集成管理、协同设计、智慧设计等方面具有优势，并提出了发展目标——设计出航空公司愿意买、飞行员愿意飞和乘客愿意坐的飞机，着力从航空公司、飞行员及乘客三个方面优化相应的设计，重点培育以下五个方面优势：

（1）人员赋能优势：民机设计研发是知识高度密集型的行业代表，人才是其发展的命脉。

（2）设计技术优势：关注支撑型号持续发展的技术创新和协同创新。

（3）集成管理优势：围绕研发"总指挥和总设计师"制度建设和联合技术攻关团队建设，项目管理能力有所提高。

（4）协同设计优势：大型客机产品设计各专业定义之间的模型的协同联系。

（5）智慧设计优势：由经验型设计、粗放式管理向知识型设计、数据驱动精细化管理的研发模式转型。

4. 确立战略目标与举措

上飞院从自身实际出发，设定了自己的战略目标：到 2035 年，把上飞院建设成为国际一流的商用设计研发中心；到 20 世纪中叶，把上飞院建设成为世界级的商用飞机设计研发中心。

针对这一战略目标，上飞院所确定的主要举措包括：

（1）做强一条主轴：以需求为驱动，实施正向设计。

（2）建成两个体系：能力建设体系和科技创新体系。

（3）夯实三项基础：育人、建物、攻事。

（4）打造一个集群：依托产业链中心，培育商用飞机国内配套产业集群，提升国产化和自主可控。

8.5.3　新型能力建设

确定新型能力后，上飞院积极开展新型能力建设，并从以下五个方面予以推进：

1. 打造全领域的集成协同办公方案

打造全领域的集成协同办公方案是上飞院新型能力建设的首要任务。具体做法是基于单一产品数据源开展设计和试验，实现模型开发和虚拟集成的有机统一。集成协同办公方案如图 8-3 所示。

图 8-3　集成协同办公方案

2. 业务流程和组织架构优化

在业务流程上，上飞院主要是对设计协同流程、数据传递流程和工程更改流程进行了优化，具体包括三个环节：

（1）设计协同流程：对应飞机设计能力单元，是设计与制造、机体供应商，系统供应商等的异地协同设计的过程。

（2）数据传递流程：对应产品服务与确认能力单元，是上飞院同制造、机体供应商等进行数据接收和发放的控制流程。

（3）工程更改流程：对应飞机研发总方案能力单元，是制造、客服等发现设计改进需求后，向设计发出工程更改的请求。

在组织架构上，主要开展了以下五个方面的具体行动：

（1）成立五所五中心：调整为院、所、部门三级结构，发挥专业集中技术优势。

（2）设立流程设计组：主抓型号任务的集中分派、赋能，增强知识赋能业务优势。

（3）强化总体专业：加强了飞机总体设计相关所、部、组的责任定位，提升正向设计研发能力优势。

（4）成立型号联合技术攻关团队。

（5）成立 ARJ21-700 新支线飞机、C919 大型客机、CR929 远程宽体客机联合技术攻关团队。

3. 全领域集成协同技术实现

在具体的全领域集成协同技术实现方面，核心是模型在协同设计中的传递及数据在流程业务领域和飞机层级的传递。

按照传统的做法，设计协同、数据管理和仿真是在不同的平台上进行的。上飞院通过数字化手段，打通了数据的传递和模型的对接，实现了全领域的集成协同和基于模型的在线关联协同设计，打造出面向飞机全阶段的实时数字样机，从仅关注几何样机扩展到同时关注系统样机、制造样机和服务样机，且所有过程数据均受控，可采用统一的构型管理模式,大大提高了设计结果的准确性。此外,全领域的集成协同还体现在可以基于模型开展全面的工程分析和审查,包括人机工效分析、全机装配模拟、安全性影响、运动仿真分析及转子爆破影响和防护等。

4. 数据开发创新

在数据开发领域,上飞院也实现了全领域的集成协同和端到端的数字连续,做到全过程无复制、无重复。数据进行一次定义,就能全业务领域复用,需求、功能、逻辑、产品、工艺、维护、验证业务之间都可以进行关联。

5. 数字化治理体系建设

在数字化治理体系建设方面,上飞院用架构的方法进行了机制建设,定义了公司的 8 个大过程和 40 个小过程,并制定了相应的标准和表单,保障过程落地。为保证实施质量,上飞院最终确定了 8 个过程监控指标,具体包括:

(1)客户满意度:主要用于监控工作质量。
(2)C919 项目需求验证率:主要用于监控研制质量。
(3)提交中国民用航空局的符合性报告一次通过率:主要用于监控设计质量。
(4)知识共享平台有效账号数:主要用于监控知识赋能效果。
(5)产品从业人员岗位资质培训合格率:主要用于监控研发人员设计水平。
(6)专利年度授权数量:主要用于监控知识产权产出能力。
(7)协同研发平台有效账号数:主要用于监控协同研发水平。
(8)设计人员工作效率:主要用于监控协同研发效率。

8.5.4 数字化协同建模与仿真

上飞院积极探索用数字化手段实现协同建模和仿真,已取得了多方面的成果。

1. 飞机设计建模与仿真的数字化需求

在工业互联网背景下,使用数字化方式使大型系统中所有子系统的建模与仿真信息整合成一个整体成为必然趋势。但现阶段的飞机设计建模与仿真存在涉及专业广、建模工具多样、仿真工具分散、过程管控难度大、多学科联合仿真流程难实现的痛点,如何在数字化转型过程中解决这些问题已成为上飞院的一项紧迫任务。针对现实需求,上飞院确立了面向数字孪生的建模与仿真能力,如图 8-4 所示。

2. 数字化协同建模与仿真平台的构建

上飞院紧密围绕复杂航空产品的设计研发过程,搭建了以"基于模型定义、虚拟集成仿真"为核心要素的数字化协同建模与仿真工业互联网平台,以解决行业内普遍存在的协同研制、数据孤岛、协调壁垒等共性问题。基于该平台,上飞院建立了以基于模型的系统工程方法论为基础的复杂产品正向设计协同研发新模式,实现我国大飞机研制体系创新。通过数字化协同的建模与仿真工业互联网平台推广应用,带动供应链体系的数字化协同研发，利用标杆应用项目的高适用性和强延展性特点，推广到航空产品研制行业及其他行业，全面提升了整个产业的数字化研发水平。

考虑商用飞机产业链全球协同等技术特点和相关要求，上飞院通过技术论证与工程测试应用，建设了基于工业互联网、知识和数据驱动的协同研发平台。该平台以数字化协同建模与仿真为切入口，能够在设计阶段利用建模仿真手段，充分评估和验证、确认运营阶段产品的性能、质量和使用方法等，可大幅度缩短型号研制周期，减少型号研制成本，提高型号设计质量，进一步推动制造业与互联网的深度融合发展。

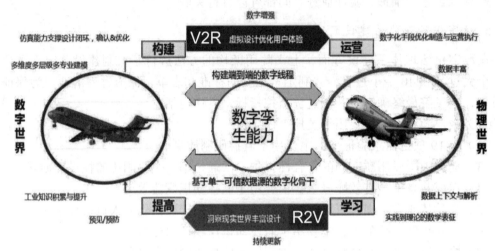

图 8-4　面向数字孪生的建模与仿真能力

注：V2R 指的是"从虚拟到现实"（Virtual to Real）；R2V 指的是"从现实到虚拟"（Real to Virtual）。

8.5.5　运行成效和发展经验

数字化转型的方法和途径，助力上飞院打造了民用飞机研发的新业务模式，显著提高产品的研发质量，大大缩短物理试验验证过程。与此同时，依托数字化研发平台，上飞院打通了研发过程的数据孤岛和流程孤岛，将整个过程中的数据进行了集成和验证。

（案例资料参考来源：数字化转型服务平台.案例 1：上飞院导入两化融合管理体系升级版理念和方法实现管理变革 [EB/OL].(2022-02-24)[2024-04-06.https://gq.dlttx.com/contentDetail?id=1982&path=information.）

8.5.6　案例评析

上飞院按照大飞机研发业务价值体系优化和创新的要求，识别和打造新型能力，一直把新型能力建设作为数字化转型的核心路径，全方位牵引大飞机研发数字化转型，实现数据驱动设计，打造大飞机产业链研发业务快速迭代和数据驱动协同发展的开放价值生态，取得了十分显著的成效。

按照数字化转型战略规划，上飞院要研发国际一流、自主可控的数字飞机，打造商用飞机的领先生态，培育世界级的研发能力，实现全面自主可控。这就需要坚持以客户为中心，建设数字化、智能化的设计体系，培养基于数据驱动的研发能力，最终实现效率提升、成本下降及技术和模式的全方位创新。

8.6 生活性服务业数字化转型案例：吉大一院互联网医院

目前国内互联网医院正在如雨后春笋般兴起，吉林大学第一医院（别名：吉林大学白求恩第一医院）是其中的佼佼者，通过"医'网'服务"和"'智'在就医"，成功打造了国内领先的基于互联网医院的智慧医院。

8.6.1 案例背景

吉林大学第一医院（以下简称吉大一院）始建于1949年，是集医疗、教学、科研、预防、保健、康复为一体的大型综合三级甲等医院。医院深化"互联网+医疗健康"服务，于2020年获批吉林省首家互联网医院，同年5月26日正式开通。吉大一院开设了App、公众号、小程序端的预约挂号，医生、护理、药师在线咨询，处方、检查检验在线开立，门诊、住院在线缴费及明细查询、电子随员证，检查预约，电子胶片、病历寄递、院后随访、健康档案管理、慢病管理、医保在线咨询、床旁入院办理及缴费等便民服务。该医院于2021年7月成功通过国家医疗健康信息互联互通标准化成熟度五级乙等测评，于2022年作为数字健康典型案例中10个可复制推广的示范案例之一被国家卫生健康委通报表扬。

8.6.2 建设与运营

2018年印发的《国务院办公厅关于促进"互联网+医疗健康"发展的意见》中提出：医疗机构可以使用互联网医院作为第二名称，在实体医院的基础上，运用互联网技术提供安全适宜的医疗服务，允许在线开展部分常见病、慢性病复诊。吉大一院紧紧围绕国家的部署和安排，高度重视互联网医疗技术创新服务模式探索，以互联网医院建设方案为指南，大力推动"互联网+医疗健康"的发展和建设，充分利用数字化手段助力医疗服务改革，努力满足广大百姓日益增长的就医新需求，摸索构建覆盖诊前、诊中、诊后的线上线下一体化的医疗服务模式，为广大群众提供更便捷的就医新服务。

为方便广大患者就医，吉大一院于2019年1月正式启用了居民电子健康卡，整合了医院就诊卡的功能，从预约挂号、就诊、检查、检验、取药、支付、信息查询的医疗服务全过程，真正实现"就诊一卡通"。2020年1月，吉大一院又开通了线上问诊通道，减少了院内就医人员聚集，降低了交叉感染的风险，医疗服务质量和效率不断提升。在此基础上，吉大一院逐步实现了基于互联网、自助机、微信服务号及手机

App挂号预约、门诊挂号、就诊结算、智能导诊、器官捐献、住院预交款、住院费用查询、检查预约、在线支付、商业保险平台等功能，同时实现了远程医疗、健康咨询、健康管理、常见病、慢性病的随访与复诊、疑难病症的远程会诊等医疗服务。图8-5为吉大一院互联网医院运营流程。

图8-5　吉大一院互联网医院运营流程

依托互联网医院，患者即可通过"吉大一院智慧医院"App、"吉林大学第一医院"微信小程序进行问诊。可采取在线图文发送或视频互动两种问诊方式进行复诊，与医生进行充分沟通后，医生书写网络门诊电子病历并开出电子处方，经医院药师审核后，患者在线缴费、填写详细信息，到医院药房自取药品，减少了患者来回奔波的麻烦和路途上的负担与风险，使患者看病更加方便、快捷、舒适。

8.6.3　取得成效

吉大一院互联网医院已经取得以下三个方面的成效：

（1）重塑挂号、缴费、排队叫号、入出院手续和诊后服务等五个重点流程，新的就医流程给患者提供了便利。

（2）互联网医院平稳运行有效缓解线下就医压力，患者逐渐适应互联网诊疗的新型就医模式，"互联网+医疗健康"呈现积极发展态势。

（3）各临床科室及医生积极主动参与到互联网医院建设工作中，其中随员审核、在线复诊和门诊咨询功能等作用突出，有效减少医院进出人员，以预防院内感染。

（案例资料参考来源：规划发展与信息化司.国家卫生健康委办公厅关于通报表扬数字健康典型案例（第二批）的通知[EB/OL].(2022-05-31)[2024-04-07].http://www.nhc.gov.cn/guihuaxxs/gongwen1/202205/7879709a521048a7bdbce1a9bee9729b.shtml.）

8.6.4 案例评析

吉大一院利用"互联网+健康医疗"模式,实现了线上线下一体化,将线下就医流程迁移到线上,从"小切口"去做"大民生",解决患者线下就医的困难和堵点,进一步改善医疗服务。从患者的角度来看,互联网医院为其看病就医带来了便利,提高了医疗效率,将优质医疗资源下沉至基层,切实有效地解决了患者看病难、看病烦的痛点。从医生的角度来看,互联网医院为他们提供了施展拳脚的另一个舞台,为他们更好利用常规门诊之外的时间创造了条件,同时通过官方的平台,更能彰显自身的身份和价值;从医院的角度来看,互联网医院既可以拓展新的服务渠道、增加收入来源,又可记录和分析患者就医的全生命周期医疗数据,优化服务,以及为筛选更匹配的患者提供强有力的数据支撑。

本章小结

服务业是国民经济与社会发展的支柱产业,并且在促进就业、繁荣市场、推动社会进步及扩大开放等方面发挥着越来越重要的作用。服务业面对数字化转型的机遇,如何顺应时势,加快数字化转型和升级,是我国各地各级政府、服务业及社会各界所普遍关心的现实问题,需要对此形成共识并开展全方位的部署。

服务业数字化转型是一项影响十分广泛的系统工程,既需要对服务业"伤筋动骨",甚至有可能"脱胎换骨",又需要从政府政策、市场培育、供求匹配、技术支持、数据支撑及监管规范等方面多管齐下,形成新的合力,助力服务业快速发展。

第 9 章 文化数字经济

文化不仅是历史的积淀、智慧的结晶,而且是国家的根脉、民族的灵魂,同时更是引领历史演进方向和时代前进潮流的驱动力量。文化兴则国运兴,文化强则民族强。我国是有着悠久历史的文明古国,文化根基深厚、文化资源丰富、文化精英荟萃,在文化数字化转型过程中虽然有良好的基础,但也面临着严峻的挑战,必须抢抓机遇、力求突破,努力以数字化支撑文化软实力的"硬筋骨",同时积极部署数字文化的新产业、新业态、新模式,为早日建成根基深厚的文化数字经济强国作出积极探索。文化数字经济涵盖文化数字化和数字文化两大组成部分,既是数字经济发展的重要组成部分,也是文化自身发展和演进的重要方向,需要我们深入研究,探求规律,引领未来。

9.1 对文化数字化的新认识

文化是人类活动的产物,伴随着人类的繁衍和进化而生生不息。文化与时代共生,在当今数字化时代,文化数字化已成为越来越普遍的发展形态。

9.1.1 对文化的理解

古往今来,有关文化的定义不一而足。一般认为,文化是指人类发展过程中所创造的精神财富及其物质载体,以及与之相适应的日常行为习惯和制度形态。作为四大文明古国中唯一延续至今的国家,中华文化博大精深、源远流长、灿若星河,是中华民族生生不息、发展壮大的力量源泉。

顾名思义,文化中的"文"是指精神内核,包含几千年来民族理解和表达真善美的习惯与经验的总和,是文化的灵魂;而"化"是指影响力,即如何通过有效的传播方式和影响形式,使文化的内涵真正彰显出其应有的作用和价值。伴随着历史的车轮滚滚向前,人类社会正在快速迈入数字化时代,数字经济也正成为农业经济、工业经济之后的主要经济形态,推动经济的转型和社会的进步。在数字化时代,数字技术应用和数字化模式的形成,是"文"得以更有效、更充分和更持久"化"的不二法门。

纵观世界,文化因其强渗透性、广覆盖性和高作用性,正成为国家软实力的基本表现。文化软实力是文化独特的魅力所体现出来的精神力量,是世界各国制定文化战略和国家战略的一个重要参照系。文化软实力通过以下五个方面得以呈现:

(1) 文化凝聚力:文化既是人民凝聚的媒介,也是民族凝聚力的精神源泉,同时还是国家强盛的内生动力。

(2) 文化影响力:文化影响力不仅决定文化所能获得的认同的广度和深度,而且与文化的经济价值和社会价值有着极大的关联,同时在能否赢得国内外的话语权等方面作用明显。

(3) 文化生产力:文化生产力既是创造和生产精神文化产品的能力,也是满足人民精神文化需求的现实力量,只有充分激发文化生产力,才能使文化绽放出更加耀眼的光芒。

(4) 文化服务力:文化服务力是指文化服务主体通过各种服务满足被服务者的能力,文化的服务需求正处在快速上升时期,提升文化服务力是文化自身发展壮大的迫切需求。

(5) 文化创新力:守正创新是文化发展的主旋律,既要在思想内涵和精神价值上扬正气、发新意,又要在发展道路和实现方式上守正道、开新路,只有不断提升文化的创新力,才能推陈出新,使文化始终充满生机和活力。

文化是国家和民族的灵魂,集中体现了国家和民族的品格。一个民族的觉醒,首先是文化的觉醒;一个国家的强盛,离不开文化的支撑。在数字化时代,文化离不开数字化的支撑和赋能,否则文化就必然会滞后于数字化时代的发展,与人民群众的需求和文明进步的要求渐行渐远,有的甚至彻底掉队。

9.1.2 文化数字化的定义

有关文化数字化的研究逐渐受到人们的重视,相关的定义也有众多不同的表述。我们认为,文化数字化是以文化创意内容为核心,以文化数据资源为关键要素,以数字技术在文化创作、生产、传播、体验和消费等全过程的深度应用为主要推动力,促进文化和数字化的融合共生,使文化软实力在数字化时代得以充分展现,文化的生命力、渗透力和作用力得以进一步强化,文化对经济繁荣、社会进步的作用和价值得以全面显现。

与此同时,由数字技术赋能的文化新业态呈现出蓬勃发展的态势,例如,可穿戴智能文化设备制造呈现出蓬勃发展的势头;再例如,实现数字技术转型的文化团体、充分应用数字化手段助力的文化名人等,都迎来了新的更大的发展空间。

9.2 文化数字化的发展内涵

从国内外的发展实践来看,文化数字化的发展内涵,应围绕文化活动的核心领域开展数字技术的深度应用,使文化和数字化融合共生。

9.2.1 文化创作数字化

文化创作是文化发展的源头,也是文化数字化的起点,对文化数字化的发展成效有着重要的影响。文化创作数字化主要表现形式如下:

(1)创意素材的数字化:通过数字技术的应用,将各种形式的文化元素以数字化的方式加以汇集,为文化创作提供形式多样的数字化养料,夯实文化数字化的地基。

(2)创作手段的数字化:通过数字化手段聚集更多的用户参与创作,创造更多的文化成果。

(3)版权保护的数字化:通过数字化方式更好地保护创作者的原创成果,例如,用区块链技术对创作者的作品进行确权保护,对保障创作者的权益效果明显。

(4)创作成果的数字化:例如,以短视频展现文化创意,已成为一种普遍的文化创作方式,受到越来越多年轻人的欢迎。

文化创作数字化是一个持续推进的过程,必须积极探索,不断取得新的突破。文化创作数字化的发展水平很大程度上取决于创作者的数字化能力,想方设法帮助数字化基础薄弱的文化创作者提升相应的数字技术应用能力,是文化数字化发展中不可忽视的一环。

9.2.2 文化生产数字化

文化产品的生产既是文化可持续发展的根基,也是文化产业做大做强的重要前提。在传统的条件下,由于受技术条件的限制,加上工艺过程落后,文化产品的生产在产量和质量等方面面临较大的挑战。以非物质文化遗产中的瑰宝——西藏羊毛纺织品泽帖尔为例,这一浸染上千年历史的文化产品因质地柔软、持久耐用、纹路清晰、冬暖夏凉、清洗不变形等优点享誉海内外,但整个生产工艺共包括18道程序,从取材到捻线、染色,再到经纬线编织,全部为手工制作,即便是当地最熟练的纺织工一天也只能织出二十厘米左右,产能难以满足市场的需求。与此同时,因为泽帖尔选材讲究、技术机密、纺织工人匮乏,几乎面临手艺失传的窘境。为此,当地政府与专业技术公司合作,将泽帖尔制作过程中的全部文化元素及整个工艺流程以3D动画的形式转变为全媒体的数字形态,使当地年轻人有了更方便快捷的习艺渠道,同时也为数字技术提升生产作业效率创造了条件。

文化生产既包括实物商品的生产,又包括各种创意和服务的产品化呈现,文化生产数字化不仅可以充分借鉴当前智能制造领域的先进技术和实践成果,而且可以吸纳软件开发等行业的数字化经验,使生产过程的数字化和智能化程度得到有效提升,成为"智改数转"①的一个新亮点。从已有的实践来看,文化生产数字化可以从以下三个方面予以推进:

---

① "智改数转":智能化改造,数字化转型。

一是生产管理数字化。改变传统依靠纸质材料进行信息传递及靠人的经验进行分析判断的做法，通过各种数字化手段的应用，使文化生产过程中的数据采集、过程控制及管理调度实现数字化，既提升文化生产管理的能力，同时又能降低生产管理的成本，有效提高管理效率。

二是生产过程可视化。文化生产过程往往存在生产周期长、不可控因素多、协作难度大等痛点，运用数字技术实现生产过程可视化，是有效提升生产作业效率、消除各种生产干扰因素的有效举措。

三是生产信息的可追溯化。不少文化产品的价值与其生产者有极大的关系，如名家的书画真迹有着极高的收藏价值，但如何验真是一个难题。通过区块链等技术的应用，使作品生产信息不可伪造并可追溯，这对于作品权益的关联方有着重要意义，当前相关的应用正不断拓展，应用效果在不断显现。

从本质上来看，文化生产数字化是将数据作为生产要素融入生产过程之中，使数据发挥出独特的融合作用和价值增值效果。

9.2.3　文化传播数字化

在时代快速变迁、技术日新月异的今天，文化传播正面临着多方面的挑战：一是传播的方式越来越多元化，数字化的传播方式正在成为主流；二是传播的参与者空前活跃，各种自媒体应运而生；三是传播的形式更为丰富，具有较强视觉冲击力的视频媒体形式成为"新宠"；四是传播的地位不断凸显，各行各业都在强化自身的传播能力；五是传播领域的创新正在不断涌现，传统的传播理论和方法正在逐渐失去用武之地。

大力推进文化传播数字化正成为一种新的潮流，相关的成功案例也已越来越丰富。例如：李子柒以独特的视角展现我国农村充满诗情画意的田园生活，成为用数字化方式向国际社会传播中华文化的佼佼者。她拍摄的短视频《水稻的一生》，以稻米从播种到变成米饭的全过程诠释"粒粒皆辛苦"的深刻含义，该短视频成为中央纪委国家监委网站"节约粮食"的宣传片。

从国内外文化传播的发展经验来看，能不能在数字世界开辟新的传播渠道，事关文化的前途和命运。例如，不少曾经风光无限的纸媒，由于没有及时找到科学有效的数字化传播之道，正渐渐式微，不得不与时代告别。这不能不引起我们的深思。数字化传播(Digital Communication)是指与经济社会数字化相伴而生，以数字技术为支撑、以数字媒体为呈现形式、以数字方式连接、以数字空间交互，并以数字资源赋能的一种传播模式，以达到全天候、跨地域、多维度、高精度传播的目标。图 9-1 为数字化传播的概念框架①。

文化传播数字化的主要表现形式有以下六种：

一是文化传播媒体数字化。数字化传播以数字化的声音、图像、视频和文字等方式进行传播，与传统的口述、现场表演和纸质图书等内容呈现形式有显著不同，从某种意义上来说，数字化媒体是决定文化传播数字化的关键所在。

---

① 姚国章. 数字化传播的概念框架与发展之道 [J]. 科技传播，2021,13(21):133—136.

二是文化呈现方式数字化。数字化传播依托手机终端、电脑屏幕及其他显示设备等方式予以展示,形态各异的屏幕将成为文化传播数字化的主阵地,与传统的呈现方式有极大的不同。

三是文化连接方式数字化。数字化传播通过互联网等渠道进行数字内容的传输,确保传输内容的精准和快速,更好地满足远程、大容量数据传输需要。

四是文化交互空间数字化。数字化传播在数字空间中展开,受众一般通过各种终端设备登录各种数字空间,如微信、微博和抖音等,并通过点赞、留言和转发等方式进行反馈和互动,他们在数字空间可获得全新的交互体验,拓展传统交互空间的边界。

五是文化传播资源数字化。在数字化传播的背景下,传播的资源都是以数据的形式存在,原创且具有影响力的传播数据资源,是传播成败的"秘密武器"。

文化传播数字化已成为文化生命力的重要体现,对文化经济价值和社会价值的发挥有着极大的影响,同时也是提升国际文化影响力的有力举措。

图 9-1 数字化传播的概念框架图

9.2.4 文化展示数字化

文化展示是文化作为精神内涵呈现其独特价值的基本方式,也是文化产生影响力、辐射力、感染力和吸引力的重要来源。文化展示是一个覆盖面十分广泛的产业,小到手机屏幕,大到巨型大屏及各类博物馆、文博会的实物展示等,都是文化展示的具体形式。从文化展示的发展需求和受众要求来看,加快推进数字化的发展步伐已是大势所趋,甚至刻不容缓。从当前的发展来看,文化展示数字化主要有以下五种方式:

(1)展示载体的数字化:具体体现为各种显示屏代替传统的展板及各类纸质印刷材料等,屏幕正成为数字时代文化展示的基本载体。

(2)展示渠道的在线化:通过互联网将形式多样的文化内容实现跨时空展示,使文化展示渠道从线下拓展到线上,实现线上线下的充分融合。

(3)展示形式的媒体化:数字化展示可以有效弥补传统实物展示方式的缺陷,可以通过多媒体以更具冲击力的形式展示文化内容,达到更好的展示效果,尤其是以视频的方式表达文化内容，已成为越来越重要的选择。

（4）展示体验的场景化：主要通过运用AR/VR等技术手段，使得文化体验更加具有场景感和融入感，例如，利用VR技术重现某一历史场景，让用户更能身临其境、感同身受。

（5）展示内容的个性化：充分利用大数据、人工智能等手段，根据不同用户的需求，提供富有个性化和专业化的展示内容，达到千人千面的展示效果，更好地满足用户对文化内容个性化的需求。

传统的文化展示行业应加快数字化转型的步伐，以数字化拓展展示空间、丰富展示内容、创新展示模式，为文化发展赢得更加广阔的未来。

9.2.5 文化体验数字化

特定时间、特定地点的现场参与是传统的文化体验方式，为了突破文化体验的地域限制，满足人民日益增长的精神文化需求，积极探索文化体验数字化的实现路径变得十分必要。从国内外的实践来看，文化体验数字化主要表现出以下三种方式：

一是云游览。让用户通过小程序或App，全方位感受文化项目的无穷奥妙，享受更多的体验乐趣，例如，借助"云游敦煌"小程序，用户可以360度全景领略敦煌石窟的独特魅力，近距离感知壁画的历史文化内涵，轻松实现与莫高窟的跨越时空的"约会"，同等的时间所获得资讯内容远超在现场的实地体验。

二是云直播。各地纷纷都在推行的文化云直播在非遗技艺传承和非遗产品销售方面有很好的效果，对解决传承人数量稀少、习艺人地域分散以及非遗商品线下销售经营困难等实际问题，有极大的帮助。

三是云演出。线上的演出可以让天南海北的观众聚集云端，并通过广告收入弥补线下演出的门票收入，例如，孙燕姿和罗大佑曾举办的线上演唱会，有上亿人观看，达到了线下演出无法企及的观众规模和宣传效果。

文化体验的数字化已成为文化顺应时代发展的新要求，既要充分发挥线上体验的特有优势，又要通过积极有效的方法弥补因线下体验所带来的遗憾。

9.2.6 文化消费数字化

文化消费既是文化价值得到认可的标志，也是文化得以可持续发展的基本保障。如何利用数字技术促进文化消费的数字化转型，激活和倡导新的文化消费方式，是一个亟待探索的现实课题。文化消费数字化有很多表现形式，当前比较受认可的主要有以下五种：

一是以会员制方式促进用户长期消费，形成较为稳定的用户消费群体，保证业务的可持续发展。

二是利用算法优化对用户文化内容的供给，让用户找到更符合自己兴趣的文化项目，成为文化消费的拥趸。今日头条的内容推送机制就是较为成功的例子，非常值得文化项目经营者学习和借鉴。

三是利用数字化的消费激励措施提升用户对文化项目的消费兴趣，例如各类消费积分、完成任务得奖励等都是值得考虑的方法。

四是通过线上线下融合的方式促进文化消费更好更快地发展，例如观看线下的演出可以得到线上购买文化产品的优惠等，打通线上线下消费的关卡，实现双轮驱动。

五是应用数字虚拟人的方式营造"在场"的消费场景，提升用户的参与热情和实际的参与体验。

文化消费数字化的方式十分丰富，在新模式探索的过程中需要考虑三点：一是能否为用户带来文化消费的便利；二是能否有助于消费规模的扩大；三是能否有助于提升文化产品的消费效率并产生更好的效益。

9.3 文化数字化的推进之道

文化数字化既是数字时代文化存在的基本要求，也是文化进一步彰显自身价值的必然选择。文化数字化高质量发展是一个只有起点没有终点的系统工程，需要从长计议、统筹谋划、有序推进。

9.3.1 文化数字化需要遵循"六有"思路

文化数字化的推进是一个系统工程，在具体推进过程中，应围绕六个"有"予以决策部署，既要切忌急躁冒进，又要防止裹足不前。

1. 政策有保障

各地政府要根据《关于推进实施国家文化数字化战略的意见》，结合各地实际，研拟相应的政策措施，确保相应的政策能实际可行，并能产生良好成效。

2. 消费有需求

文化消费不足是影响文化繁荣的重要制约因素，通过发放消费券、积分兑换、组织企事业单位集体消费等方式，扩大消费群体覆盖面，培植丰沃的文化土壤。

3. 市场有供给

鼓励各类文化群体顺应市场需求、加大创新力度，创作更多有生命力的文化数字化精品，同时鼓励人民群众参与作品的创作，走"从群众中来、到群众中去"的群众路线，夯实文化发展的群众基础。

4. 技术有支撑

文化数字化需要相应的技术支撑，但文化系统本身技术基础普遍比较薄弱，现成的技术方案也十分欠缺，要鼓励有条件的文化技术企业加大研发力度，针对文化数字化的新需求、新要求，开发出更多更好用的技术成果，满足新的需要。

5. 推进有章法

文化数字化的推进要坚持"政府引导、文化企事业单位主导、多方联动、分类推进"的思路，稳扎稳打，小步快跑，使文化和数字化在时代进步的洪流中不断融合，焕发出强大的生命力。

6. 生态有活力

文化数字化发展需要富有活力的生态体系，包括"政、产、学、研、用、金"等各类参与主体，只要各类参与者各尽其能、各司其职、各负其责，就能使文化数字化拥有旺盛的活力，绽放出争奇斗艳的文化数字化之花。

9.3.2 党政部门的"五台"角色

党委和政府是推动文化数字化发展的关键性力量，要坚持"既不越位，也不缺位，更不错位"的发展原则，做到"有所为，有所不为"，勇于担当文化数字化引领者和推进者，着力扮演好"五台"角色。

1. 夯实文化数字化后台

各级党政部门拥有包括文化馆、博物馆、图书馆、各类演艺团体和文化基础设施等大量文化资源，是文化数字化的强大后台，需要担当重任，不负使命。

2. 创立文化数字化数据中台

充分整合长期来分散在各类文化主体中的文化资源，对通用性强、复用性高、利用价值大的文化资源进行数字化处理，形成标准化的数据资源，通过构建数据中台的方法为全域文化数字化提供强大保障。

3. 搭建文化数字化舞台

针对当前传统影剧院及相关演出场所数字化转型的困难，缺乏相应的软硬件条件的现状，牵头组建通用性好、知名度高、群众基础扎实的数字化舞台，同时要充分利用已有的一些有影响的直播平台，使它们成为数字化时代新的文化基础设施，为文化演艺事业赢得新的发展空间。

4. 鼓励文化人站在数字化前台

文化从业者尤其是知名文化人士普遍存在年龄偏大、数字化应用能力偏弱、数字化参与经验少等问题，需要通过加强培训、提供针对性的辅导及一对一上门指导等方式，鼓励更多文化人站在数字化前台，帮助他们拓展数字化身份，担当起文化数字化先行军的角色。

5. 打造领先文化数字化平台

目前国内公信力强、数据资源丰富、群众参与度高的文化数字化平台还不够丰富多样。这既不利于平台经济做优做强，也不利于文化数字化健康、有序和快速地发展，因此要树立起"得平台者得未来"的思维，动员多方力量，打造具有国内领先优势的文化数字化平台，引领文化数字化向纵深发展。

9.3.3 推进文化数字化高质量发展的相关建议

我国作为文明古国和文化大国，必须在文化数字化转型发展中抢抓机遇，担当发展重任，为此提出以下建议：

1. 强化文化人的数字化思维

打造一支具有数字化思维的文化人队伍，是赢得文化数字化发展机遇的关键所在，要安排专门的资金、设立专门的项目，把提高文化从业人员的数字技术应用技能、强化文化数字化思维作为重要目标，使更多掌握数字化本领的文化人快速成长起来，为共同开创文化数字化新局面贡献更大力量。

2. 促进本土文化数字化企业成长

文化数字化是文化大繁荣、大发展的重要赋能器，将会带来可观的市场需求和发展机遇，要通过试点先行、示范带动和行业推广的思路，支持和鼓励本土文化数字化企业先行先试，助力企业发展壮大。

3. 加强文化数字化专家队伍建设

文化数字化既有很多理论问题需要研究，又有很多实践问题需要面对，而且因为具有"跨界融合"的特点，面临很多新的挑战，必须加强专家队伍建设，通过不同领域专家智慧的碰撞，为文化数字化少走弯路、找到更好出路提供更多智力支持。

4. 重视文化数字化品牌建设

文化数字化既是传统文化的发展趋势，也是文化创新的战略机遇，必然会诞生新的文化数字化品牌。因此需要抓住当前品牌尚未完全成形的窗口期，鼓励更多文化人士参与文化数字化品牌的培育，同时通过打造有影响力的文化数字化平台带动品牌塑造，尤其要鼓励年轻人为促进文化数字化和文化国际化积极打造个人品牌，营造出更多既富有文化内涵又具有正能量同时还具有担当精神的正面形象。

5. 加大文化数字化基础设施建设

我国文化基础设施数量众多，国家大剧院、扬州中国大运河博物馆、国家图书馆等在数字化建设方面都是国内的佼佼者。但部分基础设施还存在数字化升级的需求，需要加大力度予以升级，以期能创造出更多线上线下一体化、在线在场相结合的数字化文化新体验。

6. 鼓励传统文化项目的数字化创新

从全球范围来看，伴随着数字化时代的到来，不少传统的文化项目正在远离年轻人的视线，一些非遗项目渐渐失传就是其中的例证。而那些借助数字技术赋能的文化项目充满新的活力，数字敦煌、数字故宫及常州恐龙园等都是数字化创新的典型。各地要以先进典型为榜样，通过各种形式的数字化创新，提升传统文化项目的数字化含金量，创造出更多文化数字化精品。

7. 探索文化数字化新业态、新模式、新场景

大数据、人工智能、区块链、5G和元宇宙等数字技术为文化新业态、新模式和新场景（以下简称"三新"）的出现提供了广阔的空间，依托高校、文化企业组建多方参与的实验室是开展相关实践的有效措施，各地要积极争当文化数字化"三新"的领跑者，形成更多可供借鉴和推广的案例，更好地为全国文化数字化助力。

8. 构建文化数据安全监管体系

文化数字化对文化数据的安全提出了新的要求，应依照国家有关数据安全的法律法规，建立健全我省全流程文化数据安全管理制度，切实加强文化数据安全保护。同时要充分发挥行业协会等社会组织的行业协调、自律作用，建立起文化数字化信用评价机制，健全文化数字化统计监测体系，营造良好的文化数字化市场发展环境。

9.4　数字文化产业发展

数字文化作为数字时代文化的一种新的形态，正越来越成为文化发展的一道亮丽风景。当前，数字文化还有很多理论和实践问题需要不断探索。

9.4.1　数字文化的概念和特点

数字文化是指以创意内容为核心，通过数字技术进行创作、生产、传播和服务，以数字化作为发展动能和存在方式的文化形态。作为文化产业的新发展方向和数字经济的重要表现形式，数字文化正呈现生产数字化、内容数据化、传播网络化、消费个性化和影响全面化等特点。

从我国发展形势来看，文化产业与数字技术协同推进、融合发展，数字文化各种新型业态层出不穷、创新活跃，为文化的繁荣发展注入了新动能，数字文化产业正逐步成为优化供给、满足人民美好生活需要的有效途径和文化产业转型升级的重要引擎。

9.4.2　数字文化发展原则

在我国，数字文化的发展应遵循以下四个方面的原则：

（1）坚持导向，提升内涵。数字文化发展必须牢牢把握正确导向，坚持守正创新，坚持以社会主义核心价值观为引领，把社会效益放在首位，实现社会效益和经济效益相统一，充分发掘文化资源，提高数字文化产业品质内涵，讲好中国故事，展示中国形象，弘扬中国精神。

（2）创新引领，激活市场。数字文化必须坚持创新在产业发展中的核心地位，深入实施创新驱动发展战略，提高自主创新能力，推动内容、技术、模式、业态和场景创新。优化营商环境，激发市场主体活力，形成更多增长点。

（3）数据驱动，科技支撑。数字文化发展必须落实国家文化大数据体系建设部署，共建共享文化产业数据管理服务体系，促进文化数据资源融通融合。同时要把握科技发展趋势，集成运用新技术，创造更多产业科技创新成果，为高质量文化供给提供强有力支撑。

（4）融合发展，开放共享。既要推进数字经济格局下的文化和旅游融合发展，以文塑旅，以旅彰文，又要促进文化产业与数字经济、实体经济深度融合，构建数字文化产业生态体系，同时还要加强国际交流合作，培育新形势下我国参与国际合作和竞争新优势。

9.4.3 数字文化主要业态

数字文化的快速发展形成了多种新的业态，形态各异的各类新兴业态为文化的繁荣和社会的进步提供了强劲的动力。当前，数字文化主要业态有以下四种：

1. 数字文化平台

平台经济既是数字经济发展的重要组成部分，也是为各行各业深度赋能的重要推动力。数字文化平台是支撑数字文化发展的基本载体，对数字文化的发展起着无可替代的作用。

经过长期的积累，国内外数字文化平台正在不断涌现。例如，国内的腾讯、爱奇艺、抖音，国际上的YouTube、Netflix。值得一提的是，中央广播电视总台数字文化艺术博物馆——"央博"平台已于2023年1月正式上线，该平台把全国各大博物馆、美术馆、美术院校及知名艺术家的典藏文物、艺术作品、美育课程等聚合在一起，用户在该平台既可以进入文化名家的数字展馆欣赏经典作品，又可以学习各种美育课程，还可以观赏当前的热点文化节目，浏览第一手的文化资讯。"央博"平台还为用户量身打造具有时代感的文博科技体验，用户可以随时随地选择自己的"数字分身"，一键进入元宇宙，穿梭至不同时空，探寻相关文化成果。

在我国，数字文化平台的建设与发展主要可以从以下四个方面予以推进：

（1）培育文化领域垂直电商供应链平台，促进文化企业上线上云，加快传统线下文化业态数字化改造和转型升级，形成文化数字经济新实体。

（2）大力鼓励各类现有电子商务平台开发文化服务功能和产品、举办文化消费活动，支持互联网企业打造数字文化精品内容创作和新兴数字文化资源传播平台，同时支持具备条件的文化企业实现平台化拓展，加快培育一批具有引领示范效应的数字文化平台企业。

（3）积极鼓励互联网平台企业与文化企业合作，探索流量转化、体验付费、服务运营等新模式。

（4）科学引导"宅经济"健康发展，鼓励线上直播、有声产品、地理信息等服务新方式，发展基于知识传播、经验分享的数字文化创新平台。

2. 云演艺

云演艺是指利用 5G、云计算、AR/VR 等数字技术，以平台为载体，实现各类演出的线上化，创新演艺新业态，开启演艺新模式。在国际上对云演艺的探索正在展开，如 2020 年 4 月，美国的著名说唱歌手特拉维斯·斯科特在直播平台《堡垒之夜》举办了一场名为"Astronomical"的线上个人演唱会，这场仅有 9 分钟的演唱会，吸引了全球 2770 万人线上观看。2020 年 4 月 5 日，我国首部线上戏剧《等待戈多》在腾讯视频艺术频道直播首演。演出第一幕便吸引了超过 19 万观众同时在线观看，这相当于一个大剧场巡演一整年才能达到的入场观众数，创下了我国话剧最多单场观演人数的纪录。其独特新颖的创演方式引起热烈反响，成为戏剧界广泛关注的文化事件和公益实践。咪咕也开启了大规模的云演艺转型探索，实现了超 100 亿人次的品牌曝光量，云观众数量达到过往线下观众的 400 倍、线上付费用户较往年增长达数倍之多。总体来说，云演艺正在逐步兴起，前景十分广阔。

在我国，推进云演艺业态的健康快速发展可以主要从以下五个方面予以推进：

（1）推动 5G+4K/8K 超高清在演艺产业应用，建设在线剧院、数字剧场，引领全球演艺产业发展变革方向。

（2）建设"互联网＋演艺"平台，加强演艺机构与互联网平台合作，支持演艺机构举办线上活动，促进线上线下融合，打造舞台艺术演播知名品牌。

（3）推动文艺院团、演出经纪机构、演出经营场所数字化转型，促进戏曲、曲艺、民乐等传统艺术线上发展，鼓励文艺院团、文艺工作者、非物质文化遗产传承人在网络直播平台开展网络展演，让更多年轻人领略传统艺术之美，并能参与传承和传播。

（4）培养观众线上付费习惯，探索线上售票、会员制等线上消费模式。

（5）提高线上制作生产能力，培育一批符合互联网规律，适合线上观演、传播、消费的原生云演艺产品，惠及更多观众，丰富演艺产业链。

3. 云展览

云展览又称"线上展览"，是指以直播、VR 等数字技术为依托，在网络上搭建虚拟场景，在线上展出各类展品的新兴展览方式。例如，"故宫展览"App 中包含了 2015 年以来，在故宫院内举办的 90 余个展览，充分弥补了线下展览"有且只有一次"的不足，使相关的展览永不落幕。

云展览具有以下四个方面的特点：一是展览主体多元。只要符合相应规定并具备相关条件，即可在线上展出，当前各类博物馆、美术馆、艺术馆等是云展览的主要展览主体。二是展览内容可以灵活应变。云展览可以摆脱线下展览策展要求高、需要实物展出等限制，可以采用更为丰富的虚拟展品及更为多样的数字媒体形式，甚至可以达到比线下展览更好的展览效果。三是展览渠道更为多样。与线下展览相比，云展览除了常规的网站展览外，还可以通过微信公众号、小程序、手机 App、微博、抖音等覆盖面广、针对性强的传播渠道。四是宣传效果好。云展览展出时常常会聘请相应的专家学者进行讲解，并与观众互动。这样往往能形成较大的声势，同时可能还会对此进行宣传报道，吸引更多的观众观展，起到线下展览达不到的效果。

在我国，云展览主要可以通过以下三个方面予以推进：

（1）大力支持文化文物单位与融媒体平台、数字文化企业合作，运用5G、VR/AR、人工智能、多媒体等数字技术开发馆藏资源，发展"互联网+展陈"新模式，开展虚拟讲解、艺术普及和交互体验等数字化服务，提升美育的普及性、便捷性和易得性。

（2）支持展品数字化采集、图像呈现、信息共享、按需传播和智慧服务等云展览共性、关键技术研究与应用。

（3）推进文化会展行业数字化转型，引导支持举办线上文化会展，实现云展览、云对接、云洽谈、云签约，探索线上线下同步互动、有机融合的办展新模式。

4. 沉浸式体验

沉浸式体验是指通过3D全息投影、VR、AR、MR、多通道投影及元宇宙等技术的综合应用，营造出交互式强和叙事性好的特定空间，让人们沉浸在特定情境、氛围与主题中，以形成相应的感官体验和认知体验。沉浸式体验既可以提供以视觉、听觉、触觉和嗅觉等为主的感官体验，也可以是叙事性和故事性相结合的情感体验，同时还可以是追求价值认同的精神体验，已成为当今文化与科技充分融合的一种新型业态。经过多年的发展，沉浸式体验现已衍生出沉浸式娱乐、沉浸式影视、沉浸式演艺、沉浸式展览、沉浸式购物及沉浸式餐饮等丰富的形态。

沉浸式体验作为一种新的数字文化表现形式正受到越来越多的关注，相关的案例正在不断涌现。"金陵图数字艺术展"（如图9-2所示）自2021年10月在南京展出以后，受到极大的欢迎。

图9-2 "金陵图数字艺术展"实景

观众只要在现场领取定位手环、佩戴耳机，同时在App上选取特定角色后，就可以"数字化身"的身份穿越到宋代，并以一位身穿宋代服饰的宋人形象出现在电子大屏中，与栩栩如生的"画中人"亲密互动，仿佛回到了上千年前的宋代。这种恍如隔世的穿越体验让游客仿佛走进了清代宫廷画家冯宁所绘的《金陵图》中，这种独特的历史沉浸感让游客流连忘返。2022年4月，浙江省博物馆组织了"丽人行——中国古代女性图像展"展览，采用图像和实物相呼应的方式，展出了来自国内32家博物馆的1000余件文物展品，实现线上线下互动展示。在这个展览中，浙江省博物馆馆藏的清代画作《摹随园十三女弟子湖楼请业图》（如图9-3所示）因为运用了数字技术使画中人纷纷"走"出纸面，观众可以通过动画逐一认识画中的人物，产生了传统线下展览无法达到的效果。

图 9-3 展览现场

（图片来源：浙江博物馆）

在我国，沉浸式体验的数字文化发展主要可以从以下五个方面予以推进：

（1）要引导和支持 VR、AR、5G+4K/8K 超高清、无人机等技术在文化领域应用，发展全息互动投影、无人机表演、夜间光影秀等产品，推动现有文化内容向沉浸式内容移植转化，丰富虚拟体验内容，创造更多沉浸式体验场景。

（2）要支持文化文物单位、景区景点、主题公园、园区街区等运用文化资源开发沉浸式体验项目，开展数字展馆、虚拟景区等服务。

（3）推动沉浸式业态与城市公共空间、特色小镇等相结合，打造更多网红打卡地。

（4）要开发沉浸式旅游演艺、沉浸式娱乐体验产品，提升旅游演艺、线下娱乐的数字化水平，创作出更多沉浸式体验精品。

（5）要发展数字艺术展示产业，推动数字艺术在重点领域和场景的应用创新，更好传承中华美学精神。

9.4.4 数字文化产业生态培育

数字文化发展是一个涉及面广泛的系统工程，培育基础扎实、枝繁叶茂的产业生态，是其获得旺盛生命力的重要条件。从我国数字文化的发展需要来看，产业生态的构建需要从以下五个方面着力：

1. 壮大数字文化市场主体队伍

数字文化市场主体是主导数字文化发展的主力军，不断壮大数字文化市场主体队伍是我国数字文化健康、快速、可持续发展的重要保证，应从以下四个方面予以推进：

（1）鼓励和引导互联网龙头企业布局数字文化产业，培育一批具有国际竞争力的大型数字文化企业。

（2）鼓励文化企业与各类数字化企业开展技术、项目合作，拓展新的发展领域，实现垂直、细分和专业化发展，并通过收购、兼并和相互持股的方式，促进快速发展和壮大。

（3）大力支持中小微数字文化企业的孕育和壮大，夯实数字文化生态发展根基，开辟更多更具特色、更富有成长性的赛道。

（4）发挥大型数字文化企业的龙头带动作用，为上下游中小微企业提供肥沃土壤，提供生产协作、开放平台及平台资源等全方位的支持。

2. 做大做强数字文化产业链

强大的数字文化产业链是数字文化产业生态建设的重要目标，需要从以下四个方面扎实推进：

（1）以链主企业为核心，通过打好"建链、强链、延链、补链"组合拳，提高产业链韧性，不断提升市场适应力和国际竞争力。

（2）加强物联网、人工智能、元宇宙等数字技术在产业链中的应用，构建由大数据支撑、网络化联通、智能化协作的数字化产业链体系。

（3）鼓励相关金融机构、产业链链主企业等共同建立产业链金融服务平台，为数字文化上下游的中小微企业提供高效、便捷且低成本的资本支持。

（4）探索建立数字文化产业链链长工作制，综合发挥链长的统筹协调作用，切实提升产业集成和协同水平，全面提升数字文化发展能力。

3. 形成良好的数字文化创新创业氛围

创新创业是数字文化发展的重要驱动力，需要从以下四个方面推动创新创业氛围的形成：

（1）以市场为导向，以创新为驱动，鼓励"政、产、学、研、用、金"等多方合作，组建更多分工明确、优势互补、协作联动的数字文化创新载体，强化数字文化原创能力的培育。

（2）探索众创、众包、众扶、众筹等方式在数字文化创新创业中的应用，鼓励支持微创新、微创意、微应用、微产品，激活创新生态，激发就业活力，增加就业岗位，为社会提供更多机会。

（3）建设创新与创业结合、孵化与投资结合、线上与线下结合的数字文化双创服务平台，以平台为依托，支持各类数字文化企业孵化器、众创空间等载体打造符合市场需求的双创服务体系。

（4）充分发挥资本对文化新技术、新产业、新业态和新模式的促进作用，用好资本市场的风险投资和天使投资，为数字文化创业企业提供可靠的融资扶持。

4. 优化市场环境

优良的市场环境对数字文化产业生态的发展至关重要，需要从以下四个方面予以发力：

（1）坚持包容审慎、鼓励创新、大胆探索，在严守安全底线的前提下留足发展空间，为数字文化的成长发展保驾护航。

（2）加强数字文化新产品、新业态、新模式知识产权保护，鼓励创新，完善评价、权益分配和维护机制，促进知识产权合理运用和价值的顺利实现。

（3）完善严重失信名单管理制度，构建以信用监管为基础的新型监管机制，为数字文化发展创造良好的诚信成长环境。

（4）支持产业联盟、行业协会等行业组织创新发展，充分发挥社会力量在数字文化中的带动作用。

5. 积极推进国际合作

与世界先进水平相比，我国在数字文化发展方面尚处于相对滞后的状态，既要正视差距，又要加强合作，取长补短，具体可从以下六个方面予以发力：

（1）以具有一定国际化基础的企业为依托，全面推进技术、人才、资金等资源互动，倾力培育一系列具有国际竞争力的数字文化品牌和一批能得到海外年轻用户认同的数字文化产品。

（2）创新数字文化服务出口新业态新模式，发展数字文化贸易，培育新的贸易增长点。

（3）深化"一带一路"国家数字文化国际合作，向相关国家和地区提供数字化服务，合作开发数字化产品，共同开发市场。

（4）鼓励数字文化企业通过电子商务、海外并购、设立分支机构等方式开拓国际市场。

（5）加强与国际数字文化企业的合作与"联姻"，发挥各自所长，共同开拓国际市场。

（6）支持数字文化企业参与境内外综合性、专业性展会，支持线上文化产品展览交易会等新模式。

9.5 数字文化平台发展案例：Netflix

Netflix 也称为奈飞、网飞，由里德·哈斯廷斯和马克·伦道夫于 1997 年 8 月创立，总部位于美国加利福尼亚州的洛斯盖图。其最初以 DVD 租赁业务起家，自 1999 年开始推行订阅制服务，逐步转型为基于互联网的数字化流媒体服务商。经过二十余年的发展，现已发展成为全球数字娱乐业发展的领跑者。Netflix 的数字化转型之路历经波折，一路坎坷，最终渐入佳境，为我国文化数字经济发展提供了借鉴和思考。

9.5.1 案例背景

Netflix 自创立以来，不断根据技术的进步和市场的变化进行相应的变革，一定程度上反映了媒体数字化演进的轨迹。

1. 创立过程

在 20 世纪 90 年代中期，在美国互联网创业方兴未艾，很多只要带有 ".com"概念的创业项目就能获得巨额融资。当时哈斯廷斯经营的一家提供软件开发工具的公司收购了伦道夫的初创公司之后，两位创业同道经常讨论利用互联网创业的设想。伦道夫希望把自己拥有的 15 年营销经验与互联网结合起来，于是提出经营既能在网上售卖又可以让用户通过网上订阅而实现个性化定制的商品。经过反复比较选择后，他们决定通过互联网来经营录像带的租赁业务，让用户能在网上租录像带，然后通过邮寄直接送上门，将实体店的服务网络化。

但当时，在录像带租赁领域百视达一家独大。而且，他们发现录像带价格昂贵且在邮寄途中容易被损坏，基本需要租赁 80 次以上才能做到收支平衡，经营风险较高。后来伦道夫无意中发现日本开始流行 DVD，DVD 比录像带轻巧很多，而且极不易磨损，运费也更便宜。当时购买一张 DVD 的价格约为 20 美元，而邮寄费只需要 32 美分，他们迫不及待地进行了邮寄尝试。当完好无损地收到邮寄到家的 DVD 时，他们感到欣喜若狂，于是通过互联网进行 DVD 租赁的创业计划就此萌生。在当时，DVD 在美国尚未普及，选择 DVD 租赁业务可以避开与百视达的正面竞争，抢先一步建立起在 DVD 领域的竞争优势。

他们考虑到是在网上开展 DVD 租赁业务，他们即兴想到 "Net"和 "Flicks"的组合"NetFlicks（网络电影）"是一个好的概念，于是用其谐音 Netflix 作为创业项目名称。Netflix 的构想由此诞生。

2. 在线业务探索

1998 年 4 月 14 日，Netflix 平台正式上线，同时开通了 DVD 销售和租赁服务。但出乎意料的是，大多数顾客愿意在网上购买 DVD，而租赁业务的收入只占到总营收的 1%。这一局面引起了当时在网络零售风头正劲的亚马逊的注意，没过几个月，亚马逊意欲出价 1500 万美元左右收购 Netflix。如果 Netflix 不同意收购，亚马逊将直接拓展 DVD 销售业务与 Netflix 展开竞争。这对当时与亚马逊力量相差悬殊的 Netflix 来说是一次极大的挑战，在经历近乎生死抉择的思考后，Netflix 决定放弃被收购，并专注于做亚马逊不愿做的事情——放弃占据总收入 99% 的销售业务，专注于 DVD 租赁业务，并努力做到极致。

但在租赁服务市场，Netflix 需要面对一家独大的百视达。哈斯廷斯无意中发现一个用户痛点：他曾在百视达租了《阿波罗 13 号》的碟片因迟还一个半月而被迫支付了 40 美元的逾期费，他觉得这样的惩罚性措施必须取消。于是，Netflix 取消了滞纳金的做法，让用户可以任意期限存放 DVD，这也为后续订阅模式提供了雏形。

为了更好地扩大租赁业务，Netflix 积极与其他公司开展合作，例如，其与索尼的合作非常成功，购买索尼 DVD 播放器的用户可以在 Netflix 上免费租 3 张 DVD，这既为 Netflix 带来了可观的用户增量，也在很大程度上帮助索尼解决 DVD 的片源问题。在专注于 DVD 租赁业务后，Netflix 的业务得到快速发展，不到一年的时间，用户总数超过了 20 万。这种不设店面、无营业员服务的轻资产运营模式，既弥补了线下片源实物展示的局限、大大拓宽了用户的选择范围，同时也降低了实体店运作的成本。Netflix 在 DVD 租赁市场成为百视达有力的竞争者。

1999 年 9 月，Netflix 一改传统的按次收费的租赁模式，推出了包月租赁模式，用户最低只需要付 4.9 美元，每次最多能租 4 张 DVD，为用户带去更多便利，同时也有效地提升了用户黏性。包月租赁模式确立后，Netflix 的运营目标也变得更加简单和清晰——通过更丰富的片源、更贴心的服务吸引更多会员的加入，从而保持营收持续增长和盈利水平不断提升。

2000 年前后，互联网泡沫破灭，美国经济陷入困局。Netflix 也未能幸免，遭受巨额亏损后，曾考虑将公司出售给百视达，但最终因交易价没达成一致而未成交。不过就在 2001 年圣诞节，DVD 播放器成为十分流行的礼物。这表明公众对 DVD 片源有着巨大的需求，Netflix 也乘势而上，争取新的增长机遇。2002 年 5 月 23 日，Netflix 以每股 15 美元的价格在纳斯达克上市，当时的用户数约为 100 万，主要业务是向月付费用户提供 DVD 租赁服务，最成熟的市场是美国旧金山。

2003 年，Netflix 首次实现了盈利，到 2004 年，收入超过 5 亿美元，利润已增加到 4900 万美元。到 2005 年，Netflix 拥有 35000 部不同的电影片源，Netflix 每天租赁量达到 100 万张 DVD，成为 DVD 租赁的主导者。

9.5.2 发展转型

1. 向流媒体服务转型

2005 年，在线视频发布平台 YouTube 在美国横空问世，尽管当时网络的带宽和在线视频的清晰度都不尽如人意，但其受欢迎程度依然超乎想象。短短一年时间，这一平台汇集了数千万条用户发布的短视频，每天吸引上千万次的点击。2006 年，YouTube 以 16.5 亿美元的高价被谷歌收购。Netflix 一方面感受到了 YouTube 给自身业务发展带来的威胁，另一方面也看到了转型为流媒体服务商的机遇。2007 年 1 月，Netflix 正式将近 70000 部电影中的 1000 部通过流媒体技术提供给用户，同时正式通过网站向用户提供在线服务。图 9-4 为 Netflix 在 2007 年推出的在线服务网站主页。

为了更好地服务原有的 DVD 租赁用户，Netflix 同时聘请了相关的技术专家开发了能在电视机上直接播放流媒体的播放器 Netflix Player。这一播放器开发成功后，大大拓宽了用户的使用范围，尤其受到了长期与电视为伴的中老年用户的青睐。到了 2008 年年初，Netflix 让所有租用 DVD 的用户都可以免费获得无限量流媒体播放的服务，让用户获得了更多的影片选择。2009 年，Netflix 通过流媒体技术提供的节目超过了 DVD 的总数，由此标志着流媒体成为主体服务方式。2010 年 11 月，Netflix 将流媒体服务从 DVD 租赁业务中独立出来，同时作为业务转型的重点加以开发。在 2011 年 1 月，Netflix 为某些电视遥控器加载了 Netflix 按钮（如图 9-5 所示），允许用户在兼容设备上即时访问 Netflix，进一步扩大了流媒体服务的传播渠道和服务范围，对提升市场占有率起到了很好的作用。

图 9-4 Netflix 在 2007 年推出的在线服务网站主页

图 9-5 带 Netflix 按键的遥控器

到 2010 年，Netflix 迎来了拐点——用户在线观看的影片数量首次超越 DVD 租赁的数量，这表明属于 Netflix 的流媒体时代真正到来。为此，Netflix 根据当时形势的变化作出了砍掉 DVD 销售业务相类似的决定，把当时盈利占比较高的 DVD 租赁业务拆分出去，而让 Netflix 专注于流媒体服务。此后，流媒体业务获得了极为快速的增长。

在 Netflix 迎来流媒体成功转型新机遇的同时，昔日的 DVD 租赁巨头百视达因为受到线上业务的冲击而不得不申请破产保护，标志着传统的 DVD 租赁时代的结束。

2. 向原创内容开发商转型

随着用户规模的不断扩大和用户需求的不断上升，Netflix 意识到，单纯提供内容通道的模式已经难以为继，尤其是那些受用户欢迎程度高的影片受版权方控制给 Netflix 带来了前所未有的压力。于是，Netflix 开始启动原创内容的开发，希望能掌握更多影视作品的主导权。《纸牌屋》是 Netflix 的第一部原创剧集，也是其原创发展道路的扛鼎之作，具有很强的代表性。

（1）创作过程

《纸牌屋》原先是 1990 年在英国上映的一部共有四集的政治惊悚片电视连续剧，

由英国广播公司播出后深受欢迎，在 2000 年的英国电影协会评出的 100 个最伟大英国电视节目中排行第 84 位。2011 年曾执导过《七宗罪》《十二宫》等佳作的美国导演大卫·芬奇在看过英国版的作品后，决定将其改编成美国版的电视剧，并把剧情背景设定为美国华盛顿哥伦比亚特区，同时邀请获得奥斯卡金像奖最佳男主角的凯文·史派西担当主演。由于当时 Netflix 在原创剧方面尚未起步，当时的主创团队希望与家庭票房电视网（Home Box Office，HBO）和娱乐时间电视网（Showtime）等美国资深的有线电视网合作。当 Netflix 首席内容官泰德·萨兰多斯得知这一情况后，主动出击，积极争取到由 Netflix 投资拍摄美国版《纸牌屋》的机会。

在当时，主创团队最终选择与 Netflix 合作的理由主要包括这样三个方面：一是 Netflix 的用户中有很大的比例已经看过英国版《纸牌屋》，而这些用户中有相当一部分又是大卫·芬奇和凯文·史派西的粉丝，他们对美国版《纸牌屋》充满期待；二是 Netflix 打破了传统电视台必须"先获得试播集评估通过后才订购正式集"的传统，提出免拍试播集、直接预订两季的条件，给了主创团队极大的信任；三是 Netflix 开出了近乎天价的片酬，让主创人员极为心动。最终 Netflix 获得了主创团队的认可，正式开拍这一对 Netflix 具有里程碑意义的经典作品。

（2）用户反响

作为 Netflix 投资出品的第一部作品，《纸牌屋》播出后大获成功，真正达到了"一炮走红"的效果，同时也为树立"Netflix 出品，必属精品"的品牌形象奠定了基础。据测算，该剧每集的制作成本高达 400 万美元，需要在 2013 年新增 100 万订阅用户才能保本，但仅仅在第一季度就新增超 300 万订阅用户，大大超出了 Netflix 的预期。Netflix 乘势而上，获得了《纸牌屋》后续制作的续约。在受到订阅用户一致好评的同时，《纸牌屋》也获得了众多奖项。

（3）其他原创作品

《纸牌屋》的成功让 Netflix 充分认识到"内容为王"的铁律，更加坚定只有依靠优质的内容才能吸引流量同时保障存量用户的黏性的想法，这一经验为 Netflix 后期的原创剧制作提供了重要的参考。《纸牌屋》是 Netflix 发展的重要转折点，那些原来不愿意跟网络平台合作的流量明星纷至沓来，使 Netflix 在原创剧领域的影响力和整体实力有了极大提升。

在随后的数年中，Netflix 以原创剧的制作为重点，打造了一系列有影响的原创作品，同时也为 Netflix 带来了较快的用户增量，呈现出原创驱动的正循环，同时也进一步增强了 Netflix 走原创发展之路的决心和信心。

3. 国际化转型发展之路

2017 年，Netflix 的海外用户数量超过了美国本土用户总数，这是一个新的转折点。为更好地满足国际用户的需要，Netflix 在原创内容发展上奠定良好基础后，开始迈向国际化之路，其中一项重要的举措是制作更具国际影响力的作品。

2018 年 5 月，Netflix 与美国前总统奥巴马及其妻子歇尔·奥巴马合作成立了一家以制作纪录片为主的新公司，名为高地制片（Higher Ground Productions）。该公司成立后邀请美国著名纪录片导演史蒂文·博格纳尔和朱莉娅·赖克特执导，拍摄纪录片

《美国工厂》。该片在国际上取得了极大反响,并获得了 2020 年奥斯卡金像奖最佳纪录长片奖,为 Netflix 的国际化发展提供了重要的范例。

与此同时,Netflix 于 2019 年 8 月与《权力的游戏》的制片人大卫·贝尼奥夫等人达成了一项价值 2 亿美元的独家电影和电视协议,并着手改编我国作家刘慈欣创作的科幻小说《三体》。

2019 年,Netflix 获准加入美国电影协会,与迪斯尼等影视巨头融合共生,进一步繁荣了电影发展的生态。

2020 年 1 月,Netflix 在法国巴黎开设了一个拥有 40 多名员工的办公室,以促进国际服务和国际市场的开发。2020 年 2 月 25 日,Netflix 与六位日本本土动漫创作者签订合作协议,以创作有日本特色的动漫作品。2021 年 4 月 27 日,Netflix 宣布在加拿大多伦多开设其首个加拿大总部,还宣布将在瑞典及意大利罗马和土耳其伊斯坦布尔开设办事处,以增加其在这些地区的原创内容。

2021 年 9 月,由 Netflix 出品的《鱿鱼游戏》上映后,短时间内全球范围有 1.42 亿用户观看,已成为 Netflix 有史以来获得最大收视率的"全球爆款",全剧的制作成本约 2140 万美元,而创造的营收接近 9 亿美元,回报超过 40 倍。

2021 年 11 月,Netflix 推出名为 Netflix Top10 的新网站。这一网站将根据新的收视率指标每周在全球和国家/地区列出其服务中最受欢迎的影片,更好地引导国际用户选择 Netflix 发布的作品。

9.5.3 个性化推荐系统

Netflix 网站的每一个分类下都有成千上万部影片,如何帮助用户在海量的片源中选择自己感兴趣的作品,是极其复杂的。为此,Netflix 不断在该方面进行尝试,其中佳片推荐系统是其提供富有个性化的佳片推荐订阅服务的重要工具。

1. 历史推荐方法

2000 年,Netflix 开发了名为"Cinematch"的协同过滤算法,通过用户的评分来预测会员对一部电影的喜爱程度。随后又设计出五星评价体系,让看过电影的用户根据自己的感受来评分。2004 年,Netflix 发现家庭成员之间往往会共享一个账户,于是推出了"家庭会员个人档案(Profiles)",让每个家庭会员生成自己的电影列表,但这个服务响应者不多,效果不佳。

为了更好地满足用户的个性化观影需求,2006 年,Netflix 推出了基于用户数据的个性化策略,主要通过以下四个方面的策略来实现:一是通过收集节目收视率、类型评级和人口统计数据等显性数据来实现;二是通过用户对已纳入个人观影列表的电影进行具体评价获得数据;三是通过创建算法和表现分层策略,从而能够更好地将用户与他们喜欢的电影联系起来;四是通过将用户与更好的节目联系起来,提高每个用户的平均电影评分。为了让推荐算法更加科学,更能得到公众的认可,Netflix 专门设置了 100 万美元的奖金,吸引外部力量参与算法的开发,也获得了良好的效果。

2. 当前推荐方法

经过不断的探索和优化，Netflix 形成了当前相对较为合理的推荐体系——佳片推荐系统。

（1）考虑因素

Netflix 的佳片推荐系统目前主要通过以下因素进行推荐：

① 用户与 Netflix 服务的互动情况，如用户的观看历史记录以及对其他影片的评分。
② Netflix 服务中具有相似品味和偏好的其他会员。
③ 影片相关信息，如类型、类别、演员、发行年份等。
④ 用户每天观看时间。
⑤ 观看 Netflix 内容所使用的设备。
⑥ 观看时长。

所有这些数据均进入佳片推荐系统通过算法进行处理，并将结果呈现给特定的用户。为了更好地保护用户的隐私，佳片推荐系统在决策过程中不会采集用户的年龄或性别等特征信息。在用户创建 Netflix 账户或在账户中添加新的个人资料时，佳片推荐系统会邀请用户选择一些自己喜爱的影片，这些影片是"快速启动"推荐影片的基本依据。如果不选择"跳过此步骤"，系统将为用户提供各种热门影片以供用户继续使用 Netflix 服务。用户在 Netflix 播放过影片后，播放内容将取代用户最初选择的所有偏好，并且随着播放内容的不断丰富，在佳片推荐系统中"最近播放"比"以前播放"的内容有更高的权重。

（2）数据来源

Netflix 的佳片推荐系统有非常丰富的数据来源，具体包括：

① 数十亿条用户评分数据，并且以每天几百万的规模增长。
② 以视频热度为算法基准，统计最近一小时、一天或一周的相关数据，同时按照地域划分，计算视频在某部分用户中的热度值。
③ 每天动态播放数据，包括播放时长、播放时刻、设备类型等。
④ 不同的用户将各自喜欢的视频添加到播放列表的数据。
⑤ 视频展现方式数据，包括在什么时间、什么位置展现给什么样的用户。
⑥ 用户与系统交互的数据，包括滚动鼠标、悬停鼠标、单击，以及在页面的停留时间。
⑦ 社交网络信息数据，如用户的好友们在看什么视频等。
⑧ 用户平均每天进行几百万次搜索请求的数据。

上述的所有数据源都来自于 Netflix 自身的系统，同时还可以获取外部数据，例如电影的票房、影评家的点评等。除此之外，还有诸如人口统计数据、地点、语言、节假日数据等都可以用来预测用户兴趣。

（3）行、排名和影片显示

除了选择要在 Netflix 主页各行中包含的影片外，推荐系统使用算法会在一行中排列每部影片，然后对各行进行排列，以提供个性化的观看体验。换而言之，在用户查看 Netflix 主页时，系统便已排列好影片，并采用最佳顺序向用户展示可能喜欢的影片。

优先推荐的行显示在页面顶部，优先推荐的影片在每一行按从左向右的顺序显示。

9.5.5 案例评析

回顾 Netflix 的发展历程，基本轨迹是通过 DVD 租赁建立起会员体系，先以互联网优化对用户的 DVD 租赁服务，给用户创造更多的观影便利，再通过互联网提供流媒体服务，在此基础上，大力促进原创作品的生产，同时有力开拓国际合作和国际服务市场，最终走出一条富有活力的创新发展道路，逐步成为全球娱乐业转型发展的领跑者。从 Netflix 的成功，我们可以得到以下五个方面的启示：

第一，创新是企业成长发展的不竭动力。Netflix 从初创期开始就面临百视达在录像带租赁市场的垄断地位，为了占有一席之地，选择了处于发展初期的 DVD 租赁业务作为切入点，后来在数次转型过程中又以创新为关键要素，布局新的赛道，抢占新的机遇，最终一步一步成长为娱乐业的巨头。

第二，数字化在 Netflix 的发展过程中起着至关重要的作用。回顾 Netflix 发展的全过程，数字化一直是其发展的主旋律，不管是 DVD 租赁，还是流媒体服务，抑或是原创内容和国际化发展，都与数字化密切相关。可以说，数字化是 Netflix 发展的关键所在。

第三，会员制是 Netflix 发展壮大的制胜法宝。Netflix 从 DVD 租赁开始就采用了会员制的用户管理模式，通过会员制与用户建立起了长期、稳定的联系，为后续业务的拓展奠定了十分重要的基础。

第四，个性化推荐为用户提供了独特价值。Netflix 重视个性化推荐系统的开发与应用，既帮助用户选择符合自己兴趣的影片，同时又能使大量影片资源找到其最适合的受众，促进数字资源的精准匹配，最大限度地释放作品的价值，意义重大。

本章小结

本章从文化数字经济所包含的文化数字化和数字文化两个层面来进行介绍：文化数字化代表着文化发展演进的基本方向，不仅关系文化事业和文化产业发展的大局，而且直接关系精神文明和社会文明的发展，甚至还会影响子孙后代的文化传承和文脉延续，必须对此达成高度的共识；数字文化作为数字时代文化的新形态，正处在发展初期，有大量的理论问题需要研究、实践问题需要探讨，必须抢抓当前有利时机，大胆行动，力求突破。

展望未来，如何促进文化高质量发展，数字技术应用和数字化赋能无疑是不可替代的选择，需要以文化数字化和数字文化双轮驱动，促进文化数字经济繁荣昌盛，以坚定不移的意志和得力有效的措施奋力前行，推动文化发展跃上新台阶、开创新局面、拥抱新世界。

第 10 章
典型行业数字化转型

数字化是数字经济的基本前提和根本表现，也是经济转型和社会发展的强大动力。当前，数字化既作为一种数字技术的应用，又作为一种发展理念，在各行各业有着广泛的用武之地。总体而言，数字化程度越高的行业，大数据应用的成效也越显著，如金融、教育等，数字化在精简流程、促进数据资源深度应用并开展关联分析等方面，能发挥十分重要的作用。对一些传统意义上以线下活动为主的业务，数字化所起的赋能效果也十分明显。本章选择较有代表性的行业进行分析，希望能起到举一反三的作用。数字化应用是一个渐进的过程，既需要结合业务特征精心谋划，又要对存在的各种问题进行针对性分析，尽可能找到行之有效的解决方案，使数字化真正发挥赋能和引领的作用。

10.1 金融业数字化转型

利率市场化、普惠金融带动的金融创新，与大数据、云计算、人工智能、区块链等技术相结合，金融科技正逐步走向成熟，并全面融入支付、借贷、零售银行、保险、财富管理、交易结算六大金融领域。数据是金融业运转的血液，大数据技术的应用是当今金融业发展最重要的标志。大数据既为金融业的转型升级提供了强有力的支撑，也为金融业的创新发展提供了可能的路径。

10.1.1 金融业数字化的数据来源

金融业数据资源十分丰富，集成度高、精准性好、应用成效显著，因此金融业是数字化转型最有代表性的应用领域之一。金融业涉及面十分广泛，涵盖银行、证券、保险、信托、租赁、清算、互联网金融等多种门类，数据是整个金融业中最基本的运营资源。金融机构的数据来源主要包括以下四个方面：

1. 自有业务系统累积的数据

金融系统数字化程度高，几乎每一家金融机构都需要依赖信息系统开展业务，信息系统是获得第一手用户数据最直接、最有效的渠道，为金融机构更好地开发和利用大数据资源创造了得天独厚的条件。当然，由于历史或管理体制等方面的原因，金融系统数据分散割裂、孤岛式存在的现象还很普遍，需要利用大数据技术进行有效清洗和整合，使数据能更好地发挥价值。

2. 来自政府系统的数据

金融系统的很多业务都与政府部门密切相关，既要接受来自政府的监管，又要根据政府的相关数据进行分析和决策。例如，中国人民银行的征信数据是银行向个人发放购房贷款的重要依据，市场监管和税务部门的数据是金融部门判断企业是否具备借款条件的重要参考。与此同时，金融机构也向政府部门提供相应数据，数据是连接政府与金融机构的重要纽带。

3. 来自互联网的动态数据

金融机构从互联网渠道主要获取相关企业数据和个人数据。企业数据主要包括经营动态数据和重大事项数据：经营动态数据包括高管变动、员工招聘、新产品发布和产品销售情况等；重大事项数据包括投融资、收购兼并、涉诉事件等，为金融机构针对特定企业调整经营行为提供参考。个人数据主要围绕"用户是谁、喜欢什么、需要什么样的金融服务"展开，既包括对用户基本属性的进一步了解，也包括对用户兴趣爱好的分析，还包括对用户的潜在金融需求作出初步的判断。

4. 向第三方购买数据

金融机构购买的主要是有关宏观经济和微观企业活动等方面的数据，由于个人数据牵涉到隐私保护的问题，一般不被纳入购买的范围。金融机构比较看好的是一些专业研究机构提供的行业研究报告及针对上市公司的专门分析报告等，这些数据对金融机构作相关决策有重要的参考价值。

10.1.2 金融业数字化的主要应用

比较有代表性的金融业数字化的应用包括以下四个方面：

1. 客户关系管理

长期以来，客户关系管理是金融业开展经营活动的一项基本业务，但传统的客户关系管理往往停留在客户数据的记录和使用上。基于大数据的客户关系管理在数据获取的广度和深度上都有大的突破，并在此基础上实现数据的高度关联和深度挖掘。针对个人客户关系管理的数据除了个人的属性数据，还将采集个人的消费能力、兴趣和风险偏好等数据，通过这些数据能更加全面和系统地掌握个人客户对金融服务的现实需求和潜在需求；针对企业客户关系管理的数据需要获取企业生产、流通、运营、财务、销售和合作伙伴等各方面的数据，同时还需要从社交媒体、电子商务平台等获取相关数据，这些数据能帮助金融机构更好地为用户进行画像，从而达到更有效的客户关系管理。例如，美国前进保险公司推出的驾车行为追踪器（Snapshot），根据车主行驶的主要路线、年行驶里程、驾驶者年龄和职业、是否喜欢急刹、历史出险理赔记录等定制个性化保险合同，提供更加科学合理的承保服务。

2. 精准营销

基于大数据的客户关系管理为更好地了解客户、服务客户创造了条件，在此基础上开展精准营销，是众多金融机构的共同选择。精准营销是在对客户需求进行深度洞察之后所开展的有的放矢的营销活动，避免给客户带来不必要的困扰。例如，理财顾问根据客户的年龄、资产规模、理财偏好、预期收益和风险大小等，对客户群进行精准定位，推荐其所需要的理财产品，满足其独特需求。又如，澳大利亚一家寿险公司通过大数据分析得知有孕妇的家庭对寿险产品有极高的需求，于是联合医疗机构开发有针对性的寿险产品，受到孕妇客户的欢迎。再如，俄罗斯的阿尔法银行别出心裁地为爱好跑步的储户提供了特别的定期利率优惠，需要储户将跑步数据同步到银行端的数据平台，跑步里程达到一定数额后即可将年利率最高提升到6%，这种精准的数据获取方式既减少了对客户的打扰，又有效地建立起了银行与储户之间的连接，达到了双赢的目的。

3. 风险管控

金融业的风险主要表现为市场风险、信用风险、技术风险、流动性风险等，利用大数据对不同的客户和不同的业务进行风险分析逐渐成为金融行业通行的做法。例如，长期以来保险行业中的骗保行为屡禁不绝，但利用大数据手段，保险机构可以准确地识别诈骗规律，显著提升骗保识别的可靠性和及时性。例如，某地有一欺诈团伙看到汽车保险快赔中拍照上传事故图片的"骗保商机"，先后上百次利用网上的事故照片、用纱布包裹四肢并涂抹红色药水等方法向保险公司虚假报案、申请理赔。保险公司利用大数据反欺诈系统进行反欺诈评估后发现，有89个理赔案件高度关联，均为人伤快处快赔案件，这是一起性质恶劣的骗保事件，该事件不仅涉及1家修理厂，还涉及8名公司员工和3名业务员，但由于发现及时，挽回了大部分的损失。[1]

4. 新产品开发

根据市场的发展和用户的需要，不断推出新的产品和服务，是每一家金融机构共同追求的目标。基于大数据的个性化产品取代传统的千篇一律的金融产品，正成为金融业发展的新趋势。例如，Kabbage是一家专门为网店店主提供运营资金贷款服务的创业公司，目标客户是eBay、亚马逊等平台上的网店店主，Kabbage通过他们的销售和信用记录、顾客流量、评论及商品价格和存货等信息，来最终确定是否为他

---

[1] 证券时报. 大数据破案：让89次骗保理赔窝案现形 [EB/OL].(2017-11-30)[2023-10-23]. https://finance.eastmoney.com/a2/20171130807572082.html.

们提供贷款及可提供的金额。Kabbage通过支付工具PayPal的支付应用程序的接口（Application Programming Interface，API）来为网店店主提供资金贷款，这种贷款资金到账的速度相当快，最快十分钟就可完成。这种利用大数据完成的小额信贷业务，突破了传统的做法，让数据成为新产品开发的驱动器。

10.1.3　金融业数字化转型案例：蚂蚁集团

阿里巴巴是全球领先的互联网企业，金融是其极为重要的业务板块。承载阿里巴巴各类金融业务的蚂蚁科技集团股份有限公司（以下简称蚂蚁集团）作为数字化的创新实践者，依托阿里巴巴得天独厚的大数据资源，结合数字技术的全方位、深层次、多角度的应用，打造出了引领金融业未来发展方向的创新模式，为业界树立了典范。

蚂蚁集团以第三方支付为依托，以大数据、信用评级与征信为手段，创造众多生活与消费场景，构建互联网银行、互联网保险、互联网理财、众筹、网贷、互联网证券等各种经营业态，将个人借款者、企业借款者纳入资产端管理，将银行、保险、基金等传统金融机构及小贷公司、保理公司、融资租赁公司等各类金融机构与投资端的个人投资者、机构投资者纳入整个业务生态体系。经过多年的快速发展，蚂蚁集团已从单纯的支付服务提供商成长为国内领先的以金融大数据全链条业务为主要特征的金融服务企业。图10-1为蚂蚁集团业务生态圈。

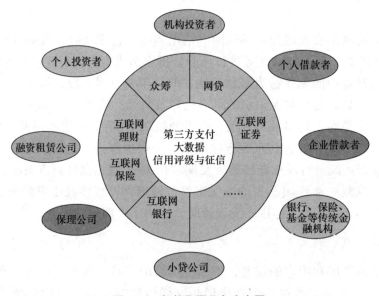

图10-1　蚂蚁集团业务生态圈

作为一项涉及面十分广泛的综合性金融服务平台，蚂蚁集团形成了以大数据技术为支撑、其他相关技术互为补充的技术体系。大数据是蚂蚁集团业务运营的关键性资源，在各类业务运营中起着决定性作用。

蚂蚁集团还推出了个人信用评分体系——芝麻信用积分。它是蚂蚁集团对与用户相关的海量数据进行综合处理和评估而得到的结果，主要包括用户的信用历史、身份特质、履约能力、行为偏好、人脉关系等五个维度，依据阿里巴巴的电商交易数据和蚂蚁集团的互联网金融数据，并与公安机关等公共机构以及合作伙伴建立数据合作，数据类型涵盖了信用卡还款、网购、转账、理财、水电煤缴费、租房信息、住址搬迁历史、社交关系及支付宝、余额宝数据等。图10-2为芝麻信用积分构成。

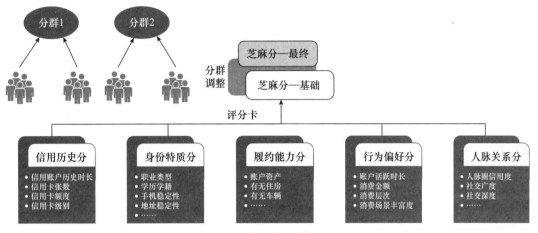

图 10-2　芝麻信用积分构成

芝麻信用分的数据来源覆盖范围广泛，数据的时效性和针对性也有保证。芝麻信用积分作为国内领先的第三方个人征信评价体系，不仅可用于对借款人还款能力和还款意愿的评估，同时还广泛应用于需要证实个人信用的各个场合，例如，充电宝借用、共享单车是否免交押金等。从未来的发展趋势来看，芝麻信用分有着广泛的应用领域，同时也会发挥出更大的价值。

10.2　教育数字化转型

教育既是一个国家的立国之本和民族振兴的前提，也是社会进步的基石，教育不仅寄托着个人成长的希望、家庭的未来，也承载着一个国家的前途和命运。但教育是一项极为复杂的系统工程，如何利用数字化为其赋能，真正实现"数据驱动学校、算法变革教育、数字化赋能师生"，是广大学生、家庭、学校和政府所共同关注的问题，全球范围内相关的探索正在不断推进之中，需要深入学习和借鉴。

10.2.1　数字化在教育领域的应用

大量的教育活动离不开数据资源的传递、转移和处理。如果教育主管部门缺乏可靠的数据，将会影响其决策的准确性；如果教师无法有效掌握全面的教育动态数据，将难以保障教学过程的质量。大数据用科学的数据统计代替传统的经验判断，挖掘出真正影响教育的基本因素，对教育的改革与发展带来前所未有的影响和变革。当前，数字化在教育领域的应用主要围绕教育主管部门、教育机构、教师和学生四个主体，

具体如下:

1. 教育主管部门

各级教育主管部门是政府对教育事业进行组织领导和管理的机构,是政府统筹教学资源、发展教育事业的运转枢纽。在传统条件下,由于缺乏基本的数据,各级教育主管部门很难全面把握辖区内教育事业发展的细致情况,尤其是针对教师或学生个体的情况。而利用数字化手段,各级教育主管部门不仅可以精准地掌握宏观的教学教育数据,而且能对学生、教师和教学机构进行微观层面的了解。教育数字化对更好地进行政府决策起着重要作用,同时对促进教育公平、助力教育惠民也意义重大。

2. 教育机构

数量众多、分布广泛、层次不同的教育机构,是实施各类教育任务的主战场。数字化将给教育机构的转型升级带来新的契机。例如,数字化校园为教师和学生带来全新的教学与学习体验,为更好地满足各类教育需求提供了强有力的支撑;学校收集学生的心理活动、学习行为、考试分数和职业规划等数据并利用技术进行数据分析,及时发现可能出现的问题,并采取相应的措施。

3. 教师

教师是教育活动的实施主体,是决定教书育人效果的关键所在。大数据技术的应用将为教师带来全新的体验和感受,例如,通过监控学生学习数字参考资料的次数、提交的电子版作业的完成质量、在线师生互动指数、考试与测验完成度,教师就能全方位掌握每个学生的学习和教学活动的情况,以便能对学生进行一对一指导,更好地实现因材施教,促进学生更好成长。

4. 学生

学生是一切教育活动的承载主体,也是检验教学效果的关键。在传统条件下,学校和教师对学生学习成长监测能力的不足,使学生的学习效果和存在问题无从获知。而利用数字技术,学校和教师可以对学生学习情况进行系统化监测,从而实现从单点评估到持续评估,更有利于刻画学生成长轨迹,对促进学生个性化发展、提升学习效果有积极作用。

总体而言,教育数字化将教学媒介、教师、学生、教学内容完全联系起来,大数据分析所驱动的智慧教育全面覆盖"教、学、考、评、管"等教育过程的各个环节,改革了传统的教育模式,有助于教育水平的提升。

10.2.2 教育数字化相关技术

教育数字化主要围绕数据的采集、数据的处理及数据的分析与呈现展开,数据采集涵盖了高质量原始数据的采集、多源数据的实体识别和解析、数据清洗和自动修复;数据的处理主要通过主流的 Hadoop 平台实现;数据分析与呈现包括大数据的实时分析和数据挖掘等。具体的技术包括以下五种:

（1）聚类（Clustering）：根据数据的内在性质将数据分成一些聚合类，以分析数据是否属于各个独立的分组，使同一组中的成员彼此相似，而与其他组中的成员不同，例如将有相同学习兴趣的学生分在同一组。

（2）预测（Prediction）：依据已有的数据分析未来发生某个事件的可能性，大数据能将一个非常困难的预测问题转化为一个相对简单的趋势判断问题。例如，学校利用学生图书馆借阅图书和上课出勤的数据，就可预测学生的学业成绩。

（3）关联规则挖掘（Association Rule Mining）：发现各种变量之间的关系，并对其进行解码，用于各种关联的判断。

（4）数据可视化（Data Visualization）：根据数据的特性，如时间信息和空间信息等找到合适的可视化方式，将数据进行直观展示，达到分析比较和研究判断的目的。例如，对学生历史的身体素质数据进行比较，判断学生的成长趋势等。

（5）数据建模（Data Modeling）：建立学生评价模型、学生画像模型、教育决策支持模型、教育舆情监测模型、学习预警模型和深度学习分析模型等各类分析模型，用于教育决策和学业预警等。

10.2.3　我国教育数字化面临的挑战

深入有效地推进教育大数据的发展已成为普遍的潮流，但所面临的挑战还是十分严峻，主要表现在以下四个方面：

1. 存在大量数据孤岛

由于教育是一个高度分散的行业，不同地区、不同层级的教学机构之间，甚至一个学校不同的年级之间，都存在着大量割裂的信息系统，不同系统之间的数据缺乏交互和共享，基本处在游离和孤立的状态，对大数据的发展和应用极为不利。存在这一问题的主要原因有三个方面：一是数据标准不够规范统一，教育部虽于2012年发布了《教育管理信息教育　管理基础代码》（JY/T 1001—2012），对教育管理、行政管理、教育统计、中小学、中职学校和高等学校管理的信息进行了规范，但在实际执行中成效不佳，一些技术基础薄弱的单位无法落实到位；二是缺乏数据互联互通的机制，教育主管部门与其他政府部门、学校与学校都存在着不同形式的障碍，很难取得有效突破；三是数据来源渠道复杂，目前教育数据的来源渠道有通信运营商、教育主管部门及学校自行采集等，不同的采集主体都有各自的系统和管理体制，出于不同的利益考虑，破除数据孤岛障碍重重。

2. 数据分析模型十分欠缺

教育数据的来源十分广泛、形式十分多样，如何建立起不同教育数据来源间的关联模型，以实现对教学与管理的有效监测、评价、诊断和预测，是一项复杂而又艰巨的任务。目前能直接应用于教育数据分析的模型还十分缺乏，一方面由于相关的理论研究无法支撑应用需要，另一方面是教育业务和大数据技术之间存在鸿沟。实现二者的融合发展尚存不少技术难题。

3. 教育数字化专门人才匮乏

教育数字化正迎来爆发式发展,大数据将会给教育产业带来前所未有的变化和机会,无论是教育主管部门还是教育机构,抑或是教师或学生,都希望大数据能创造出更大的价值。但当前教育数字化专门人才匮乏,且这在短时间内很难取得突破,需要从多方面入手,找到新的发展之道。

4. 数据隐私保护有待得到重视

教育数字化涉及数量极其庞大的学生群体,同时也与大量的教师、家长有密切联系,学生的学业成绩、在校表现、心理行为及不良记录等各类敏感数据都属于他们的隐私,尤其是对未成年人来说,更需要得到有效的保护。目前有关的法律法规还较为欠缺,需要在坚持来源可靠、权责明确、应用有序、保护到位的前提下,促进教育数字化更好的发展与应用。

10.2.4 促进教育数字化转型的建议

加快教育数字化的发展已成为一项十分紧迫的任务,需要审时度势、全力推进。

1. 要切实提高对教育存在问题的认识

在过去的十余年中,由于多方面的原因,我国的教育优势在一定程度上被削弱。尤其是有些省份将物理、化学、生物、历史、地理等科目排斥在高考必考科目之外,这不仅使得学生的知识结构变得残缺不全,而且大大挫伤这些科目的教师的积极性,同时还给高校招生带来了极大的困扰。目前虽有一定调整,但这种影响还在较长时间内存在。数字化在教育领域中的应用已经越来越普遍,所发挥的作用也越来越显著,希望能借助大数据等技术手段,进一步促进我国教育高质量发展。

2. 要最大限度释放教育名师的创造力

无论是在基础教育领域还是在高等教育领域,我国都拥有高水平的教师队伍。尤其是在中小学教师队伍中,活跃着一大批教育经验丰富、教学水平出色的优秀教师。目前,很多的政策都要求这些教学名师只能耕种自家的"一亩三分"自留地,不得有所谓的"非分"之想。实际上,利用数字化手段,邀请各类教学名师进行教学资源的开发,形成高水平的教学大数据资源库,这必将使万千学子受益。

3. 为所有学生提供高水平教育的机会

经过数十年的改革与发展,当前我国教育领域的主要矛盾已经转化为学生日益迫切的学习需要和不平衡不充分的教育资源分布之间的矛盾,要解决这一根本性的矛盾各方必须形成合力。从长期发展来看,能通过考试进入理想的学校进行深造的学生毕竟凤毛麟角,即使入读名校,能有机会跟名师学习、能学到感兴趣的课程和知识的机会也有限,利用数字化手段建立大规模在线开放课程(MOOCs)等平台为名校名师和学生搭建学习和进步的平台,全面拓宽教育渠道。当然,MOOCs等平台具有一定的封闭性、课程内容的实用性和学习参与的便捷性等方面尚需要不断提升。

4. 利用数字化优化对学生的服务

每个学生都是独一无二的，在接受教育方面会因为天赋、兴趣和环境等方面的不同导致考试成绩的差异，而单纯依靠分数决定学生命运的时代正在离我们远去。我们需要充分利用数字技术，对学生进行有针对性的教育，确保学生能得到个性化发展，使其天赋得到最大程度的发挥。2015年12月，美国国会通过了《每一个学生成功法案》，以取代已经施行十多年的《不让一个孩子掉队法案》，新法案中有一条是要求各州政府改善本州5%最困难的学校、辍学率高的高中学校以及那些所有学生群体一直表现不佳的学校的学生学习状况，确保所有学生都能达到目标。只有真正把学生的教育作为头等大事予以落实，才是真正对未来负责。

5. 以大数据促进学校和家庭之间的良性互动

大数据为促进家庭更好地参与学校教育、加强学校与家长之间的交流和合作创造了良好的条件。美国芝加哥的公立学校所建立的"教学管理和学生沟通系统"是一个较为成功的例子，这一系统中收集了学生在学校的各类学习和表现的数据，包括课堂回答问题、作业完成情况、学生之间讨论合作、学生成绩统计分析及家长参与互动等。这些数据既可让家长详细了解自己在学校的表现，又能让学校教师和相关责任人动态跟踪学生的相关情况，形成家校共育的强大合力。

我国的教育底蕴浓厚、基础扎实，在新形势下面临着复杂的问题，需要从上到下来一场教育思想解放的大讨论，真正让我国教育充满活力、孕育希望。

10.2.5 教育数字化案例：青岛教育e平台

青岛教育e平台是青岛市教育局建设的一站式"互联网+教育"大平台，平台深入整合各级各类教育信息系统、业务数据和数字资源，高效赋能教育管理、课堂教学、课后服务等教育场景，全面服务教师、学生、教育管理者和广大市民。该平台既是支撑青岛教育数字化转型的坚实基座，也是汇聚展示全市转型成果的重要窗口，因其出色的成效荣获我国新型智慧城市创新大赛最高奖项"智尊奖"。

1. 建设目标

青岛教育e平台的建设目标包括两个方面：一是打造教育管理公共服务平台，将国家核心系统、山东省级通用系统、青岛市及区县系统、学校系统的教育数据、服务进行融合，实现统一管理；二是制定统一的数据标准及应用接入标准，为后续建设的应用系统预留接入接口。

青岛市希望通过这个平台打造统一的数据资源中心，促进数据的融合汇聚，消除信息孤岛与业务孤岛现象，为教育数字化发展提供强有力的支撑。

2. 建设思路

青岛教育e平台采用"平台、应用与服务有机集成"的设计理念，支持分布式、高并发和海量数据处理的云计算架构设计，通过OpenAPI等方式对外开放服务能力和数据，搭建一个基于云计算的开放、标准、可扩展的系统架构，实现应用系统集成、数据平台搭建与展示、服务流程可视化、数据服务碎片化等要求。

数据资源中心对海量内外部异构数据资源（包括结构化数据和非结构化数据）的生成、存储、管理和应用提供支持工具，实现异构数据资源的集中管理，并为上层应用提供数据资源的使用机制和服务能力。

服务开放与共享平台支持服务化架构和多种服务协议的接入，为各种软件服务提供管理和聚合的中心，对外提供服务的检索、订阅和测试等功能，并实现服务调用的安全访问控制、调度和监控。

应用接入平台可实现从应用接入、应用审核、应用上架、应用推荐、应用使用、应用评价的全生命周期管理，有助于构建青岛市教育行业应用生态环境，促进应用创新。

用户中心实现信息存储于云端的以用户为中心的一站式工作服务，服务于青岛教育e平台的各类用户，实现与用户有关的应用及管理功能的集中展现和管理。

3. 应用分类

平台的应用分成三种类型：

（1）国家核心系统：教育部根据不同教育阶段或教育业务特点规划建设的各类管理系统，包括学前教育管理信息系统、中小学生学籍信息管理系统、学生资助管理信息系统、中职学生学籍信息管理系统、全国教师信息管理系统等。

（2）省级通用系统：山东省教育厅统一规划建设的各类信息系统。

（3）青岛特色系统：青岛市各级教育机构已建的各种特色应用系统，包括市级、区市级、学校级等各种应用系统。

4. 实施成效

青岛教育e平台自运行以来在以下三个方面取得了良好的成效：

（1）为全市师生提供一站式服务。平台共整合建设各类业务系统上百个，业务覆盖教师教学、学生学习、学校管理等各个方面，其中面向学校的系统覆盖了校舍、装备、后勤、安全、信息化、招生、督导等不同的部门，有效地实现了一网管理、一站服务。

（2）打破时空限制共享城乡优质资源。平台坚持"众筹众创"，开通网络学习空间65万个，汇聚衍生教育资源近千万条，实现了全市城乡学校740余间同步课堂接入，助力城区优质学校与农村薄弱学校结对帮扶，并与国内外一些学校实现同步课堂连线。平台基于青岛本地教材版本，开发了慧教乐学、91淘课、虚拟实验室、微课资源等通用性优质教学资源，同时各区市建有区域资源库。对于平台中的资源，使用者皆可在平台实现一键通查，便于师生使用。依托名师在线e辅导和教科院青岛课后网等教学工具，平台为全市师生提供线上教学和直播答疑服务，满足广大学生、家长课后学习辅导需求。

（3）大数据支撑让决策更科学。平台让各类教育数据"汇起来、醒过来、联起来、管起来、测未来、可视化、助决策"，实现了大数据支撑下的科学决策，让管理决策由

"经验型"向"数据实证型"转变;平台开发了14个数据概览大屏、50余套详细数据分析报表和各类专题数据地图,避免了重复无效的数据填报;平台在运行过程中产生的大量业务数据,整合汇聚后形成教育大数据,为教育工作赋能;平台根据户籍、学籍和教师信息等数据源,预测未来五年每个学段的入学人数、退休教师人数,助力相关部门科学决策、提前布局;平台共完成2万个校园视频监控点的整合,涵盖各学校校门、楼宇、教室、操场、餐厅、后厨等各类场景,按业务职能统一分配使用,实现了让管理者足不出户便可身临一线,让教育管理"眼见为实"。

5．实施成效

青岛教育e平台充分利用数字技术全面深入赋能教育教学,促进了青岛教育的数字化转型,实现教育优质资源倍增。其既为教育数字化发展明确了方向,也为教育高质量发展找到了一条光明的道路。

拓展阅读

扫码可了解更多国家教育数字化应用情况。

10.3 旅游业数字化转型

众所周知,旅游不仅是促进国民精神文化享受、提升文明素质的重要形式,而且是促进人的全面发展和社会繁荣进步的重大事业。当前,利用数字化为旅游业赋能,解决旅游业发展中的一些突出问题,已成为旅游业发展的新方向。

10.3.1 旅游业数字化的发展需求

旅游业具有关联度大、涉及面广、带动作用强、贡献度高等特点,已成为国民经济的战略性支柱产业,对经济发展、增加就业岗位和满足人民日益增长的对美好生活的需求意义重大。在新形势下,加快旅游业的发展是适应人民群众消费升级和产业结构调整的必然要求,对拉动就业、增加收入、提高人民生活质量、增进国际交流、促进经济平稳增长和生态环境改善及提升国家与地区综合实力等方面都有着巨大的作用。经过改革开放以来四十余年的快速发展,当今我国旅游业已进入到大众旅游时代,但我国旅游业在发展过程中依然存在以下五个方面的痛点:

(1) 无法准确了解游客的需求

由于缺乏有效的数据获取手段,旅游主管部门和旅游服务提供者很难掌握游客类型、游客兴趣及游客诉求等数据。从某种意义来说,大部分旅游主管部门和旅游服务提供者还处在盲人摸象的状态,这不利于旅游服务水平的提升。

(2)游客选择困难

旅游目的地信息泛滥,真假难辨,给游客进行选择带来了极大困扰。同时,游客难以获得可满足个性化需求的方案。

(3)无法对游客流量作出有效预测

由于数据的缺乏,旅游主管部门和旅游服务提供者无法精准预测可能的游客人数,一般只能凭借过去的经验进行决策,可能会出现与实际差异较大的情况,从而导致准备不足或资源浪费。

(4)旅游产品开发和旅游服务创新无从入手

由于缺乏有效的市场数据和精准的游客个性化需求数据,旅游产品的开发和旅游服务的创新容易陷入盲目境地。

(5)旅游促销效果无法保证

旅游主管部门和旅游服务提供者每年都会投入大量预算进行促销推广,但由于针对性不强,实际效果有限。

旅游业作为数据密集程度比较高的服务业,之所以存在以上这些痛点,很大程度上是因为数据匮乏造成的,亟须通过数字技术的应用与大数据资源的开发利用来消除这些痛点,促进旅游业进入新发展阶段。

10.3.2 旅游业数据的类型

从大的范围进行划分,旅游业数据主要包括游客行为数据和旅游资源数据:

(1)游客行为数据

游客行为数据又可分为行前数据、行中数据还有行后数据。行前数据主要通过在线旅行社(Online Travel Agency,OTA)导入,依据这一数据做好入园前的引流或导流预案;行中数据主要通过移动终端获得,依据这一数据可以实现对客流的监管;行后数据是对游客的详细情况进行分析,包括游客是谁、去了什么地方、停留时间多长、在哪里有什么消费行为等。这些数据都可能给旅游主管部门进行决策带来极大的帮助。

(2)旅游资源数据

旅游资源数据一方面是来自旅游景区的数据,如停车位占用情况、导游在岗情况、餐饮储备情况等;另一方面是来自外部的数据,如政府部门的公安力量、交通数据、酒店宾馆数据等。这些数据对更好地掌握旅游客情、做好服务准备有着十分重要的意义。

> **旅游业数据应用场景**
>
> 美国波士顿咨询公司提出一个实际的场景:28岁的奥莉维亚居住在上海,她决定要去悉尼享受几天难得的假期,面对五花八门的旅行选择,她最终选择了一款旅行服务App。这款App通过大数据分析全面掌握了奥莉维亚及数百万用户的个人喜好和旅行习惯,不但为奥莉维亚推荐了她心仪的旅行目的地,并且能自动按照奥莉维亚的时间和预算安排观光、休闲和购物的行程和天数。旅行计划制订好后,奥莉维亚也无

须为交通工具和酒店担心,因为她知道 App 会自动选择那些价格合理且完全符合她要求的酒店和机票。在旅途中,App 为她安排了她最喜欢的自行车骑行观光项目,还帮她预订了当地最受欢迎的餐厅。奥莉维亚度过了一个堪称完美的假期,回到家后,她在 App 上将旅行的体验分享给了更多的人,以帮助其他用户作出符合自身需要的度假选择。

当然旅游大数据的应用场景远不止这些,需要结合各地的实际和游客的需要进行更大范围、更深层次的探索。

10.3.3 旅游业数字化的主要应用

旅游业数字化可重点在营销、服务、管理和政务四个领域中开展相关的应用。

1. 旅游业营销数字化

营销是旅游业的重点内容,也是促进旅游业向精细化和专业化发展的核心动力。影响营销的关键因素在于能否拥有精确、完整的业务数据,大数据为实现真正意义上的营销提供了可行的技术支撑。对旅游景区而言,最有价值的资源无非就是各类游客的数据,包括曾经游过、正在游览及将来可能会到访的游客。在过去,旅游服务提供者很难获得完整的游客数据,即使有的拥有一些数据,但由于记录不完整或者关联分析不明确等原因,这些数据实际价值十分有限。大数据技术可以帮助旅游服务提供者全面、准确和完整地采集游客的数据,并能对相关的数据进行系统分析,帮助决策者作出更有针对性和可操作性的决策,为进一步开拓旅游市场提供保障。旅游服务提供者有多种渠道获取游客的数据,例如:采用电子门票方式,通过门票和游客身份证绑定,来获取游客的相关数据,并最终形成大数据;对有意向前来游览的游客,可以提前让其通过网站、手机 App、微信小程序等多种方式进行注册,以便能更有针对性地提供服务。

游客的数据对旅行社、旅游商品供应商等旅游参与方同样十分重要,旅行社可以据此提供更具针对性的服务,为游客定制专门的旅游线路;旅游商品供应商可为游客提供个性化的旅游商品,并根据消费记录等情况提供价格优惠。

2. 旅游业服务数字化

服务是增强游客体验、提升游客满意度的关键所在,数字化是实现服务的重要技术保障。旅游服务贯穿于旅游活动的吃、住、行、游、购、娱六大要素的每个环节,无论哪一个要素都需要基于数字化的服务,具体表现如下:

(1)餐饮服务数字化:可以帮助餐饮企业及时获得游客的餐饮需求,使餐饮企业有针对性地提前进行部署,在游客到来之前准备到位,最大限度地满足游客对餐饮服务的需求。

(2)住宿服务数字化:为游客找到理想的旅途栖息之所提供了全方位的依据,宾馆也可根据各类游客数据确定游客的住宿意愿,及早进行安排,为游客提供个性化的服务。

(3)交通服务数字化:为游客解决交通问题提供科学合理的解决方案,帮助交通服务部门合理分配运力,优化交通服务提供决策依据。

（4）游览服务数字化：预测可能的游客数量、优化接待能力，并为游客提供个性化的导游、导览服务，全方位满足游客游览的需要。

（5）购物服务数字化：为游客提供个性化的旅游商品，并能满足如按需要配送等特殊服务。

（6）娱乐服务数字化：根据游客的需要组织娱乐项目，借助社交媒体让游客的参与性更高和互动性更强，使其更好地体验娱乐活动的乐趣。

3. 旅游业管理数字化

旅游业管理水平直接影响旅游业发展的质量，实现旅游业管理数字化是旅游发展的重要内容。旅游业管理数字化重点表现在以下两个方面：

（1）优化旅游企业内部的管理。数字化可有效地推动旅游企业内部的信息化管理，促进旅游企业内部人、财、物、产、供、销等资源的优化和协调，逐步实现企业内部管理的信息化，逐步走上依靠数据进行决策的管理，真正提升企业管理的能力，进一步提升竞争实力。

（2）提升游客的管理水平。游客是驱动旅游业发展的关键力量，游客管理则是旅游管理的重点内容。数字技术可为游客管理提供全方位、多角度、全生命周期的数据支持，实现精细化、个性化和长期化的游客管理。

4. 旅游业政务数字化

各级旅游主管部门是旅游业健康、快速发展的主要责任主体，大数据技术为旅游主管部门提高旅游管理水平提供了强有力的支持。大数据技术在政务中应用的基本思路是利用来自各方面的数据进行产业运行情况分析，进行产业运行监测，对产业实施科学管理，促进旅游业更好更快的发展。

旅游主管部门可以充分利用数字技术整合公安、卫生、交通运输、环保、质监、食药监、国土资源、城乡建设、商务、航空、邮政、电信和气象等相关方面涉及旅游的数据，同时与百度、谷歌等主要网络搜索引擎以及携程、同程、途牛等旅游平台合作，建立社会数据和政府相关部门旅游数据合一的旅游大数据资源，实现一体化的大数据资源池，全面满足政府对旅游业发展的管理和服务的需要。

10.3.4 旅游业数字化转型案例：杭州文旅大数据应用

作为"全球旅游最佳实践样本城市"，杭州充分发挥数字经济优势，通过大数据的整合集成、关联共享和深度挖掘，有效提升了杭州旅游品牌国际影响力，同时全面改善了游客体验，极大助推了杭州旅游的转型升级。

1. 杭州文旅大数据决策系统

杭州依托"城市大脑"建立了杭州文旅大数据决策系统，并在西湖区、上城区及建德市、桐庐县等景区集中的地方建立了子系统，实现了全网数据交换共享；借助"数据+算法"，让游客可以选择躲避拥堵和排队等待。

杭州文旅大数据决策系统包含了杭州 100 多个景区和 100 多个商圈的实时游客量及全杭州 83 个高速公路路口、地铁口、航空入境数据,通过对游客来源地、入境方式和游览轨迹的统计分析,打通了旅游数据链,贯通了旅游价值链,为旅游管理部门和旅游服务提供者提供了决策参考。这一系统解决了三个方面的问题:

一是通过该系统可了解游客来源和去向。

二是通过该系统可了解游客在杭州的花费情况,如消费偏好、消费金额等。

三是了解游客对杭州的评价,包括对景点、酒店、餐饮等的评价,为旅游服务提供者发现问题、提升服务、优化产品提供依据。

2. 杭州文化和旅游数据在线

杭州文化和旅游数据在线是由杭州市文化广电旅游局作为指导单位、第一财经·新一线城市研究所承建的全国首个实现实时文旅数据在线查询、即时下载的数据开放平台。平台现可查询的旅游关键指标有近 200 个,应用场景包括帮助政府管理部门判断旅游趋势、协助酒店行业企业调整经营策略、辅助商家在旅游旺季预判备货数量等。用户无须注册登录即可免费查询、分析和下载杭州文化旅游业的各类实时数据。

其中,实时旅游数据查询入口中的数据包括酒店入住、国内航空、银联消费及实时客流,实时查询示例如图 10-3 所示。这是国内城市旅游管理部门首次向公众披露此类数据的详情。

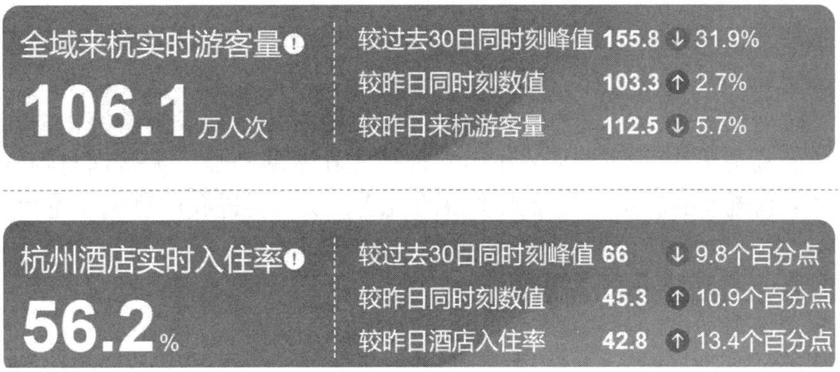

全域来杭实时游客量		
106.1 万人次	较过去30日同时刻峰值 155.8 ↓ 31.9%	
	较昨日同时刻数值 103.3 ↑ 2.7%	
	较昨日来杭游客量 112.5 ↓ 5.7%	
杭州酒店实时入住率		
56.2%	较过去30日同时刻峰值 66 ↓ 9.8个百分点	
	较昨日同时刻数值 45.3 ↑ 10.9个百分点	
	较昨日酒店入住率 42.8 ↑ 13.4个百分点	

图 10-3 实时查询示例

按照计划,系统下一步将提供更多的数据交叉分析、文旅数据解读等内容,致力于为文化和旅游从业者、研究者、公众提供丰富多"源"的可视化数据,持续激发数据生产要素对经济社会的放大、叠加和倍增作用。

3. 大数据国际市场开发应用

在利用大数据开拓国际客源方面,杭州也开展了多方面的实践。以拓展欧洲客源为例,杭州市旅游委员会在欧洲市场开展了名为"杭州完美假日"线上评选活动,以便能根据用户的喜好、兴趣及期望的体验,帮助其定制杭州旅游行程。同时,用户需从中选择五个最心仪景点、活动或美食以参与抽奖。根据参评的大数据分析得知,欧洲游客最常见的旅游方式是和自己的伴侣一同出游;最喜爱的旅行风格为文化及精华旅游；每次出游时必须体验的项目中排名最高的分别为地标建筑、精品角落、自然风光、本地美食及游船出游；排名前五位的文化景点是灵隐寺、河坊街、千岛湖、飞来峰和城隍阁；排名前五的娱乐活动是大运河游船、西湖游船及骑行、"印象西湖"表演、龙井茶园采茶和丝绸市场购物。根据这一结果，杭州市旅游委员会将百余个不同旅游产品进行组合优化，为游客提供更多元、更具文化内涵的杭州旅游体验，以契合欧洲游客偏好，为其带来良好旅行感受，使杭州成为更受欧洲游客青睐的出行目的地。

4. 案例评析

杭州坚持以问题为导向，利用大数据手段对杭州旅游数源、客源进行深度剖析，让枯燥的数据"活"起来，清晰掌握游客的旅游预订偏好、归属地信息、行为轨迹、逗留时间、刷卡消费等高频海量数据，同时瞄准景区入园、酒店入住、游览转场等游客排队等候时间长的"难点""痛点"，通过数据汇聚、协同共治和在线服务，促进城市旅游资源的优化配置，实现数字技术在旅游服务场景中的创新应用。杭州的实践表明，从用户的需求出发，在实现数据互联互通的前提下，精简服务流程，优化服务模式，强化服务理念，为游客提供更加精准、高效与便捷的服务，是旅游数字化的发展方向。

10.4 物流业数字化转型

物流业具有涉及领域广，吸纳就业人数多，促进生产、拉动消费作用大等特点，在国民经济中属于具有基础性、综合性、复合性、延伸性的支柱性产业，在促进产业结构调整、转变经济发展方式和增强国民经济竞争力等方面发挥着突出的作用。我国是当之无愧的物流大国，物流业的作用和地位正在不断凸显。大数据与物流业的深度融合势必将为物流业的转型升级带来难得的机遇，从而促进我国物流业蓬勃发展。

10.4.1 物流业对数字化的需求

物流业作为国民经济的重要产业，对加快数字化与物流业融合发展有着多方面的内在需求。

1. 我国从物流大国向物流强国迈进离不开大数据发力

物流业是经济与社会发展的基本支撑，既涉及储存、运输、包装、流通加工等核心服务，同时也包含市场调查与预测、原材料采购及订单处理等外延服务，以及物流咨询、物流方案设计及优化、物流资金融通、物流教育培训等物流的扩展服务，是一个覆盖面极其广泛、带动作用十分显著的行业。作为经济快速增长的发展中国家，我国已成为名副其实的物流大国。对一个规模如此巨大、影响如此广泛的支柱行业，加快大数据与其融合发展，推动我国由物流大国向物流强国迈进，已势在必行。

2. 我国物流高成本的顽症有待数字化来破解

我国物流业成本长期居高不下，一直是困扰我国物流业健康、快速发展的一个顽症。2023年我国社会物流总费用占GDP的比重为14.4%，处在世界前列。①物流成本高这一难题的破解，需要多管齐下、综合施力，充分发挥大数据在降低物流成本中的作用，这自然是一项有效的举措。

3. 数字化有助于物流发展模式从粗放型向精细型转变

物流业虽然面广量大，但至今仍是以较为传统的作业模式为主，已经很难适应当今时代的需要。较为突出的问题表现在以下六个方面：

（1）传统物流服务功能单一。目前仍以仓储、运输为主，不能提供系统化的物流服务，不能形成完整的服务链。

（2）信息化程度低，管理能力薄弱，无法满足用户差异化的需求。

（3）缺乏资源整合能力。公路货运整体空载率至今还徘徊在40%上下，而德国和美国的平均空载率为10%～15%，差异极为悬殊。②

（4）物流服务无序竞争，价格战激烈，大部分的企业仍在依靠无标准、无秩序的低价策略生存。

（5）物流业务市场集中度不高，规模普遍弱小。例如，从在我国物流业中占比较大的公路运输情况来看，近87%的公路运输主体拥有的车辆数在10辆以下，并且有92%是个体户。③

总体而言，我国物流业当前还处在较为粗放的传统物流发展阶段，存在的问题较为复杂，利用大数据的技术和手段，能在较大程度上改变物流业发展所面临的棘手问题，促进物流业走上健康快速的发展轨道。

4. 新的物流发展机遇有待大数据助力

伴随着经济社会的快速发展，我国物流领域不断呈现出新的发展机遇，当前值得关注的机遇有以下三个方面：

（1）以电商为驱动力的快递业务呈现出迅猛发展的态势，多年来都呈现出两位数的增长态势。

（2）跨境电商快速发展为跨境物流提供广阔商机，跨境物流将在较长时期内成为物流增长的重要动力。

（3）农村物流正显现出蓬勃生机。农村人口占比高、农村市场需求大是我国的基本国情，农村物流具有十分广阔的前景。加强农产品流通设施和市场建设，完善农村

---

① 安邦咨询.国内物流成本的暴涨威胁各个产业 [EB/OL].(2024-03-11)[2024-04-06].https://new.qq.com/rain/a/20240311A058QY00.

② 乔建华.40%公路运输空载率怎么降下来？鼓励发展信息化、智慧物流，提升综合运输能效，推动交通领域碳减排 [N].中国环境报，2022-06-27.

③ 华经产业研究院.2023年中国公路货运行业市场现状及前景展望，国内市场规模占据全球三分之一 [EB/OL].(2023-09-22)[2024-06-15].https://caifuhao.eastmoney.com/news/20230922151642476819800.

配送和综合服务网络，鼓励发展农村电商，实施特色农产品产区预冷工程和"快递下乡"工程，并在农业现代化重大工程中提出"支持电商、物流、商贸、金融等企业参与涉农电子商务平台建设"等国家政策将会给农村物流业带来稳定、持续的市场机遇。

毋庸置疑，作为全球最具活力的物流市场，我国物流业的发展机会层出不穷，但市场机遇必须依靠强有力的"武器装备"去把握，加快与大数据的融合，无疑是我国物流企业首先要解决的问题。

10.4.2 物流业数字化转型思路

物流业涵盖运输、储存、装卸、搬运、包装、流通加工、配送、信息处理等，是融合运输业、仓储业、货代业和信息业等的复合型服务产业。大数据与物流业融合是一个综合性的系统工程，必须牢固树立创新、协调、绿色、开放、共享的新发展理念，顺应物流产业与数字技术协同发展的新趋势，深入推动数字化与物流活动深度融合，创新物流资源配置方式，大力发展物流商业新模式、经营新业态，提升物流业信息化、标准化、组织化、智能化和集成化水平，实现物流业转型升级，为全面提升物流业的市场适应能力和竞争实力提供强有力的支撑。

物流业与数字化的融合既要推动政府向社会公开物流数据信息，完善信息交换开放标准体系，促进企业间的物流信息、商业信息与政府公共服务信息的开放对接，实现物流信息互联互通与充分共享；又要充分发挥市场在物流资源配置中的决定性作用，强化企业主体地位，激发企业活力和创造力；同时还要优化物流企业业务流程，创新物流活动组织方式，发挥新技术在物流业转型升级中的关键作用。

10.4.3 物流业数字化转型目标

物流业数字化不是简单的技术应用，而是要将各类数字技术全方位、深层次、多角度地应用到物流业务的全过程。物流业数字化的主要目标包括以下四个方面：

（1）通过数字技术在物流领域的广泛应用，使仓储、运输、配送等环节智能化水平显著提升，物流组织方式得到不断优化创新。

（2）基于数字化的物流新技术、新模式、新业态成为行业发展的新动力，与之相适应的企业管理模式与运营体系得以建立。

（3）以数字化为依托，建立起开放共享、合作共赢、高效便捷、绿色安全的智慧物流生态体系，使物流效率、效益大幅提高，物流业的国际竞争力显著提升。

（4）以物流业与数字化融合为契机，培育新的业态，创造新的增值服务，提供新的就业岗位，创立物流经济新的形态。

10.4.4 物流业数字化转型的主要内容

物流业数字化转型是要实现传统物流业的在线化、数据化和智能化，只有全方位、

多角度、高水平地将物流各项业务与数字技术有机融合,才能真正达到预期的目标,具体的融合内容包括以下四个方面:

1. 实现基于数字化的物流生产作业

物流生产作业涉及范围广、运行体系复杂、劳动强度高,目前仍然是较为典型的劳动密集型作业方式,如何利用数字化优化作业流程、简化作业环节、提升作业效率和降低作业成本是物流转型升级所面临的现实问题。实现基于大数据的物流生产作业体系的基本思路是要综合应用大数据等技术建立起涵盖作业人员、作业对象、作业流程和作业路线的智能化生产作业体系,既能实现物流、信息流和资金流高效顺畅流转,又能促进作业能力和作业水平的大幅提升。

2. 实现基于数字化的物流营销

物流营销能力相对薄弱是制约我国物流业务发展的重要瓶颈,这恰恰是数字化转型的重要着力点。主要有以下四个思路:

(1)建立和完善面向各类物流用户的一体化营销平台,方便用户随时随地购买物流产品、获取物流服务。

(2)对已有的物流电商平台进行进一步的改造和优化,以提升用户体验,扩大物流服务的项目内容。

(3)加强移动端物流营销平台的开发,完善相应的业务功能。

(4)从物流企业自身的业务需求出发,在数字化物流营销方面进行探索和创新,不断取得新的突破。

3. 实现基于数字化的物流管理

物流企业管理层级多、效率低、成本高等现象较为明显,利用数字化进行管理突围已成为应有之义。物流企业应从以下四个方面予以着手:

(1)从全局的角度,对涉及人、财、物、物流、信息流、供应链及客户关系等进行全面梳理,尽力形成规范化的流程和标准化的管理规范。

(2)充分开发基于移动互联网的智能管理系统,针对不同员工实行个性化、专业化和精准化相统一的管理体系。

(3)建立各类专业数据库,做到资源共享、系统互联、信息互通。

(4)利用云计算技术,建设物流云管理平台,实现云管理模式。

4. 实现基于数字化的物流服务

服务能力弱、服务水平低一直是物流行业的短板。数字化既是物流企业弥补服务短板的有力举措,又是提升自身市场适应能力和竞争实力的不二法门。实现基于数字化的物流服务主要有以下五种思路:

(1)通过移动互联网等手段建立物流与用户之间的永久连接,要充分依靠数字化这一纽带建立起长期、信任且可持续的业务合作关系。

(2)建立物流服务数字化平台,积聚涵盖各类用户全生命周期的业务需求及服务数据，为更好地服务用户并提升自身的竞争力提供重要基础保障。

（3）建立线上线下高度融合的一体化服务体系，为各类用户提供全天候的物流服务。

（4）利用数字化延伸物流服务的疆域，尽快拓展农村、偏远地区等市场。

（5）不断丰富和完善基于数字化的物流服务内容，促进服务资源和服务经验在更大范围内的共享。

10.4.5 物流业数字化转型案例：罗宾逊

以果蔬销售起家的美国罗宾逊全球货运有限公司（以下简称罗宾逊）是全球物流业的领跑者，其基于数字化的手段所打造的无车承运人模式在国际上有很高的知名度，是其成功的法宝。

1. 发展思路

无车承运人模式由来已久，脱胎于传统的第三方物流，只不过伴随着数字技术的深入应用，这种模式有了新的发展。无车承运人本身并不拥有车辆、仓储及物流作业人员等"重资产"，但凭借数字化手段，实现了对物流服务供求双方的高度管控，具有强大的物流服务履行能力，成为物流行业的新宠儿。

罗宾逊是全球有名的无车承运人企业，作为老牌物流公司，它虽未曾拥有一辆卡车，但是已发展成为全球500强公司之一。它通过应用数字化手段整合其他公司的卡车、火车、轮船及飞机等资源，每年处理近400万货运批次，为食品饮料、制造业和零售等行业客户服务，同时也提供供应链管理服务，以及在美国范围内采购、销售及运送生鲜农产品等服务。该公司的运作模式的本质是基于大数据的第三方物流中介，并依靠规模经济取胜。公司从客户处接单，然后发包给合作的承运商进行运输，而它的客户与它的承运商之间并没有直接的撮合交易。客户结构是以大客户的合同物流为核心主体，以随机客户为补充。在运力提供方面，罗宾逊与全美近70000家中小型物流企业（少于100台车的供应商承运的比例超过80%）签约，成为总数超过100万台卡车的"总帮主"，为货主和签约物流企业提供高效率、高水平的运输协调服务。

与其他第三方物流公司不同的是，罗宾逊物流坚守"向货主承诺运力，向承运商承诺运价"的发展模式。该模式既保证货主所需的服务品质，又保证承运商的利润空间。罗宾逊的利润来源于货主，自身的价值在于通过大数据将市场上大大小小的运力整合起来，形成一体化的运营服务体系满足货主需求，而不是简单地向加入罗宾逊运力体系的物流企业收取各种费用作为收入来源。

2. 支撑系统

基于大数据的两大平台是罗宾逊业务运营的核心：

一是运输管理系统（Transportation Management System，TMS）平台。这是一种供应链分组的（基于网络的）操作软件，它能通过多种方法和其他相关的操作一起提高物流的管理能力，包括：管理装运单位，指定企业内、国内和国外的发货计划，管理运输模型、基准和费用，维护运输数据，生成提单，优化运输计划，选择承运人及服务方式，招标和投标，审计和支付货运账单，处理货损索赔，安排劳力和场所，管理文件和管理第三方物流。

二是 Navisphere 信息平台。只要货主在这一平台上注册账号，填写货运信息及目的地等，系统就能把信息传递给 TMS 平台，TMS 平台根据客户对服务价格、时间等的要求，提出各种可供选择的物流解决方案。该信息平台能为客户带来端到端的透明化运送服务，并将客户、客户的客户和服务供货商串联起来，方便管理开支和风险。同时，该信息平台能快速地与其他 ERP 系统结合，灵活地满足客户独特的业务需求，设计出满足客户供应链流程中所需要的特定物流服务。由此可见，其既显著提高了物流运营效率，也大大提升了满足客户需求的能力。

通过这两个平台，公路运输市场常见的"货找车，车找货"等信息不对称问题迎刃而解。罗宾逊通过控制这两个平台，把物流供应和需求这两个过去无序冗繁的环节变得透明，尤其是货主能在罗宾逊的平台上，清晰地了解自己的货物正在哪个地方、处于运输的哪个时间段，有效解决了物流信息不对称的难题。

作为一家无车承运人的物流服务提供商，罗宾逊借助大数据走出了一条独特的发展道路，为了物流业务的供求双方创造出了独特的价值。

3. 运营模式

罗宾逊在运作方式上，是通过从货主处接单，发给承运商运输送至下游客户端，货主与承运商之间没有直接的撮合交易。在盈利方式上，它是通过向货主收取服务费，再把这个费用返给运输商的方式赚取服务差价。不过，同样的路线选择不同的运输商，货主所支付的运费价格是不同的。罗宾逊将市场上分散的运力有机整合起来服务货主，不对加入罗宾逊运力体系的中小型车队收取"加盟费"，大大减少了传统货运层层外包、层层加价的混乱局面。罗宾逊通过设立质量控制部门，跟踪、记录运输商的服务质量，并用记分卡进行评分的方式保证运输服务品质。

罗宾逊不是劳动密集型的公路物流公司，而是一个人才密集的公司，拥有近 600 名 IT 工程师，并通过与相关高校合作，引入全球物流行业高端的人才，帮助客户解决问题、节省物流成本，提高供应链运作效率。

4. 案例评析

罗宾逊作为一家轻资产的第三方物流服务商，通过整合各种运输资源，为客户提供个性化、专业化和多样化的物流解决方案，满足客户对低成本、高质量、高效率的物流服务需求。我国大量的小微型运输企业由于缺乏竞争力很难争取到稳定而又有高附加值的业务订单，依靠打价格战以及超限、超载等方式在物流红海中艰难度日。作为全球最大的物流市场之一，我国目前还没有真正有实力和影响力的"罗宾逊"出现，需要相关企业积极把握数字化发展机遇，尽力打造成为中国版的"罗宾逊"。

本章小结

数字化正成为各行各业转型升级的共同选择，代表着未来发展和演进的基本方向。数据资源作为数字化的核心资源和基本生产资源，正发挥着十分重要而又不可替代的作用。本章通过对金融、教育、旅游和物流四个行业数字化的应用分析，希望能更好地揭示其应用规律和实现路径，为其他行业以及不同类型的企业发展数字化提供借鉴和思考。

数字化既需要各种数字技术赋能，又需要各种数据资源作为基本生产要素，同时还需要相应的思维和理念，只要目标明确、措施得力、方法得当，就一定能不断取得进步和收获。

第 11 章
数字经济综合案例

加快数字化转型，促进数字经济发展已成为当前经济与社会发展的热潮。从国内外的发展实践来看，企业作为数字经济的主体，都在探索数字化转型之路。对于大量传统行业和传统企业而言，数字化是促进其提升效率、增强竞争力和提高经营效益的利器，已成为数字时代生存和发展的必然选择；对以数字化为基本特色、以线上运作为基本方式的新型数字化企业，同样面临着通过数字化创造新产业、新业态和新模式的问题。数字化是一个持续推进的过程，一方面伴随着各种新技术、新应用的不断助力，使得数字化的驱动力量得以保持；另一方面客户需求和市场竞争的牵引，也将使数字化成为不二之选。当前，各类数字经济发展的案例正层出不穷，值得我们从不同的角度采用不同的思维方式加以关注和研究。本章选择若干有代表性的综合性案例加以系统性分析，以期能为数字经济深入推进提供更多的启示和参考。

11.1 九牧数字化转型

九牧集团有限公司（以下简称九牧）于1990年发轫于福建省南安市，以家庭小作坊起步，现已成长为一家以智能卫浴为核心，集科研、生产、销售和服务于一体的全产业链创新型企业。作为卫浴行业领导者，九牧抢抓数字化转型发展机遇，通过全方位、多角度、深层次的探索，现已成为卫浴行业数字化驱动发展的急先锋，为行业乃至整个制造业数字化转型和数字经济发展提供了借鉴及启示。

11.1.1 案例背景

九牧作为一个民族品牌，通过多年的奋斗，得到了市场的认可，打破了国际卫浴品牌在我国高端卫浴市场的垄断地位，与其长期坚持的五大创新和高度重视品牌培育关系密切。

1. 五大创新

九牧自创办以来，一直坚持做自主品牌，从不为国际品牌贴牌，并且一直坚持以下五个方面的创新：

（1）质量创新

九牧管理层认识到，产品质量既代表对消费者的诚信，也代表行业质量发展的水平，更代表企业在行业中的地位和实力。九牧通过建设"质量实验室"来监控产品的质量，只有经过实验室验证的产品才可以出口，同时也只有通过质量实验才能证明该产品是处于国际领先水平的。九牧因过硬的质量先后获评质量提名奖及质量标杆企业，成为行业质量的引领者。

（2）技术创新

九牧在全球建有多个研究院，根据不同国家的优势特征和资源进行学习、设计和创新。以九牧的智能淋浴花洒为例，其创新性地利用涡轮增压的压力实现了自动除垢，同时利用水流负压吸气技术通过增压节水花洒以增强水压。该花洒不但能节水，还能增加洗澡的舒适度，技术水平全球领先，也因此获得了德国红点奖。与此同时，九牧建成了世界首个5G卫浴智能工厂，并在国际上得到了认可，成为名副其实的行业领头羊。

（3）营销创新

通过消费细分、渠道细分和品牌细分，实现了个性化、专业化、人性化的营销，同时设计了针对不同消费群体的定制设计入口，消费者只需扫描二维码，即可进行产品体验和获得购买服务。

（4）人才创新

九牧内部培训体系设置有军事化的组织和军事化的训练项目，培训不怕苦、不怕累、敢于担当和主动迎战的精神，为建立高素质、能打硬仗人才队伍打下了基础。

（5）管理创新

九牧通过"多劳多得"的公开原则，实现"五增一降"（增销量、增利润、增技术、增设计、增质量、降成本），为企业赢得了竞争优势，实现了快速的发展壮大。

2. 品牌培育

面对被国际品牌垄断、竞争激烈的高端卫浴市场，九牧以发展壮大民族品牌为己任，从三个方面培育自身的品牌：

（1）品质为先

无论是原材料采购还是技术研发、生产工艺都强调品质第一，力争做到最优。

（2）优化服务

保持与客户零距离的交流，及时反馈，进而推动产品改良。

（3）回馈社会

扮演好企业的社会角色，履行服务社会的职能，例如，与新华社共同参与助力乡村振兴、构建健康城市系列活动，在全国24个省份开展"教育公益行"活动，使数百万中小学生受益。

通过这三个方面的协同发力，九牧的品牌培育成效显著，在国内外市场的影响力与日俱增。

3. 面临挑战

卫浴行业是传统的以陶瓷为主的制造业，在发展中面临着多方面的挑战：

（1）能耗高，耗水量大

九牧是能耗大户，用电、用气、用水的成本占总成本的 20% 以上。

（2）劳动力需求大

卫浴制造作为劳动密集型行业，从原料生产、制模到磨边烘干、施釉、干燥固化再到质检、运输等都需大量人力。

（3）销售服务要求高

卫浴产品的受众地域分布十分广泛，对产品的需求千差万别，从而对销售和售后服务提出更高要求。

（4）电商带来极大冲击

快速兴起的电商发展模式对九牧生产制造的响应速度，以及库存和交付管理的能力带来了考验，如何适应新的需求成为一个大难题。

（5）传统的高污染生产方式不可持续

传统的陶瓷生产过程中产生废水废气和噪声难以避免，这种生产方式是不可持续的。只有实现清洁生产，才能实现可持续发展。

11.1.2 数字化发展过程

2009 年年底，九牧的数字化进程正式开始，公司成立了 IT 科，由五六位成员组成，主要负责终端、网络运维，后来该科升级成 IT 部。九牧的数字化进程主要经历了以下五个阶段：

1. 基础建设阶段

2010—2011 年，九牧坚持基础为主、"道路"先行。在这一阶段，九牧主要进行了工业园数字化改造、实现了网络光纤互联、建立了数据中心机房等，主要以建设信息化高速公路和实现基础保障为主。

2. 内部建设阶段

2011—2015 年，九牧数字化发展进入内部建设阶段。在这一阶段，九牧实现了产、供、销的数字化管理。从 2011 年开始，九牧通过思爱普 ERP 计划模型，将销售预测、生产计划和采购需求以及资源约束实现动态关联，根据市场销售订单和预测信息的变化，动态调整生产计划和采购需求，实现产销联动。重点工作包括规范编码规则、流程、体系，实现产、供、销和财务业务一体化管理。同时，九牧与 IBM 合作，建立了产、供、销、人、财、物一体化管理系统，实现了全集团的办公自动化。九牧把超过 20 家子公司纳入一体化管理平台及人力资源管理系统、协同办公系统、一卡通系统。在这一阶段,九牧最终统一了网络平台、监控、门禁、物料编码和规则,还自行研发了陶瓷条码系统。

3. 向外部延伸阶段

2015—2018年,九牧数字化进入向外部延伸阶段。这一阶段的主要任务是促进协同研发、战略分析和营销转型,主要涉及营销类、客户服务类、大数据分析平台等项目,如营销管理咨询、思爱普客户关系管理、服务商协同、运营商ERP、移动云办公、物流仓储平台、产品生命周期管理协同研发、智慧制造平台、商业智能战略分析、移动云办公等。重点集中在对外的营销系统建设上,包括全集团的经销商、运营商的门店及分销系统,以及海外客户关系管理系统、报关系统、业务系统等,同时还重新建设了新版官方商城。

九牧的供应链采用了自主研发的生产管理系统,以实现生产与供销的协同,涵盖供应商、合作伙伴和生产制造厂等不同的用户主体,先在制造车间及生产管理方面实现了一体化,后逐步实现供应商关系线上管理,从而实现制造端、供应商、内部产供销、财务业务一体化,做到了内外部的互联互通。

4. 融合发展阶段

2018—2020年,九牧数字化发展进入了融合发展阶段。这一阶段的主要任务是高效应用新技术实现供应链协同、大数据驱动,同时完善IT基础管理平台、供应链管理平台、营销管理平台、智慧制造平台、智能卫浴平台、物流仓储平台、协同研发平台和智能分析平台等,实现数字化深度融合发展。

5. 数字驱动发展阶段

经历前四个阶段的稳扎稳打,九牧数字化发展进入数字驱动发展的新阶段,要实现全面数字驱动的全价值链卓越运营、C2M①、智能定制、5G+云制造等使数据资源为工业制造全方位赋能。

11.1.3 数字化营销探索

营销几乎是每一家企业的"生命线",九牧也不例外。在数字技术与营销融合发展、促进营销数字化方面,九牧作出了很多有重要价值的探索。

1. 线上线下差异化营销

九牧在营销数字化方面经历了较长时间的实践,早在2016年,九牧就在全国范围内挑选了12个代理商进行O2O②试点。由于线上价格很透明,对线下销量产生了较大的冲击,导致一些代理商产生了抵触情绪。为此,九牧将线上与线下产品完全分开进行销售,开发电商专供款。

---

① C2M:"Customer to Manufacturer"的简称,即从消费者到生产者。

② O2O:"Online To Offline"的简称,即从线上到线下。

在具体的策略上九牧做了如下调整：

（1）重新定位九牧的官方商城，由单纯的销售开始向新品宣传和向线下赋能、引流转变，将线下店面侧重点调整为产品介绍、功能演示、问题反馈和解决、提供整体设计方案等，提升用户体验，促成交易。

（2）将线上购买单一产品的客户引流到线下店，安排专业设计师给予厨卫一体化的设计建议，实现由卖产品向卖解决方案转变、由价格电商向价值电商转变，有效地实现了线上与线下的融合共生。

2. 合作开发私域流量

为了更好地探寻私域流量所潜藏的新兴商业机会，九牧积极与其他品牌联手，以最大程度激活私域流量，撬动全新商业数字化联动模式。为此，九牧联合特步、华祥苑等多家知名企业共同打造共生价值平台——私域流量联盟，通过流量获取、商业变现、数据运营等一站式服务，重塑互联网价值营销，实现联盟企业价值共生共赢。

九牧还携手联盟企业共同打造首个千亿智能家居新零售产业平台，通过数据化营销和中台系统支持，打通了家装行业上下游产业链，能为消费者提供一站式解决方案。

3. 以直播发力营销

九牧十分重视直播在营销中的作用，先后邀请奥运冠军、健康卫生专家、设计师等有人格魅力或有独特审美感"大咖"现场体验，把观众带入到了一个具有实时性、互动性及可体验的购物场景中，大大促进了直播营销的效果。在九牧三十周年卫浴直播节上，全渠道销售额创下了近20亿元的纪录。

九牧在直播过程中更注重与消费者的沟通，不断创新直播形式，从单一的卖货场景向更加多元化的场景延展，以知识、公益输出为内容主体，使直播创造公益价值，将流量转化为"留量"。

4. 大力推进门店数字化

门店是九牧营销的重要渠道，促进门店的数字化升级是提升其营销能力的有力措施。从2017年开始，九牧与华为联手打造了智慧门店，经过数年的发展，现已升级至第七代（如图11-1所示）。它在原来智慧门店的基础上，在智能硬件、智慧支付和数据赋能三个方面进行整合设计，通过门店体验业务场景建设，实现获客引流、互动转化和全渠道零售的提升。店内数字化运营共升级了包括游戏、云货架、产品视频、电子易拉宝、案例分享和评论社区等六大模块，可以通过数字智慧屏与消费者进行互动，创造出"更懂用户"的个性化体验，并持续打造完美生活家居解决方案。

与此同时，九牧与腾讯开展智慧零售战略合作，以其董事长作为IP的实体店落地，在全国多个城市推出高端卫浴定制服务，与居然之家开展联合营销，与京东物流达成战略合作，形成了新的营销合作模式和体系。

图 11-1 九牧智慧门店实例

11.1.4 移动数字化应用

移动数字化应用是通过手机、平板电脑等掌上终端，通过电信网、互联网等网络把企业的应用程序，通过镜像映射的方式发布到用户使用终端，同时使用户能够快速、安全地在终端实现对企业应用系统无差异应用。从 2016 年开始，九牧与深圳市前海圆舟网络科技股份有限公司（以下简称深圳圆舟）合作，在移动数字化应用方面成功开发多个项目，具体如下：

1. 内部云

内部云（iJOMOO）是针对内部员工的移动数字化应用，将企业的 ERP、办公自动化、协同办公等展现在移动平台上，实现了以下四个方面的效果：

（1）员工可以随时随地、轻松自如地进行即时聊天、语音会议、移动打卡、日程任务等。

（2）员工可根据自身需要查看薪酬、考勤、云盘和点餐等各类信息。

（3）通过社交网络更好地分享通知、公告等内容。

（4）经营报表、决策支持、数据分析，商业决策等可以精准送达相关人员。

在移动数字化推进过程中，因为员工过分依赖微信而对 iJOMOO 产生抵触情绪。为此，开发团队将员工必需和高频使用的移动打卡、订餐、考勤、绩效等最重要功能加载到平台上，同时，利用宣传、发奖品、使用排行榜、代言人奖励机制等创新方法进行推广，最终取得了不错的效果。

2. 牧商云

牧商云是针对上下游产业链的平台，包括供应商、经销商、代理商、店面和合作伙伴等，具有以下四个功能：

（1）九牧秒懂系统：通过产品门户、产品详细管理、活动管理、多媒体管理，实现流程审批、消息推送和数据分析集成，通过手机 App、电脑应用或微信连接店长、店员、经销商、代理商、消费者及公司同事,使产品管理更加有效、客户服务更为优质,从而提高客户满意度。

(2)经销商订货宝App:通过手机端实现订货,完全取代以前的邮件、传真等。在经销商订货后,集团后台能够自动统计出每个品类的订货量,并传输至生产系统,实现协同生产,将原来8天的订货周期缩短至1天。

(3)与经销商、代理商实时沟通的模块:打通沟通渠道使沟通更顺畅。

(4)巡检人员巡视模块:可进行移动打卡并能上传巡店照片,可提高巡检效率。

3. 牧云

牧云主要用于连接消费者,牧云为消费者搭建了沟通的渠道,即时提供售前(卫浴场景、风格、方案选择、下单)、售中(订单跟踪)、售后(问题处理、差异处理、保修等)各阶段的服务。

4. 创意牧工坊

依照传统的做法,产品研发的创意基本来自设计师的灵感,有时因为缺乏用户数据,可能会造成货不对板的情况。九牧有不少这样的教训,为改变这一局面,九牧携手深圳圆舟开发了创意牧工坊。开发创意牧工坊一方面是为了让设计师聚焦消费者痛点、收集用户数据,让产品设计有的放矢;另一方面是为了吸引更多高校、研究机构将其设计创意、材料技术和核心专利等通过创意牧工坊提交给九牧。

创意牧工坊的应用,取得了超乎预期的效果。它使得产品的设计不再是凭空想象,而是有实实在在的数据支持、有明确的用户需求支撑,同时它对吸收和利用外部设计资源也有着重要的作用,使传统的设计研发真正上了一个新台阶。

11.1.5 服务数字化探索

服务在卫浴产品销售中占据重要地位,涉及售前指导、测量设计、水电检测、拆旧安装、清洁消毒、全品检测及无尘防护等诸多环节。在传统条件下,这些环节需要投放大量的人力和物力。早在2005年,九牧就与大唐电信科技股份有限公司合作开通了400客服热线及建立了后台派单跟踪系统,搭建了初步的售后服务系统,主要功能有派送、安装、问题反馈等,提高了售后服务效率,对业务有了一定的实时性反馈。经过多年不断地改进,九牧在服务数字化方面取得了较大的突破。

1. 利用数字大屏实时预警

为了更好地平衡服务资源,为用户提供更加精准和及时的服务,九牧利用数字大屏(如图11-2所示)将线上服务系统与线下服务管理串联,实现服务受控管理;通过服务预警看板,实时跟踪全国工单现状,第一时间掌握服务异常单量;根据区域预警级别,合理调配服务资源,提前准备好解决方案,让用户能更便捷、更高效地获得服务。

图 11-2 数字大屏

2. 售后管理数字化

九牧的客服系统包括客服电话、微信公众号、手机 App 和公司官网等,为用户提供了多种选择。其中,手机 App 将数万名水电工纳入管控平台,通过跟踪回访派送、安装等环节,能够及时跟踪工单,实现一票到底的服务。同时,系统还会给客户推送配件,类似于二次销售服务,并且能够收集客户评价,切实提高客户的服务体验。

在服务时效方面,根据客户需求,对售后服务等级进行了划分:A 类售后服务需在 12 小时内响应,B 类售后服务需在 24 小时内响应,C 类售后服务需在 48 小时内响应。

3. 可视化服务

为了提升客户服务的专业性和交互性,九牧开发了全媒体信息交互平台,引入智能化辅助工具,通过大数据,为客户推送专属的服务解决方案及多媒体指导视频。与此同时,九牧首推远程视频服务直播间(如图 11-3 所示),在直播间客服一对一实时指导客户,帮助客户一次性解决产品故障问题,保障全龄用户产品使用无忧。

图 11-3 九牧远程视频服务直播间

为使客户实时掌握服务进度,对上门安装等服务作出合理安排,九牧推出了服务全流程可视化,用户无须在家苦苦等候服务人员上门,只需按照相关进度安排接受服务的时间。图 11-4 为服务进程实例。

图 11-4　服务进程实例

为全面保障客户服务体验，九牧实现了从服务派工、技师服务、结果评价的全流程服务可视化，以保障技师服务水平。图 11-5 为技师服务可视化场景。

图 11-5　技师服务可视化场景

4. 机器人服务

为了更好地提供个性化、专业化的服务，同时降低服务成本，九牧建立起了机器人服务体系。该服务体系实现从"信息入口数字化（电商平台自动对接＋线下乐渠系统对接＋用户线上小视频自助报单）—用户特征自动标签化—根据标签自动匹配服务标准派工—在线交付—机器人回访—用户标签补充进入用户数据库"全流程数字化闭环管理。与此同时，基于用户大数据的分析，对自助标签用户推行自助视频服务、远程电话服务、远程视频服务等非现场服务手段满足用户需求。通过回访大数据的分析，不断升级智能机器人回访库，使信息收集更加精准，让用户体验更好。

11.1.6　5G智慧园区建设

为了更好地解决陶瓷产品生产制造过程中长期存在的能耗高、效率低、污染大等问题，九牧与中国电信、华为开始研究"以场景为中心、价值为导向"的5G赋能工业发展方案，共同建设福建省首个5G智慧制造示范产业园——九牧5G智慧园区。

1. 业务需求

项目的业务需求包括以下三个方面：

（1）5G网络规划：九牧计划打造5G落地建设新标杆，填补过去在5G建设方面的空白。

（2）能耗管理：九牧非常关注能耗管理、物料管理、质量管理，希望通过数字化的管理实现节能降耗。

（3）园区管理：九牧希望打造安全、高效的智能园区配套系统，提高内部运作管理。

2. 解决方案

九牧5G智慧园区实现了以下场景：

（1）生产线数据采集

机床数据采集终端通过5G+统一功耗格式（Unified Power Format，UPF）专线组网方式，将采集的生产线数据传输到制造执行系统（Manufacturing Execution System，MES）。

（2）工业视觉检测

在质检环节部署工业相机自动采集产品图像，识别分析马桶外观瑕疵，如图11-6所示。

图11-6　工业视觉检测

（3）AGV 交互控制

通过 5G+AGV 代替传统手工搬运方式，完成烧成区及检包区的产品自动运输（如图 11-7 所示）。

图 11-7　5G+AGV 调试与运行

（4）施釉机器人控制

所有施釉程序直接下达到施釉机器人，减少了更换施釉的时间，提高施釉效率。施釉机器人在两个方面提升了工厂效益，一是施釉机器人可即时采集设备状态、现场生产数据，实现预测性维护；二是基于 5G 专网的低时延，可实现施釉工艺参数的远程下发、灵活配置，提高操作的实时性和安全性。图 11-8 为施釉机器人实例。

图 11-8　施釉机器人实例

3．先进性和创新性

九牧 5G 智慧园区的先进性和创新性体现在以下三个方面：

（1）5G 网络支撑数字化转型，通过 5G 网络覆盖，打造多个应用场景。

（2）云网融合构筑了坚实的数字化基座，天翼云通过聚合 PaaS 组件、人工智能组件、SaaS 应用等，并推动多接入边缘计算（Multi-access Edge Computing，MEC）下沉，实现数据就近接入。

（3）全力保障工业数据安全，利用 5G 专网打造数据不出厂的园区网络。

4. 创造价值

九牧 5G 智慧园区建成运行创造的价值主要有以下五个方面：

（1）提升网络传输能力：实现 5G 网络全覆盖，完成 5G+MEC 建设。

（2）提升企业管理效能：节省 20% 人工成本，提升管理效率 20%。

（3）提升生产线产品质量：生产效率提升 35%，产品不良成本率降低 5%。

（4）降低企业各类能耗：能源用量减少 7%，企业运营成本降低 8%。

（5）缩短研发周期：产品研发周期年均缩短 15 天。

5. 5G 智能制造实例

5G 智慧园区建成后，九牧以公司核心产品马桶为重点，推动基于 5G 的智能制造实现。一个完整的马桶制作流程包括：泥浆制作—造型成型—湿坯干燥—青坯检修——釉浆制作—喷釉—白坯烧成—品检包装。长期以来，以上各个环节都依靠人工来完成，不但效率低，而且作业环境恶劣。釉浆制作和喷釉是陶瓷工厂污染最严重，也是对工人身体伤害最大的环节，长期来无法通过有效的方式加以改进，是整个陶瓷行业的通病。

九牧在整个马桶工厂安装了 1000 多个各类传感器，与 5G 网络大带宽、低时延和广连接的特性结合，做到精细化的管控，具体应用如下：

（1）在泥浆制作环节，球磨机用来搅拌矿石，当球磨机出现异常时，振动频率会出现较大幅度的波动，在球磨机上安装传感器，可自动检测球磨机的运行状况。

（2）在成型阶段，九牧通过温度、湿度传感器进行数据采集，从而控制、调节成型期间整个车间的温度、湿度，提升产品良品率。

（3）到了施釉阶段，施釉机器人与 MES 系统通过 5G 网络连接进行施釉，既提升了施釉效率，又避免操作工人受到伤害。

（4）窑炉实现了"三表"（天然气、水表、电表）互联，实时控制温度设备开关，既降低了电能消耗，也提高了良品率。

（5）窑炉烧成之后，AGV 负责运送马桶去进行在线视觉检测，检测机器人检测马桶的表面是否合格。

施釉机器人具有深度学习能力，可以对不同规格的产品进行施釉，每个马桶喷釉只需 35 秒，而且它们可以 24 小时工作，已完全替代传统的人工作业，不仅提高了产能，节省了人力开支，而且大幅降低了能耗。

11.1.7 世界数字九牧布局

经过三十余年发展，九牧已经由国内最大的卫浴公司向世界级的卫浴企业晋级，迫切需要具备多品牌、全球化的数字化经营能力。为此，九牧将 2021 年确定为"世界数字九牧"的元年，并为之开展全方位的部署。

1. 智慧营销

九牧过去一直专注于面向家庭的个人用户市场，从 2021 年开始发力企业市场，例如，长城、故宫、敦煌莫高窟等标志性旅游景点及大兴机场的新中式卫生间等，都选用了九牧的产品。未来九牧的零售产业链平台将围绕九牧商城平台、支付体系、物流体系、服务体系等构建，并通过建设业务中台和数据中台，将过去烟囱式①的能力转变为平台化的能力，使从线索、到商机、到合同、到交付、到服务形成闭环管理，用强大的工具支撑高效工作。

2．智慧研发

九牧智慧研发应用系统架构从竞品分析、到创意管理、到产品生命周期管理、再到实验室管理，提出"一套流程体系、一个生命周期管理系统平台"的实施策略，通过竞品研究平台，来更好地研究市场、研究动态、研究色彩等，通过全方位把握用户体验促进产品的创新。

3．智慧制造

智慧制造围绕自动化、信息化、精益化进行，最终实现三者有效融合。九牧的智能制造围绕能耗管理、研发、制造、无人仓储、智慧生产、云物流、智慧设备等建设，一方面要实现在线视觉检测，通过5G保障大量的图片模型可以利用算法分析，保障大量高清摄像头的拍照和大量照片的传输；另一方面采用物联网芯片实现智慧能耗管理，自动调节降低综合成本。

4．智慧供应链

以思爱普的ERP为核心，建立九牧供应商协同平台，统一入口，形成业务闭环，实现互联互通，帮扶供应商一起成长。

5．智慧运营

不断完善面向内部员工的iJOMOO、面向合作伙伴的牧商云及面向消费者的牧家，拓展新的功能，以更好地满足员工、合作伙伴及消费得越来越多样化的需求。

11.1.8 案例评析

长期以来，我国卫浴企业大都采用贴牌或靠外贸订单赚取代工费方式的生存，基本处于全球价值链的中低端，在中高端市场缺少话语权。我国卫浴产业虽然在全球市场有一定的份额，但品牌影响力弱、附加值小、利润率低。九牧的实践探索为改变我国卫浴产业的窘境作出了示范，从中可以得出以下五个方面的启示：

第一，数字化是促进传统产业转型升级的战略武器。尽管卫浴产业十分传统，耗能、耗水、耗人力，但只要数字技术应用得当，就能发挥出非同寻常的作用。九牧的成长史，一定程度上可理解为数字化的赋能史。

第二，数字化需要高层的强力推动。九牧董事长在推动九牧数字化发展方面，功不可没，从而使九牧形成了十分浓厚的"数字化转型就是九牧未来"的共识，与此同时，

---

① 烟囱式是指子系统之间彼此独立，无法实现互联互通，犹如烟囱一样各自冒烟，互不通气。

九牧在资金、人才、技术等多个方面予以全力保障，最终才得以成功转型。

第三，数字化必须以业务需求为驱动力。数字化必须从业务需求出发，不能单纯地为数字化而数字化，否则无法发挥出应有的作用和价值。九牧紧紧围绕营销、服务、研发等重点业务需求，通过数字技术与业务需求的深度融合，有效发挥出数字化的聚力和带动作用。

第四，数字化需要充分认识到合作伙伴的重要性。作为传统制造业企业的代表，九牧在数字化能力和技术方面较为薄弱，为此其结合自身需求，积极寻求与我国其他科技公司合作，发挥合作各方的独特优势，形成新的数字化生产力，助力企业更好更快发展。

第五，数字化需要有敢为人先的勇气和魄力。在如何将5G技术应用到企业发展问题上，在同行业中没有应用的先例，九牧对此也曾存在较大的疑虑，但后来通过创新的应用，最终建成了全球首家5G数字智能陶瓷工厂，树立起了行业新标杆。

九牧的发展史承载着我国制造业由小到大、由弱到强的奋斗历程，是一个不断突破自我、驱动变革的过程，凭借着"专注、专业、创新"的企业精神，九牧已成为全球卫浴行业的引领者，数字化转型所发挥的作用不可低估。在未来奔向全球第一卫浴品牌的征途中，必将会遭遇各种意想不到的艰难险阻，但数字化必将是披荆斩棘、一路高歌的有力武器。

11.2 华为数字化转型

华为技术有限公司（以下简称华为）创立于1987年，是全球首屈一指的信息通信技术基础设施和智能终端提供商。作为一家世界级的数字化转型服务商，华为率先垂范，践行"自己造的降落伞自己先跳"的发展原则，致力于将自己建设成传统企业数字化转型的标杆。从2018年起，华为决定把数字化转型作为公司未来五年唯一的变革重点，足见其对数字化转型的决心和信心。数年来，华为围绕三条业务主线（一是面向客户体验的交易流，二是面向研发和产品创造的产品流，三是基于敏捷交付的实现流）有序推进数字化转型的发展，走出了一条巨型企业数字化转型发展道路，对其他企业的数字化转型有重要的借鉴意义。

11.2.1 案例背景

早在二十多年前，华为在确定IT目标时，经过反复斟酌，最终确定战略目标为"不是要成为世界级的IT，而是要成就世界级的华为"，这一目标是华为赢得今天世界地位的重要原因。

1. 数字化转型进程

华为从创建开始，一直高度重视信息化建设和数字化发展，大致可以分为以下五个阶段：

（1）第一阶段：初级应用阶段（1987—1998年）

华为于1987年在深圳注册成立，1988年正式开始运营，在信息化领域于1993年成立管理工程部，标志着华为信息化工作的开端。这一阶段华为的信息系统主要以Email和物料生产计划管理为主，为后续的信息化发展奠定了坚实的基础。

（2）第二阶段：从分散走向集中阶段（1998—2003年）

在这一阶段，华为销售收入实现了快速增长。与此同时，各种管理问题也接踵而至，包括前后端孤立、生产和销售脱节、产品无法满足客户需求等。在这个阶段，华为开始推进流程变革，寻求全球信息咨询领域的"领头羊"IBM的帮助，并制订了第一个IT战略五年规划。在信息系统建设方面，华为从IBM引进了集成产品开发管理系统和集成的供应链管理系统。通过这两个业务系统，华为实现了通过IT集中化来支撑业务的目标，经过一段时间的改进，业务支撑保障能力大有提升。

（3）第三阶段：国际化阶段（2004—2011年）

在这一阶段，华为从国内IT体系走向了全球IT体系，其中包括100多个国家的ERP系统上线。以巴西为例，由于巴西税制和财务系统复杂，不同的州都有不同的税收政策和通行货票，导致该国的ERP系统反复多次才上线成功。最终华为用了七八年的时间，在全球100多个国家建立起了一张包括基础网络、办公自动化、ERP系统等在内的大网，构成了一个跨国企业的运营架构，为后续的国际化发展铺平了道路。由于受语言、时差、法律法规等各种因素的影响，华为在这一阶段所经历的困难和曲折非同寻常。但也正因为坚持啃下这块"硬骨头"，华为才有了后续的不断壮大。

（4）第四阶段：IT 2.0阶段（2012—2017年）

在这一阶段，华为提出了基于IaaS、PaaS和SaaS的云模式，跨越了传统的信息化发展模式，进入到云发展阶段。

2016年，华为确立了数字化转型的愿景：通过数字化变革，在客户服务、供应链、产品管理、流程与组织等方面全面提升效率，自身率先实现基于"实时、按需、全在线、个性化自助及社区化交流和分享（Real-time、On-demand、All-on-line、DIY and Social，ROADS）"体验，使运营效率与客户满意度领先于行业。

2017年，华为将企业数字化转型的愿景更新为：把数字世界带给每个人、每个家庭、每个组织，构建万物互联的智能世界。其具体含义为：

① 让无处不在的连接成为人人平等的权利，成为智能世界的前提和基础。

② 为世界提供最强算力，让云无处不在，让智能无所不及。

③ 让相关的行业和组织，因华为强大的数字平台而变得敏捷、高效、生机勃勃。

④ 通过人工智能重新定义体验，让消费者在家居、出行、办公、影音娱乐、运动健康等全场景获得极致的个性化智慧体验。

经历这一阶段后，华为实现了业务场景化，将业务从发生到结束的各个环节解构为一个个业务场景，然后建立相应的业务规则，并对对应的业务规则建立微服务。即将之前传统的业务服务解构成微服务，并将其封装在Docker容器里，以更快的速度、更高的效率响应需求变化，提供更好的服务。

（5）第五阶段：数字化全面转型阶段（2018年至今）

2018年，华为决定把数字化转型作为公司未来五年唯一的变革重点，提出新的数字化转型愿景：通过打造"数字优先（Digital First）"实现全连接的智能华为，成为行业标杆。这一愿景包含两大目标：一是对外让华为与客户做生意变得更为简单、高效、安全；二是对内逐步提升内部的运营、效率和效益，支持公司"多打粮食"，增加"土壤肥力"。

与此同时，华为提出"自己造的降落伞自己先跳"，要帮助企业和社会实现数字化转型，就要先把自己变成全连接的智能企业，通过自身的实践探索将自己做成传统企业数字化转型的标杆；在降低客户试错成本、追求客户满意的同时，追求自身运营效率和经济效益的提升，从而能够为构建万物互联的智能世界作出自己的贡献。

回顾华为走过的路，数字化是华为发展的驱动器，也是其打下一场又一场胜仗的重要武器。同时也可以看出，华为的数字化转型并不是破坏式的演进和改造，而是不让业务停顿的前提下促进数字化转型。

2. 三大改革

对于华为而言，数字化转型的根本目标是对外提升客户满意度，对内提升效率和效益。要实现这个目标，不是简单地使用数字技术就能实现的，而是一种全新的商业逻辑设计、一次企业的战略转变。为此，华为进行了三管齐下的改革：

（1）将数字化当作"一把手工程"

华为的数字化转型坚持技术和业务双轮驱动，业务提供需求牵引，技术助力业务赋能，因此让业务主管认识到数字化转型的必要性和紧迫性至关重要，只有真正把数字化转型当作"一把手工程"予以落实，才能产生实效。华为的业务增长超乎寻常，但原来的信息系统已无法满足需要，必须从管理层面达成共识，形成合力，共同推进数字化转型走向深入。

（2）组织架构重整

过去很长时间，华为的IT部门并没有真正融入到业务流程当中，他们仅仅是在开发和安装各种工具，处在边缘化的位置。并且当工具越来越多，不同的工具受欢迎的程度也会大相径庭，有的长期无人问津，有的可能被高频度调用。为了解决这个问题，华为调整了组织架构，让IT部门的人员充分融入到业务部门，同时要求IT部门的人员转换服务心态，更好地契合业务发展的需要。

（3）公共服务平台创建

对于华为而言，数字化转型的整体推进是一项复杂而又庞大的系统工程，依靠单一技术或一套解决方案无法解决所有问题，而必须有一个公共服务平台支撑业务的需要。这一平台既要能提供安全的数据和公共服务及统一的基础设施架构，又能让华为可以根据自身的实际需求来平等地选择各类产品和服务。公共服务平台的建设为华为数字化转型提供了基础性、战略性的保障，为更有力地推进公司的数字化转型铺平了道路。

3. 问题与举措

华为在推进数字化转型的过程中同样存在着各方面的问题，但其采取了积极有效的举措加以克服。

（1）存在的问题

① 思想不统一：各部门之间各自为政，数字化转型不彻底，业务与技术"两张皮"。

② 团队建设不足：懂 IT 的不懂业务，懂业务的不懂 IT，IT 人才难以挖掘数据价值。

③ 平台不到位：缺乏弹性扩展能力，烟囱式开发难以支撑发展。

④ 数据不联通：数据没打通，人工处理效率低，例如，大量人力和时间投入资产盘点，但结果并不准确。

⑤ 通信不畅通：网络体验差，IT 系统运维成了重心，办公、生产和物联网多张网，通信网络复杂。

⑥ 智能不连续：知识没有沉淀，经验没有传承，智能没有体现。

（2）应对措施

针对以上存在的问题，华为采取了一系列行之有效的针对性措施：

① 思想方面：将数字化转型作为部门领导的核心项目。

② 团队方面：业务与 IT 一体化，成立各业务部门主导的变革委员会。

③ 平台方面：业务全面上云，微服务化重构近 500 个应用系统。

④ 数据方面：以员工上班免打卡为例，通过构建统一的华为数字（Huawei IT Service，HIS）平台，打通了数据，实现了互联互通。

⑤ 通信方面：部署自动驾驶网络，全球统一体验，如松山湖 2.5 万人办公，仅 2 人负责网络运维。

⑥ 智能方面：实现智能报销、精准翻译、物流一张单、工程远程验收等。

4. 转型目标

华为认为，数字化商业模式的实质就是：以价值主张为起点，以数字技术为支点，通过平台来改变关键资源的结构、改变工作方式、改变成本结构，突破旧技术体系下的商业模式的限制，降低运营成本并提升效率，同时做到产品好、体验优、成本低。为此，华为也重新定义了公司数字化转型的目标：第一是体验优先，即面向客户/用户构建一站式体验，用数字化手段优化客户/用户界面，让客户/用户满意；第二是场景化，即灵活编排服务，构建各场景的解决方案，快速支撑业务创新和数字化转型，提升业务的效率效益；第三是服务化，包括构建面向三大业务流的中台服务和云化 IT 平台服务两个部分；第四是多云管理，即通过多云管理平台快速获取外部资源和服务；第五是实时指挥，即实时的业务感知和战场指挥。

5. 发展思路

华为明确数字化转型的发展目标之后，提出了对应体验优先、场景化、服务化、多云管理和实时指挥的发展思路。

（1）体验优先

面向行业/企业客户、广大消费者、合作伙伴、供应商和内部员工等不同类型的用户构建一站式的体验服务，用数字化的手段为所有用户连接业务、连接团队、连接装备、连接知识，提供一站式体验。

（2）场景化

对准业务的实战场景，基于场景进行服务编排，实现全球"等距服务"，灵活快速地支持业务执行。为此要求将公司的各个业务场景全部地图化，对每一个场景的服务要求其相对独立、接口开放，且能支持业务人员的灵活编排。例如，对于手机门店场景，要求其能提供标准化的IT装备服务来实现全球快速开店。图11-9为场景化关系图。

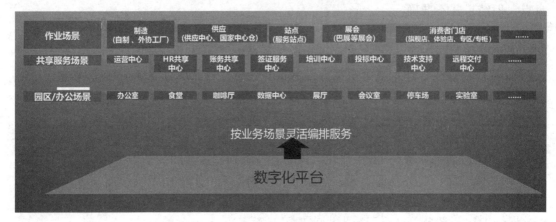

图11-9　场景化关系图

（3）服务化

为了更好地支撑各领域的数字化转型，打造能提供基础服务、平台服务、应用服务、安全服务四个大类（总计600多项）服务数字化转型的公共平台。例如，针对人工智能服务，优先对准公司高频、海量和复杂作业场景，将原来的流程"智障"变成流程智能。

（4）多云管理

构建ROMA多云管理系统，实现企业内部互通、内外互通、多云互通。ROMA多云管理系统对外管理好企业边界，将外部已经成熟的服务快速引入进来；而对内则连接好业务应用和IT/运营技术（Operational Technology，OT）设备。图11-10为ROMA多云管理系统组成。

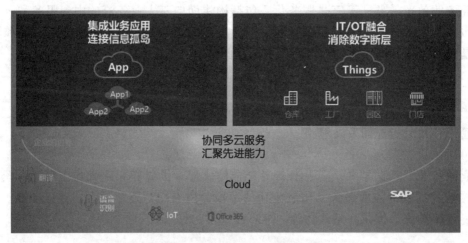

图11-10　ROMA多云管理系统组成

（5）实时指挥

通过重塑整个公司的运营体系，打造一个能够实现业务监控、业务预测、业务预警、业务协调、业务调度、业务决策及业务指挥的全业务、全场景的运营指挥平台，以支持公司的数字化转型和业务的发展。图11-11为运营指挥平台架构。

图 11-11　运营指挥平台架构

6．数字化转型智能体

华为提出的数字化转型智能体是以云为基础，以人工智能为核心，通过云、网、边、端协同，构建而成的一个开放、立体感知、全域协同、精确判断和持续进化的智能系统。该智能体是一个开放的生态系统，繁荣的软件、服务生态、边缘计算生态均是智能体赋能的关键，也是催生各类商业机会的动力所在。智能体包括以下四层架构（如图11-12所示）：

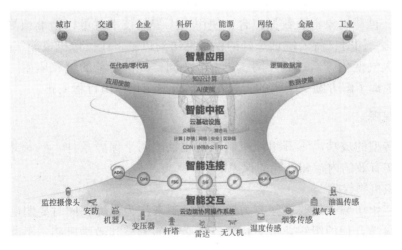

图 11-12　华为智能体组成

（图片来源：https://www-file.huawei.com/-/media/corp2020/pdf/publications/communicate/comm-87-cn.pdf.）

（1）智能交互

智能交互是智能体的"五官"和"手脚"。其联通了物理世界和数字世界，让软件、数据和人工智能算法可在云、边、端自由流动。边云协同操作系统——智能边缘平台（Intelligent Edge Fabric，IEF）的智能交互让智能体可感知、能执行。IEF可以对接各种操作系统，例如鸿蒙，让鸿蒙生态可便捷地接入华为云。

（2）智能连接

智能连接是指通过5G等，实现无缝覆盖，万物互联。在智能连接的基础上，通过ROMA多云管理系统实现应用和数据协同，盘活历史应用和数据资产，实现数据资产在新老应用之间的流动和共享，打造"应用一张网，数据一盘棋"。例如：Wi-Fi6产品综合性能比Wi-Fi5提高了1倍，而华为提供的Wi-Fi6实测主要性能又比市场同类产品高了1倍，还支持物联，实现办公、生产和服务一张网，通过分片技术保障关键业务。华为提供的网络技术都支持分片，就是能让不同的业务分通道走。以电力行业为例，能实现硬软通道同时在一个通道内部署，硬通道用于确定性高、时延有保障的生产控制，而软通道用于一般视频、语音的传输等，帮助企业有效降低网络部署和运维的成本。

（3）智能中枢

构建智能中枢时，可以选择单一公有云环境或多云架构，或通过连接公有云部署混合云。这样不仅可以更方便地获得持续发展的能力，而且使得业务部署和运维都更简单，可以使团队人员把工作重点转移到业务运营上来。

（4）智慧应用

智慧应用是指聚焦业务实现，从智能中枢获得强劲、敏捷能力，最终帮助企业实现全新体验和效率提升，并在运营中通过发掘数据的价值，带来商业模式的创新。

综合起来，智能体通过"5机"①的深度融合，实现了能感知、会思考、可执行和能进化，其重要性不言而喻。以深圳天气预报场景为例，部署在全市各区的高清摄像机将采集到的云、雨、雾等天气图像数据，通过5G实时回传到云上，把各区的数据拼成云图全景，再与气象雷达数据拟合，使用人工智能技术就可以精准预测出4小时以内的天气变化。同时，将云端训练好的模型推送到边缘，让摄像机也能实时识别微雨、雾等细微的天气变化，通过云、网、边、端协同，提供智慧的气象应用，市民通过手机即可随时随地了解方圆一千米的天气变化，根据变化作出行程安排。

7. 两大保障

数字化转型的成功离不开组织机制和文化氛围两个保障条件，二者共同为数字化转型提供切实有效的内在和外围的保障。

（1）组织机制保障

华为数字化转型必须要有强有力的组织机制来作为保障，同时要明确转型的责任主体，确定科学合理的组织业务目标，配套必要的考核和激励机制，不断优化组织间

---

① "5机"：既指5个机会，也指5种技术，即"连接、人工智能、云、计算、行业应用"。"5机"是全场景智慧的底层能力，是数字化转型走向智能升级的五大挑战，同时也是五大机遇，华为因此将其称为"5机"协同。

协作的流程。

根据数字化转型进程的需要，华为在适合的条件下成立专门的数字化转型组织，对业务和技术部门进行统筹协调，建立起物理世界与数字世界之间的协同运作机制，积极有效地推进数字化转型有序落地。

（2）文化氛围营造

营造数字化转型的文化氛围是数字化转型成功的关键，要不断培养和强化转型文化理念，激发个体活力，为全体员工营造好的转型环境，形成数字化转型的动力。为支撑组织的数字化转型，在组织内需要培育以下三个方面的文化氛围：

① 创新氛围：崇尚创新、包容失败、鼓励冒险，让员工在数字化转型过程中变得更加积极和主动。

② 数字氛围：顺应数字化发展潮流，崇尚用数据说话、依数据决策、凭数据管理、靠数据创新。

③ 变革氛围：勇于探索、拥抱变化、自我颠覆、持续变革。

11.2.2 数字化转型方法论

华为的数字化转型之路充满曲折和艰辛，在较长期的探索中，逐步总结出了"五转"方法论——转意识、转组织、转文化、转方法和转模式（如图11-13所示），为其数字化转型提供了清晰而又切实可行的路线。

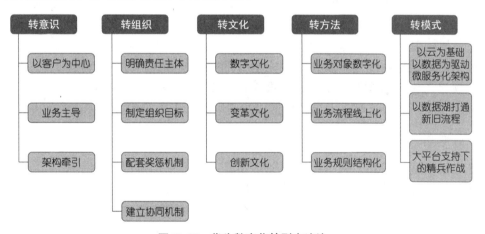

图11-13　华为数字化转型方法论

1. 转意识

华为曾有成百上千个应用，但基本都不是以客户为中心开发的，而是以功能为中心。因而，转意识是数字化转型中最重要、最困难和最迫切的，华为在过去也存在一个误区，认为数字化转型是IT部门的事情。后来发现成效不佳，华为逐步认识到数字化转型一定要贴近业务，必须坚持技术与业务双轮驱动，只有双向耦合，才能真正释放数字化转型的价值。于是，转意识是华为数字化转型的首要任务，并为之构建起了"V模型"（如图11-14所示）。该模型的左侧是CBA（Customer, Business, Architecture）：C代表是客户，体现"以客户为中心"；B代表企业业务，架构为业务服务；A代表企业的架构，数字化转型需要一套有效的数字化基础设施架构作支撑。该模型的右侧是ABC（AI，Big Data，Cloud），A代表人工智能，B代表大数据，C代表云计算。

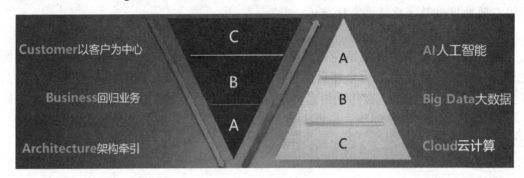

图11-14 "V模型"

从华为的实践来看，转意识的重点要从过去以右侧的ABC为主转变为以左侧的CBA为主，形成以下共识：

（1）以客户为中心

数字化转型首先要以客户为中心，要回归客户的体验，必须由外而内思考到底能为客户创造什么价值，能为客户带来什么样的体验。

（2）回归业务

数字化转型要回归业务的本质，例如，要考虑清楚企业开发一个IT系统，是因为IT部门的人想做，还是因为业务的战略必须要做。

（3）架构牵引

数字化转型是系统性工程，很难完全分部门去开展。例如，在华为，做一个产品数字化项目，为什么要做这个项目、谁来投、做好了谁来用、能为客户创造什么样的价值，这些问题必须由业务主导，并形成包括组织、人力等各方面在内的清晰的架构。

2. 转组织

华为很早就意识到，数字化转型通常不是某一个部门可以独立完成的，必须依靠企业的领导者亲自来监督。而过去的IT架构犹如母鸡下蛋，提一个需求（"蛋"）后IT部门做一个"孵化"，IT部门基本只能被动响应。而未来的数字化转型应该类似于茶泡水、冲咖啡，你中有我，我中有你，协同实现数字化转型目标。为此，华为的IT部门实现了根本性的组织转型，构建起了面向业务数字化转型的"IT铁三角"（如图11-15所示）：一是成立了12个基于业务服务化、支持敏捷交付的混编团队（Business Enable Team, BET），服务于包括三大业务集团[①]、所有业务单元、所有国家区域服务在内的各类业务；二是重构华为HIS平台，利用统一的云化IT服务平台来管理整个IT服务；三是建立运营指挥中心（Operation Control Center, OCC）指挥BET和

[①] 华为有三大业务集团，包括消费者业务集团、全球运营商业务集团、企业运营业务集团，每个业务集团下又包括若干业务单元。

HIS 平台，实现运营随需而动。

很多企业在推动数字化转型过程中会成立一个科技公司，或者设立负责数字化转型的首席信息官/首席数据官团队，由他们主导推动数字化转型。这种方式很容易导致"两张皮"，负责业务和负责技术的团队之间难以形成共识。华为的做法是，把业务人员和技术人员组成一个混编团队。这个团队中既有业务专家，也有技术专家，各方共同做业务设计、数据分析和项目开发，在推进过程中互相学习，逐步融合，共同成为企业数字化转型的中坚力量。

3. 转文化

华为是被公认的高度重视绩效和成果导向的企业，每一个组织或个人都强调自身的价值创造，这既有有利的一面，但也在一定程度上形成了"各自为政"的局面。而数字化转型非常强调平台和共享，

图 11-15 华为 IT 铁三角

尤其是在能够更好地解构业务的微服务已成为一个趋势的前提下，企业不仅要构建数字化平台，还要使用平台，树立"人人为我，我为人人"的思想，共同完善平台，使平台不断迭代，以满足企业不断增长的数字化转型需求。平台文化要求企业的员工改变传统的争先冒尖的做法，让自己融入大的平台，更好地以平等互助的姿态参与合作，既要珍惜从别人那里获得的帮助，又要为平台的其他人贡献自己的价值，同时还要坚持用数据说话，推崇实事求是。

文化虽然看不见、摸不着，但它能够深层次地作用于人的行为，要改变十分困难，华为采取了很多的手段和方法加以推进数字化转型文化建设。

4. 转方法

传统的信息系统项目建设基本是"头痛医头、脚痛医脚"，形成了不少烟囱式的系统。数字化转型必须改变过去围绕着流程建系统的方法，要通过业务对象数字化、业务流程线上化和业务规则结构化来实现业务的自动化，真正为业务的高效运转提供应有的价值。

以华为的合同管理为例，最多的时候有六个 IT 系统在支撑，有的负责管理合同的评审，有的负责管理合同的内容，有的做历史数据分析，基本处于分散化、碎片化的状态。后来，华为用一个系统把合同信息全量、全要素地记录了下来，实现了合同完整的数字化，既具备了答复标书、支持交付、改进研发配置等功能，又可以对客户的交易习惯、商务情况进行持续分析，使合同管理化"六"为"一"，合同管理效率和水平得到显著提升。

5. 转模式

企业在数字化转型过程中都会面临着 IT 系统架构新旧交替的问题，尤其是在构建面向未来的以云为基础、以数据为驱动、微服务化的新型架构时，如何既能保护原有投资又能让传统系统的数据资源重获新生，是一个棘手的难题。华为采用的是 Bi-Model 双模方式——尽可能保证现有资产投入的价值，同时将旧的和新的流程通过数

据湖的方式打通,这样既可以拥抱未来也能适应过去,可谓是立而不破的IT系统架构。

以国际项目运营为例,过去,华为在全球每个国家的项目组都是一个独立的全功能团队,麻雀虽小,五脏俱全,成功与否主要取决于项目经理和团队的能力。华为转变运营模式后,采用"大平台支持下的精兵作战"思路,通过两个组联合作战提供强大保障:一组以贴近客户、满足客户需求、保证客户满意度为目标;另一组以平台为依托,通过集中化、数字化、智能化的支撑提供专业服务,为一线业务人员提供高质量、低成本的服务,帮助一线业务人员更好地满足客户需求。因为采用了新的模式,华为已经在销售、服务等多个领域初步实现了传统运作方式的转变,让项目成功率更高、成本更低、客户更加满意。

11.2.3 数据管理

数据管理是华为数字化转型的基本保障,支撑数字化转型全方位、多角度、深层次发展。

1. 发展阶段

华为的数据体系建设经历了两个阶段。

第一阶段的目标是实现数据清洁与贯通,主要从以下两个方面入手:

(1) 通过业务数字化、标准化,借助IT技术,实现业务上下游信息快速传递、共享,实现数据全流程贯通,提升业务运作效率。

(2) 通过数据质量度量与持续改进,确保数据真实反映业务情况,降低运营风险,减少纠错成本。

这一阶段的管理诉求包括:一致的信息架构与标准,唯一可信的数据源,有效的质量度量改进机制。这一阶段前后花了3～4年的时间,基本建立起了一系列的标准,完成了数据质量的建设任务。

第二阶段的目标是实现数据分析与洞察,主要从以下三个方面实现:

(1) 通过数据汇聚,实现业务状态透明可视,提供基于"事实"的决策支持依据,实现业务可视化。

(2) 通过业务规则数字化、算法化,嵌入业务流,逐步替代人工判断,利用人工智能,实现业务自动化。

(3) 基于数据的客户洞察,发现新的市场机会点,实现数据创新,强化差异化竞争优势。

这一阶段的管理诉求包括:跨领域数据汇聚与整合,自助式数据获取与分析,差异化的信息安全保护。在这个阶段,通过建设数据底座,华为实现了数据服务化,并支持数字化运营。

2. 数据管理体系

经过多年持续不断的探索,华为逐步建立起了完善的数据管理体系(如图 11-16 所示),明确了数据管理的政策、流程、组织、IT等组件,并通过完整的数据管理体系的运作，不断促进业务规则和流程的优化，支撑数据打通和数据清洁目标的实现。

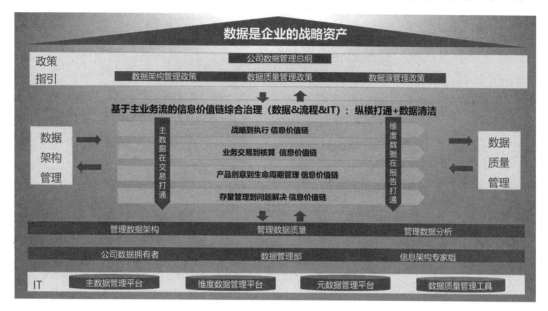

图 11-16　数据管理体系框架

与此同时，华为进一步健全了公司数据管理组织，各个业务集团分别建立了实体化的数据管理组织（专业的数据管家），向公司数据管理部汇报。此外，华为还组建了六个数据联合工作团队：数据质量执行组、数据架构建设组、数据服务推进组、数据分析工作组、数据底座工作组和元数据工作组。

3. 数据管理政策

华为的数据管理政策是公司数据管理的"基本法"，从目的、适用范围、管理原则、问责等方面进行规定，是公司层面必须遵从的文件。华为数据管理政策的主要内容包括：

（1）数据管理总纲：数据是公司的核心资产，数据准确是有效内控的基础；规定数据架构、数据产生、数据应用、数据问责与奖惩的基本原则。

（2）数据架构管理政策：数据架构是公司统一的数据语言，是打通业务流、消除信息孤岛和提升业务流集成效率的关键要素；规定数据架构的角色与职责、建设要求、遵从管控。

（3）数据源管理政策：确保数据源头的统一，以及跨流程、跨系统数据的唯一性和一致性；制定数据源管理原则与认证标准。

（4）数据质量管理政策：明确数据在创建、维护及应用过程中的规则及质量要求。

4. 数据管控与运作模型

华为早在 2014 年就建立起了数据管控与运作模型（如图 11-17 所示），旨在通过变革管理体系确保流程运营体系更好地运作落地。

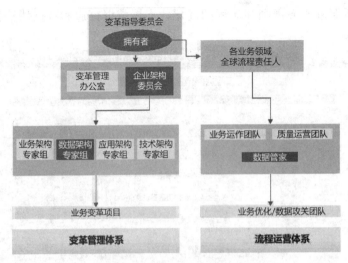

图 11-17　数据管控与运作模型

5. 数据架构组件

华为根据自身的数据管理发展需要，确定了数据架构的四大组件，分别是数据资产目录、数据标准、数据模型和数据分布（如图 11-18 所示）。

图 11-18　数据架构组件

6. 数据平台

华为在全球范围内采用的是一套由集团统筹、统建、统管的平台，在数字化转型过程中，采用了前台、中台、后台的架构，并对各个应用进行了新的梳理：前台用以实现更加快速敏捷的用户连接，判断标准是前端业务能否根据业务场景进行灵活编排，是否能够通过编排能力让业务更加敏捷。中台强调服务化的功能，是对业务能力进行系统梳理并重新组合而成的。后台用以支撑从生产制造到产品上市整个业务流程的运行，选择业内成熟的"软件包"作为基础构建业务交易和应用骨干，同时将大量"软件包"的功能通过 API 进行封装向中台去沉淀，以满足前台快速灵活编排的需求。

华为的数据中台建设是将数据按业务流/事件、对象/主体、标签、指标数据与算法进行整合与连接，以支撑业务的推演和深度分析。图 11-19 为华为数据中台架构示意图。

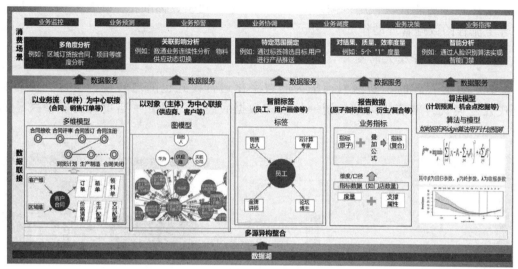

图 11-19　华为数据中台架构示意图

7. 数据管理模块

华为的数据管理包括以下模块：

（1）数据标准模块

数据标准为数据开发和设计工作提供了基准，同时也通过数据开发实现了数据标准的实际应用。数据标准作为数据质量管理策略设计、数据质量规则制定的核心依据，既为数据应用提供了通用语言，也为数据安全管理提供了依据，同时也是数据作为资产进行管理的重要条件。

（2）主数据管理模块

主数据管理模块通过数据开发实现核心数据的一致性记录、更新和维护，是数据质量提升的重要手段。主数据管理保障了数据应用和运营过程中核心数据的一致性。

（3）数据质量管理模块

数据质量管理模块是数据应用和运营过程中数据准确性、一致性、完整性、及时性、唯一性、有效性的重要保障，是数据业务价值创造的重要前提。

（4）数据资产管理模块

数据资产管理模块进行元数据的采集和注册，为数据应用和数据消费提供了解数据的窗口。

（5）数据服务管控模块

数据服务管控模块实现在数据服务开发过程中服务标准、规范、要求和管理的落实，数据服务打通数据应用和数据消费的物理通道。

（6）数据安全模块

数据安全模块确保在数据开发、应用过程中，数据的安全性符合安全管理规范的要求。

以上各个模块有效运作，离不开组织管理、明确的责任人、考核体系、流程制度、数据治理政策和数据治理平台的支撑。为此，华为构建起了 DataArts Studio 平台，提供了上述各个功能模块，用以满足数据接入、数据建模、标准化、质量监控、数据服务等全流程的数据管理动作。

8. 数字化运营模式转变

随着数据管理的不断深入，华为的数字化运营模式也随之转变，由过去被动响应式开发模式，转变成为基于统一平台和数据底座的"服务＋自助"开发模式（如图 11-20 所示）。

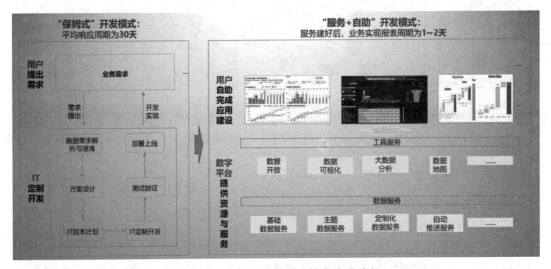

图 11-20　数字化运营模式转变前后对比

11.2.4　数字化办公

华为作为一家拥有近 20 万员工，分布在 100 多个国家和地区的跨国企业，如何让员工在世界各地实现 4A（Anywhere，Anytime，Any device，do Anything）安全高效办公，是其必须要解决的问题。为此，华为从自身实际需求出发，开始了 WeLink 产品的开发与部署，在短短几年内取得了独特成效。

1. 开发思路

由于烟囱式的开发模式，华为的办公平台留下了很多集成较差、体验不一致的应用，存在以下多方面的问题：

（1）即时聊天、待办审批、邮件处理等各个功能都有单独的 App，导致员工日常办公需要打开多个应用。

（2）员工在与客户、合作伙伴等进行交流时，主要还是依赖传统的线下会议、电话、邮件等，效率相对低下。

（3）会议室、开放区等办公区域，硬件装备数字化能力低，无法提供跨地域、跨语种和跨终端的无缝远程协同。

进入数字化办公阶段之后,发生了以下多方面的变化:

(1)过去全部以功能为中心进行开发,较少考虑用户的感受,数字化办公阶段转变为以用户为中心、以体验为驱动。

(2)过去的很多 IT 项目上线了很多新功能,但对实际使用效果关注较少,数字化办公阶段必须关注有没有解决用户的问题。

(3)过去业务需求客观存在,信息化从零到有、从少到多、从多到更多,开发了很多 App,但却无法满足更多的开发需求,于是改变思路:做一个连接器。

华为开发 WeLink 的最基本目的是让连接更快、更简单、更有温度,其开发蓝图分为三层:

第一层:WeLiquid,旨在希望个人办公、团队空间和团队协同,像流水一样自然、流畅、简单;

第二层:WeGo。这个词来源于乐高(LEGO),即把功能解构为服务进行抽象和解耦,包括邮件、消息、云空间、客户关系管理、人力资源管理等服务,每一个服务都可以看作是一个模块,可以灵活组合,快速便捷。

第三层:WeDNA。这一层主要是用算法驱动连接。

相对于原有的办公模式,WeLink 实现了各种办公应用之间的融合,通过建立团队、知识、业务、办公装备之间的连接,打破内外协同边界,构筑简单、安全、高效的极致办公体验。

2. 数字连接

WeLink 作为连接平台,实现了以用户为中心的四重连接。

(1) 以人为中心的团队连接

WeLink 坚持以人为中心的体验设计,融合邮件、消息、会议、知识、视频、待办审批等办公场景,为团队成员提供更简单、更透明的全社交化沟通方式,让邮件和群组自然融合,团队成员可从正式的邮件沟通自由切换到群组即时交流。同时,团队成员可进行群组文件分享、项目任务跟踪等,提升团队协同效率及体验。

WeLink 连接人与团队,实现了邮件、消息、语言和云空间等无缝连接,并基于华为自身多年积累的翻译库信息,利用 WeLink-Translate 集成微软翻译以及科大讯飞等行业先进公有云翻译引擎,实现 60 种语言的实时智能翻译,较好地解决了项目团队中跨地域和跨语言的沟通问题。WeLink 视频会议已经融入到华为站点远程验收、客户远程沟通、远程面试等多个场景,为内外沟通提供实时连接的桥梁,有效降低企业的差旅成本。

(2) 场景驱动的业务连接

WeLink 不仅是一个办公基础平台,还是一个连接器。为了不浪费大量存量业务(如客户关系管理、人力资源管理、财经、行政、研发、供应、交付等),WeLink 开发了 We 码小程序。基于开放的 API,通过 We 码平台,WeLink 可快速接入内部业务服务和外部公有云 SaaS 服务,以卡片形式呈现,实现 IT 敏捷建设、快速响应。用户无须安装,用完即走。

（3）获取企业知识的连接

WeLink通过两个引擎（搜索引擎与推荐引擎）、两个画像（用户画像与知识画像），识别用户的搜索意图，形成智能的知识推荐，让知识去找人而不是人找知识。用户画像包括组织信息、项目信息、协同关系、行为数据等，知识画像包括分类、摘要、标签等。通过智能知识推荐，华为员工可轻松找到所需的各类企业知识。WeLink知识平台融合了文字、视频直播、视频点播等多形态服务，为员工提供了全渠道学习环境，让员工可以更加轻松、便捷地获取企业经验。

WeLink打造的企业级在线直播服务，让华为员工可以3秒钟接入各种大会直播，参与各类业务培训。基于WeLink知识平台，华为员工可以通过博客、知识社区、iLearning专家讲坛等渠道，进行知识分享和交流。同时，Welink平台整合了外部资讯，让员工仅登录内部平台就可以轻松阅读。

（4）建立物联网的连接

连接到物联网之后，任何终端、设备和人都会有独一无二的数字化ID。WeLink通过建立员工与办公装备的智能连接，让员工从各种复杂的设备操作、线缆接入中解放出来，提升工作效率。例如，无线投影通过输入会议室屏幕ID，员工可快速将笔记本电脑、手机上的材料无线投屏到会议屏幕；扫码入会让员工仅需通过WeLink扫描会议二维码或点击会议链接就可轻松进入会议现场；WeLink电子白板让员工可在开放区、会议室快速组织本地会议或远程会议，进行项目沟通协作。

WeLink的推出为华为员工带来了全新的办公体验，团队协同效率及跨企业协作效率得到了有效提升。

3. 实施效果

WeLink围绕"构建一个强大的IT数字平台、体验更好、效率更高"的数字化发展目标，取得了三个方面的效果，可用三个公式表示：

（1）面向用户体验，构建最简单的用户连接，不需要用户思考，即1+1=2。

（2）面向企业效能，如果1个华为员工使用WeLink解决方案，就能够获得11个华为人的知识，甚至华为集团所有的知识，使其能更好地服务于客户，即1+1=11。

（3）构建起一个全连接的数字平台，即1+1=1，结果的"1"就是指一切。

11.2.5　企业e+数字化平台

华为企业e+数字化平台是一个面向客户和华为员工的统一数字平台。

1. 建设目的

华为企业业务服务于全球客户，致力于成为全球企业客户数字化转型的首选合作伙伴。所以华为自身的数字化转型探索和实践也不能落后，为此华为开展了企业e+数字化平台建设。建设这一平台的主要目的是提升工作效率，支持业务模式创新。

2. 设计主线

企业 e+ 数字化平台的整体设计，按照以下四条主线展开：

（1）面向三种类型的关键用户

三种类型的用户具体指客户、合作伙伴和内部员工，他们都是企业 e+ 数字化平台的关键用户，针对不同类型的用户主体，提供了针对性的设计方案：

① 面向客户，平台增强了产品的智能选择、客户自主服务能力的构建、销售线索的自动引流，以及面向大客户的一站式数字化平台。

② 面向合作伙伴，提供了秒级注册和审批、身份智能升级认证、伙伴政策及资料的精准推送、联合解决方案构建发布和营销平台，以及业绩和激励透明可视。

③ 面向内部员工，发布了 e+Sales 统一数字化作战空间，并统一了入口与电子流程，例如，权限申请不再像以前需要十几个不同的权限电子流。基于大数据分析，企业 e+ 数字化平台支持销售的评审、决策；基于人工智能技术，企业 e+ 数字化平台支持风险提示、风险控制等。

（2）打造面向端到端业务的数字化交易

华为企业业务过去主要以卖设备为主，交易通道比较单一，交易速度也跟不上客户的需要。为此，企业 e+ 数字化平台基于不同的业务场景构建了不同分支的交易通道，高效处理不同业务，做到了网上下单基本零接触，订单下发到供应链秒级响应，还实现了订单端到端的交易可视。

（3）数据底座和数据治理

在规范数据标准、数据架构治理体系之下，企业 e+ 数字化平台既实现了数据同源，又减少了数据孤岛和数据搬运，同时还大量引用了第三方外部数据，为上层业务提供丰富的数据服务，支持业务洞察、预测、决策、预警等场景。

（4）实现了 IT 架构重构

为了避免重复建设，企业 e+ 数字化平台构建了强大的共享服务化中台，通过灵活编排、快速响应前台差异化的业务诉求，犹如搭积木一样，满足业务高速增长的需要。

11.2.6 人工智能应用

华为拥有超过 50 万供应商、10 多亿消费者和数以百万计的合作伙伴，企业内海量的业务需要与服务对象建立各种连接，每一个连接都是人工智能的应用机会点。为此，华为加大人工智能技术应用，优先对准高频、海量、复杂作业场景，让流程更智能。代表性的应用主要有以下四种类型：

1. 读写机器人

华为拥有数百名投标经理，每年有数十万次投标，以前采用人工搜索和分析的方式进行标书的准备，而读写机器人可以将客户的标书进行数字化并识别客户意图，然后用知识图谱和深度学习算法，来自动回应客户的问题。对一些确定、能精准匹配的问题，读写机器人能达到很好的效果。

2. 自动化作业机器人

华为每年有 10 万单左右的订单交付，总共涉及数万行物料供应数据，华为的供应经理、订单履行经理需要与全球供应网络进行协调和分析预判，工作任务十分繁重。而自动化作业机器人则把整个供应链的 1000 多个数据对象进行数字化，然后把 10 多万个特征值连接起来，用机器学习和模拟器实时进行业务返程。

自动化作业机器人不仅提高了作业效率，从原来的天级变成了现在的秒级；更关键的是它改变了业务实现模式，把事后的风险评估和处理提前到投标前，在业务发生时就能实时做供应分析的模拟与返程，减少对上下游的消耗。

3. 智能搜索机器人

每年华为有上万项交付项目，需要 300 多个工程经理来沟通全球的资源及项目，这是一项极为繁复的工作。而智能搜索机器人首先能对项目需求进行数字化梳理，其次能对工程经理进行数字化标签管理，根据 100 多个标签再通过算法进行实时供需匹配，让所有资源从线下搬到了线上，既能大大减少人工作业的工作量，又能带来效率的提升和业务流程的精简，同时还能使运营成本显著下降。

4. 风险控制机器人

华为有很多工程项目，每一个工程项目有数十甚至上百个业务控制点，仅 10% 的抽检就需要大量的人力投入。风险控制机器人可以把不同客户、不同项目的风控规则进行数字化，通过用算法实时进行风险的监测，同时自动生成报告。风险控制机器人有效减少了检查人员数量，降低了人力成本。与此同时，风险控制机器人还可以用于华为内部近 30 万个流程的财务检查点，应用范围极为广泛。

11.2.7 企业数字化深耕

数字世界的深耕是迭代的过程，数字化转型如今已成为行业共识，从"要不要做"变为"如何做"。为助力企业实现模式创新、提质增效、增强体验、打造韧性，华为提出企业数字化深耕的三大方向，在此基础上实现对行业数字化的深耕。

1. 场景深耕

数字技术与业务流程融合，关键在于三个"深入"。从辅助系统深入核心/生产系统、从领导驾驶舱深入作业场景细节、从局部业务深入全场景覆盖实现全业务数字化，华为在行业中不断累加场景、深耕场景，解决核心业务问题。

华为从数字化的实践中充分认识到，数字化转型要以支撑企业主业发展为目标，以业务重构为核心，构建数字能力为基础。面向企业打造一个开放的平台，能够让数字化转型快速地在千行百业得到落地，助力企业形成竞争力。

2. 模式深耕

华为通过"咨询+集成+辅助运营"的合作模式，走向以助力客户业务为目标的合作模式。华为与国家石油天然气管网集团有限公司一起携手，共同探索数字化转型新模式，并确定了"数字化让国家管网与众不同"的愿景，以构建数字平台和促进数据资源开发利用为核心，最终实现了资源共享化、架构标准化、数据融合化、能力服务化和应用场景化，助力国家管网高质量发展。

3. 伙伴深耕

华为以共赢思维全面升级伙伴体系，做合作伙伴成长的"黑土地"，基于共享机会、共同创造，建立长期伙伴关系，实现共同发展。华为作为神州数码的全球战略合作伙伴，双方通过在新基建、云、网等领域的深度合作，构建起一个云原生、元宇宙的人类命运共同体，共同为行业转型赋能，共创共赢数字化的未来。

4. 行业数字化深耕

站在"深耕"数字化的起点，华为还重点选择为政府、能源、金融、交通和制造等五大行业提供十多个创新场景化解决方案，积极探索行业数字化转型创新。

（1）在政府与公共事业领域，华为提供了包含一网统管、辅助运营、零信任安全等在内的城市智能体核心解决方案，持续助力政府的业务和流程变革，共同建设宜居、创新、智慧、绿色、人文、韧性的新型智慧城市。

（2）在能源领域，华为提供智慧电厂、智慧加油站两大方案，持续助力能源行业实现高质量发展，共同构建绿色、低碳、安全、高效的零碳智慧能源体系。

（3）在金融领域，华为提供了移动支付、分布式新核心两大方案，持续助力金融机构成为更好的数字化生态型企业，共建全连接、全智能、全生态金融。

（4）在交通领域，华为提供智慧机场、智慧空管、综合交通解决方案，持续助力交通行业客户成功实现数字化转型。

（5）在制造领域，华为提供了智慧车企解决方案，助力制造行业提升效率和体验，驱动创新。

11.2.8 发展经验

华为数字化取得了十分显著的成效，华为把自身的数字化转型总结为"十六字箴言"。

1. 上下同欲

首先，数字化转型必须赢得企业高层的重视，并且驱动企业形成数字化转型文化，只有这样才能构建数字化转型的基础。其次，公司内的各个部门必须相互支撑，例如，IT部门和业务部门。最后，在数字化转型过程中，每个员工都要一起参与。只有上下同欲，才能众志成城，才能最终赢得数字化转型的胜利。

2. 双轮驱动

数字化转型一定不是独轮车，必须是双轮深度耦合，共同形成合力。只有将业务和技术有机融合，才能产生充沛的动力，真正做到行稳致远。数字化转型本质是数字技术为业务赋能，没有技术和业务的相互支撑，不可能产生预期效果。

3. 眼高手低

"眼高"是指企业数字化转型既要站得高、看得远，又要有规划、有蓝图，同时还需要有系统的思考；"手低"则强调在推进数字化转型时候，一定要求真务实，要找准痛点，切中要害，甄别并改善低效环节。数字化转型最终是为了取得成效，而不是为了转型而转型。

4. 立而不破

传统企业既希望采用人工智能、云计算等新技术，建立起以数据为驱动的新型IT架构，又希望将过去存量的系统融合进来，必然会遇到技术和投入等方面的障碍，华为采用新的理念、技术和方法，采用Bi-Model双模式做到数字化架构立而不破，并使架构得到不断演进，取得了非常好的效果。

11.2.9 存在的困难

从华为数字化转型的具体实践来看，其存在的主要困难包括以下四个方面：

1. 数据治理先天不足

华为是较为典型的"非数字原生企业"，不是数字世界的原住民。与华为相比，电商平台完整而精准地记录了消费者点了哪个网页、驻留了多少时间、下了什么订单等数据。但华为大量的业务都是在线下完成的，大量的交易行为除了留下一个数字化的合同文件之外，其他数据几乎一无所有，进一步的数据化无从谈起。

"有没有数据，数据可不可信"，这是华为数字化转型过程中遇到的棘手问题。如果没有清洁、可信、完整的数据，所有的算法和应用都是镜中花、水中月。

2. 变革意愿不强

众所周知，对于一个成功的公司而言，业务主导者想要推进可能的变革是极为困难的。华为在推动变革的过程中最大的阻力来自销售团队，因为销售人员一直认为自己最贴近客户，而且销售能力是华为的核心竞争力，所以他们变革的意愿非常弱；其次是研发部门，华为的研发人员是华为技术实力的象征，他们较为排斥不是他们自己开发的产品。因此，面对各种有形或无形的障碍，业务主导者只有坚定信念、力排众议，并能战胜各种阻力，才能使变革推向深入。

3. 数字化人才匮乏

与计算机相关的各类技术人才在我国已经有了较为成熟的培养体系，但既懂业务又熟悉技术的人才依然十分稀缺，尤其是对公司业务有深入了解的人才更是凤毛麟角。华为同样面临着人才短缺的难题。从长期来看，将优秀的业务人员和出色的技术人员相互交叉组合到一起，形成一个相对稳定、专业互补的团队，是破解数字化人才短板的有效措施。

4. 业务突破口难以落实

华为进行数字化转型时,既可以在经营管理方面做文章,也能在销售方面着力,还可以开展供应链的转型。但到底在哪里发力能形成突破口,尽快见到成效,对于华为而言是一个现实难题。企业必须从自身面临的痛点、难点出发,找准一个既能在企业内部形成共识,又能树立转型信心,同时又能快速见到成效的突破口至关重要。

11.2.10 案例评析

华为是世界级的企业航母,不但自身规模大、员工人数多,而且业务分布范围广、技术复杂、服务要求高。华为数字化转型既非常迫切,又极为困难。华为进行数字化转型犹如汽车在保持高速行驶的过程中换车轮,既要保障业务不停顿又要确保转型成功,实属不易。华为的数字化实践带给我们多方面的思考:

第一,数字化是为了成就世界级的华为而非世界级的IT。不少企业在推进数字化转型的过程中并没有明确的方向,很大程度上是为数字化而数字化,最后的结果是投入巨大而见效甚微,有的甚至在效率、效益和产出方面还有所倒退,让人深感惋惜。华为围绕"数字化如何助力企业业务发展"这一主线发力,最终走向成功,这是其数字化转型的重要经验。

第二,从上到下,有序推进。华为数字化转型的强大动力很大程度上来自高层领导的大力支持和强力推动,从公司层面为数字化转型成功提供了战略、政策、资金、人力等各方面的保障。

第三,由转意识、转组织、转文化、转方法和转模式组成的"五转"方法论所发挥的作用无可替代。数字化转型到底怎么转、如何入手,几乎是困扰所有希望转型的企业的共同问题,华为以自身的实践,总结出"五转"方法论,不仅形成了数字化转型的基本理论框架,也为实践操作提供了重要的指导。

第四,"多打粮食,增加土壤肥力"是指引数字化转型的定海神针。在数字化转型推进过程中,如何有效解决业务和技术的"两张皮"问题,华为的做法是基于统一的数字平台,促进业务与技术的有机融合,从数字化办公、数字化物流、数字化交易和数字化运营等多个方面发力,促进业务有更多产出、有更好收成、有更大潜力。

第五,数字化转型需要大处着眼、小处着手、小步快跑、不断纠偏。华为的实践证明,数字化转型既要有宏伟蓝图和系统设计,又要脚踏实地,从解决实际问题入手,通过平台化和服务化快速推广和复制,在大方向基本不变的情况下小步快跑,并在前进的过程中不断纠偏,通过持续不断的改进,取得更好的效果。

11.3 沃尔玛数字化转型与区块链应用

全球商业零售业的巨擘沃尔玛百货有限公司(以下简称沃尔玛)由美国零售业的传奇人物山姆·沃尔顿先生于1962年在阿肯色州成立,在经历半个多世纪的风风雨雨后，已发展成为全球零售业巨头，多次荣登《财富》杂志世界 500 强榜首，并当选世界最具价值品牌。作为零售业巨头，在风起云涌的数字化浪潮面前，沃尔玛所面临的考验前所未有，在经历较长期的探索后，逐步找到行之有效的数字化发展道路，使顾客、员工和门店实现数字化转型，迸发出强大的数字化发展动力。在区块链应用方面，沃尔玛紧紧围绕食品安全管理这一难点和痛点创新实践，取得了非同寻常的成效。

11.3.1 案例背景

沃尔玛的发展壮大，科技创新发挥着极大的作用。在一定程度上可以说，沃尔玛的成长史是科技创新引领零售业变革的实践史。

1. 科技探索历程

沃尔玛在充分利用科技手段不断发展自身业务方面，有较为悠久的历史和十分丰富的实践经验。早在初创时期的 20 世纪 60 年代，沃尔玛就购买了第一台计算机用于日常业务，还建立了存货管理系统并最早使用计算机跟踪存货。1973 年，沃尔玛建立了电子收款系统，1974 年全面实现单品级库存控制。1979 年，沃尔玛总部还建成了第一个数据处理和通信中心，实现了计算机网络化和 24 小时的连续通信。沃尔玛在 1983 年花费 2400 万美元发射了私人商用卫星，此后，建立起了第一个全球性的零售大数据网络，网络通过卫星收集全球几千家门店的数据，并通过网络将数据分享给采购和供应商。20 世纪 80 年代，沃尔玛最早使用了商品条码和电子扫描器实现存货自动控制，率先使用了品类管理软件，同时利用电子数据交换系统与供应商建立了自动订货系统。此后，它又通过 Retail 系统与供应商共享预测方法。1988 年，沃尔玛开始使用无线扫描枪，并最早采用电子防盗系统，商品失窃率因此降低了 50%。进入 20 世纪 90 年代中期以来，随着互联网和电商的高速发展，全球消费者的需求特点、消费习惯和购物方式都发生了巨大的变化，随之对线下传统零售商的商品、渠道、服务都提出了严峻的挑战。1996 年，沃尔玛开办了 Wal-Mart.com 电子商务网。2000 年以后，沃尔玛更是在数据的采集和利用上面全面引入新的技术。

为了更好地适应顾客的需要，沃尔玛于 2018 年 2 月将公司法定名称由沃尔玛百货公司变更为沃尔玛公司。这表明了沃尔玛转型为全渠道运营的角色定位，为顾客提供无缝连接的零售服务，以满足顾客多种购物方式，包括在门店、网上、移动设备上购物，或是以门店取货和接受送货上门的方式购物。

2. 数字化转型的初衷

长期以来，沃尔玛以线下实体零售为主，形成了较为固化的经营模式，伴随着互联网和电子商务的快速发展，面对亚马逊等线上零售巨头的崛起，沃尔玛的压力不言而喻。如何更好地满足顾客新的购物需求，是沃尔玛所面临的新挑战，利用数字化手段实现转型，是沃尔玛所作出的重要选择。

在数字化转型道路上，沃尔玛着重在以下三个方面进行努力和创新：

（1）价值。为顾客提供优质优价的商品，不断提高商品价值，满足顾客新的需求。

（2）商品。无论是沃尔玛直营的商品还是通过沃尔玛平台销售的第三方商品，沃尔玛都严格把关，确保品质有保障，价格合理公道。

（3）体验。沃尔玛希望给顾客提供便捷、迅速、友好、愉快的购物体验，让顾客有更高的满意度和忠诚度。

以以上三个方面作为出发点，沃尔玛对数字化转型清晰而坚定：顾客在哪儿，沃尔玛就在哪儿，满足顾客随时随地的购物愿望，洞察他们的需求，超越他们的期望。

沃尔玛拥有众多在全球各地运营的品牌，也有较多的电商网站和App，沃尔玛充分考虑到不同顾客的购物需求，鼓励他们以自己想要的方式进行购物。与亚马逊等线上平台相比，沃尔玛的供应链和门店有非常大的优势，实现线上线下有机融合的全渠道转型，为顾客提供线上线下无缝衔接的购物体验，是沃尔玛数字化转型的基本思路和重要着力点。

在我国，沃尔玛为满足顾客在多个购物平台上购物的需求，将全渠道战略作为重中之重，为了顺应顾客全渠道消费的习惯，沃尔玛在实体门店渠道之外作了相应布局。从2016年起便积极与京东、达达－京东到家及腾讯等展开战略合作，完成线上多个电商平台的搭建，包括山姆京东旗舰店、山姆全球购、沃尔玛京东旗舰店、沃尔玛全球购、沃尔玛京东到家和沃尔玛小程序等多个线上渠道，同时实现线上线下商品、服务和渠道的无缝衔接。在此基础上，沃尔玛以门店为依托，打通各个消费场景，让顾客能以他们喜欢的方式在沃尔玛购物，为他们提供配送到家的服务。

11.3.2　数字化转型三大方向

沃尔玛数字化转型从自身的实际需要出发，紧密围绕顾客数字化、员工数字化和门店数字化三大发展方向展开，三方共同发力并形成整体合力的态势，助力全方位转型。

1. 顾客数字化

沃尔玛通过线上布局，迅速在全球各地形成了数以十亿计的数字化用户，这些用户不仅在单一渠道购买，同时也在线上线下全渠道与沃尔玛发生触点，被称为全渠道顾客。与单一渠道顾客相比，全渠道顾客以会员制的方式存在，购买频次更多、购买总额也更大。并且，随着消费行为的频繁发生，沃尔玛通过大数据算法，对顾客需求开展多维度的分析，能够精准捕捉高关联品类和高潜力人群，根据不同顾客的需要推出"个性电子优惠券"等精准服务，全面提升顾客的购物体验。

"扫玛购"（如图11-21所示）是沃尔玛开发的面向顾客提供数字化购物服务的小程序，也是第一个在大型商超领域拥有超过千万用户的小程序。通过"扫玛购"小程序，顾客不仅可以享受在门店的服务，并且能够无缝地享受送货到家的服务，大大提升了顾客在门店自助购买的体验和员工服务顾客的效率。"扫玛购"本质上相当于一个虚拟购物车，包括三个方面的特点：一是消费者不必排队等待结账，而是直接在微信小程序上自助"扫一扫"录入商品并用微信支付完成付款，也可以到前台支付；二是在"扫玛购"专用通道核验时间不超过5秒，全面提升线下购物交易效率；三是顾客购物有记录，可以随时核对，不用纸质小票核对。

图 11-21　沃尔玛"扫玛购"应用场景

在我国，"扫玛购"与微信支付实现了有机融合，创造出了更多的价值：一是能大幅提升沃尔玛消费者的消费体验；二是显著提升超市的运营效率；三是减少大量一线员工的重复性工作，释放更多人力去优化线下服务响应效率，进一步提升顾客的满意度和忠诚度。

顾客数字化是沃尔玛数字化转型中的关键一环，对建立新型的顾客关系，提升基于数据的顾客洞察能力大有帮助，也是真正发挥数字化价值的重要举措。

2. 员工数字化

沃尔玛在全球拥有数百万名员工，如何利用数字化手段为员工赋能，是沃尔玛十分关注的现实问题。为此，沃尔玛建立了名为"员工数字化体验"的专门团队，挖掘员工的数字化应用需求并有针对性地满足。具体应用举例如下：

一是声控和指环设备应用。生鲜商品一般有潮汐性下单的规律，在短时间内需要迅速分拣配送，这对一线工作人员挑战不小。过去沃尔玛的拣货人员通常通过手持的平板电脑获得指示去拿货，这样自然会占用一只手而影响作业。为了进一步解放了拣货人员的双手，沃尔玛通过声控和指环的方式替代过去的平板电脑，让拣货人员通过耳机接受拣货指令，只要看到电子标签的闪灯即可知道区位，并通过指环进行扫码，从而更顺畅地完成拣货动作。

二是利用企业微信。在我国，沃尔玛主要通过企业微信为员工赋能，企业微信平台将传统的工作流程简化，从而有效提升作业效率。每个沃尔玛的一线员工只要打开企业微信，即可收到个性定制化的角色和任务。例如，一个鲜食区的主管，收到的任务就是围绕着鲜食区特卖需要做的各项工作，当他作业完成后即可通过企业微信手机端拍照上传通知支持中心；如果遇到缺货、商品价格调整或其他商品问题，也能够通过企业微信及时反馈给采购部门。后台的大数据监控系统，可以根据员工的需要生成定制化和自动化的任务，以更高效的方式执行。

3. 门店数字化

为了能让顾客在线上线下获得更好的购物体验，沃尔玛开始改变了传统门店的功能：门店不仅为顾客提供直接的交易服务，还能为线上订单提供配送服务，成为前置仓，同时成为在线下门店无法覆盖的区域建立的云仓（如图11-22所示）的母店。简而言之，线下门店已从单一线下销售功能转变为三个角色功能：门店销售，线上订单的前置仓，云仓的母店。

图 11-22　沃尔玛云仓实例

在美国，沃尔玛有近5000家门店，90%的顾客开车20分钟就会到达一家沃尔玛。在我国，沃尔玛的覆盖密度比美国低很多，于是沃尔玛在我国推出了基于门店的线上购物和云仓模式。从实际运营来看，沃尔玛日常每天接收的线上订单数量数以千计，并处在快速上升状态。沃尔玛大卖场和山姆会员商店在深圳、上海、南京、成都已建立起数十个云仓。

在门店数字化方面，沃尔玛积极探索各种数字化技术应用，比较有代表性的有以下几种：

（1）使用新型电子价签。过去电子价签主要围绕如何进行实时的定价和变价而使用的，现在使用的新型电子标签把应用场景拓展到电子价签能够更好地提醒商品的区位，帮助门店员工拣货，提升效能。

（2）采用智能型摄像头系统。在沃尔玛的门店部署有智能化的摄像头系统，用以捕捉到门店顾客的行为和员工的相关情况，例如，记录顾客停留的区域和时间，以加深对顾客购物习惯的洞察。沃尔玛对摄像头获取的数据进行分析，优化门店的布局，以进一步优化面向顾客的服务。

（3）"沃尔玛到家"小程序。其以门店为依托，提供最快1小时配送到家的服务，满足门店周围3～5千米的配送需求。

11.3.3　数字化创新项目

利用数字化手段提升服务的效能，提高顾客的满意度，是沃尔玛一直追求的目标。在近几年，沃尔玛在数字化服务方面做了以下多方面的探索：

1. InHome Delivery 服务

送货服务是顾客服务的刚需，不少电商平台也不断对此进行探索。亚马逊在美国已推出了送货到车库的服务且不额外收费，但对生鲜产品或贵重商品来说，这样的服务离顾客需求还有差距。沃尔玛创新性地推出了送货上门服务（InHome Delivery），该服务不仅送货到家，还能直达冰箱，而且即使顾客不在家也可以送货。该项服务得到了前期顾客的欢迎，目前已在美国进行全面推广。

（1）工作流程

① 注册 InHome 后，顾客在沃尔玛应用程序上下订单，并选择 InHome 作为首选送货选项。

② 训练有素的送货员通过 InHome 应用程序使用一次性访问代码解锁客户的门或车库，该应用程序与智能门禁技术相结合，会在送货员每一步操作后通知顾客，并且佩戴在送货员背心上的摄像头会记录整个交付过程，顾客可以在每次交付后长达1周的时间内通过手机查看这个过程。

送货员必须采取适当的安全措施，包括戴口罩、消毒表面等。为更好地满足顾客需要，沃尔玛要求送货员至少任职1年并经过严格流程考核。为了让送货员能顺利进入顾客家，沃尔玛要求顾客安装能使用一次性访问代码的智能门锁或利用键盘密码开门的锁，顾客也可以以49.95美元的价格购买沃尔玛品牌的智能锁。图 11-23 为 In-Home Delivery 服务场景。

图 11-23　InHome Delivery 服务场景

（2）发展状况

沃尔玛于 2019 年开始在美国密苏里州堪萨斯城、宾夕法尼亚州匹兹堡和佛罗里达州维洛海滩这三个区域为近 100 万名顾客推出这项服务，受欢迎程度超过预期。InHome Delivery 作为零售服务创新的一种尝试，受到了很多顾客，特别是高收入、时间不足的顾客群体的欢迎，他们愿意为此付费。对沃尔玛而言，这一服务锁定了数量庞大的特定顾客群体，同时创造了数量可观的增值服务收益。

2. Omega 8 项目

Omega 8 是沃尔玛为应对电子商务带给传统零售业的挑战而作出的应对举措，"Omega" 即希腊字母 Ω，形状看起来像桥梁，意指"一座连接的桥梁"。该项目专注于人工智能的计算机视觉、物联网及其应用、机器人、大数据以及食品创新科技等五大技术领域，触及零售营运、电子商务、商品采购、食品安全、业务发展和供应链六大板块。沃尔玛希望通过这一项目实现对创新的扶持从而能进一步把零售世界紧密相连，创造更多的机会将创新成果快速地横向扩展，扩展到在全球各地的门店，甚至服务于其他的合作伙伴。

（1）项目着力点

这一项目包含两个方面的着力点：一是能快速实现市场化和规模化，帮助技术创新更快触及市场，在零售一线场景实现规模化；二是能有效降低创新试验的成本，帮助初创公司降低开展创新试验的经济成本和时间成本。

（2）项目优势

Omega 8 项目的主要优势包括以下三个方面：

一是打造敏捷决策机制，加快创新的步伐和节奏。决策层直接对接创新项目，打破初创公司与大公司的合作门槛和壁垒。平均设立 60 天周期，在周期内完成概念验证和风险评估，决定项目是否进入应用测试阶段及推向市场。以高效、快速的机制，缩短从技术创新到应用落地的时间。

二是提供行业经验，与合作企业形成双向交流。不同于被动等待项目的传统做法，沃尔玛主动邀请初创公司包括其创始人亲临零售一线，通过"创客行"等活动分享沃尔玛在行业积累多年的经验，帮助初创公司更深刻地认识零售业，更直观地了解行业需求和痛点，从而启发更多的技术创新。

三是凭借世界一流的企业运营环境，推动创新技术应用规模化。经过数十年的发展，沃尔玛形成了科技含量颇高的现代企业管理体系，非常有助于创新技术快速复制，乃至规模化推广，甚至应用到其他国家和市场。

（3）实施阶段

Omega 8 已经形成一套行之有效的可规模化应用的创新机制，分为六个阶段，分别是：初创企业的筛选阶段、评估阶段、验证测试阶段、集成阶段、小批量推广阶段和全面推广阶段。

在初创企业的筛选阶段，Omega 8 设置了一套严格的筛选机制，会考察创新科技的实力、融资轮次，甚至管理团队的背景。在评估阶段，Omega 8 的代表、业务部门的代表以及初创企业的产品经理会基于沃尔玛零售场景进行思想碰撞，形成一个较为完整的验证方案，再通过不超过 60 天的时间，将验证方案落地；在验证测试阶段和集成阶段，沃尔玛需要提供真实的零售场景、运营数据及明确的问题域，使走到这一步的初创公司在真实的零售痛点面前，最大程度地发挥自己的创新实力。这是 Omega 8 区别于传统大公司创新孵化的典型特点，也是后续进入小批量推广阶段和全面推广阶段的重要保障。

（4）成功案例

真实的场景、强大的组织、快速的融合是 Omega 8 的独特优势，通过 Omega 8，沃尔玛已经成功孵化了一系列项目，代表性项目如下：

① 热绝缘技术：随着电商的发展，冷链配送的成本非常高。沃尔玛食品安全中心研发的热绝缘技术，极大降低成本，确保冷链系统的稳健性，保障食品安全。

② 图像识别技术：通过图像识别技术，系统可以自动识别冷冻柜、货架上缺货的商品，并自动呼叫人工，及时修正陈列和补货，让缺货问题在5分钟之内得到解决。

Omega 8 作为沃尔玛连接初创公司的创新平台，从成立起持续为初创公司提供技术应用平台，并为零售链条各个主要环节的痛点寻找数字化、智能化的创新技术解决方案，进一步彰显数字技术为零售业赋能的价值。

11.3.4 食品安全区块链应用

区块链技术作为一种记录时间先后的、不可篡改的、可信任的、去中心化存储且保证数据安全的分布式数据库，在食品安全领域中有独特的应用价值，沃尔玛对此开展了重要的应用实践。

1. 应用需求

尽管沃尔玛对于食品安全的监管一向极为严格，但也苦于没有好的技术手段协助应对蔬菜、肉类等食品的安全问题。有时一旦某个门店所销售的某种食品引发了食源性疾病，沃尔玛必须立即查找源头，但因缺乏有效的办法，可能需要数日甚至数周才能找到源头。如果问题食品的源头不能确定为一个特定的农场或养殖场，政府部门通常会建议消费者放弃购买某一特定区域产出的食品，为了避免可能的隐患，沃尔玛必须在全国甚至全球范围内把已经或准备上架的同类食品销毁，造成的损失巨大。更重要的是，要在风波过后重新树立消费者的信任异常艰难。如果有更好的可追溯手段可以在第一时间找出问题食品的来源，并能确定为特定农场或养殖场。这样就只需要丢弃较少数量有问题的食品，既能避免更大的损失，也有助于消除民众的恐慌，还能使很多无辜的制造商和产业链的关联方免受伤害。

区块链技术的发展，为沃尔玛解决棘手问题提供了可行的思路。沃尔玛相关管理人员认为，区块链技术可能非常适合分散的食品供应生态系统，因其更好的可追溯性可以让公司更有效地采取行动，以提高应对食品安全事件的能力，同时减少各种可能的损失。于是沃尔玛与IBM联合开发了"食物信任（Food Trust）"解决方案，主要目的是通过区块链让食品供应链过程实现数字化，以有效解决供应链管理数据割裂的难题。"食物信任"解决方案是为帮助类似于沃尔玛这样的企业构建、管理和运行区块链网络而开发的一款工具，主要利用了为企业构建的开源、通用区块链结构 Hyperledger Fabric①，并以IBM云作为运行支撑，在提升供应链的透明度、促进合作各方的信任、确保可追踪性及减少浪费等方面有着独特的效果，可以全面满足沃尔玛的业务发展需要。

从2016年开始，沃尔玛联合IBM和清华大学在北京成立了食品安全协作中心，决定利用 Hyperledger Fabric 进行食品溯源试点。沃尔玛在食品安全协作中心成立后同

---

① Hyperledger Fabric：中文含义为"超级账本架构"，是来自 Linux 基金会的开源项目。它既是一个模块化区块链框架，也是企业区块链平台实际采用的标准，允许竞争的商业组织机构和其他任意对交易信息有隐私和机密需求的团体在相同的许可链网络中共存，所提供的独一无二的身份管理及访问控制功能使其非常适用于各种行业应用。

时开展了两项试点项目，一项是用来跟踪从南美洲到美国的芒果，另一项用来跟踪我国的猪肉供应链，以测试供应链中的食品可追溯性和透明度。通过从农场到餐桌的方式，沃尔玛的区块链解决方案将追踪芒果来源的时间从原来的14天缩短到2.2秒，效率得到了根本性的提高，而且还大大提升了沃尔玛食品供应链的透明度。猪肉供应链跟踪项目同样取得了明显的成效，养殖、加工、运输和销售全过程的数字化，大大增强了猪肉供应链的透明度和消费者的信任度。

2. 发展目标

沃尔玛在食品供应链管理中应用区块链主要包括两个方面的目标：

一是要建立更加透明、可信的食品溯源体系。区块链具有去中心化、安全可靠、隐私保护、高度透明、分享便捷等特点，应用于食品安全信息管理时，不仅可用于溯源信息的存储与共享，还可以存储包括生产时间、实时温度、是否拥有食品安全认证、是否为有机生产等信息，对提升食品安全的透明度作用明显，对促进建立更安全、更经济、更富成效和更可持续的食品安全体系有着不可替代的作用。因此，区块链技术无疑既是沃尔玛在食品安全系统的基本面建设和创新前沿技术的应用之间寻找一个平衡点的理想选择，也是其在建立更加透明和可信的食品追溯体系方面的理想选择，具有传统技术和方法难以取得的效果。

二是要为供应链参与各方创造实实在在的利益。区块链的应用能否使供应链的参与各方共同受益，是沃尔玛十分关心的问题。因为对沃尔玛这样的巨头企业而言，牵一发而动全身，如果无法为参与各方创造价值，必然会导致项目的失败。所以，区块链的应用应让参与各方共同受益，是沃尔玛和合作伙伴之间率先形成的共识。

3. 应用成效

实施区块链项目，沃尔玛在食品安全方面取得了六个方面的成效：

（1）改善食品安全：能够在短时间内确定受污染的食品，快速控制波及范围，减少可能的损失。

（2）确保食物新鲜：通过区块链跟踪每个环节，消费者可以准确地看到食品生产加工的时间，防止过期食品及未过期但已变质的食品进入市场。

（3）减少食物浪费：全球每年约有三分之一的粮食被无端浪费，很大程度上是由于在爆发食品安全事件时无法区分安全与非安全食物，区块链能够将受污染的食物分离到生产地甚至批次，可以有效减少食品浪费。

（4）防止食品欺诈：每个人都可以看到供应链中的每一环节的数据，可以防止欺诈情形的发生。

（5）强化食品安全责任：在区块链中可以看到流程中的每个步骤，生产和流通领域参与者将更有可能遵守安全规范。

（6）建立消费者信任：消费者有权获取单个食品的相关数据，全面掌握食品安全总体情况，以加强其对食品安全的信心。

4. 应用模式

沃尔玛的食品供应商数量众多，供应链管理极为复杂，如何提升供应链管理的效率和水平是一项十分严峻的挑战，区块链技术的应用为其创新应用模式提供了可能。下面以猪肉为例，分析传统供应链管理模式与基于区块链的供应链管理模式的差异。

（1）传统的猪肉供应链管理模式

沃尔玛在数十年的发展探索中，逐步形成了适合自身的供应链管理模式。图11-24为传统的猪肉供应链管理模式。在传统猪肉供应链管理模式下，物流的流向是从饲料提供商流向养殖场，再从养殖场通过多条路径流向最终消费者，而资金流则以相反的方向流动，而且数量逐步减少。供应链管理中的信息流由于缺乏有效的共享处于分散和割裂的状态，大大影响了供应链管理的效率和水平。

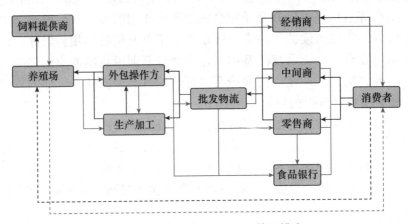

图11-24　传统的猪肉供应链管理模式

（2）基于区块链的猪肉供应链管理模式

图11-25为基于区块链的猪肉供应链管理模式。基于区块链的猪肉供应链管理模式通过数字化平台将零售商、消费者、物流服务商、平台服务方、供应商、其他相关方及监管部门连接起来，让所有猪肉供应链参与方均能共享交易记录，并且数据动态生成、不可篡改，确保参与各方能构建数字化的供应链管理体系。

5. 区块链应用解决方案

为了达到区块链供应链管理的目标，取得预期成效，沃尔玛经过研究和比较，最终选择了IBM的区块链解决方案，因为它不是重建供应链，而是利用现有技术来增强使用Hyperledger Fabric的供应链可追溯性，与公司现有的可追溯系统能实现有机融合，在此基础上能做到更快速、更高效、更准确。

（1）IBM区块链的特点

IBM区块链能够全面处理多组织区块链网络集成业务，它旨在通过每个阶段的协作来创建适应性强、安全性高的全球区块链网络，帮助不同类型的用户部署区块链应用环境。具备Hyperledger Fabric使用经验的用户可以通过IBM私有云或亚马逊AWS

在其自己的基础架构上部署网络组件或网络。平台提供了多种简单易用的工具，旨在使多个机构易于彼此连接并创建以民主方式管理的网络，并通过内置的仪表板监视器和相应的实用程序，使得网络的创建、管理和操作任务变得十分直观且透明。

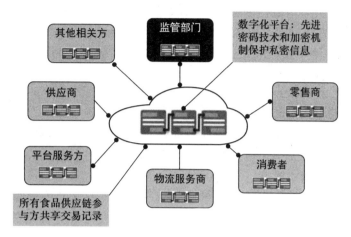

图 11-25　基于区块链的猪肉食品供应链管理模式

与其他区块链应用相比，基于 Hyperledger Fabric 的 IBM 区块链平台有其独特之处：

① 支持模块化架构和即插即用组件，如共识和成员服务等。

② 允许有效的数据捕获和数据控制，用户可以在任何时间点对数据资源进行共享。

③ 对自己提供的数据具有所有权和控制权，相关的记录包括审计、农业处理、识别号码、生产制造商、可用设备更新、已知安全问题、授予的权限和安全协议等，所有数据都实时记录并永久存储为电子证书。

④ 其所提供的信任能够实现更有效、更完整的共享，驱动企业更安全、更可靠、更低成本地完成关键业务。

（2）区块链解决方案需求

沃尔玛决定利用 IBM 区块链平台来实现安全透明的食品供应链管理，其解决方案需要满足以下各方面的需求：

① 供应链参与各方在网络上拥有各自的数据，并可以授权其他主体访问不同的数据元素。只有在数据所有者授予共享相关记录权限时，数据才能被访问。

② 系统可以从现有数据存储实现自动数据导入，以利用现有业务记录，包括库存清单、订单记录和供应商的信息等。

③ 对于已经管理复杂信息环境的网络管理员，可以通过 API 连接器将遗留系统数据与网络数据实现自动化的集成。

④ 数据连接器允许供应链参与企业的 IT 团队有效地从现有数据存储上传供应链数据，以便将数据从企业系统无缝集成到网络。

⑤ 用户登录系统后，可以根据自己的喜好自定义操作界面，选择电脑端和移动端的应用；使用认证模块上传法规和检验文件，以便与供应链合作伙伴共享；使用自定

义界面查看和管理业务伙伴共享的数据。

⑥在出现危机或需要召回食品时,能够快速回答以下问题以降低成本并保证安全性:涉及的范围有多广泛?是否有可能已购买但尚未消费的产品?污染的来源是什么?还有其他污染吗?与原始合同相关联的比重有多大?这批食物是否是通过一个采用劣质安全措施的仓库装运的?这个供货商最近是否接受过检查?

基于IBM区块链平台,沃尔玛形成了满足自身业务需求的解决方案,实现了食品数字化供应链管理的需求。

6. 应用试点与商品追溯实例

为了更好地积累区块链在食品供应链管理中的经验,沃尔玛选择了美国市场供应的芒果和我国市场供应的猪肉两种食品开展了先期试点。

(1) 芒果全生命周期追踪

芒果是深受世界各国消费者喜爱的水果,也是在沃尔玛十分畅销的食品,但沃尔玛也不止一次遇到因芒果引发的食品安全事件。因为芒果在全球范围内进行运输,其又容易受李斯特菌和沙门氏菌污染,当发生安全事件后,工作人员很难找到确切的污染源头,只能将大量的本身并没有安全问题的芒果一同销毁,由此造成了巨大的浪费。为此,沃尔玛将芒果的全生命周期追踪作为区块链应用的突破口,以期能在第一时间获得涉及食品安全问题的芒果的相关信息。沃尔玛在美国销售的芒果基本原产于中美洲或南美洲的小农种植场,芒果树从种苗到成熟并结果一般为5~8年,运输方式包括空运、海运或陆运,加工流程包括洗涤、去皮、切片并放入加工中心的容器中,然后运往沃尔玛配送中心进行冷藏,再运输到商店冷藏和上货架销售,最终被消费者购买。图11-26为基于区块链的芒果全生命周期的数据管理。

图11-26 基于区块链的芒果全生命周期的数据管理

芒果的数据采集主要涉及以下各个环节,不同环节的数据均通过区块链技术得到有机融合和无缝集成。

① 种植环节：芒果种植期需要采集这一阶段是否使用化学农药、施肥状况、是否雇用童工及在收摘过程中是否出现腐烂或表面缺陷等，这些数据对后续进行源头追溯有着重要的参考价值。

② 加工储运环节：芒果作为受温度和湿度影响大、易腐性高、储运要求苛刻的食品，很容易在这个环节留下安全隐患，因此记录这个环节的数据对后续的安全管控有着重要的影响，利用区块链连接相关设备和智能传感器可以精准记录这些数据。

③ 营销和零售环节：营销和零售环节是芒果商品正式和消费者见面的阶段，牵涉到的数据有芒果的外观、新鲜度、销售价格、促销措施等，这些数据与出现安全事故之后的实际处置方案密切相关，特别是在对已购买商品的消费者确定经济补偿方案等方面有着不可替代的作用。

④ 消费和售后环节：这一环节要确定购买过的消费者、购买的具体时间等，这些数据可以帮助相关人员控制食品安全事故范围、提升处置能力。

从芒果全过程的区块链应用可看出，食品供应链的数据时间跨度长、分布环节多，传统的食品供应链管理模式效率低、成本高，无法满足越来越复杂的业务运作需要。区块链的应用有效解决了芒果这一食品在安全保障方面的痛点，尤其是在实现供应链全过程的数字化提升食品安全水平方面。

（2）猪肉供应链跟踪

我国是全球猪肉消费大国，我国的猪肉消费量占到全球猪肉消费总量的一半以上。为了解决猪肉供应链长期存在的数据分散、更新滞后以及管理低效等疑难杂症，沃尔玛与 IBM、清华大学等机构合作，共同实施基于区块链的猪肉供应链管理项目，现已取得良好的效果。

① 传统条件下的猪肉供应链数据风险

在传统条件下，一头生猪从养殖场—加工厂—储运中心—零售门店，这一系列流程中存在着大量可能的风险因素（如图 11-27 所示），包括因篡改、误传和串标等引起的不可控因素，毒物、害虫、细菌病毒引起的污染以及温度、湿度和有效期等引起的腐败变质等。

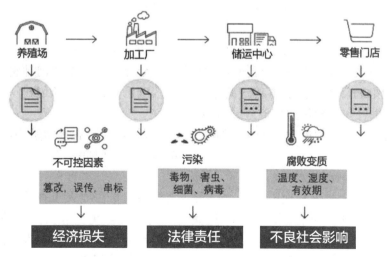

图 11-27　传统条件下猪肉供应链风险因素

这些风险因素均可能导致相应的经济损失、法律责任和不良社会影响。因为缺乏有效的手段实现数据的共享和整合，由此而引发的食品安全事故时有发生，包括喂食瘦肉精、猪肉产品注水、涂改日期等，让消费者对此深感忧虑。

② 区块链在猪肉供应链中的应用

该项目利用 IBM 基于 Linux 基金会的开源项目 Hyperledger Fabric 建立的区块链技术，将猪肉的养殖场来源细节、批号、工厂和加工数据、到期日、存储温度及运输细节等各种产品信息，以及每一个流程产生的数据都存储在安全的区块链数据库中，实现全流程的数字化管理，以全面提升猪肉供应链管理的效率和水平。区块链在猪肉供应链管理中的应用，主要做法是将养殖、加工、储运、销售和消费的整个流程数据沿着时间轴来记录，生成不可更改、不可删除并且不可伪造的记录，满足供应链数字化管理全过程的需要。所记录的数据具体包括：

- 养殖场基本数据：涵盖养殖场的地理位置、基本经营数据、责任人员、通信联络方式等。
- 生产批号：根据生产时间和批次自动确定生产批号，以对同类产品进行区分。
- 工厂和处理数据：记录猪肉加工工厂的基本数据，并记录生产作业的情况、责任人等数据。
- 到期日期：按照相关规定及储存条件，确定不可更改的猪肉食品有效期。
- 储存温度：记录不同环节的储存温度，以备在发生责任事故时进行查证。
- 运输配送细节：记录运输配送环节的相关数据，包括运输状况、经过线路和起止时间、责任人员等。

区块链所记录的数据较多，涵盖了供应链流程中各个环节，对确保猪肉食品的安全起到保驾护航的作用。

③ 基于区块链的猪肉供应链流程

基于区块链的猪肉产品供应链，具体的流程如下：

第一步，生猪加工厂将加工好的猪肉产品放入包装盒中，并贴上专用标签。与此同时，工作人员创建新的二维码并通过这个二维码将所有必要的产品细节数据上传到区块链中，确保所有授权用户都可以获得入链信息，以查验运营过程中任何一个节点的操作细节。

第二步，供应商发货点负责向沃尔玛配送中心发货的员工创建运输记录，输入运输车辆车牌号，对将被装车的托盘进行扫描。而后系统会显示出这批猪肉即将发往的配送中心和对应的采购订单，然后上传这些单据的图片到区块链上，新创建一个不可篡改的数据文件，供各个授权用户同时登录读取。

第三步，任何一位经授权的食品安全管理人员都可以读取存储在区块链中的单据。因为单据不可篡改，并具有开放性，将会大大缩短单据查找的时间，而且可有效防范未经授权篡改信息等诚信问题。

在应用区块链之前，如果发现了错误，食品安全管理人员需要人工查验每一份单据，以查找确认问题所影响的范围，不但费时费力，而且还难免受人为因素的干扰。采用区块链技术后，通过对区块链记录的数据进行追根溯源，能对每件猪肉商品的上架时间实行更好的管理，原先的被动数据查询上升为主动的数据提供，而且通过高效的追踪系统，能避免因未采取预防措施而造成食物浪费，显著提升了供应链管理的透明度，由此导致供应链管理效率和水平的全面提升。

④ 参与各方的利益

区块链应用于猪肉食品的供应链管理，沃尔玛希望能为养殖场、加工厂、零售商和消费者带来利益：

- 养殖场：能掌握出栏生猪的流向，更好地规划种猪养殖的品种。
- 加工厂：获得猪肉产品的相关数据，判断在保质期内是否能够完成销售，了解加工产品的实际流向。
- 零售商：能更有效地把控猪肉从养殖场到零售店的全部流程。
- 消费者：获得更新鲜、质量更可靠、食用更安全的猪肉产品。

（3）牛肉产品追溯实例

基于区块链的可追溯平台已在沃尔玛中国公司正式启用，已有包括鲜肉、蔬菜、海鲜和自有品牌等十余个品类的数十种商品实现了追溯功能，消费者只要扫描商品上的二维码，就可了解商品供应源头及物流运送时间、产品检测报告等详细信息。图 11-28 为牛肉追溯信息展示实例。基于区块链的可追溯体系不但记录了包括产品名称、生产商、包装规格、产地、配料和贮存条件等静态基本信息，同时还记录了活牛接收时间和地点、动物检疫合格证明、屠宰时间、原料肉接收时间、原料肉出厂检测报告、产品包装时间、产品年度外检报告、发货时间及运输轨迹等动态信息，这些信息得以完整记录、永久保存，为保障食品安全提供了强有力的保障。

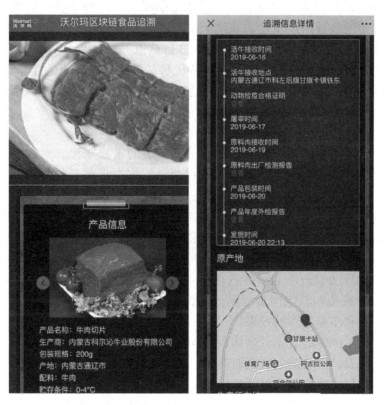

图 11-28　牛肉追溯信息实例

7. 沃尔玛区块链应用的启示

"民以食为天",保障食品供应、确保食品安全,是政府、企业和人民群众共同关心的重大民生问题,如何利用新兴的区块链技术破解食品供应链管理中的难题,沃尔玛为此作出了有益的探索,为我们提供了十分有益的启示。

(1) 区块链在食品供应链管理中的应用价值

沃尔玛将区块链应用到食品供应链领域,是十分重要的尝试。食品供应链的体系十分庞大,涉及种植养殖户、生产加工企业、零售商、运输商、销售员及消费者等诸多参与者,而且地域分布范围广、时间要求高、安全风险大,某一个环节出现问题均有可能导致重大损失,甚至带来生命安全。区块链技术从助力食品供应链的数字化管理入手,促进整个供应链全过程、全流程、全生命周期的数字化,形成充分共享、不可篡改的数字化供应链管理体系,极大地提升了食品供应链透明度,大大改进了食品召回与验证等过程,为切实提升食品供应链管理的能力和水平、保障广大消费者的食品安全迈出了具有里程碑意义的一步。沃尔玛的实践充分表明,区块链技术在食品供应链管理中大有可为,有大量的机遇值得把握,要从沃尔玛的实践中获得启发和思考,开展更进一步的实践探索。

(2) 选择合适的合作伙伴和技术方案至关重要

作为全球最具销售规模的企业,沃尔玛有足够的实力和条件独立开展区块链应用研究,但沃尔玛并没有孤军作战,而是选择在区块链应用方面有全球领先优势的 IBM 公司和我国顶尖的高校清华大学合作,形成强强联合、优势互补的合作模式,为其攻克在发展过程中的各种困难奠定了基础。在经过深入研究后,沃尔玛选择了 IBM 最初建立的开源区块链——Hyperledger Fabric 进行试点开发和应用,以 IBM 云作为其运行支撑的架构。因为它们具有多方面的独特优势,并能与沃尔玛的业务需求紧密结合,也显现出了良好的应用成效。因此,选择合适的合作伙伴和技术方案既可以少走弯路,又可以降低开支、缩短自我摸索的时间。

(3) 循序渐进、小步快跑和步步为营

食品是沃尔玛主要的销售品类,也是公司营收的重要来源,对其发展起着决定性的影响。但食品供应链具有面广量大、管控复杂、安全形势严峻等特征,由此导致的供应链管理出现的割裂性和低效性,如何破解这一难题一直是沃尔玛所面临的困惑。

在区块链技术出现之前,沃尔玛曾多次努力创建可追溯系统以解决食品供应链管理的难题,但均未达到预期效果。当区块链技术引入之初,公司高层均对此持怀疑态度,在经过与 IBM 等合作伙伴较长时间的磋商之后决定开始尝试,于是便以美国的芒果和我国的猪肉作为试点项目。在这两个项目取得理想成效的基础上,再把区块链的应用扩展到绿叶蔬菜和其他肉食制品等品类,做到有条不紊、有序推进,达到了循序渐进、小步快跑和步步为营的效果。

(4) 建立科学严密的数据管理体系是构建数字化供应链的有力保证

从本质上来看,区块链为数据的形成、共享和管控提供了一种新的解决方案,使得长期以来分散割裂的数据孤岛得以互相连接,同时通过共享分布式的账本实现数据的不可篡改和共享共用。如何建立起覆盖整个食品供应链的数据管理体系,既做到数据的完整和准确,又能确保数据能及时采集和无缝衔接,让数据成为供应链高效运转的血液。

基于区块链的食品供应链数据管理体系的建设是一个创新型的系统工程,数据的类型、采集和维护主体、访问权限和应用方式等一系列问题都需要建立相应的标准和规则,必须在供应链参与各方的共同努力下取得突破。沃尔玛在这方面积极探索,锐意创新,逐步形成了适应自身发展需要的数据管理体系,最终成为了全球食品供应链数字化的领先实践者。

11.3.5 案例评析

作为世界零售业的领航者,沃尔玛一直以科技为引擎,担当着零售业创新变革引领者的角色。在数字化浪潮面前,沃尔玛坚持"以人为本、科技赋能、数据驱动"的发展理念,积极部署数字化并实现健康、有序和快速发展。

在数字化转型过程中,沃尔玛坚信人是数字化变革的核心动力和决定因素。因此,沃尔玛充分调动员工在数字化转型中的积极性、主动性和创造性,有效利用数字化手段以实现使用场景、顾客及商品的个性化匹配,为顾客创造出独特的价值。

在区块链应用方面,由于食品供应链管理参与者多、环节烦琐、流程复杂等多种原因,长期以来一直存在效率低、效果差等问题,尤其是在遇到食品安全事件需要追溯源头时矛盾显得更为突出。区块链为食品供应链管理提供了全新的思路和模式,其有效地解决了供应链参与各方的信任问题,同时实现了数据的不可更改性,确保了供应链管理全过程的透明度。区块链在食品供应链管理中的应用前景广泛、成效显著,沃尔玛的实践提供了一个富有借鉴意义的范例,同时也将意味着有更多的企业在这一领域展开探索,更多更有价值的应用案例也将会不断涌现。

零售业数字化的变革是一个长期而又复杂的过程,无论采用何种技术、应用何种解决方案,如何"更好地满足顾客需求"的本质不会变,沃尔玛的实践探索对我国零售业的数字化变革具有重要借鉴意义,值得进一步深入研究和探讨。

本章小结

纵观全球,数字化浪潮正风起云涌、席卷世界,给人类的经济繁荣和社会进步带来了前所未有的影响。对各行各业的企业而言,如何抢抓数字化发展机遇,大力推进数字经济健康、快速、可持续和高质量发展,已成为在数字化时代生存和发展的必答题。

本章选取了九牧、华为和沃尔玛三个案例进行了较为系统的分析,从中可以看出,数字化转型发展给这三家企业带来了重大机遇。从实际案例来看,企业的数字化转型和数字经济的发展并没有统一的模式和标准化的流程,必须结合自身实际,找到切合自身的发展道路,使数字化成为企业转型升级的有力"武器",使数据资源成为取得这场数字化战争胜利的"弹药",为取得数字化战争的全面胜利提供可靠的保障。

参考文献

[1] Meyer H. Tips for safeguarding your digital assets[J]. Computers & Security, 1996, 15(7):588.

[2] OECD. Handbook on constructing composite indicators: methodology and user guide[EB/OL]. (2005-08-09)[2022-03-05]. https://dx.doi.org/10.1787/533411815016.

[3] OECD. Measuring the digital economy: a new perspective[EB/OL]. (2014-12-08)[2022-03-05].https://www.oecd.org/en/publications/measuring-the-digital-economy_9789264221796-en.html.

[4] HANNIBAL B S, The Revised Uniform Fiduciary Access to Digital Assets Act (RUFADAA)[EB/OL]. [2022-03-05]. https://www.nolo.com/legal-encyclopedia/ufadaa.html.

[5] TOYGAR A, ROHM C E T J, ZHU J. A new asset type: digital assets[J]. Journal of International Technology and Information Management, 2013, 22(4):113—119.

[6] 陈红玲，张祥建，刘潇．平台经济前沿研究综述与未来展望[J]．云南财经大学学报，2019, 35(5)：3—11.

[7] 陈晓红，李杨扬，宋丽洁，等．数字经济理论体系与研究展望[J]．管理世界，2022，38(2)：208—224.

[8] 崔森．服务型企业数字化转型的影响因素研究[D]．长春工业大学，2015.

[9] 国家统计局．国家统计局副局长鲜祖德解读《数字经济及其核心产业统计分类（2021）》[EB/OL]. (2021-06-03)[2022-03-5]. https://www.gov.cn/zhengce/202401/content_6926623.htm.

[10] 何大安．互联网应用扩张与微观经济学基础：基于未来"数据与数据对话"的理论解说[J]．经济研究，2018，53(8)：177—192.

[11] 何克抗．21世纪以来的新兴信息技术对教育深化改革的重大影响[J]．电化教育研究，2019，40(3)：5—12.

[12] 黄建伟，陈玲玲．国内数字治理研究进展与未来展望[J]．理论与改革，2019(1)：86—95.

[13] 黄建伟，刘军．欧美数字治理的发展及其对中国的启示[J]．中国行政管理，2019(6)：36—41.

[14] 江小涓，靳景．数字技术提升经济效率：服务分工、产业协同和数实孪生[J]．管理世界，2022，38(12)：9—26.

[15] 江小涓，靳景．中国数字经济发展的回顾与展望[J]．中共中央党校（国家行政学院）学报，2022，26(1)：69—77.

[16] 江小涓. 数字时代的技术与文化 [J]. 中国社会科学, 2021(8): 4—34, 204.

[17] 李凌. 平台经济发展与政府管制模式变革 [J]. 经济学家, 2015(7): 27—34.

[18] 刘强. 智能制造理论体系架构研究 [J]. 中国机械工程, 2020, 31(1): 24—36.

[19] 陆岷峰, 王婷婷. 数字化管理与要素市场化: 数字资产基本理论与创新研究 [J]. 南方金融, 2020(8): 3—12.

[20] 梅宏. 数据治理之论 [M]. 北京: 中国人民大学出版社, 2020.

[21] 梅宏. 大数据发展现状与未来趋势 [J]. 交通运输研究, 2019, 5(5): 1—11.

[22] 梅宏. 大数据发展与数字经济 [J]. 中国工业和信息化, 2021(5): 60—66.

[23] 孟凡生, 赵刚. 传统制造向智能制造发展影响因素研究 [J]. 科技进步与对策, 2018, 35(1): 66—72.

[24] 孙俊杰. 九牧卫浴的工厂智能化改造实践 [J]. 中国工业和信息化, 2020(Z1): 70—75.

[25] 王如玉, 梁琦, 李广乾. 虚拟集聚: 新一代信息技术与实体经济深度融合的空间组织新形态 [J]. 管理世界, 2018, 34(2): 13—21.

[26] 王友发, 周献中. 国内外智能制造研究热点与发展趋势 [J]. 中国科技论坛, 2016(4): 154—160.

[27] 王玉柱. 数字经济重塑全球经济格局: 政策竞赛和规模经济驱动下的分化与整合 [J]. 国际展望, 2018, 10(4): 60—79, 154—155.

[28] 魏际刚. 魏际刚: 推动我国平台经济高质量发展 [EB/OL]. (2022-04-27) [2022-06-05]. https://d.drcnet.com.cn/?DocID=6446992&leafid=1&chnid=6823.

[29] 文韬. 华为梁华: 深耕数字化、智能化促进数字经济可持续发展 [J]. 通信世界, 2021(22): 31—32.

[30] 习近平. 不断做强做优做大我国数字经济 [J]. 先锋, 2022(3): 5—7.

[31] 谢治春, 赵兴庐, 刘媛. 金融科技发展与商业银行的数字化战略转型 [J]. 中国软科学, 2018(8): 184—192.

[32] 熊康. 从华为实践看企业数字化转型 [EB/OL]. (2021-08-30)[2022-03-10]. http://www.chnstone.com.cn/a/media/Edongcha/2021/2021/0830/4626.html.

[33] 许榕俊. 华为数字化转型之路: "列"的革命 [EB/OL].(2021-05)[2023-01-24]. https://www.huawei.com/cn/huaweitech/publication/87/benefits-shenzhen-intelligent-twin.

[34] 姚国章, 吴玉雪, 薛新成, 等. 沃尔玛食品供应链管理区块链应用解析 [J]. 电子商务, 2020(12): 33—36.

[35] 姚国章, 周军伟, 薛新成. 新时期数字技术赋能民生保障的思考 [J]. 创新科技, 2021, 21(5): 83—91.

[36] 姚国章. 从沃尔玛看传统零售商的电子商务发展转型 [J]. 南京邮电大学学报 (社会科学版), 2011, 13(1): 27—33.

[37] 姚国章. 加快服务业数字化转型的路径选择 [J]. 群众, 2022(14): 51—52.

[38] 姚国章. 精准施策加快数字经济发展 [J]. 群众, 2021(6): 14—15.

[39] 姚国章. 数字化传播的概念框架与发展之道 [J]. 科技传播, 2021, 13(21): 133—136.

[40] 姚名睿. 数字资产和数字金融 [J]. 清华金融评论, 2019(9): 95—99.

[41] 姚前. 数字资产和数字金融 [EB/OL].(2019-09-17)[2023-01-24]. https://www.yicai.com/news/100333361.html.

[42] 易宪容, 陈颖颖, 于伟. 平台经济的实质及运作机制研究 [J]. 江苏社会科学, 2020(6): 70—78, 242.

[43] 游姗, 李晓平. 陶瓷工厂怎么实现5G智造? [N]. 厦门日报, 2021-07-30(A07).

[44] 张新红. 数字经济与中国发展 [J]. 电子政务, 2016(11): 2—11.

[45] 张勋, 万广华, 张佳佳, 等. 数字经济、普惠金融与包容性增长 [J]. 经济研究, 2019, 54(8): 71—86.

[46] 张玉利, 尚好, 田莉. 制造业服务化升级的战略路径: 以三一重工集团为例 [J]. 清华管理评论, 2022(3): 106—112.

[47] 张占斌, 付霞. 习近平关于数字经济重要论述的形成逻辑、核心要义与价值意蕴 [J]. 理论探索, 2022(6): 5—12.

[48] 赵宸宇. 数字化发展与服务化转型: 来自制造业上市公司的经验证据 [J]. 南开管理评论, 2021, 24(2): 149—163.

[49] 赵涛, 张智, 梁上坤. 数字经济、创业活跃度与高质量发展: 来自中国城市的经验证据 [J]. 管理世界, 2020, 36(10): 65—76.

[50] 赵曦, 王廷轩. 网络自制纪录片的产制与运营研究: 基于Netflix的经验 [J]. 现代传播(中国传媒大学学报), 2018, 40(8): 115—119.

[51] 周慧, 崔祥民, 张子煜. 制造企业数字化转型过程探究: 以三一重工为例 [J]. 财会月刊, 2022(22): 125—134.